TANT QUE LA TERRE DURERA-2

Du même auteur aux Éditions J'ai lu

LE MOSCOVITE :
Le Moscovite (762), Les désordres secrets (763),
Les feux du matin (764)

Viou (1318)
Catherine la Grande (1618)
Aliocha (3409)
Tant que la terre durera - 1 (4748)
Tant que la terre durera - 2 (4749)
L'araigne (4910)
Le sac et la cendre - 1 (5069)
Le sac et la cendre - 2 (5070)

HENRI
Troyat
DE L'ACADÉMIE FRANÇAISE

TANT QUE LA TERRE DURERA - 2

J'AI LU

À mon père
et à ma mère

CINQUIÈME PARTIE

1900-1903

1

Après un an de stage aux Comptoirs Danoff d'Armavir, Volodia repartit pour Ekaterinodar, où il devait assumer la direction de la nouvelle succursale. Ce poste, qu'il avait refusé jadis avec de belles railleries d'adolescent paresseux, fortuné et vantard, il l'acceptait enfin avec reconnaissance. Le travail de bureau, dont il redoutait autrefois la servitude régulière, lui paraissait aujourd'hui un remède excellent contre le souvenir. Depuis la mort de Suzanne, Volodia luttait ainsi avec la tentation du chagrin. Distant et distrait, blessé et tendre, mystérieux et naïf, il ne semblait pas tout à fait vivant. Il riait peu, mangeait à contrecœur et ne soignait plus sa toilette. Tania et Michel étaient obligés de le sermonner, parce qu'il ne changeait pas assez fréquemment de chemise. Il s'était laissé pousser la barbe, par négligence. Quand Tania le suppliait de se raser ou de tailler ses ongles, il disait simplement : Pour qui ? Pour quoi ? avec un si pauvre sourire qu'on ne savait plus que répondre.

Bien que Volodia n'apportât aucune gaieté dans la maison, Tania fut désolée de son départ pour Ekaterinodar. Elle aimait l'entendre parler de leur enfance, de leurs jeux dans la cour, de ses travaux avec Michel, à l'Académie d'études commerciales pratiques. Il savait raconter la moindre aventure avec une surprenante facilité. Il imitait les accents des personnages, leurs gestes et leurs grimaces drôles. Il était touchant. Il était irremplaçable.

Après la séparation, sur le quai de la gare, l'existence de Tania redevint monotone et plate, comme le pays même où elle se déroulait.

Les mois passaient avec leurs charges de pluie, de poussière, de soleil ou de neige. Il y avait le brusque hiver de décembre, ses coups de vent stupides, qui arrachaient les couvertures des chevaux, disloquaient les palissades, décoiffaient les promeneurs ahuris. Le ciel pesait lourd, embrouillé de gros nuages informes à reflets de plomb. Une neige sèche et menue tombait par volées. Les toits se drapaient de nappes farineuses. Les gouttières laissaient pendre des mains de stalactites. De part et d'autre de la rue, se haussaient des murailles de neige, rasées, défaites et refaites par l'ouragan.

Dans la maison des Danoff, on chauffait à bloc les grands poêles de faïence qui montaient jusqu'au plafond. Le vitrier venait poser les doubles carreaux. Entre les deux châssis, il étalait une couche d'ouate jaunâtre et plaçait deux verres à demi pleins d'esprit-de-sel pour fixer l'humidité de l'air. Puis, il écrasait savamment de longs serpents de mastic beige sur toutes les jointures. Scellée, étouffée et tiède, la vaste bâtisse partait pour un hivernage de quelques mois. Des galoches et des bottes de feutre s'alignaient dans l'entrée. Michel arborait un chapeau de fourrure et un manteau à col d'astrakan. Tania ne sortait plus que trois fois par semaine en voiture. Un traîneau remplaçait la calèche. Des couvertures de fourrure épaisse emmitouflaient les jambes de la jeune femme. Les cavaliers tcherkesses qu'elle croisait dans la ville étaient encapuchonnés d'un *bachlik* pointu et habillés de la vaste *bourka* d'hiver, qui couvrait l'homme et la monture, les soudait l'un à l'autre dans une seule masse fumante. Devant le magasin des Danoff, les commis qui tenaient les chevaux des acheteurs battaient la semelle et soufflaient dans leurs doigts gelés. Le commerce marchait au ralenti. Le Kouban était pris sous la glace. Les trains avaient du retard. Le courrier était maigre et intermittent. Toute la bourgade se repliait dans une sorte de vie latente.

Passé les dernières maisons, la steppe s'étalait,

éblouissante, élargie de blancheur, de silence et d'immobilité. Des corbeaux noirs la survolaient avec ennui. Dans la neige, on voyait les empreintes de bêtes étranges, qui rôdaient autour de la cité. Le cocher prétendait que des loups s'aventuraient dans la campagne. Mais Michel affirmait que le cocher était un ivrogne et un menteur. Et Tania estimait que c'était dommage.

Les jours tombaient l'un après l'autre, à peine marqués par les fêtes de Noël et du nouvel an, avec distribution de cadeaux, invitation du prêtre arménien d'Armavir et réveillon copieux au champagne.

Puis, venait le mois de février, doux et humide. Le ciel était d'un bleu fragile. La neige fondait. La terre de la steppe émergeait du sommeil, noire et molle, avec de maigres paquets de charpie blanche au revers des fossés. Les rues se transformaient en fleuves de boue. On jetait des planches pour les traverser. Le vitrier emportait les doubles carreaux. Et très vite, c'étaient des pluies serrées, fraîches et nourricières. Tania ne sortait plus et passait des heures à écouter la plainte du vent dans les cheminées et le ruissellement musical de l'eau contre les vitres. Les chariots des acheteurs s'embourbaient. On glissait des pierres plates sous les roues enlisées. Marie Ossipovna était enrhumée, pestait contre ses domestiques et buvait du thé kalmouk à doses massives. Alexandre Lvovitch jouait aux échecs avec des chefs de rayon. Michel quittait Armavir pour passer des commandes à Lodz, ou à Rostoff, ou à Moscou. Ensuite, il revenait. Tania allait l'attendre à la gare. Il avait maigri. Il parlait beaucoup de ses projets. Il voulait étendre et moderniser l'affaire, établir une nouvelle ligne de chemin de fer dans la région, créer une usine de drap. Le soir même, il s'isolait avec son père dans le salon. Et, tard dans la nuit, on les entendait discuter et marcher à travers la pièce sonore.

Le mois de mai imposait les grandes chaleurs vibrantes de l'été. L'air sec décapait le visage. Des mouches et des moustiques tremblaient par nuées aux abords des ruisseaux taris. Les fenêtres s'ouvraient sur le soleil et la poussière des rues. Déjà, les élèves de l'école municipale, les soldats, les commis, se pavanaient en chemises blanches, serrées à la taille par de fines courroies.

À l'aube, Tania entendait, de son lit, le mugissement du bétail qui laissait la ville. Chaque propriétaire confiait ses quelques vaches, ses chevaux, ses moutons, au pâtre communal, qui entraînait le troupeau dans la campagne. Vers le soir, les bêtes revenaient, lourdes, ivres d'herbe et d'air pur. Des gamins les triaient par lots, à longs cris farouches, avant de les rabattre dans leurs étables et leurs écuries respectives.

La steppe rayonnait, verte, violente, poudrée de coquelicots, de marguerites et de bleuets. L'herbe était si haute que Tania, assise dans la calèche, n'avait qu'à étendre le bras pour en arracher une touffe. Des cigales grinçaient. Des taons s'acharnaient sur les croupes des chevaux. Des alouettes tournaient follement dans le ciel. Et, de temps en temps, un éclair de chaleur traversait l'horizon violacé.

Parfois, en pleine nuit, un orage se déchaînait, magnifique et absurde. Tania ouvrait la fenêtre. Dans une nuée bleue, la foudre explosait, blanche, bête, la pluie ruisselait à flots épais. Et, de nouveau, c'étaient l'éclair et le tonnerre. Les toits des maisons s'allumaient et s'éteignaient spasmodiquement. Le monde entier paraissait prêt à se fendre dans un flamboiement nerveux. Une fenêtre s'éclairait dans la ville endormie. Sans doute quelque femme s'était-elle levée pour admirer la tempête ? Tania se sentait seule et triste. Elle se penchait, tendait son visage à la pluie froide. Du fond de son lit, Michel grommelait :

— Ferme la fenêtre. Il fait froid.

Plus tard, l'herbe se fanait dans la steppe, le cuisinier préparait des confitures dans des bassines de cuivre, et des salaisons pour l'hiver. Et l'hiver revenait, avec le même vent, la même neige et les mêmes doubles carreaux. Et, quand Tania réfléchissait à l'année écoulée, elle ne pouvait y distinguer aucune joie, aucune tristesse qui lui donnât le sentiment d'avoir vécu. Cependant, elle ne souffrait plus de cette destinée monotone. Elle était comme anesthésiée, hypnotisée, par la famille

Danoff. Même, elle finissait par éprouver le besoin d'accomplir, heure par heure, les gestes fixés par le protocole sévère de la maison.

Michel lui savait gré de cette docilité nouvelle. Il l'entourait de soins et de compliments naïfs, et prétendait qu'elle le rendait heureux au-delà de son espérance.

Marie Ossipovna, elle-même, recherchait les conseils de Tania avant de se commander quelque lourde robe noire, arrosée de paillettes de jais. Alexandre Lvovitch apportait à sa bru les plus belles pièces d'étoffe reçues au magasin. Pour le déjeuner du dimanche, on ne manquait pas de préparer en cachette les plats préférés de la jeune femme. On finit même par lui accorder le droit d'aller se promener à pied dans la ville.

Tania était sensible à la gentillesse que lui manifestaient son mari et sa belle-famille. Après quatre ans de mariage, il lui semblait avoir définitivement rompu avec la créature brillante, égoïste et tendre qu'elle avait été. Elle s'étonnait d'avoir vécu jadis hors de la maison des Danoff, hors de la ville d'Armavir, d'avoir aimé quelqu'un avant d'aimer Michel, d'avoir eu des parents, des frères, des sœurs, une enfance libre. Elle ne pleurait même plus en retrouvant ses robes de jeune fille dans le fond d'une armoire, et son journal intime, arrêté quelques jours avant le mariage, lui paraissait, pour peu qu'elle le feuilletât, fade et insignifiant.

Chaque année, pour les fêtes de Pâques, elle se rendait à Ekaterinodar, mais ce voyage ne lui procurait plus qu'une satisfaction médiocre. Habituée au rythme d'une vie triste et sage, elle se sentait étrangère parmi les siens. Par fierté, elle ne voulait pas leur avouer sa déception, et préférait juger de haut leurs plaisirs et leurs tracas journaliers. Sous l'œil sagace de ses parents, elle devenait hostile. Elle surveillait intensément son langage, sa voix. Elle se défendait. Elle défendait les Danoff. En vérité, elle n'était jamais aussi complètement l'épouse de Michel que pendant ces soirées familiales, où le regard de sa mère se posait tendrement sur elle. Une voix, intolérable de douceur, lui demandait soudain :

— *Maintenant, raconte...*

Alors, Tania, les yeux gonflés de larmes, un sourire automatique aux lèvres, mentait, mentait d'une façon volubile et désordonnée. Et Zénaïde Vassilievna, le front penché sur sa tapisserie, murmurait :

— Je suis bien heureuse de savoir que tu es contente de ton sort.

Ces soirées épuisaient Tania. Elle en arrivait à compter avec impatience les jours qui la séparaient de son départ pour Armavir. Dès son retour chez les Danoff, elle était miraculeusement soulagée. Elle essayait même, pendant quelques semaines, de trouver à son existence provinciale les avantages qu'elle avait commentés en famille. Mais, très vite, elle renonçait à ce jeu, et, fatiguée de lutter, s'abandonnait au cours uniforme du temps.

Au mois de novembre 1900, elle tomba malade. Le médecin prétendit qu'il s'agissait d'une forte grippe et qu'elle guérirait plus rapidement si on l'envoyait à Kislovodsk. Mais Michel s'était rendu à Lodz pour ses affaires, et Tania refusa de quitter la maison en l'absence de son mari. Marie Ossipovna l'embrassa sur les deux joues, lui déclara qu'elle était sa fille, et lui fit cadeau d'une bague robuste, ornée d'un diamant, que les épouses Danoff se transmettaient de génération en génération.

Tania était encore très faible, lorsque Michel annonça son retour par télégramme. Malgré son désir, elle dut se priver de l'accueillir à la descente du train. Installée sur sa chaise longue, au salon, elle regardait la première neige qui tourbillonnait à légers flocons derrière les doubles fenêtres embuées. Le livre qu'elle lisait avait glissé par terre, et elle ne trouvait pas le courage de le ramasser.

Des gamins se jetaient des boules de neige d'un trottoir à l'autre. Dans le verre, placé entre les deux vitres, le niveau de l'esprit-de-sel avait monté. Quand le verre serait plein, on pourrait espérer la fin des mauvais jours. Mais, pour elle, rien ne serait changé. Elle soupira et consulta sa montre. Cinq heures. Le train avait du retard, sans doute. Un homme en manteau de fourrure traversait la chaussée. C'était le fondé de pouvoir des Comptoirs Danoff. Il revenait de la poste. Un Tcherkess débouchait dans la Voronianskaïa sur son petit cheval gris. Il était dressé, raide, sur ses étriers. Sa *bourka* déployée couvrait la croupe et les flancs de la bête. Comme il longeait un remblai de neige, un garçon loqueteux, au type arménien prononcé, saisit le bas de son paletot et le serra dans son poing, pour ne laisser dépasser qu'un bout d'étoffe triangulaire en forme d'oreille de cochon. L'oreille de cochon était une insulte mortelle pour un musulman. Le Tcherkess hurla, menaça l'enfant de son fouet. L'enfant prit la fuite en trébuchant dans la neige molle. Tania sourit doucement. C'était amusant de regarder par la fenêtre.

À cinq heures et demie, enfin, Tania entendit sonner les grelots de la voiture : Michel. Elle le vit descendre de traîneau, secouer ses pieds sur les marches du perron, dégrafer son col. Puis, il pénétra dans la maison. Il y eut des bruits de voix dans le vestibule. Sans doute Marie Ossipovna parlait-elle à son fils de la maladie de Tania. Tania enrageait de n'être pas guérie pour l'arrivée de Michel. Il allait s'affoler inutilement, la presser de questions, convoquer le docteur, peut-être. Tania avait une telle horreur des médecins, depuis la mort de Suzanne ! Il fallait à tout prix qu'elle se mît debout pour rassurer Michel. Mais, avant qu'elle eût tenté le moindre mouvement, la porte s'ouvrit et Michel entra dans la pièce. Son visage était marbré par le froid. Il y avait des pointes de givre dans ses moustaches. De toute sa personne, émanait un parfum glacé de neige et de grand air. Déjà, il était près d'elle et lui couvrait les joues de petits baisers délicats. Tania riait faiblement.

— As-tu bien voyagé, Michel ? demanda-t-elle enfin.

— Aucune importance. Maman m'a dit que tu étais malade. Je vais faire venir Dorojkine, et tu guériras en trois jours.

— J'ai déjà vu un docteur.

— Oui, mais pas Dorojkine.

Tania fit une moue boudeuse et secoua la tête :

— *Je ne veux plus me laisser tripoter* par des médecins. C'est curieux que tu ne sois pas jaloux à la pensée qu'un homme me palpe les côtes, colle son oreille contre mon dos ?
— Un médecin n'est pas un homme.
— Et une malade n'est pas une femme, sans doute ?
— Sans doute.
— Et elle n'a pas le droit d'avoir la moindre pudeur ?
— Pas la moindre.
— Et pas la moindre répulsion ?
— Non.
— Eh bien, c'est donc que je suis guérie. Parce que, moi, j'ai de la pudeur, et moi, Dorojkine me dégoûte. Il a une moustache qui sent la résine !
Elle se mit à rire et s'arrêta, secouée par une quinte de toux.
— Écoute-toi tousser ! s'écria Michel. Et ose répéter que tu es guérie ! De ce pas, je vais quérir Dorojkine !
— Je ne le recevrai pas, dit Tania.
Et elle renifla un paquet de larmes.
Michel marchait de long en large, les mains derrière le dos :
— Tu es impossible... Tu... tu es puérile... Je cherchais le mot : tu es puérile... Tu te laisserais mourir par entêtement !... Et moi qui t'avais préparé une surprise !...
— Quelle surprise ? demanda Tania.
— Je ne te le dirai que si tu acceptes de voir Dorojkine.
— Je sais déjà ce que c'est. Tu m'as apporté une robe.
— Non.
— Un manteau ?
— Non.
— Un bijou ?
— Non.
Négligeant son chagrin, Tania s'essuyait les yeux avec son mouchoir et plissait le front sous l'effort de la pensée.
— Je ne vois pas ce que tu pourrais me rapporter d'autre, dit-elle enfin. C'est plus cher que tout ça ?

— Oui.
— Et plus grand ?
— Oh ! oui.
— Ça se mange, ça se porte, ou ça se lit ?
— Tu fais fausse route, dit Michel. Accepte de recevoir Dorojkine, et tu sauras tout.

Tania poussa un soupir, fronça les sourcils et dit gravement :

— C'est promis. Mais je veux que tu assistes à la consultation.

Michel se frottait les mains.

— Parfait ! Parfait ! dit-il. À présent, réfléchis bien. D'où crois-tu que je revienne ?

— De Lodz.

— Non, dit Michel. De Moscou.

Et il décocha un regard triomphal à la jeune femme.

— J'ai été à Moscou, reprit-il solennellement.

— Eh bien ? Tu y vas chaque année pour tes affaires, dit Tania.

— Peut-être... Peut-être... Mais, d'une année à l'autre, on change...

— Que veux-tu dire ?

Michel jubilait. Il cligna de l'œil, posa un doigt sur sa bouche et murmura :

— Ha ! Ha ! Voilà... Mystère... Ténèbres... Dérobades...

— Explique-toi, tu m'agaces.

— Tu ne devines pas ? On se promène à Moscou, on rêvasse, on regarde les maisons. C'est joli, Moscou. C'est plein de monde, de traîneaux élégants, de théâtres, de...

— Est-ce que tu deviens fou ?

— Non, mais toi tu seras folle dans un instant.

Il la toisa de toute sa hauteur, croisa les bras sur sa poitrine et déclara d'une voix sensationnelle :

— Il y a deux mois, sur mes instances, le conseil d'administration des Comptoirs Danoff a décidé de moderniser l'affaire et d'en transférer le siège social à Moscou.

— À Moscou ? s'écria Tania.

— Oui. Je ne t'en ai pas parlé plus tôt, parce que je ne voulais pas te causer une fausse joie. À présent, tout est réglé. J'ai retenu les locaux des bureaux et des magasins. Et j'ai fait mieux, Tania. Regarde-moi. J'ai acheté une maison à Moscou. Une maison pour nous. Une grande, une belle maison, sur la rue Skatertny. Nous déménageons en janvier. Volodia nous suivra. Je lui ai déjà écrit pour lui annoncer la nouvelle. Et j'ai choisi un nouveau directeur pour Ekaterinodar.

Il ne put achever. Tania s'était dressée d'un bond et clamait à pleine gorge :

— Moscou-ou ! Moscou-ou !

Elle avait oublié sa maladie et la visite prochaine du médecin. Le sang aux joues, les yeux brillants de larmes, elle s'abattit d'une masse sur la poitrine de Michel.

— Ce n'est pas possible, balbutiait-elle. Jure-moi que c'est vrai ! Ce serait trop méchant, si tu m'avais menti ! Moscou ! La maison est belle ?... Combien d'étages ?...

— Trois...

— Combien de chambres ?

— Vingt-deux.

— Et il y a... des... des monte-plats...

Michel souriait et berçait Tania dans ses grands bras refermés.

— Tu t'ennuyais donc tant que ça ici ? dit-il d'une voix triste.

— Cela n'a plus d'importance ! As-tu un plan de Moscou ? Je voudrais voir où se trouve la rue Skatertny...

Elle parlait si vite, qu'elle dut s'arrêter pour reprendre son souffle. Puis, elle ravala une gorgée de salive, secoua le front et dit :

— Nous recevrons beaucoup, n'est-ce pas ?... On mettra des palmes partout... On prendra un abonnement au théâtre... On ira au restaurant *Yar*... à l'Ermitage...

— Oui, oui...

— On rattrapera le temps perdu !

— Si tu veux.

— Mais je n'aurai jamais assez de robes !

— Tu en commanderas.

— Et les domestiques ?

— Tu en engageras.

— Et tes parents ?

— Ils resteront ici. Ma mère ne supporterait pas de vivre ailleurs qu'à Armavir. Elle a des amies, des habitudes...

— Je suis sûre que ton père aurait été heureux de nous suivre, dit Tania.

— Il viendra nous rendre visite, de temps en temps.

Elle battit des mains :

— Michel, tu es un dieu ! Michel, je t'adore ! Michel, fais vite chercher le docteur Dorojkine ! Je ne suis plus malade, mais je veux te faire plaisir, plaisir... Il pourra me chatouiller tant qu'il voudra avec sa moustache qui sent la résine. Il pourra me gaver de cachets et de sirops. Ça m'est égal ! Moscou ! Moscou !

Elle pirouetta, trébucha, se laissa tomber sur une chaise et s'éventa légèrement avec son mouchoir.

— Je suis si heureuse !...

Des larmes coulaient sur ses joues.

— Tu pleures à présent ? demanda Michel.

— Oui, dit Tania. Tu es le meilleur des hommes ! Je voudrais te poser une seule question : pourquoi as-tu décidé de transférer le siège de l'affaire à Moscou ?

— Parce que, devant le développement considérable de notre entreprise, il était indispensable que nous fussions représentés à Moscou pour suivre le train des maisons concurrentes.

— C'est tout ?

— Mais...

— Tu n'as pas pensé un peu, un tout petit peu, à moi ?

Michel baissa la tête.

— Si, dit-il.

Tania saisit les mains du jeune homme et les porta vivement à ses lèvres :

— Alors, j'ai gagné ! Appelle Oulîta. Je veux me maquiller, m'habiller. Je descendrai dîner avec vous, ce soir. Ce sera notre premier repas moscovite... Hum...

Michel Alexandrovitch, que ferons-nous après souper ? Les Tziganes, le théâtre, le bal ?...

Tandis qu'elle babillait avec des mines de grande dame, Michel s'était assis dans un fauteuil et la regardait fixement.

— Comme tu es jeune ! Comme tu es gaie ! dit-il enfin. Comme il faut peu de chose pour te rendre heureuse !

— Tu appelles ça peu de chose ? Après quatre ans d'Armavir ! s'écria Tania.

Et, de nouveau, inexplicablement, elle se mit à pleurer. Michel sortit en coup de vent pour chercher le docteur Dorojkine. Le soir même, le docteur Dorojkine débarquait chez les Danoff, auscultait la malade et déclarait poliment qu'on l'avait dérangé pour rien.

L'hôtel particulier, acheté par Michel au cours de son dernier voyage à Moscou, était situé à l'angle des rues Skatertny et Médvéjy, dans un quartier calme et d'élégance aérée. La maison de trois étages était vaste, blanche, flanquée d'une cour pavée et d'un jardinet d'agrément. Dans la cour, étaient les écuries et la maisonnette du garde. Dans le jardinet, on avait dressé une pente artificielle pour les glissades en traîneau. Le bâtiment comportait quatorze chambres de maîtres et huit chambres de domestiques. Dans toutes ces pièces, dès le matin, s'affairait une armée de menuisiers, de vitriers, d'électriciens, de frotteurs et de peintres. Le lendemain de leur arrivée à Moscou, Tania et Michel avaient visité la chapelle de la Vierge-d'Ibérie, pour y brûler un cierge et en rapporter une copie de l'icône miraculeuse. La sainte image avait été accrochée dans le salon. Le pain et le sel de l'hospitalité reposaient sur une tablette, près de la porte.

En attendant la réception des meubles, expédiés d'Armavir sur Moscou, Tania et Michel logeaient à l'*Hôtel Slaviansky Bazar*. Chaque jour, Michel se rendait à son nouveau bureau pour y surveiller l'installation des archives, et Tania filait à la maison de la rue Skatertny, où on ne peignait pas une corniche sans son assentiment. Exaltée, volubile, elle choisissait la teinte des papiers, brassait des étoffes d'ameublement, tenait tête au décorateur qui préconisait des fresques à l'italienne pour le plafond, exigeait de l'ébéniste ahuri que le lit fût hissé sur une estrade, épouvantait le plombier en demandant qu'aucun tuyau ne fût visible dans les couloirs et dans les pièces de maîtres, et repoussait du pied les poignées de portes qu'on lui proposait. Elle était partout à la fois, critiquant, encourageant, commandant et décommandant, à tort et à travers. Elle fit recommencer quatre fois la décoration de sa chambre à coucher, tout en boiserie bleu pâle et en panneaux brodés de cigognes japonaises. Tantôt les moulures encadrant les panneaux de soie étaient trop larges, et tantôt elles étaient trop étroites. Tantôt les motifs en plâtre qui dissimulaient le crochet du lustre étaient trop importants, et tantôt ils étaient trop mièvres. Tantôt les portes étaient d'un azur trop franc, et tantôt elles étaient d'un azur trop fade. Tania s'approchait du peintre, anxieux et barbouillé, inclinait le menton, plissait les paupières et disait simplement :

— Tout compte fait, c'était mieux avant.

Et l'artisan, désespéré, suivait longtemps du regard cette femme étrange, décidée et versatile, qui se moquait de la dépense, et jetait bas, en quelques mots, le labeur honnête de plusieurs jours.

Tania jouissait farouchement de son importance dans la maison. Elle éprouvait à houspiller ces ouvriers déférents et dociles une ivresse de jeune reine capricieuse. Elle s'épanouissait dans cette odeur de térébenthine, de mastic et de cire, dans ce vacarme de coups de marteau. Le soir, elle revenait à l'hôtel harassée, grelottante, joyeuse, disait à Michel : « Je ne tiens plus sur mes jambes », et le suppliait de la mener au théâtre.

Une fois la maison repeinte, cirée et rajeunie, il fallut s'occuper d'acquérir quelques meubles pour compléter le contingent expédié d'Armavir. Ce fut Tania qui discuta les maquettes et imposa ses volontés. Par réaction contre la demeure d'Armavir, austère et froide, Tania souhaitait que son nouveau logis fût élégant, intime et douillet « comme une bonbonnière ». Elle acheta une profusion de petites tables aux pattes grêles et cannelées, d'étagères en marqueterie blonde, de méridiennes langoureuses, de palmiers verts, de bibelots chinois et de paravents brochés, ornés d'ibis aux plumes flamboyantes. Tout cela, amarré dans les vastes chambres intactes, formait un ensemble étouffant et cossu.

Tania interdisait à son mari de visiter la maison hors de sa présence. S'il arrivait à l'improviste pour inspecter les travaux, elle l'accueillait dans le vestibule, lui saisissait le bras et le guidait elle-même de pièce en pièce. Elle disait :

— Suppose que nous soyons des invités. Nous venons pour la première fois chez les Danoff. Marche plus lentement. Attention à la peinture... Maintenant, ouvre la porte... Dieu que c'est beau ! Quelle grâce ! Quelle clarté ! Quelle distinction ! Ne trouvez-vous pas, cher ami, que les Danoff ont bien de la chance ?... Mets-toi dans ce coin... C'est de ce coin-là que le salon fait le plus d'effet... Qu'est-ce que tu en dis ?... Et regarde le reflet dans la glace !... Cette grande pièce, et nous deux, au fond, tout petits, tout gentils !... Par moments, j'ai peur d'être dans un rêve, tellement je suis heureuse !...

Au début de février, la maison était prête. Tania engagea un cuisinier, barbu et grave comme un prêtre, un aide-cuisinier, deux laquais aux références considérables, deux femmes de chambre, une blanchisseuse, une souillon, un portier, un cocher, un palefrenier et un homme de peine. Elle prit un abonnement chez le couvreur qui devait vérifier les toits après chaque chute de neige, chez l'horloger qui était chargé de remonter toutes les pendules, chez le fumiste responsable du chauffage central, chez le frotteur, chez le vitrier et chez le fleuriste. Enfin, ces dernières formalités remplies, Tania et Michel emménagèrent dans leur nouvelle demeure. Ils fêtèrent cet acte mémorable par un souper fin, en tête à tête, arrosé de champagne et éclairé aux bougies de cire rose.

Volodia n'avait pas encore rejoint son poste à Moscou. Nicolas restait introuvable, malgré les fréquentes visites de Tania à son appartement. Le portier de l'immeuble où habitait le jeune homme affirmait que M. Arapoff était parti depuis trois semaines pour affaires. Tania en déduisit que son frère avait été obligé de se rendre en province pour étudier les pièces d'un procès. Elle laissa une lettre à son adresse et se désintéressa de lui pendant quelques jours.

Déjà, une partie du personnel des bureaux d'Armavir avait été transférée à Moscou. Michel avait retrouvé quelques relations d'affaires. Le 15 février, Tania donna son premier grand dîner, avec messieurs en frac, dames décolletées, jeté de fleurs sur la table, et petit orchestre tzigane dans une loggia entourée de palmiers. Au dessert, on vint lui annoncer que Nicolas Arapoff l'attendait dans le boudoir. Tania s'excusa auprès de ses invités et courut rejoindre son frère. Elle le reconnut à peine, tellement il avait maigri et pâli depuis leur dernière entrevue. Ses cheveux trop longs pendaient en mèches sur ses oreilles et sur sa nuque. Ses yeux avaient une expression étonnée, malheureuse. Il regardait autour de lui en serrant ses mains l'une contre l'autre.

— C'est beau chez toi, dit-il tristement.

— N'est-ce pas ? s'écria Tania. Et ce n'est rien encore ! Tu vas venir prendre le café avec nous, et tu verras la salle à manger. Elle est tout en boiserie safran...

Nicolas balançait la tête avec obstination.

— Je te remercie, dit-il, mais il faut que je parte.

— Tu as bien le temps d'avaler une tasse de café !

Il eut un sourire humble, traqué, glissa un doigt dans son faux col trop large :

— Non... non... Il faut me laisser partir...

— Quand reviens-tu ?

— Bientôt... Dès que je le pourrai... Je suis très pris...

— Tes affaires ?

— Oui... mes affaires...

Il regarda encore le plafond peint de frais, les meubles neufs et murmura :

— Ça a dû coûter cher, tout ça... C'est très bien, très bien... Tu es heureuse, n'est-ce pas ?

— Mais bien sûr ! s'écria Tania en éclatant de rire.

Nicolas se mit à rire, lui aussi, mais drôlement, les yeux clignés, les lèvres pincées, comme si ce rire lui faisait mal. Puis il passa une main tremblante sur son visage. Tania remarqua que la manche de son pardessus était effilochée au coude. Elle n'avait jamais imaginé que son frère pût manquer d'argent. Une pitié atroce lui serra le cœur. Elle balbutia :

— Ta manche ?

— J'ai mis mon vieux manteau pendant qu'on me retape l'autre, dit Nicolas. Et puis, j'ai encore un vêtement en train chez le tailleur. Je n'ai pas à me plaindre, tu sais...

De nouveau, il eut ce pauvre sourire puni, cligna de l'œil, et, s'approchant de sa sœur, l'embrassa sur les deux joues en chuchotant :

— Je suis content de t'avoir revue, Tania... Je repasserai quand tu seras seule... Ne t'inquiète pas pour moi... Je m'occupe d'une grande cause, d'un grand procès, où il y a tout à gagner et rien à perdre...

Il claqua des doigts, répéta :

— Tout à gagner et rien à perdre, tu m'entends ?

Puis il quitta rapidement la pièce. Par la fenêtre, Tania le vit monter dans un petit traîneau exigu, attelé d'une rosse noire et dominé par la masse ronde du cocher. Le fanal du perron éclairait cet attelage minable, figé dans la neige. Un homme était assis à côté de Nicolas. Il était coiffé d'une casquette. Il fumait. Le cocher secoua ses guides. Le cheval encensa de la tête. Des grelots tintèrent. Et le traîneau glissa d'un bord à l'autre de la vitre pour disparaître comme une vision.

Tania retourna dans la salle à manger, où ses invités la réclamaient à grands cris pour le douzième toast de la soirée.

Longtemps, à travers le cliquetis des verres, le bruit des voix et le bourdonnement des guitares tziganes, elle crut entendre le son des grelots qui s'éloignaient dans la nuit.

2

Tania pivota sur les talons et colla son nez à la vitre, en signe de courroux. Michel tortillait sa moustache du bout des doigts.

— Puisqu'il est fatigué ! dit-il enfin. Tu ne vas pas le forcer à sortir s'il n'en a pas envie !

— Il faut toujours que je fasse les volontés des autres, et, lorsqu'il s'agit de me faire plaisir, tout le monde se dérobe ! Ce n'est pas juste.

— Volodia est arrivé ce matin. Son voyage a été long et pénible.

— Il a dormi dans le train.

— C'est insuffisant. Il se couchera tôt ce soir, et, demain, si tu veux, nous irons au restaurant ou au théâtre.

— Demain, ça ne m'amusera plus.

Michel ouvrit les bras dans un geste d'impuissance. Volodia, assis dans un fauteuil, la tête renversée, l'œil éteint, murmura du coin des lèvres :

— Inutile d'insister, Michel, elle ne comprendrait pas.

— Non, je ne comprendrais pas, dit Tania en tournant vers lui son joli visage fâché. Moi, je me réjouis de votre arrivée, je combine tout pour la fêter dignement, je mets une robe... enfin une robe de circonstance...

Michel et Volodia éclatèrent de rire.

— Nous y voilà ! dit Volodia. Elle a peur de s'être habillée pour rien.

— Ce n'est pas vrai ! s'écria Tania. Ce n'est pas pour vous que je me suis habillée, c'est pour moi ! Et ce n'est pas de moi que j'ai pitié, mais de vous !

— De nous ?

— Oui ! Vous êtes devenus tous les deux de vieux petits bonshommes sans ressort. Vous avez peur de faire une folie. Vous... Vous ne savez pas ce qui est bon. Vous êtes des provinciaux...

— Et vous êtes une vieille Moscovite, n'est-ce pas ? dit Volodia. Ma chère Tania, je n'ai plus guère le goût des distractions brillantes. Je préfère un bon souper à domicile, entre amis...

— Eh bien, vous souperez sans moi, dit Tania avec hauteur. Je monte me coucher.

Elle fit quelques pas, s'arrêta sur le seuil de la porte et grommela encore :

— Espèces de diables ! Trouble-fête !

De nouveau, Michel et Volodia éclatèrent de rire, stupidement. Volodia avait un rire pointu et irritant de fille. Michel, lui, riait comme un paysan, la bouche bien ouverte, la voix épaisse. Elle n'aimait pas les voir rire ensemble. Leur amitié devenait alors franchement désagréable et vulgaire. Ils faisaient bloc. Ils étaient « les hommes ». Et ils paraissaient si fiers d'être « les hommes » avec leurs figures tannées, leurs mains fortes, leurs grands pieds, leurs moustaches, qu'on ne pouvait que les plaindre ou les détester.

— Amusez-vous bien, imbéciles ! dit-elle encore.

Et elle franchit le seuil, en ondulant noblement des hanches. Elle n'avait pas fait dix pas dans le corridor que Michel la rejoignait en courant.

— Écoute, dit-il. C'est arrangé. Volodia accepte de venir au restaurant *Strélnia*, à condition que nous ne rentrions pas trop tard. Je vais commander un traîneau.

Tania eut un sourire de triomphe.

— Tout de même ! dit-elle. Vous avez fini par comprendre.

Elle se contemplait dans la glace de l'entrée avec satisfaction. Vraiment, elle était trop belle pour rester à la maison, ce soir. Sa robe de soie tilleul, bordée de guipure crème et découpée en cœur sur le corsage, était d'une élégance exceptionnelle. Les manches, arrêtées au coude, se terminaient par des bouffants de mousseline de soie, légers comme des flocons de vapeur. Une touffe de roses rouges éclatait en blessure à son épaule nue. Et elle portait au cou une rivière de diamants.

Après les longues années de claustration provinciale, Tania éprouvait un besoin farouche de s'habiller, de s'amuser, de dépenser de l'argent et d'être admirée. Elle se sentait étourdie, éblouie, comme si elle eût émergé d'une cave sombre dans la lumière et les rumeurs du matin. Chaque soir, à l'annonce d'une distraction nouvelle, le sang battait vivement dans ses poignets, enflammait ses joues. Déjà, la femme de chambre lui passait un ample manteau de zibeline, lui tendait un manchon assorti et présentait de petites bottes de feutre blanc à ses pieds. Michel et Volodia enfilaient leurs pardessus à col d'astrakan, chaussaient des galoches de cuir en jurant à mi-voix.

— Eh bien, elle a fini par nous avoir, la petite peste ! grognait Volodia. Tant pis pour vous si je m'endors en plein restaurant.

Le traîneau attendait à la porte de la maison. La neige tombait sur le cocher, immobile et raide comme un ballot d'étoffe. Les bêtes soufflaient une haleine blanche et raclaient le sol du sabot. Tania, Volodia et Michel s'installèrent dans la voiture et se couvrirent les jambes avec une peau d'ours, lourde et chaude, que des anneaux retenaient aux coins. Le traîneau partit dans un crissement de neige écrasée.

Le restaurant *Strélnia* se trouvait à trois quarts d'heure de course de Moscou, sur la route de Saint-Pétersbourg. Passé les faubourgs de la ville, le traîneau s'élança dans la nuit plate et neigeuse. Le froid tirait, réduisait les visages. Les yeux, brouillés de poussière gelée, s'hypnotisaient sur cet horizon blanc et noir, qui tressautait au rythme des cahots. Par instants, les lampadaires éclairaient un sapin à épaulettes d'argent, ou des broussailles chétives au revers de quelque talus de sucre.

Personne ne parlait, car le vent de la course séchait les lèvres au point de les rendre douloureuses. Les oreilles devenaient des glaçons sonores où tintait le métal guilleret des grelots. Les narines, brûlées et dures, accueillaient le parfum vide, vaste et propre de l'hiver. Sûrement, le cocher était mort de froid, et les chevaux galopaient, livrés à leur seule fantaisie. Depuis combien de temps le traîneau avait-il pris la route ? Dix minutes, vingt minutes ? Une lumière. Deux lumières. Michel tourna vers Tania sa figure aux sourcils et aux moustaches poudrés de neige.

— Hou ! grogna-t-il sans desserrer les lèvres.

— Hou ! Hou ! répondait Tania avec exaltation.

On approchait du *Strélnia*. Déjà, la vaste bâtisse du restaurant se dégageait de la nuit, comme un bloc de cristal, comme un iceberg de lumière lunaire. Sa toiture et ses parois extérieures vitrées resplendissaient de clarté. Un vestibule en bois s'emmanchait dans cette masse de transparence géante. Non loin du restaurant, il y avait le *traktir* réservé aux cochers et une remise pour les bêtes. Le traîneau ralentit, s'arrêta. Tania mit pied à terre. Et, aussitôt, un portier galonné se précipita sur elle, un petit balai à la main. Vivement, il époussetait la neige de ses bottes et de son manteau. Dans l'entrée, des valets débarrassaient les nouveaux arrivants de leurs pardessus, de leurs galoches et de leurs bottes. Dépouillés de leur uniforme d'explorateurs polaires, les trois amis pénétrèrent enfin dans le restaurant.

Après la nuit glaciale, ils tombaient tout à coup dans une grande salle vitrée, surchauffée, bondée de lumières, de visages, de musiques, de gestes et de cris. Couvée en plein cœur de l'hiver, c'était une flore tropicale qui s'épanouissait à l'aise dans cette serre immense. Des palmiers centenaires, aux troncs écailleux et velus, montaient jusqu'au plafond de verre. Sur la périphérie, des grottes artificielles tenaient entre leurs mâchoires de pierre de petites tables blanches ornées de convives, de lampions et de corbeilles de roses. Des fontaines bruissaient dans des vasques claires, des cascades coulaient au flanc des rochers. Le murmure de ces eaux vives doublait la musique langoureuse d'un orchestre roumain. Les garçons glissaient, aigus et noirs, privés d'épaisseur et de poids, entre les nappes étincelantes de cristaux. L'air était embaumé par le parfum des femmes, du tabac et des sauces fines. Quelqu'un criait :

— Stiopa ! Stiopa !

Échappée au grand froid silencieux de la course, Tania se sentait fondre délicieusement dans cette chaleur luxueuse. Son visage flambait. Sa gorge était sèche. Elle saisit la main de Michel :

— N'ai-je pas eu raison de vous entraîner ?

Un maître d'hôtel accourait vers eux :

— Michel Alexandrovitch, que puis-je vous offrir ce soir ? Une table ? Un cabinet particulier ?...

— Un cabinet particulier, dit Michel.

Tania était très fière d'être reconnue par le personnel de l'établissement. Il n'y avait pas deux mois qu'elle habitait Moscou, et, déjà, elle était une habituée des réunions élégantes, une femme du monde. Quand elle passa entre les tables, suivie de Michel et de Volodia, elle entendit des étrangers qui murmuraient son nom accompagné d'épithètes flatteuses.

Le maître d'hôtel conduisit le petit groupe à un cabinet particulier, dont les baies vitrées donnaient sur la salle commune. Le cabinet particulier était meublé d'une table, de quelques chaises et d'un piano que drapait un châle jaune à franges. L'ensemble baignait dans une couleur rouge framboise, agréable à l'œil.

— Que nous proposez-vous ? demanda Michel au maître d'hôtel.

L'homme fit une grimace d'introspection profonde et chuchota du bout des lèvres, comme s'il dégustait chaque mot avant de le former :

— Que diriez-vous d'un peu de caviar frais, de quelques foies au madère et d'un bouquet d'écrevisses cardinal pour commencer ? Je continuerais par du sterlet, des boulettes de volaille, des perdreaux à la crème. Et je terminerais par une pêche glacée au jus de grenade.

— D'accord.

— Et comme vin ?

— Vodka et champagne, dit Michel.

Le repas fut rapide et gai. Au dessert, Michel convoqua un groupe de chanteurs russes avec balalaïkas. Après les cinq chansons réglementaires, le chœur russe fut remplacé par un chœur hongrois. Les jeunes femmes, coiffées de fleurs et de rubans, et chaussées de petites bottes en cuir souple, s'installèrent autour du piano. Tandis qu'elles chantaient, Tania, épanouie, radieuse et un peu ivre, battait la mesure sur le bord de la table avec son doigt.

— La vie est passionnante, dit-elle. Il y a deux mois, nous croupissions encore dans ce trou boueux d'Armavir. Et, ce soir...

— Et, ce soir, nous essayons d'oublier Armavir, dit Michel. Un jour viendra où tu regretteras la petite ville qui a abrité les premières années de notre mariage.

— Jamais, dit Tania.

Et elle éclata de rire en portant un verre à ses lèvres.

— Je bois à l'oubli du passé, dit-elle encore.

— Ne blasphémez pas, Tania, dit Volodia d'une voix douce. Pour moi, ce passé est plus proche que le présent. Pour moi, le présent n'est qu'un prétexte à cultiver le passé.

— Vous êtes un pauvre type, mon cher...

— Je suis un pauvre type, effectivement. Et je crois bien que je le resterai jusqu'à la fin de mes jours. Je suis parti du mauvais pied.

— Changez de pied.

Volodia sourit et secoua la tête :

— Trop tard !

Tania fronça les sourcils, claqua ses mains blanches l'une contre l'autre.

— Il ne faut pas dire ça, s'écria-t-elle. Vous vous enterrez dans vos souvenirs. Vous fermez les yeux sur la joie qui passe. Vous oubliez de vivre, pour mieux demeurer avec elle.

— Vous voyez, vous aussi vous parlez d'elle, dit Volodia.

— Oui, pour vous libérer de son emprise. Il faut vous secouer, Volodia. Je veux vous sauver, malgré vous. Michel m'aidera. N'est-ce pas, Michel ?

Michel avait sommeil et clignait des paupières dans la lumière sourde du réduit. Il proféra d'une voix molle :

— Oui... oui, d'accord...

— Bravo, dit Tania. Nous vous aimons trop, tous les

deux, pour vous laisser devenir idiot de chagrin. Nous allons vous soigner, vous guérir...

— Vous voulez me guérir ? dit Volodia. Et moi... il n'y a pas si longtemps... je... enfin... je souhaitais votre malheur...

— N'avions-nous pas juré de ne plus évoquer cette histoire ? dit Tania.

— J'y pense souvent, murmura Volodia. Je ne peux pas m'habituer à votre pardon. J'ai mal. J'ai honte...

Les yeux de Tania flambaient d'une belle lumière bleue, généreuse et sauvage. Ses joues étaient roses d'allégresse.

— Michel, appelle les Tziganes et fais apporter du champagne à pleins seaux ! dit-elle sur un ton altier.

Le chœur des Tziganes remplaça le chœur hongrois. Les femmes étaient vêtues de haillons de soie écarlate, jaune et vert, aspergées de médailles d'or, de boucles d'oreilles et de bracelets. Elles avaient des visages brun et rosé, comme la terre cuite, comme le tabac frais. Leur taille était mince. Trois hommes les accompagnaient, habillés de tuniques rouges à manches fendues et rejetées sur le dos. Tous s'inclinèrent gravement en pénétrant dans le cabinet particulier.

— Mes amis, dit Tania, chantez de tout votre cœur. Il s'agit de guérir un homme malheureux.

— Nous le guérirons, dit la soliste.

Hélène Gorkaïa, la soliste, était la dernière révélation du restaurant *Strélnia* : une femme haute et fine, aux pommettes saillantes, aux larges yeux noirs et fardés.

Les guitares bourdonnèrent doucement. Hélène Gorkaïa posa un verre de champagne sur une assiette retournée et s'avança d'une démarche glissante jusqu'à frôler Tania de ses vêtements. Le chœur entonna la chanson de bienvenue :

Buvons à la santé de Tania,
De notre chère Tania !
Tant qu'elle n'aura pas vidé sa coupe,
Nous ne lui en verserons pas une autre...

Tania se dressa, vida sa coupe d'un trait et l'envoya se casser en miettes contre le mur.

— Heï ! crièrent les choristes.

Et ils enchaînèrent, mêlant leurs voix sur un rythme endiablé.

— Ah ! comme c'est bien ! Ah ! comme c'est bien ! répétait Michel que ce vacarme tirait enfin de sa léthargie.

— Du champagne pour tout le chœur, dit Tania au maître d'hôtel. Buvez, Volodia ! Mais buvez donc !

Volodia regardait Tania et s'étonnait de sa faculté élémentaire à vivre dans le présent et pour le présent. Elle s'emplissait l'âme des joies et des peines immédiates. Elle flambait sur place. Peut-être avait-elle raison contre lui, contre Michel, contre tous les gens sages qui ne peuvent s'interdire de penser qu'après la fête les lumières s'éteignent, les femmes se fatiguent et les ennuis renaissent, un à un, dans la clarté frileuse de l'aurore ? Oui, peut-être avait-elle raison, mais il était bien difficile de la suivre. La voix âpre des Tziganes ne couvrait pas l'écho d'une autre voix, faible et douce, dont les moindres inflexions remuaient le cœur de Volodia. Il était si coupable à l'égard de Suzanne qu'il n'aurait pas assez de toute une existence de tristesse et de renoncement pour mériter le repos. Cet enchantement funèbre durerait aussi longtemps que lui-même.

Les Tziganes fredonnaient une mélopée lente, plaintive, comme un appel de défaite et de mort. Leurs faces étaient pétrifiées, leurs yeux noirs regardaient au loin. Le guitariste, à blouse rouge et à culottes bouffantes, couleur d'amadou, pinçait distraitement les cordes de sa guitare. Tout à coup, de ce fond de rumeurs monotones, une voix rauque, vivace, explosa comme un jet. Hélène Gorkaïa chantait seule, et, derrière elle, s'ouvrait, par la magie des cadences, un horizon d'herbes souffletées par le vent, de chevaux rebelles, de tentes, de brasiers, de visages de feu. Elle parlait de ces camps de plein air, de ces amours sordides et royales que Volodia n'avait jamais connues, et, cependant, il semblait au jeune homme qu'il avait vécu tout cela, et que tout cela était son histoire, et que cette musique n'avait été créée que pour célébrer son amour et son deuil. Il éprouvait obscurément le besoin de boire sans arrêt, comme pour mieux préparer toute la matière sensible de son corps à l'incantation de la chanson tzigane. Il regarda Michel et Tania. Eux aussi paraissaient engourdis, visités par l'extase : Michel avait appuyé son front dans le creux de ses mains ; Tania, renversée, l'œil vague, suivait au-delà des murs le déroulement d'un songe sinueux.

Hélène Gorkaïa poussa une dernière clameur, une sorte de sanglot d'horreur sacrée, et le silence qui suivit était, lui aussi, une musique. Volodia battait des mains, criait :

— Bravo ! Bravo, mes amis !

Tania, les yeux brouillés de larmes, colla sa joue contre la joue de Michel en murmurant :

— Comme je suis triste ! Comme je suis heureuse !

Michel lui-même, les sourcils froncés, luttait contre la séduction. Le maître d'hôtel apporta une nouvelle bouteille de champagne glacé en aiguillettes fines. Il faisait chaud. Les choristes burent les coupes qui leur étaient destinées. Puis elles se rassirent en ligne droite. Hélène Gorkaïa se tenait au centre du chœur. Son visage maigre et brun était sculpté par la lumière des lampes. Ses yeux brillaient. Elle chanta :

Deux guitares, derrière le mur,
Plaintivement gémirent...

Sèche et haute, noir et doré, comme la prêtresse d'un culte barbare, elle se dressait au seuil de son royaume. Une force la possédait, contre laquelle elle ne pouvait rien.

Volodia buvait le champagne gelé et piquant. À mesure qu'il buvait, il sentait que l'état de grâce s'installait plus fortement en lui. Il était ivre, bien sûr. Pourtant, cette ivresse n'était pas vulgaire, mais infiniment noble et précieuse. On eût dit le passage d'une existence à une autre, le glissement d'un vieux monde à un monde neuf. Il était suspendu dans le vide. Il avait le vertige.

— Buvez, vous aussi, cria-t-il, en se tournant vers Tania.

Elle lui sourit avec des lèvres de brume et leva son verre.

— Je bois à notre amitié, cria encore Volodia.

Michel et Tania s'approchèrent de lui. Et ils s'embrassèrent. Tous, ils avaient envie de pleurer. La bouteille vidée, Michel ordonna au maître d'hôtel de servir de la *djonka*. Le maître d'hôtel versa du rhum dans une bassine, plaça un sucre sur une grande fourchette qui barrait, d'un bord à l'autre, le récipient, et frotta une allumette au-dessus du niveau mordoré de l'alcool. Une flamme bleue jaillit. Les lampes s'éteignirent. Dans cette clarté dansante, où les meubles s'évanouissaient comme des paquets de vapeur, où les visages n'étaient plus que des masques à la dérive, un chant sourd et ample s'éleva lentement :

Mon foyer brille dans la brume,
Les étincelles s'éteignent en plein vol...

La voix d'Hélène Gorkaïa dominait toutes les autres. Elle ne chantait que pour Volodia, il le savait bien. Elle était une amie fidèle. Depuis des siècles, elle veillait sur lui, marchait derrière lui, trébuchait et se relevait avec lui. Les flammes bleues de l'alcool se couchaient, s'éteignaient une à une. Un parfum de rhum brûlé se mêlait à l'odeur forte des fleurs. Et, tout à coup, il n'y eut plus que les ténèbres.

— Mon âme ! Où es-tu ? s'écria Volodia épouvanté. Toi aussi, tu es morte ?

Dans la nuit, la voix d'Hélène vibrait, plus proche et plus terrible, comme la voix même du destin. Volodia sentit qu'une boule nerveuse se nouait dans sa gorge. Suzanne sur son lit de mort. La pluie aux carreaux de la petite chambre. Le ciel vide. Il porta ses mains à ses lèvres et se mit à pleurer follement.

— Pleure ! Pleure ! chuchotait Tania. C'est la délivrance.

Volodia, déchiré par les sanglots, tombait verticalement à travers des épaisseurs d'ombres et de musiques. Il comprit que quelqu'un lui tendait un verre. Il saisit la coupe pleine de *djonka*, l'avala en fermant les yeux.

On lui en présenta une autre. Et il la but aussi, les doigts tremblants, les paupières ouvertes sur le noir. Il ne savait plus rien, ni du temps ni du lieu. Il n'avait plus de nom, plus de corps, plus d'âge. Brusquement, les lampes se rallumèrent. Le chœur poussa une plainte à lèvres closes, et, sans transition, comme éclatent les orages d'été, un hymne dément s'échappa de toutes les poitrines. Sur un rythme accéléré, les Tziganes hurlaient la gaieté folle de vivre et d'aimer. Une joie insupportable les possédait. Ils étaient les démons écarlates de l'allégresse. Les yeux saillants, la face tendue, ils battaient leurs mains l'une contre l'autre pour scander la chanson. La guitare bourdonnait. Les tambourins ronflaient en cadence.

— Plus vite ! Plus vite ! criait Tania.

— Comment peuvent-ils être, tour à tour, aussi langoureusement tristes et aussi méchamment joyeux ? dit Volodia.

— S'ils le peuvent, c'est que vous le pouvez vous-même, dit Tania. Leur leçon est valable pour tous. Il faut toucher le fond du désespoir pour donner le coup de talon qui vous relance à la surface.

Et elle se mit à chanter avec le chœur. Michel et Volodia se joignirent à elle. Volodia vibrait d'une frénésie sauvage. Il avait envie de briser des bouteilles, des glaces, de déchirer son faux col, de griffer ses joues, d'accomplir quelque geste inutile et désastreux qui lui donnât l'impression de repousser les limites du monde. Au paroxysme du bonheur, il se dressa subitement et, d'un revers de la main, balaya les coupes sur la table :

— Apportez d'autres coupes, une autre bouteille, un autre vin, puisqu'une autre vie commence !

Les meubles viraient autour de sa tête comme sur un pivot. Il s'approcha d'Hélène Gorkaïa et, tandis qu'elle chantait, baisa respectueusement ses mains ouvertes.

— Merci, dit-il d'une voix enrouée.

Et il savait qu'il n'était pas ridicule en disant cela. Comme le maître d'hôtel apportait les verres et les bouteilles, les Tziganes se turent sur un ululement guerrier.

— On vous demande avec le chœur au cabinet particulier des Martoff, dit le maître d'hôtel à Hélène.

Volodia tourna vers lui une face ravagée par la passion.

— Que le chœur aille seul. Je garde Hélène et un guitariste. Je paierai ce qu'il faudra !

Il brandit des liasses de billets de banque, et les fourra, au hasard, dans les mains des choristes étonnés.

— Voici pour vous, pour vous tous, disait-il. Et voici pour l'orchestre qui joue dans la salle. Et voici pour le maître d'hôtel, pour les garçons...

Les Tziganes se retirèrent, et Hélène s'assit à la table des jeunes gens. Volodia s'installa auprès d'elle. Il examinait de tout près le visage aigu et sombre de la chanteuse. Son regard nocturne, sous la frange des médailles dorées, le fascinait. Il émanait d'elle une impression de force et de science. Volodia appuya sa tête contre le cou d'Hélène et murmura :

— Chante. Chante encore. Tu me sauves la vie.

Hélène se mit à chanter d'une voix basse, et Volodia, le front collé à l'épaule de la Tzigane, croyait entendre dans son propre corps la vibration sourde de la chanson.

— Toi seule me comprends, dit-il encore. Toi seule peux m'aimer, après tout ce qui s'est passé, malgré tout ce qui s'est passé.

Tania but une dernière gorgée de champagne, et, se penchant vers Michel, lui chuchota à l'oreille :

— Laissons-les. Allons dans la salle.

Ils se levèrent et sortirent de la pièce sur la pointe des pieds. Tania se sentait heureuse et fière, comme si elle avait arraché à la mort un être très cher que tout le monde avait condamné.

— Oui, il n'a plus besoin de nous maintenant, dit Michel.

À cinq heures du matin, Hélène et Volodia quittèrent l'établissement et se rendirent en traîneau jusqu'à *L'Auberge de Jean*, fameuse pour ses omelettes.

Dans le traîneau qui les emportait à travers la plaine neigeuse, Hélène fredonnait, malgré le froid de l'aube :

Tout ce qui fut,
Tout ce qui plut,
Depuis longtemps est passé,
Depuis longtemps s'est écoulé...

Et Volodia criait toujours :

— Chante ! Chante tout ce que tu sais ! Chante tout ce que tu sens !

À huit heures du matin, Volodia ramenait la Tzigane dans le petit appartement meublé que Michel avait loué pour lui à Moscou.

La lumière blanche du jour éclairait le salon, avec sa glace vulgaire à cadre doré, ses étagères chargées de figurines de pacotille en porcelaine et en bronze, et ses gros fauteuils de tapisserie jaune citron.

Volodia s'avança précipitamment vers la fenêtre et tira les rideaux lilas frangés d'or, qui grincèrent sur leur tringle. Puis il alluma une petite lampe et revint vers Hélène Gorkaïa, qui se tenait immobile au seuil de la pièce. La course en traîneau avait dégrisé Volodia.

— Je ne veux pas savoir qu'il fait jour dans la rue, dit-il. Je veux que notre nuit n'ait pas de fin. Je veux que le soleil ne se lève plus. Il est encore minuit. Et, là-bas, au *Strélnia*, on soupe, on boit, on s'amuse. Et tu m'as accompagné ici. Pourquoi ?

— Je me le demande ! dit-elle en souriant un peu.

— Je vais te le dire, s'écria Volodia en lui prenant les mains et en l'entraînant vers le canapé. Tu m'as suivi parce que tu as compris tout ce que tu pouvais pour moi, parce que tu as deviné que c'était toi qu'attendait mon chagrin !

— Moi, ou une autre...

— Non ! Non ! Toi seule ! Ta voix...

— Ma voix seulement ?...

Elle s'assit à côté de lui sur le canapé et posa une main légère sur ses cheveux.

— Il faut oublier, dit-elle.

— Je ne peux pas. Je ne suis heureux que dans la tristesse.

— Quelle folie ! dit Hélène, et elle le regarda pesamment, de tout près, au point qu'il distinguait des paillettes d'or dans ses prunelles noires. L'existence est courte, mon petit. Il faut arracher sa part de bonheur à chaque jour qui tombe.

— Je le pensais jadis, dit-il.

— Eh bien, c'est jadis que tu avais raison ! Les deuils, les misères rehaussent notre plaisir. Ils nous avertissent du prix qu'il faut attacher à toute chair vivante. Ils nous disent : « Hâte-toi !... Cet instant va finir... Cette femme va passer... Et, si tu rêves, tu n'en auras rien retenu... »

Volodia poussa un profond soupir.

— Cet instant va finir, cette femme va passer, dit-il tristement. Toi aussi, tu passeras !

— Oui, oui. Moi aussi, je passerai, comme les autres.

Elle se dressa.

— Regarde-moi, reprit-elle. Je suis jeune. Je suis belle. Et tu me plais. Qu'attends-tu pour me prendre dans tes bras et me couvrir de baisers ?

— Je ne peux pas, gémit Volodia. J'ai honte... à cause d'elle...

— Elle est morte. Elle n'a plus le droit de t'empêcher de vivre. Elle n'a plus que la permission de se taire et de rêver dans un album de photographies.

— Tais-toi !

— Non, je ne me tairai pas, s'écria Hélène. Je piétinerai son souvenir jusqu'à ce qu'il s'efface. Je suis tout ce qui est palpable, tout ce qui est sûr, tout ce qui est vivant. Je suis faite pour les mains et la bouche des hommes. Je me moque des ténèbres. Je triompherai de cette morte, comme le jour de la nuit.

Elle renversa la tête et chantonna du bout des lèvres :

Tout ce qui fut,
Tout ce qui plut,
Depuis longtemps est passé,
Depuis longtemps s'est écoulé...

Volodia contemplait avec effroi cette gitane couverte d'oripeaux violents et de médailles. C'était la première fois qu'une femme vivante s'interposait entre lui et l'image de Suzanne. C'était la première fois que la tentation lui venait de dominer son chagrin. Hélène Gorkaïa chantait toujours, et son regard, mince et liquide, ne quittait pas le regard de Volodia. Elle arracha le fichu qui enserrait sa coiffure, et ses cheveux noirs tombèrent en rideau sur ses épaules. Puis elle dégrafa lentement son corsage.

— Que tu es belle ! balbutiait Volodia.

Un sentiment aigu de sacrilège et de terreur le pénétrait. Mais cette impression même était délicieuse.

— Tu es un démon ! dit-il encore.

Elle était nue à présent, et remontait ses cheveux devant la glace. Elle s'arrêta de chanter.

— Un démon ? Parce que je suis impitoyable pour les ombres ? dit-elle.

— Oui.

— Mais l'univers entier est impitoyable pour les ombres. L'herbe pousse sur les morts. Les fleurs se fanent. Et d'autres les remplacent. La nuit meurt et le jour s'installe. Et tout cela est impitoyable. Impitoyable et sûr. Impitoyable et merveilleux.

Il s'approcha d'elle et la saisit dans ses bras, en gémissant :

— J'ai mal.

Elle renversa la tête. Il reçut en pleine face le parfum de sa bouche sucrée de champagne et de fard.

— Embrasse-moi, dit-elle. Longuement. Et puis, allons faire l'amour.

Volodia ferma les yeux, colla ses lèvres sur les grosses lèvres tièdes qui se tendaient vers lui. L'espace de ce baiser, il lui sembla que le monde s'écroulait autour de lui, avec tous ses chers souvenirs, tous ses beaux désespoirs, toutes ses pures promesses.

— Suzanne ! Suzanne ! soupira-t-il en dénouant l'étreinte de la jeune femme.

— Elle ne t'entend plus, dit-elle. Moi seule je t'entends. Moi seule j'existe. Viens.

Farouchement, il la souleva et la porta dans sa chambre.

3

Chaque matin, Nicolas se rendait à l'étude de l'avocat Braniloff, dont il était, depuis deux ans, l'unique secrétaire. La clientèle de Braniloff étant restreinte, Nicolas s'occupait moins d'examiner les dossiers des procès en cours, que de colliger les notes de son patron sur les progrès de l'apiculture dans les provinces méridionales de l'empire. Souvent aussi, Braniloff le chargeait de rédiger des articles relatifs aux problèmes agraires. Ces articles, revus et signés par l'avocat, étaient expédiés aux divers journaux spécialisés. Pour prix de sa collaboration, Nicolas recevait des mensualités médiocres, mais Braniloff lui assurait deux repas par jour et le logeait même, la nuit, lorsque le jeune homme était trop fatigué pour regagner sa chambre, à l'autre bout de la ville. Ayant passé tous ses examens, Nicolas aurait pu prétendre à un emploi mieux rémunéré, ou s'installer à son propre compte, mais il ne songeait guère à déserter le cabinet paisible de son patron. En fait, le métier qu'il exerçait ne représentait pour lui qu'un moyen comme un autre de gagner l'argent nécessaire à sa subsistance. Son ambition n'était pas de plaider des causes retentissantes, mais de se préparer à la lutte pour la justice et pour l'égalité.

Braniloff devinait les dispositions d'esprit de son secrétaire et le traitait volontiers de « socialiste ». Lui-même se disait libéral et récitait par cœur des passages de Saint-Just. Depuis quelque temps, son idée fixe était de réorganiser l'humanité à l'image du monde des abeilles. Il avait même dessiné le tableau d'une Administration idéale, où les fonctionnaires étaient figurés par des abeilles et portaient des galons sur leurs corselets.

Nicolas aimait bien ce vieil homme bavard, bienveillant et loufoque. Il s'était habitué à son intérieur poussiéreux et douillet, à ses manies et à son entourage. Quant à la femme de Braniloff, Nadéjda Alexandrovna, plus jeune de quinze ans que son mari, elle nourrissait à l'égard de Nicolas une affection abondante et active. N'ayant pas eu d'enfant, elle reportait toute sa tendresse sur ce jeune homme maigre et tourmenté, dont elle eût souhaité être la confidente. Souvent, tandis qu'il travaillait dans la petite pièce encombrée de dossiers verts, elle entrait sur la pointe des pieds et déposait devant lui une pomme ou une poignée de caramels.

— Ce sont des parents qui nous ont envoyé ça, disait-elle, comme pour s'excuser.

Et elle s'éloignait, rose et potelée, en remuant fortement les hanches.

Parfois, c'était Braniloff lui-même qui pénétrait en boitillant dans le bureau de son secrétaire, et lui offrait un cigare :

— Pour vous remercier de votre article sur la construction des ruches dans la région de Pskov.

Puis il se penchait sur l'épaule de Nicolas et lui donnait quelques conseils pour l'article suivant.

— N'hésitez pas à délayer. Ils couperont à la rédaction. Ils coupent toujours. C'est comme ça...

Et Nicolas, docile, étirait son texte aux dimensions voulues.

Le 7 mars 1901, jour anniversaire de Braniloff, Nicolas résolut de récompenser son patron en traduisant pour lui un article sur le vol nuptial, extrait d'une revue londonienne. Tandis qu'il travaillait à sa traduction, la porte du bureau s'ouvrit d'une volée, et Braniloff parut sur le seuil, les yeux exorbités, la bouche molle et tremblante. Avant que Nicolas eût proféré un mot de bienvenue, Braniloff déclarait d'une voix rauque :

— Ah ! ils ont bien travaillé... Le commissaire... le commissaire de notre district a été assassiné cette nuit... Vlagine... Un ami à moi... Un père de famille... Un homme exemplaire...

Nicolas se dressa d'un bond :

— Vous dites ?

— Le mois dernier, reprit Braniloff, ils descendaient le ministre de l'Instruction publique... Bogoliepoff était une canaille, je sais... Mais tout de même... On ne tue pas... On ne tue pas... Et hier, Vlagine...

— Connaît-on le coupable ? demanda Nicolas.

— Un nommé Andersen, dit Braniloff. Il s'est introduit la nuit chez le commissaire. Il avait d'abord ligoté le concierge. Mais le concierge a crié. Les agents sont venus. Trop tard.

— Et ils ont arrêté Andersen ?

— Oui. On l'interroge en ce moment. C'est notre portier qui m'a raconté l'affaire. Il est parent du portier des Vlagine.

— Oh ! c'est affreux ! dit Nicolas.

Et il se rassit, les jambes vides, le cœur battant. Andersen était un ami de Zagouliaïeff, un familier des réunions clandestines. Nicolas le connaissait bien. Si Andersen parlait, toute l'organisation serait compromise. Pourquoi diable Andersen avait-il tué Vlagine ? Qui avait donné l'ordre ? Tandis que Nicolas réfléchissait aux conséquences probables de cet attentat, Braniloff pérorait en agitant ses longs bras aux manchettes amidonnées :

— Et j'apprends ça le jour de mon anniversaire !... Merci bien... Merci bien aux socialistes... Comment peut-on être socialiste, si le règne du peuple doit s'établir par le revolver et la bombe ?... Quel que soit l'homme qui te barre la route, tu n'as pas le droit de l'abattre... Sa vie ne t'appartient pas... Elle appartient à Dieu...

Il leva un doigt au plafond. Son visage blafard et flasque était agité d'un frémissement pathétique. De la salive perlait aux coins de sa bouche.

— Vous croyez en Dieu, Nicolas Constantinovitch ?

— Oui, je crois en Dieu, dit Nicolas.

— Et vous approuvez les terroristes ?

— Non, je ne les approuve pas.

— Mais vous comptez des amis parmi ces gredins ?

— Je n'ai pas d'amis, dit Nicolas, et il se sentit rougir.

— À la bonne heure ! dit Braniloff.

Il soupira et dit encore, en s'essuyant les paupières avec un mouchoir à carreaux :

— Le jour de mon anniversaire... Merci bien... Merci bien...

Puis il quitta la pièce en traînant les pieds. Bientôt, Nicolas l'entendit crier dans le salon. Sans doute recommençait-il la scène à l'usage de Nadéjda Alexandrovna. Nicolas rangea ses papiers, décrocha son chapeau, son manteau et passa dans le vestibule. Il se heurta à Nadéjda Alexandrovna. Elle avait les larmes aux yeux. Elle haletait :

— Vous savez la nouvelle ?

De son corsage émanait un parfum sucré et puissant. Nicolas se troubla :

— Oui, oui...

— Je vais voir la femme de Vlagine. La malheureuse ! Et les enfants ! Trois pigeonneaux ! Vous paraissez bouleversé, vous aussi ! Quelle âme délicate que la vôtre ! Ah ! misère !

Elle lui sourit et entra dans sa chambre. Nicolas dévala l'escalier quatre à quatre, héla un fiacre et jeta au cocher l'adresse de la typographie où travaillait Zagouliaïeff.

Zagouliaïeff n'était pas à la typographie. Nicolas se fit conduire au *traktir* voisin, où Zagouliaïeff avait coutume de se restaurer, mais le patron n'avait pas vu Zagouliaïeff de la journée. En désespoir de cause, Nicolas se rendit au domicile même de son camarade. Il découvrit Zagouliaïeff étendu sur son lit, les mains derrière la nuque et une cigarette au bec.

— Je t'attendais, dit Zagouliaïeff en le voyant.

— Tu es au courant ?

— Oui.

— Ils interrogent Andersen. Ils vont le faire parler.

— Andersen n'a pas parlé, dit Zagouliaïeff avec lenteur.

— D'où le sais-tu ?

— Il s'est ouvert les veines avant l'interrogatoire. Très proprement. Avec un morceau de verre.

— Ah ! bien ! dit Nicolas.

Et il se sentit affreusement soulagé. Un long moment, ils gardèrent le silence. Zagouliaïeff s'appliquait à lancer des ronds de fumée vers le plafond. Nicolas mordillait ses ongles. Il demanda enfin :

— Pourquoi a-t-il fait ça ? Qui a ordonné ?

— Personne, dit Zagouliaïeff. C'est une idée à lui. Il détestait Vlagine. Il savait sur lui des tas de choses. Enfin, il l'a tué. Une canaille de moins. Mais une petite canaille. Voilà ce que c'est, lorsqu'on tue sans méthode. Nous ne gagnerons que par la méthode. La révolution, telle que la concevaient les décembristes, était une affaire sentimentale. Donc, elle était vouée à l'échec. La révolution, telle que je la conçois, est une affaire scientifique...

Il se leva et s'étira en bâillant.

— J'aime la science, reprit-il. À propos, je te conseille de déménager. Il y aura des perquisitions après le coup d'Andersen. Ta logeuse n'est pas très sûre...

Une brusque lassitude s'était emparée de Nicolas. Il dit :

— Oh ! après tout... Je m'en moque...

— Encore du sentiment ! s'écria Zagouliaïeff. Mais tu es pourri de poésie, mon pauvre. Tu sues le romantisme par tous les pores de ta peau. Nous ne voulons pas de victimes expiatoires. Nous ne voulons pas de saints. Nous voulons des soldats.

— Il y a eu des saints qui étaient des soldats, dit Nicolas.

— Légende ! dit Zagouliaïeff. En attendant, tu n'es ni un saint ni un soldat. Où vas-tu t'installer ?

— Je ne sais pas.

— Comme coin sûr, je ne connais que l'ancien logement d'Andersen. Pas le dernier. Celui-là est brûlé d'office. Mais un autre. Chez une blanchisseuse de la Bojédomka. Dans la salle où elle sèche son linge. C'est une amie à nous. Tu es d'accord ?

Nicolas ne répondit pas. Il songeait à cet idéal révolutionnaire pour lequel des hommes tuaient et mouraient par centaines. Il n'aurait jamais pu tuer par idéal. Son idéal même l'eût empêché d'agir. Depuis longtemps, la conscience d'un salut futur le consolait en quelque sorte des injures immédiates que subissait le peuple. Grâce à son rêve intérieur, il en arrivait inexplicablement à ne plus s'indigner contre les injustices quotidiennes des autorités. En vérité, il éprouvait la même tristesse devant ceux qui tentaient de lui expliquer que sa pensée n'était pas susceptible d'application, que devant ceux qui méditaient de transformer cette pensée en manifestations actuelles. Il savait, sans oser le reconnaître publiquement, que ceux qui s'efforceraient de matérialiser son idéal ne pourraient, s'ils triomphaient dans leur tâche, que limiter, salir et défigurer l'objet du culte qui le faisait vivre.

— Réaliser un idéal, n'est-ce pas le perdre un peu ! soupira-t-il enfin.

Zagouliaïeff lui jeta un vif regard de moquerie :

— Mais l'idéal n'est fait que pour être perdu, mon cher. L'essentiel est de bien le perdre.

— Que veux-tu dire ?

— Remplace idéal par idée, et tu te sentiras plus à l'aise. Nous sommes des visionnaires, mais nous pratiquons, dans l'intérêt de notre vision, un sens des affaires, des chiffres, de la politique, digne des plus grands techniciens. Nous sommes à la fois les architectes et les entrepreneurs du nouveau monde. Nous traçons et nous bâtissons. Et c'est là ce qui fait notre force !

— C'est vrai, dit Nicolas. Avant, je dessinais des plans, sans songer à bâtir.

— Oui, et les terroristes bâtissaient, sans avoir dessiné de plans. Et c'est pourquoi tes efforts comme les leurs demeuraient stériles. C'est dur pour un réaliste d'apprendre à rêver. C'est dur pour un idéaliste d'apprendre à travailler dans la matière. Mais la discipline a du bon.

Nicolas baissa les yeux et serra durement les mâchoires. Les paroles de Zagouliaïeff lui étaient salutaires. Il lui semblait qu'en violentant sa nature indécise il prenait plus nettement conscience de lui-même.

— L'idéal est une étape qui doit être dépassée, dit encore Zagouliaïeff. C'est comme une barrière que tu aurais dressée devant toi-même pour provoquer l'élan, le bond final qui te permettra d'entrer dans le jeu. Une fois la haie franchie, on n'y pense plus.

— Et crois-tu que je l'aie franchie, cette haie ? demanda Nicolas.

— Non, dit Zagouliaïeff. Mais tu n'en es pas loin.

Nicolas déménagea dans la journée même. En fait, ce changement d'adresse n'était pas pour lui déplaire. Non qu'il craignît une perquisition, mais parce qu'il ne voulait pas que Tania pût retrouver sa trace. Pour mener l'existence qu'il avait choisie, il lui semblait indispensable d'être seul. Les liens de famille, l'amitié bourgeoise, les visites auraient inutilement entravé son effort. Ce fut la blanchisseuse elle-même qui veilla à l'installation de son nouveau locataire. Cette matrone énorme, cramoisie, moustachue, exerçait aussi le métier de sage-femme. Elle accueillit Nicolas dans une chambre tapissée de papier rose et lui désigna un fauteuil.

— Pilatova, dit-elle d'une voix péremptoire. Je m'appelle Pilatova. Et je sais tout par le camarade Zagouliaïeff. Ici, vous êtes en sécurité. Mon métier est la blanchisserie. Mon passe-temps, la médecine. Ma passion, le socialisme. Je vais vous montrer votre chambre.

La chambre à louer était située au même étage que l'appartement de Pilatova, mais à l'extrémité d'un long couloir encombré de balais et de seaux. Après avoir juré en secouant son trousseau de clefs, Pilatova poussa une porte basse et s'effaça pour laisser passer le jeune homme. Nicolas pénétra dans une grande pièce mansardée, au plancher de lattes grises et aux murs de plâtre. Deux canapés de tapisserie encadraient une table chargée de paperasses et de livres. Des bassines en bois, des cruches, des fers à repasser, des paniers et des bouteilles vides s'amoncelaient dans un coin. Des ficelles, jalonnées de pinces à linge, étaient tendues d'une cloison à l'autre. De l'eau suintait du plafond et tombait goutte à goutte dans une soucoupe disposée sur le parquet. L'air sentait le savon, le tabac, la poussière humide. Un soir sale et triste coulait par la fenêtre givrée. Il faisait froid.

— Andersen couchait ici, dit Pilatova. Il y a deux mois environ. Ses livres, ses papiers sont encore sur la table. Il faudrait brûler tout cela.

— Oui, dit Nicolas.

— Vous saurez allumer le feu ?

— Oui.

— Pour le loyer, ne vous tracassez pas.

Elle fit deux pas vers la porte, se retourna :

— Si j'ai besoin d'étendre du linge...

— Ne vous gênez pas pour entrer, dit Nicolas.

— Je frapperai trois coups espacés et je gratterai deux fois avec les ongles.

— C'est ça.

— Il y a encore votre grosse malle chez moi.

— J'irai la prendre tout à l'heure.

Elle sortit enfin, referma la porte. Nicolas déposa la valise qu'il tenait à la main. Il n'avait pas le courage de déballer ses vêtements, ses livres. Un long moment, il tourna dans la chambre, désœuvré et las. Enfin il s'approcha de la table. Des paquets de journaux, des cahiers, des bouquins reliés en toile noire, dormaient là, couverts de poussière et de taches de cire. Il ouvrit un cahier au hasard, et reconnut la petite écriture pointue et sèche d'Andersen :

... Une erreur fondamentale des sociaux-démocrates a été de croire que la majorité paysanne n'est pas suffisamment centralisée pour prendre une part effective à la révolution. J'estime, au contraire, que les paysans, avec leurs communes agraires, représentent la force profonde, le mystère sacré de la Russie...

Cette phrase, Nicolas aurait pu l'écrire, sur un cahier semblable et dans un même sentiment. Et cette autre : *Nous ne voulons plus d'évangélistes sociaux, mais des techniciens méticuleux et féroces*. Combien de fois Zagouliaïeff avait-il tenu des propos analogues ? Sur la table, parmi les livres amoncelés, Nicolas reconnut quelques volumes dépareillés d'Hegel, un Karl Marx annoté, des coupures du journal : *L'Étincelle*. Ces ouvrages, ces articles, Nicolas les possédait aussi. Ils étaient là, en double, dans la valise qui reposait à ses pieds. Nicolas lui-même n'était qu'un double d'Andersen. La pensée de cette identité saugrenue le fit frémir. Il se rappela Andersen, un grand garçon maigre, aux épaules étroites, au nez rouge et plongeant. Peu loquace, mais toujours agité, mécontent, railleur. On ne l'aimait guère, parmi les camarades. Certains le tenaient pour un agent double. Maintenant, Andersen était mort, les veines tailladées, et Nicolas occupait sa chambre. Nicolas le remplaçait. Avec obstination, Nicolas songeait à cette agonie lente, dans le sang et le silence. Puis il en vint à évoquer d'autres camarades, tués au cours d'une échauffourée, ou déportés, ou disparus. Toutes ces morts, toutes ces souffrances sans gloire, s'additionnaient dans son esprit avec rapidité. Jadis encore, lorsqu'il n'était qu'un sympathisant socialiste, la révolution lui était apparue sous les espèces d'un vaste mouvement politique et moral. Mais, à mesure qu'il pénétrait plus avant dans l'organisation, il en comprenait mieux le terrible et merveilleux ouvrage. Peu à peu, les révolutionnaires isolés s'étaient assemblés en cellules. Un parti était né, le parti social-démocrate. Puis, le parti social-révolutionnaire, qui prétendait allier les paysans et les ouvriers dans une même lutte. Zagouliaïeff était devenu le chef d'une cellule, qui dépendait elle-même du groupe patronné par Grünbaum. Au-dessus de ce groupe, régnaient des « dirigeants » mystérieux et puissants. En vérité, ces dirigeants tenaient essentiellement à ce que les membres des diverses subdivisions s'ignorassent d'une cellule à l'autre, par crainte qu'une intervention policière ne permît de remonter des conspirateurs aux grands responsables. En cas de trahison ou de maladresse, une cellule était sacrifiée, et les investigations de la police s'arrêtaient généralement à ce mince butin.

Nicolas ferma les yeux, tenta d'imaginer le parti, avec ses laboratoires de dynamite, ses imprimeries secrètes, ses bureaux de faux papiers, ses groupes d'ouvriers, ses cercles d'étudiants, ses confréries militaires et ses compagnies de combat. Des ordres venaient d'en haut. Transmis de bouche en bouche, ils atteignaient une poignée d'individus dans un coin quelconque de la Russie. Et cette poignée d'individus exécutait les instructions, distribuait des tracts, organisait un passage clandestin, tuait un policier, composait un journal. Le tout aveuglément, follement, par un sentiment de confiance inexplicable. Lui-même, Nicolas, comme on l'eût étonné, quatre ans plus tôt, si on lui avait dit qu'il participerait à la propagande révolutionnaire sous les ordres de Zagouliaïeff. Pourtant, aujourd'hui, il trouvait tout naturel de sacrifier son temps à une activité dangereuse et dont nul ne lui savait gré. Profitant de ses heures de liberté chez Braniloff, il courait d'une typographie clandestine à l'autre pour assembler les pièces des proclamations et corriger les épreuves sur le marbre. Dimanche dernier, il avait présidé un meeting restreint d'ouvriers du bois aux environs de Moscou. Après-demain, il se rendrait à Toula pour apporter aux membres d'un syndicat secret le salut d'un délégué de Pétersbourg. Jeudi prochain, il assisterait à l'exposé contradictoire de Zagouliaïeff sur le terrorisme et le marxisme russe. Peut-être, un jour, l'embusquerait-on au sommet de quelque barricade et lui commanderait-on de tuer ? Et il tuerait. Non par haine froide, comme le voulait Zagouliaïeff. Mais par obéissance. Parce que, maintenant, il ne pouvait plus reculer. C'était comme à la Khodynka, lorsque les autres le poussaient dans le dos et qu'il écrasait, malgré lui, les visages, les mains qui lui barraient la route. Dès que la moindre hésitation s'emparait de lui, Nicolas songeait à la Khodynka. Il ne se fût probablement pas inscrit au parti, s'il n'y avait pas eu la Khodynka. À la Khodynka, il avait été tiré de son rêve philosophique pour être jeté dans une mêlée de chair et de sang. Ce troupeau d'hommes pauvres, stupides et faibles était l'image exacte du peuple russe. Ces baraques vétustes et ces gendarmes étaient le symbole du pouvoir impérial. Aucune entente n'était possible entre ces misérables qu'on amusait avec quelques gobelets et quelques montgolfières, et les puissants du jour, assis dans leurs tribunes, comme des mannequins d'apparat. On ne pouvait toucher avec le même langage ces deux mondes que séparaient des siècles d'incompréhension.

Comme chaque fois qu'il évoquait l'image de la catastrophe, Nicolas se sentit baigné d'une sueur fiévreuse. Il passa une main sur son front. « La Khodynka, c'est le passé. Et Karpovitch, qui a tué Bogoliepoff. Et Andersen, qui a tué Vlagine. Tout cela, c'est le passé. L'avenir, l'avenir, c'est... l'avenir c'est peut-être moi ! »

Machinalement, il feuilletait les cahiers d'Andersen. Puis il les ramassa, les jeta dans le poêle de fonte, frotta une allumette et l'approcha du foyer. La flamme lui jaillit au visage. Ses cils, ses sourcils étaient brûlés. Il mouilla son doigt de salive et s'en frotta les paupières. La porte s'ouvrit.

— C'est moi, Pilatova. J'ai oublié de frapper. Mais ça ne fait rien.

Elle apportait un plein panier de linge.

— Vous brûlez les paperasses d'Andersen ? dit-elle. Ça vaut mieux.

— Avait-il des parents ? demanda Nicolas.

— Je ne sais pas.

Elle étendait son linge sur les cordes. L'air s'emplit d'une odeur âcre de drap humide, de savon bon marché.

— Et les livres, dit-elle encore, vous les gardez ?

— Non... Je... j'ai les mêmes dans ma valise.

— Alors, je les prends ?

— Si vous voulez.

Elle fredonnait :

Moi je pleure et je pleurerai,
Mais jamais je n'oublierai...

Un peu plus tard, des pas se firent entendre dans le corridor. Zagouliaïeff entra.

— Tu n'es pas encore installé ? Tu rêves ? Comme toujours ! J'ai des nouvelles d'Andersen. Il avait bel et bien été chargé du coup. Il faisait partie de l'organisation de combat. Et nous n'en savions rien.

— Ah ? dit Nicolas. Qu'est-ce que cela change ?

— Mais tout, s'écria Zagouliaïeff, cela change tout ! Tu vas me composer un article dithyrambique sur notre camarade. Je te donnerai les éléments. Réunion du groupe demain. Même adresse. Et maintenant, allons souper. Je t'invite.

Nicolas haussa les épaules.

— C'est entendu. Je composerai l'article, dit-il. Combien de lignes ?

— Cent cinquante.

— Avec cadre noir ?

— Oui, il le mérite bien.

Ils sortirent. Une petite neige mouillée tournoyait dans l'air gris. Des lumières brillaient aux fenêtres des maisons basses. Les toits étaient blancs et gonflés comme des édredons. Des cheminées fumaient. La rue semblait une coulée de crème pâle où stagnaient des tas de crottin. Un traîneau passa, au trot d'une rosse efflanquée et noiraude. Le cocher, ivre mort, se dandinait sur son siège. Une vieille, emmitouflée de châles verdâtres, se hâtait vers l'église. Des cloches sonnèrent. De nouveau, Nicolas éprouva cette sensation trouble de dépaysement au cœur de l'univers. La vie, c'était cette rue neigeuse, ces passants, ces lumières, ces cloches. Quel rapport y avait-il entre les idées, les paroles, les gestes de Nicolas, et la vie qu'il retrouvait à la porte de la maison ? Comment intégrer ses idées dans cette vie ? Comment transformer cette vie selon ses idées ? Est-ce qu'on peut changer la vie ? Elle est si lourde, si ancienne, si installée déjà ! Et il y a si longtemps que des générations d'Andersen, d'Arapoff, de Zagouliaïeff et de Grünbaum s'essoufflent à la bousculer au nom du progrès social. Nicolas Arapoff existe depuis près d'un siècle sans le savoir. Il est la dernière incarnation d'un type éternel. Il a été successivement hégélien, saint-simonien, émule de George Sand, nihiliste, darwiniste, populiste, et le voici socialiste révolutionnaire. Et, lorsqu'il sera mort, sans avoir rien gagné, un autre Nicolas Arapoff surgira pour le remplacer ; et ce nouveau venu ne sera plus socialiste révolutionnaire, il portera une étiquette différente, il relèvera d'une philosophie inédite, et il jurera, lui aussi, de changer la face du monde. Et, lui aussi, il disparaîtra en vain. Jusqu'à la nuit des temps, il y aura des Nicolas Arapoff, exaltés et généreux, qui voueront leur jeunesse à la cause de la liberté. Ils parleront, ils lutteront, ils montreront le poing, mais l'univers ne bronchera pas d'une ligne. Autour d'eux, il y aura toujours de la neige mouillée, un cocher ivre et une vieille aux châles verdâtres qui se hâte à petits pas vers l'église. L'éternité, c'est ça, c'est cette neige, ce cocher ivre, cette vieille femme. L'éternité, c'est aussi bête et aussi laid que ça. Quelle tristesse !

Nicolas secoua la tête pour chasser l'angoisse qui le tourmentait.

— Par moments, dit-il, j'envie ceux qui, comme Andersen, comme Karpovitch, tuent un homme et risquent l'échafaud ou la déportation !

— Pourquoi ? demanda Zagouliaïeff.

— Parce qu'ils mettent ainsi un point final à leur rêverie, parce qu'ils se réalisent dans un geste, parce que après avoir tué, ils ne peuvent plus se reprendre.

— Si tu savais haïr, tu serais plus tranquille, dit Zagouliaïeff.

— Haïr ?

— Mais oui. Toi, si on te commandait d'assassiner un chef de district, tu te demanderais d'abord si cet acte est bien nécessaire et si, vis-à-vis de ta conscience, tu dois abattre cet homme-là plutôt que cet autre. Tu finirais par le tuer avec le sentiment d'accomplir une corvée utile. Et ta vie en serait gâchée. Pour moi, je déteste à un tel point tout ce qui nous entoure que je bousculerais n'importe quel gros bonnet avec volupté. Je hais les puissants, les riches, indistinctement, comme le chat hait le chien, comme le loup hait l'agneau. Il y a entre nos deux races une incompatibilité totale. Nous ne pouvons pas coexister, nous ne pouvons que nous détruire. Nous sommes faits pour nous détruire.

— Mais pourquoi cette haine ? Il y a de bons riches, de braves fonctionnaires.

— Non. Ou plutôt si, peut-être, mais je ne veux pas

le savoir, parce que la conscience de leurs qualités affaiblirait ma décision. Et je tiens à être le plus fort.

Ses yeux brillaient comme des billes de jais. Il souleva ses deux mains à hauteur de sa poitrine :

— Oh ! j'arriverai à mes fins. Je les verrai jetés hors de leurs maisons chaudes, pleurnichant et geignant sous mes bottes...

Il s'arrêta, plié en deux par une quinte de toux. Lorsqu'il se redressa, ses pommettes étaient rouges et ses lèvres luisaient.

— Tu deviendras comme moi, dit-il à Nicolas. Je le sais. Aujourd'hui, tu désires la victoire du peuple par raisonnement ; demain, tu l'exigeras par instinct.

— Peut-être, dit Nicolas.

Ils poursuivirent leur chemin en silence. Tout à coup, Zagouliaïeff s'arrêta, planta un regard froid dans les yeux de son camarade et dit :

— Ma mère est morte, il y a six jours, à Kiev. Je l'ai su ce matin. Elle était brodeuse. Elle m'envoyait de l'argent.

— Oh ! dit Nicolas. Je m'excuse de t'avoir dérangé un jour pareil.

Zagouliaïeff se mit à rire.

— Un jour comme les autres jours, dit-il. Cette mort ne change rien. Pour personne.

Des larmes de rage brillaient à ses paupières. Il renifla, cracha dans la neige.

— Elle s'est crevée à la tâche, dit-il. Pour les autres. Pour moi. Quelle idiote ! Comme si j'avais besoin qu'on s'occupe de moi !...

En cet instant, Nicolas eut l'impression que Zagouliaïeff lui devenait soudain proche et compréhensible. Mais, déjà, le visage de Zagouliaïeff se reformait selon une expression hostile.

— Parlons de choses sérieuses, dit-il. As-tu assez d'argent pour régler ta logeuse ?

— Oui, dit Nicolas. Braniloff m'a payé avant-hier.

— Sinon, je t'en aurais prêté, dit Zagouliaïeff. Ma mère avait des économies. Je vais toucher une petite somme, d'ici peu.

Il réfléchit un moment.

— Tu vois, reprit-il, sans le savoir, elle aussi travaillait pour notre cause.

4

Le bal venait à peine de commencer, lorsque Michel et Tania pénétrèrent dans le vestibule de dalles noires et de glaces brillantes. Des laquais aux livrées bleues et aux perruques poudrées bordaient l'escalier de marbre qui conduisait aux appartements. Au sommet de l'escalier, quelques jeunes femmes, lourdement parées, se pressaient devant un miroir de Venise. Rien qu'à les voir, rien qu'à les entendre, Tania devina que la fête était réussie. Il y avait bien deux semaines qu'elle se préparait à l'événement. Dans son esprit, « le bal d'octobre » des Jeltoff devait marquer l'entrée du ménage Danoff dans la haute société moscovite et la consécration officielle de Tania en tant que femme du monde. En vérité, Jeltoff n'était qu'un fabricant, un parvenu, mais ses usines de filature et tissage étaient parmi les plus importantes de Russie, et, par une sorte d'exception merveilleuse, l'aristocratie et le gros commerce de Moscou acceptaient de se rencontrer dans ses salons. Lorsque Michel avait annoncé à Tania que Jeltoff, avec qui il était en relation d'affaires, les priait tous deux d'assister à sa réception, elle avait éprouvé un sentiment de fierté, mêlé d'angoisse sourde. À présent encore, tandis qu'elle gravissait l'escalier solennel des Jeltoff, elle ne pouvait se départir d'une dernière appréhension. « Pourvu que je sois vraiment belle et suffisamment distinguée ! Pourvu que tout le monde m'admire et m'envie ! » Un coup d'œil à la glace murale qui décorait le palier la renseigna aussitôt. Incontestablement, elle était jolie, rayonnante et coiffée avec art. Elle portait, avec une aisance royale, une longue robe bleu pastel, au corsage échancré et bordé de guirlandes de roses. Sa jupe de mousseline de soie était ornée de volants brodés et de valenciennes. Et, de ses cheveux blonds, jaillissait un piquet de plumes. Une fraîcheur agréable enveloppait les bras et les épaules nues de Tania. Sa poitrine respirait doucement. Elle se tourna vers Michel et le trouva surprenant d'élégance, dans son habit noir au gilet bien ouvert et à la cravate de neige. Satisfaite, elle lui fit un petit signe de la tête et le rejoignit au seuil du premier salon.

Ce premier salon était le refuge des personnages influents, âgés et moroses, qui discutaient politique et fumaient des cigares en attendant l'heure du souper. Jeltoff et sa femme occupaient le centre du groupe. Jeltoff, gonflé et rose comme un porcelet, fondit de toute sa masse sur les nouveaux venus. Il baisa la main de Tania et lui fit compliment sur sa toilette. Sa femme, grande, jaune et osseuse, harnachée d'aigrettes, de choux et de coquilles de rubans, guida les jeunes gens dans la salle réservée aux danses. À l'entrée, un petit vieux, menu et parfumé, s'effaça devant Tania et lui décocha un regard d'extase. Un officier, aux moustaches luisantes et noires comme des sangsues, redressa la taille à son passage. Des femmes se détournèrent en chuchotant. Quelqu'un murmura :

— Qui est-ce ?

Une voix d'homme répondit :

— Elle est ravissante !

Tania se sentait à la fois très nerveuse et très sûre de sa beauté. La tête légèrement penchée, le regard voilé, la lèvre souriante, elle écoutait les noms célèbres que la vieille Jeltoff égrenait à ses oreilles. Des étrangers lui baisaient la main. Les uns étaient vêtus de fracs et d'autres portaient des uniformes de parade constellés de décorations. Il y avait là un ambassadeur, très gros, qui suait du nez, un lieutenant-colonel, mince, sec, à l'œil vitreux, un journaliste tout petit et bossu qui riait sans cesse, et quelques jeunes gens très sympathiques qui arboraient des orchidées à leur boutonnière.

— Le comte Sougouboff... Le prince Rodionoff... Notre éminent conseiller municipal Simonenko...

Sur les nombreux visages qui s'approchaient d'elle, Tania lisait la même expression d'admiration curieuse, et cet hommage unanime la grisait. Elle avait eu raison de choisir le piquet de plumes bleues. Tout le reste était bien, sans doute. Mais le piquet de plumes bleues constituait une véritable trouvaille. Et Michel qui avait osé critiquer sa coiffure à la dernière minute ! « C'est trop haut, c'est trop compliqué ! » Il devait être fier à présent, et ne se souvenait même plus de ses paroles. Elle le regarda. Il discutait avec Simonenko sur la question des salaires ouvriers. Elle voulut placer un mot pour égayer cette conversation monotone, mais déjà, quelqu'un s'inclinait devant elle, devant son mari, et voici qu'elle était au centre du salon, valsant à perdre haleine avec un inconnu. La main gauche posée sur l'épaule de son cavalier, la tête renversée, les yeux mi-clos, Tania se laissait tourbillonner avec une langueur savante. Son danseur avait un jeune visage au front bas et à la mâchoire forte, qui n'était pas déplaisant, vu de trois quarts. Il portait un habit d'une coupe nette, et ses boutons de manchettes étaient de petits bouquets de diamants.

— Vous dansez à ravir, dit-il en la couvrant d'un regard dur et paisible.

Elle rougit de plaisir à ce compliment banal et battit des paupières en murmurant :

— Y a-t-il une femme dans ce salon à qui vous n'ayez pas encore affirmé la même chose ?

— Parbleu ! La vieille duchesse, dit-il.

Tania partit d'un grand éclat de rire, bien qu'elle ignorât tout de la duchesse à laquelle son danseur faisait allusion.

Tout en riant, elle examinait la salle par-dessus l'épaule du jeune homme. Elle tenait à emporter un souvenir complet de ce premier bal moscovite. Mais il y avait vraiment trop de choses à observer pour qu'elle pût les retenir toutes. Il lui semblait qu'elle était le pivot d'un parterre de sourires fardés, de chevelures glissantes, de garnitures de dentelles et de diamants interchangeables. Les jupes bouffaient selon le mouvement arrondi de la danse. Les épaules nues se soulevaient et s'abaissaient au gré d'une houle correcte. Les petits souliers grinçaient sur le parquet miroitant. Et, à cette foule ondoyante, les lustres de cristal, les murs de marbre et les glaces à cadres d'or versaient une clarté immobile, limpide et forte qui faisait mal aux yeux. Tania chercha Michel du regard, et elle le vit accoté au socle d'une lourde girandole de bronze. Il tenait une coupe à la main et discutait toujours avec Simonenko. À côté d'eux, il y avait d'autres messieurs bedonnants et tristes. Plus loin, une rangée de mères attentives suivaient les ébats de leurs filles, dont elles gardaient le sac, le châle et l'éventail.

Les violons sanglotaient. L'air du bal était lourd. Le danseur de Tania lui serra la main et se pencha vers elle.

— Savez-vous que je suis navré ? dit-il.

— Et pourquoi ?

— Parce que cette valse demeurera pour moi un souvenir précieux, alors que vous l'aurez oubliée dès la dernière mesure. Songez donc, vous ignorez tout de moi : ma profession, mon âge, mon caractère...

— Et vous n'ignorez rien de moi, peut-être ?

— Rien.

— Qui vous a renseigné ?

— Mon regard, mon cœur, et les hôtes de cette honorable maison.

— Quelle coalition !

— L'objet en valait la peine !

Tania se demanda, très rapidement, s'il n'eût pas été convenable de s'offenser. Elle dit, à tout hasard :

— Vous passez la mesure !

— À qui la faute ? répondit-il en lui comprimant fortement le bout des doigts.

Tania était ravie. Ça, c'était une vraie fête ! Ça, c'était une authentique déclaration ! Comment avait-elle pu vivre si longtemps hors de ce monde de galantes souffrances et de dangers mignons ? Elle avait envie de crier de joie. Mais elle se retint et demanda d'une voix sourde :

— Vous prétendez tout savoir de moi. Qui suis-je donc, monsieur l'indiscret ?

— Une femme exquise, arrivée à Moscou depuis quelques mois, assoiffée de plaisirs et digne de tous les hommages, dit l'autre.

Elle cligna des yeux et minauda :

— Vous n'y êtes pas du tout, mon cher. Le monde m'ennuie. Et, si je viens au bal...

— ... C'est pour distraire votre mari, dit-il avec insolence. À d'autres !... Au reste, je ne vous lâcherai pas, tant que vous ne m'aurez pas avoué que j'ai su vous comprendre. Je sollicite la prochaine danse.

— Elle est déjà retenue.

— Décommandez-la.

— Impossible ! dit Tania, et son cœur s'affola d'une douce vanité.

— Même pour moi ?

— Surtout pour vous.

— Et pourquoi ?

— Parce que vous êtes insupportable !

En prononçant ces mots, elle songea que le moment était venu d'essayer son fameux sourire. Elle sourit. Le danseur serra les dents.

— Vous refusez ?

— Mais, bien sûr.

— Alors, je me venge, dit-il.

Il ajouta, Dieu sait pourquoi :

— Je m'appelle Sichkoff.

Et il se mit à tourner dans un mouvement rapide. Il virevoltait, il se vissait dans l'air, avec une sorte de fureur haletante. Ses jambes encadraient la jambe de Tania sous la robe. Son regard lui donnait le vertige.

— Assez, assez, souffla la jeune femme. Je demande grâce.

— Soit, dit-il.

Valsant toujours, il traversait à présent un flot de

dentelles et de rubans, et ramenait Tania vers Michel. Il s'arrêta enfin sur une dernière pirouette, et Tania sentit que le parquet s'incurvait et se dérobait sous ses pieds. Elle se laissa tomber dans un fauteuil et se couvrit le visage avec son éventail en plumes bleues. Michel pencha vers elle une figure soucieuse :

— Tu es tout essoufflée ! Tu n'as pas de mesure en rien, dit-il. Je m'embête, moi, pendant que tu danses.

— Danse aussi.

— Ça ne m'amuse pas.

Il lorgna sa montre.

— Il est déjà minuit et Volodia n'est pas encore arrivé !

— Eh bien ?

— C'est tout ce que tu trouves à dire ? S'il était là, au moins, je bavarderais avec lui !

Un officier s'approcha de Tania, fit sonner ses éperons et inclina sa grande tête rouge aux moustaches de copeaux dorés. Michel eut un regard mécontent, et, de nouveau, consulta sa montre. Puis, il alla inviter la maîtresse de maison. Après le militaire, ce fut Sichkoff qui se présenta pour la seconde fois. Très vite, le carnet de bal de Tania fut rempli de noms inconnus qui se succédaient en désordre. Elle n'aurait jamais cru qu'il pût exister tant de militaires élégants et spirituels, tant de civils qui valsaient avec distinction, tant de vieillards respectables et tant de jolies femmes à Moscou. On lui signala une créature splendide, blonde, blanche et ferme, pour laquelle l'un des grands-ducs venait d'acheter une écurie de courses, et une petite personne vive et joyeuse, qui était la maîtresse d'un haut dignitaire de l'Église. On lui apprit que l'épouse d'un certain général était l'amie du journaliste bossu, que la « vieille duchesse » avait failli se suicider pour l'amour d'un acteur du théâtre Korsch, et que la fille des Jeltoff avait suivi en France son professeur de dessin et de modelage, sous le prétexte fallacieux de s'inscrire à l'académie Jullian de Paris. Tout cela était passionnant et capital.

Il était près de minuit, et Tania dansait avec l'infatigable Sichkoff, lorsqu'une femme attira son attention au point de lui faire perdre l'équilibre. L'inconnue venait d'arriver, et, déjà, un cercle d'admirateurs se refermait sur elle. Elle était haute et mince, avec des cheveux roux et une peau laiteuse, fondante, qui absorbait la lumière. Sa robe noire, rehaussée d'une fleur feu à l'épaule, était décolletée jusqu'à la pointe des seins. Tania ne pouvait détacher son regard de cette personne soyeuse. Sans plus se soucier des compliments de Sichkoff, elle lui coupa la parole et demanda :

— Qui est-ce ?

— Parbleu ! dit Sichkoff, l'une des plus belles femmes de Moscou. Olga Alexandrovna Varlamoff. Trente-cinq ans. Veuve. Riche. Libre. Pas d'amants attitrés. Pas de vices catalogués. Pas de projets connus. Et cinquante candidats par jour, qu'elle repousse du bout du pied.

— Si j'étais un homme, dit Tania, je tomberais sûrement amoureuse d'elle

— À qui le dites-vous ! s'écria Sichkoff, avec une expression de dépit comique.

— Vous avez essayé ?

— Tout le monde a essayé.

— Et vous avez... réussi ?

— Personne n'a réussi.

— Elle est peut-être frigide ?

— Nous nous consolons tous en nous répétant cela.

— J'aimerais faire sa connaissance.

— Rien de plus facile, dit Sichkoff. Voulez-vous que...

— Non, non, rien ne presse...

Tania était devenue songeuse. La vue d'Olga Varlamoff avait fait naître une idée généreuse dans son esprit. Nul doute que la belle rousse fût une femme idéale pour Volodia. Volodia avait besoin de se fixer dans une tendresse sûre. Certes, Hélène Gorkaïa l'avait guéri de son chagrin. Mais sa liaison avec la Tzigane n'avait duré que trois semaines. Trois semaines pendant lesquelles il avait passé le plus clair de son temps au *Strélnia*, buvant comme un trou, dépensant son argent pour acheter des amulettes et apprenant le dialecte bohémien. Puis, il avait lâché sa maîtresse pour s'amouracher d'une chanteuse hongroise, employée dans le même établissement. À la chanteuse hongroise avaient succédé, tour à tour, deux sœurs jumelles, acrobates dans un cirque, une nurse anglaise, la femme d'un concurrent de Michel, la femme d'un officier supérieur, et, en dernière position, une comtesse de la société française qui était laide et fumait le cigare avec ostentation. Suivant l'objet de ses toquades, Volodia se passionnait pour le trapèze volant, ou s'inquiétait des cours de la Bourse, ou récitait des poésies anglaises, ou suivait les réunions équestres, ou prétendait écrire des romans voltairiens. Un groupe de jeunes noceurs l'entourait et encourageait ses folies. Il y avait Vova Stopper, qui jouait aux courses comme un forcené, l'Arménien athlétique Ruben Sopianoff, qui tordait des barres de fer sur son genou, le petit Vladislav Khoudenko, blond et menu comme une fillette, d'autres encore. Les amis de Volodia, « ceux de la bande », comme ils disaient, lui toléraient des aventures amoureuses de dix-huit jours. Au dix-neuvième jour, si Volodia n'avait pas rompu avec sa maîtresse, la délégation des camarades se présentait au domicile du traître. Vêtus de noir, gantés de noir, cravatés de noir, ils se rangeaient devant le lit du jeune homme. Et Ruben Sopianoff, les sourcils noués, l'œil sinistre, prenait la parole au nom du tribunal d'honneur. D'une voix de basse formidable, il demandait à Volodia l'exécution de la favorite. Volodia obtenait un sursis d'une semaine. Après quoi, très souvent, Vova ou Ruben, ou quelque autre membre de la bande, assurait sa succession dans les grâces de la jeune femme.

Tout cela n'était pas sérieux. Comment Volodia pouvait-il s'attacher à des créatures de hasard, après l'avoir honorée, elle, Tania, d'une passion exclusive ? Tania imaginait fort bien le plaisir qu'elle éprouverait à patronner la liaison de Volodia avec une femme qu'elle lui aurait choisie. Étant une épouse honnête, elle brûlait de vivre, par procuration, les chances et les dangers d'une liaison mondaine.

— Vous ne dites plus un mot ? Vous aurais-je offensée ? murmurait Sichkoff en la ramenant à sa place.

— Nullement, dit Tania. Je réfléchissais... je... de quelle couleur sont les yeux de Mme Varlamoff ?

— Verts.

— Verts, répéta Tania. C'est très bien.

Et, plantant là Sichkoff ébahi, elle se rapprocha de la petite cour qui bourdonnait autour d'Olga Varlamoff. Une appréhension puérile précipitait les battements de son cœur. Autant elle se sentait à l'aise pour charmer et soumettre un homme, autant l'idée d'affronter une femme lui semblait inquiétante. Saisie par la conviction brusque de son insuffisance, elle craignait que ses gestes et ses propos ne parussent ridicules à l'entourage de la belle rousse. Mêlée aux admirateurs d'Olga Varlamoff, elle l'écouta longtemps pérorer sur l'Exposition universelle qu'elle avait visitée quelques mois plus tôt et qu'elle critiquait avec assurance :

— C'est comme les pavillons de l'artisanat russe, disait Olga Varlamoff. Ils ont voulu tout résumer en quelques pauvres bâtisses, et le résultat c'est qu'on n'y comprend rien ! Je défie un paysan de chez nous de se retrouver dans ces isbas encombrées d'icônes, de napperons brodés, de soucoupes en bois et de balalaïkas !... Ils auraient bien mieux fait de transporter, poutre par poutre, un de nos bons vieux villages sur les rives de la Seine. C'est quand on veut trop prouver qu'on manque sa démonstration...

Elle parlait bien, d'une voix mesurée, un peu rauque, et Tania pensa qu'elle ne saurait jamais donner la réplique à une créature aussi désabusée et aussi élégante.

— On m'a dit pourtant, murmura-t-elle, dans un élan de courage subit, que les pavillons russes avaient fait grande impression...

— Sur les étrangers, peut-être, dit Olga Varlamoff en se tournant vers elle.

— C'est l'essentiel, dit Tania.

Quelqu'un se mit à rire, et Tania songea qu'elle avait

sans doute lancé une repartie spirituelle sans le remarquer. Elle sourit de plaisir. Olga Varlamoff s'écria :

— Vous êtes charmante !

Et, tout à coup, le visage de Volodia apparut dans le cercle des auditeurs. Il avait belle mine, dans son habit de coupe anglaise. Ses cheveux blonds étaient ondulés au fer. Sa moustache dorée se retroussait au-dessus de ses lèvres minces. Entre ses paupières bridées, filtrait un regard malicieux.

— Pardonnez-moi, dit-il. J'arrive à l'instant du... du bureau. J'ai été retenu jusqu'à minuit par des affaires urgentes...

On eût dit qu'il s'amusait lui-même de cette excuse saugrenue. Il baisa la main de Tania, la complimenta en riant sur sa toilette, puis s'avança vers Olga Varlamoff et s'inclina respectueusement devant elle.

— Vous vous connaissez donc ? demanda Tania.

— Et pourquoi pas ? s'écria Volodia. Croyez-vous vraiment qu'un honnête homme puisse passer quelques mois à Moscou sans solliciter l'avantage d'être présenté à Mme Varlamoff !

La belle rousse éclata d'un rire velouté et appliqua un coup d'éventail sur les doigts de Volodia. Tania était satisfaite de cette brillante entrée en matière. Certes, elle eût aimé introduire Volodia auprès de la Varlamoff, afin de recueillir plus tard la gratitude du couple qu'elle aurait formé ; mais, si Volodia avait devancé son intention, c'était qu'il appréciait intensément le charme de la jeune femme. Et Tania était trop heureuse de cette révélation pour s'attacher à une question de vanité personnelle. Elle plissa les yeux et considéra un instant le groupe de Volodia et de la belle rousse. Lui, grand et mince, avec sa chevelure blonde et ses yeux faux. Elle, à peine plus petite, serrée dans une robe noire, et dominée par le flamboiement de sa coiffure mordorée. En vérité, ils étaient assortis à ravir.

L'orchestre attaqua une valse. Sichkoff accourut en hâte et offrit son bras à Tania. Volodia invita Olga Varlamoff. Un remous s'ouvrit devant eux. Tania, tout en dansant, observait Volodia et Olga qui tournoyaient près d'elle. Le visage de Volodia paraissait éclairé d'une joie novice. Olga, les yeux mi-clos, les narines pincées, virait comme une poupée entre les grands bras noirs. Et Tania, pénétrée de tendresse maternelle, s'émerveillait d'être aussi peu jalouse, aussi peu envieuse, aussi peu féminine, en présence de l'homme qu'elle avait tant aimé. C'était bon d'être douce, pure et calme. C'était bon de tout oublier. À travers un brouillard vague, elle entendait le bavardage galant de Sichkoff. Mais elle lui répondait à peine. Elle suivait les évolutions de Volodia, comme s'il se fût agi d'un fils, d'un enfant très cher, qui risquait ses premiers pas dans le monde. Comme il était beau ! Comme cette rouquine avait de la chance ! En passant devant Volodia, Tania lui sourit de façon engageante :

— Alors ?

Il lui répondit par un éclat de rire :

— Quelle belle soirée !

Cette phrase la toucha comme un compliment direct.

— Nous nous retrouverons tout à l'heure, dit-elle encore. Voulez-vous que je fasse retenir une petite table pour le souper ?

— Oui, oui... Enfin, on verra ça ! dit Volodia.

Elle sentit qu'elle l'agaçait un peu par ses prévenances. Mais cette impression n'était pas désagréable. Il lui plaisait de le taquiner, de l'énerver, dans sa joie de joli garçon en quête d'une bonne fortune. Elle chuchota encore :

— Bonne chance !

Puis, son danseur l'entraîna dans un tourbillon.

— Vous la connaissez depuis longtemps ? demanda Olga en bougeant à peine ses belles lèvres peintes.

— Depuis toujours, dit Volodia.

— Elle est exquise.

— Je le pense.

— Et sans doute amoureuse de vous ?

— Je puis vous certifier le contraire.

— Vous n'êtes guère orgueilleux !

— Je sais qu'à vos yeux la vanité suffit à déconsidérer un homme.

— Vous tenez tant à ma considération ?

— Probablement, dit-il.

Et il se pencha sur ce visage échauffé par la danse.

— Savez-vous, murmura-t-il, que, depuis ce souper chez les Yourieff, je n'ai fait que penser à vous ?

— Le moyen de vous croire ?

— Regardez-moi. Ai-je l'air de mentir ?

Elle recula un peu et considéra sérieusement la figure de Volodia.

— Peut-être pas, dit-elle. Mais vous êtes un de ces hommes qui s'enflamment trois cent soixante-cinq fois par an, et qui sont sincères à chaque déclaration ! Je me demande combien de fois vous avez aimé « pour la première fois »...

— C'est la première fois... que j'aime pour la première fois.

— Mon pauvre ami ! On m'a parlé d'une certaine gitane, et d'une certaine acrobate, et d'une certaine Anglaise...

— Passades que tout cela !

— Comme c'est rassurant pour moi !

— Vous avez donc besoin d'être rassurée ? Vous craignez donc mon infidélité ? Vous envisagez donc...

— Je n'ai besoin de rien, je ne crains rien et je n'envisage rien, dit-elle en riant. Je vous trouve un excellent danseur et un convive agréable. C'est tout. Et c'est assez, n'est-ce pas ?

— Non, dit-il.

Elle était belle, excitante, disponible et se défendait bien. Volodia n'aurait jamais supposé qu'on pût admirer une femme pour son esprit. Cette découverte le réjouissait et l'effrayait un peu.

— Vous êtes faite de mystères, dit-il. On ne sait jamais ce que vous pensez !

— Croyez-vous que je le sache moi-même ? C'est bon d'ignorer tout de soi, de se donner chaque jour la surprise de soi-même...

— Je voudrais pourtant mieux vous connaître.

— Et pourquoi ?

— Pour mieux vous aimer !

— Que vous êtes donc matériel et têtu ! Pour vous, la vie c'est un lit, une table servie...

— Le lit et la table ont du bon !

— Je n'aime pas les draps fins et les bons repas qui alourdissent.

— Qu'aimez-vous donc ?

— Lire, parler, rêver...

En disant cela, elle entrouvrit doucement les lèvres, et Volodia sentit qu'il perdait la raison et qu'il allait l'embrasser sur-le-champ.

— Taisez-vous, dit-il. Votre visage dément vos propos.

— Est-ce ma faute ?

Elle inclina mollement la tête sur son épaule nue. À travers ses habits, Volodia subissait la chaleur d'une chair pleine et souple. Il ferma les yeux, l'espace d'une seconde, pour mieux isoler le parfum poivré de cette chevelure rousse. Ses mains tremblaient. Il avait le ventre creux et les jambes nerveuses. Il releva les paupières et balbutia rapidement :

— Je voudrais vous revoir !

— Je reçois tous les jeudis.

— Ne vous moquez pas de moi !

Elle se mit à rire et détacha une rose rouge de son corsage.

— Elle durera bien jusqu'à jeudi ? dit-elle.

Et elle glissa la fleur dans la boutonnière de Volodia.

Comme l'orchestre s'arrêtait, Tania et Sichkoff rejoignirent Volodia et Olga Varlamoff.

— Je suis si heureuse de vous voir ensemble ! dit Tania. J'étais sûre que vous sauriez vous entendre.

À peine eut-elle proféré ces mots, qu'elle éprouva la conviction d'avoir commis une maladresse. Volodia lui lança un regard méchant et tira sur ses manchettes. Olga Varlamoff voila sa poitrine d'un vaste éventail de dentelle noire et demanda l'heure.

— Une heure du matin, dit Sichkoff.

— Je vais être obligée de partir, murmura Olga Varlamoff.

— Non, non, restez, dit Volodia.

— Restez pour le cotillon, dit Tania.

— Et nous souperons ensemble, reprit Volodia d'une voix humble.

Tania le jugeait un peu ridicule dans son rôle de soupirant malchanceux. Elle s'accorda la satisfaction d'intercéder en sa faveur :

— Vous me feriez personnellement plaisir en acceptant de demeurer encore, dit-elle.

— Soit, dit Olga Varlamoff. Je reste. Mais c'est bien pour vous avoir comme voisine de table.

Volodia, à la fois dépité et ravi, frottait ses mains l'une contre l'autre.

— Parfait ! Parfait ! grognait-il.

— Ne trouvez-vous pas qu'il a l'air d'un gamin en récréation ? demanda Olga.

— Si, dit Tania. Mais il m'amuse.

Olga Varlamoff renversa le menton, se gargarisa d'un rire musical et passa son bras sous le bras de Tania. Volodia se sentait frustré par l'entente des deux jeunes femmes. Pour se donner une contenance, il pencha la tête et renifla voluptueusement la rose qui décorait son habit. Olga Varlamoff le considéra froidement de ses grands yeux verts.

— Dieu que cette rose vous va mal, mon cher ! dit-elle du bout des lèvres.

Déjà, l'organisateur du bal, un petit vieux échauffé et gracieux, disposait les chaises pour le cotillon. Michel, qui avait faussé compagnie à quelques graves interlocuteurs, put enfin rejoindre Tania. Il dansa avec elle les premières figures. Volodia et la belle rousse dansaient vis-à-vis d'eux. Ils se rapprochaient et s'éloignaient suivant les phases du cotillon. Olga Varlamoff rayonnait d'indifférence. Et Volodia avait un visage patient, qui faisait plaisir à voir.

— J'espère qu'on va bientôt souper, grognait Michel.

— Grand rond ! Chaîne chinoise ! annonçait l'organisateur en claquant ses mains l'une contre l'autre.

Dans la salle voisine, on entendait tinter des cristaux.

— Je suis heureuse, Michel, murmura Tania.

Il la regarda tristement.

— C'est l'essentiel, dit-il.
— Et toi, tu ne t'amuses pas ?
— Si, puisque je vois que tu t'amuses !
Il semblait perdu parmi ces gens gais, ces musiques et ces lumières. On le devinait lourd et gêné, préoccupé du lendemain, anxieux de l'impression qu'il laisserait à ses hôtes.
— Sois plus simple, plus naïf, Michel, dit Tania. Tu gâches ton propre plaisir en réfléchissant trop. Regarde Volodia...
— Je vois qu'il a trouvé une nouvelle victime, dit Michel. Quelle canaille !
Il se mit à rire, et Tania sentit que son mari enviait un peu ce garçon brillant et frivole.
— Il a toujours été ainsi, reprit Michel. Il a les yeux plus gros que le ventre. Il les lui faut toutes, toutes. Et bien peu lui résistent. En tout cas, la Varlamoff est belle.
— Tu ne vas pas t'amouracher d'elle à ton tour ? demanda Tania avec une inquiétude coquette.
— Oh moi ! dit Michel.
Cette exclamation défaitiste affligea la jeune femme. Décidément, Michel était trop raisonnable. On ne pouvait pas assez redouter ses caprices. Elle le menaça du doigt :
— Méfie-toi ! Nous autres femmes, nous n'aimons pas nous sentir en sécurité !
— Nous autres femmes ! s'écria Michel. Tu es si drôle quand tu parles ainsi !
— Pourquoi ?
— Parce que tu n'es pas « nous autres femmes », mais ma femme...
— C'est stupide ce que tu dis là !
— Pas tant que ça ! Pas tant que ça ! Dieu, que ce cotillon est compliqué !
Il s'arrêta avant la dernière figure, car ses souliers lui faisaient mal.
Le souper fut servi par petites tables, dans un vaste salon mauresque. Tania, Michel, Volodia, Olga et Sichkoff se retrouvèrent, installés sous la garde d'un pal-

mier en pot. Simonenko et Jeltoff vinrent les rejoindre. Tania en fut fâchée, car, dès l'arrivée de ces messieurs, la conversation dévia de la galanterie à la politique. Simonenko commentait les derniers attentats des terroristes :

— Il faut reconnaître que les étudiants ont le droit de détester Bogoliepoff et Goriemykine, qui sont des brutes, dit-il.

— Mais, en frappant un ministre, ils frappent l'empereur, dit Michel.

— N'est-ce pas justement ce qu'ils souhaitent ? dit Jeltoff.

Volodia tapait le bord de la table avec sa fourchette :

— Laissez les étudiants tuer les ministres et les gendarmes rosser les étudiants ! Tout cela est dans l'ordre des choses !

— Monsieur, gronda Simonenko, vous parlez avec légèreté d'une cause...

— D'une cause qui mérite d'être traitée à la légère, dit Volodia. Moi, je suis un affreux bourgeois. J'aime la vie telle qu'elle est, avec ses joies, ses injustices...

— Mais le bonheur du peuple...

— Le peuple ne sera pas plus heureux lorsque, à la place d'un empereur, de quelques ministres et de quelques policiers, il trouvera un camarade chef du parti, un comité d'exécution et un groupe de nettoyage rouge.

— Je suis de l'avis de Volodia, dit Michel. Ce n'est pas le peuple qui fera le bonheur du peuple...

— Et qui donc ? demanda Simonenko. Les pouvoirs publics, peut-être ? Laissez-moi rire !

Jeltoff, redoutant que la conversation ne tournât en dispute, s'agitait sur sa chaise, dodu et rose, et tentait de calmer ses invités.

— Messieurs ! Messieurs !... Songez à ces dames qui s'ennuient...

Simonenko le regarda furieusement dans les yeux :

— Voilà ! C'est ainsi que tout finit chez nous. On part sur une discussion sérieuse... Et puis : « Songez à ces dames qui s'ennuient. » On laisse tout tomber !

— Oui ! Oui ! Les dames s'ennuient, dit Tania. On

croirait vraiment qu'il n'y a en Russie que des meurtres, des crises politiques, des mouvements ouvriers et des menaces de guerre.

— Le fait est qu'il n'y a pas grand-chose d'autre en Russie, dit Simonenko avec humeur.

— Et les théâtres, et les concerts, et les bals ? dit Tania. Que pensez-vous de *La Mouette*, de Tchékhoff ?

— Encore du triste, gémit Volodia. Je veux manger la vie, boire la vie, posséder la vie à toute heure. Je suis un épicurien, moi !

Olga Varlamoff pouffa de rire.

— Un quoi ! demanda Michel, qui avait un peu mal à la tête, à cause du bruit et de la chaleur.

— La bataille est ouverte, hurla l'organisateur du cotillon.

Quelqu'un lança un serpentin qui vint frapper Michel au visage. Des boulettes de coton, roses et vertes, volèrent à travers la pièce. Volodia, hilare et décoiffé, plongea la main dans un sac de confettis que lui tendait un laquais ganté de blanc, et en jeta une pleine poignée sur Tania.

— Volodia ! Volodia ! Voulez-vous être sérieux !

En une seconde, le salon mauresque enferma un orage de papillons affolés, de spirales aériennes et de balles multicolores. Michel, réveillé par le jeu, s'efforçait de bombarder méthodiquement la table voisine. Comme toujours, il s'appliquait à la tâche avec gravité. Il visait longuement. Il disait :

— Ces boules sont trop légères !

Des confettis poudraient ses épaules. Une languette de serpentin orange était accrochée à son oreille. Profitant du désordre général, Volodia saisit la main d'Olga Varlamoff sous la table.

— Pourrai-je vous parler, au moins, si je vous vois jeudi ?

— Bien sûr, dit-elle. Dès sept heures du soir, mes invités seront partis et je resterai seule.

— Bravo ! dit Volodia.

Et il avala d'un coup sa flûte de champagne où nageait une rondelle de papier doré.

Les laquais présentaient des glaces aux couleurs sirupeuses, couronnées de fruits confits.

Après le dessert, le bal reprit avec une vigueur nouvelle. À quatre heures du matin, Michel vacillait sur ses jambes gourdes et suppliait Tania de consentir à regagner la maison.

— Encore un peu ! Encore un peu ! disait Tania.

Ils partirent à cinq heures. Michel avait peine à tenir ses paupières ouvertes.

— Dormir ! Dormir ! geignait-il. Et dire qu'il me faut être au bureau à neuf heures !

— Qui t'y oblige ?

— Personne, dit-il. Mais c'est justement pour ça qu'il le faut.

Il bâilla longuement et se hissa dans la voiture qui attendait devant le perron.

Des charrettes de paysans passèrent, apportant du lait à la ville. Il faisait froid. Une lueur de métal sombre rayonnait du ciel. Au coin de la rue, une vieille grattait la boue, devant la porte de sa boutique, avec une pelle en bois.

— C'est bon, le petit jour, dit Tania.

Le cocher secoua ses guides. Le coupé roula lentement sur le sol fangeux.

5

À leur retour du bal, Michel et Tania trouvèrent la maison endormie. Le valet de chambre qui vint leur ouvrir la porte avait les yeux rouges de sommeil. Il débarrassa ses maîtres de leurs manteaux, épousseta les confettis qui restaient collés à leurs épaules et dans leurs cheveux.

— C'est idiot de rentrer si tard, grognait Michel.

Et il ajouta, tourné vers le valet de chambre :

— Je vais me coucher. Qu'on me réveille à huit heures.

— Et moi à midi, dit Tania.

Le valet de chambre eut un sourire douloureux :

— C'est que barine, barynia... Il y a des visites qui vous attendent...

— Des visites, à cinq heures du matin ? dit Michel. Vous rêvez ?

— Non... non, reprit l'homme. *Ils* attendent depuis deux heures. *Ils* sont dans le salon. Je leur ai servi du thé pour les réchauffer.

— Mais qui est-ce ?

Le valet de chambre ouvrit la bouche pour répondre, mais, déjà, une porte claquait au premier étage et une voix annonçait gaiement :

— C'est moi ! C'est nous, mes amis !

— Lioubov ! s'écria Tania. Ça par exemple !

Elle se lança dans l'escalier, suivie de Michel. Lioubov les accueillit au seuil du boudoir.

— J'ai voulu vous faire une surprise, dit-elle en leur tendant les mains.

— Le fait est que, pour une surprise, c'est une surprise, dit Michel. Votre mari aurait pu nous télégraphier...

Lioubov se mit à rire très fort et secoua la tête.

— C'était trop lui demander, dit-elle.

Elle s'effaça devant Tania et Michel pour les laisser entrer. La pièce était plongée dans la pénombre. Près de la fenêtre, un homme se tenait debout. Tania poussa un petit cri étouffé.

— Ne t'affole pas, ma chérie, dit Lioubov. Je vous présente, Sacha Prychkine, ma sœur, mon beau-frère.

L'inconnu s'inclina dans un salut profond.

— Votre mari n'est pas là ? demanda Michel.

— Non. Mais asseyez-vous et soyez raisonnables, je vous en prie ! dit Lioubov. Je suis éreintée et j'ai tant de choses à vous expliquer !

— Où est votre mari ? reprit Michel.

— À Mikhaïlo, dans la propriété.

— Et ce monsieur ?...

Lioubov eut un sourire angélique et murmura :

— C'est mon amant.

Michel eut un haut-le-corps :

— Vous dites ?

— Je dis : mon amant, répéta Lioubov avec douceur.

Tania regarda son mari et s'effraya de sa pâleur subite. Elle lui prit la main et chuchota :

— Du calme, Michel, du calme...

— Mais oui, dit Lioubov, du calme, pour l'amour du ciel ! Je n'ai tué personne, que je sache ! Mon mari est au courant de ma liaison avec Sacha. Un jour, je lui ai dit que je voulais quitter la maison et comme il a les idées larges, il m'a donné sa bénédiction pour ma nouvelle vie.

Michel croisa violemment les bras sur sa poitrine. Le bal, le souper l'avaient épuisé. Il avait envie de dormir. Et cette idiote l'ennuyait avec ses histoires de coucheries.

— Est-ce que vous êtes tous devenus fous ? cria-t-il

soudain d'une voix enrouée. Est-ce que je suis dans une maison de fous ? Comment avez-vous pu, Lioubov, tromper votre mari, trahir votre serment ?...

— Mais j'aime Sacha ! dit Lioubov.

— Et votre mari ?

— Il m'a autorisée à partir. Vous n'allez tout de même pas être plus rigoureux que lui à mon égard ?

— C'est vrai ça, dit Prychkine.

— Vous, monsieur, je ne vous parle pas, dit Michel. Au Caucase, autrefois, quand une femme trompait son mari...

— Nous ne sommes pas, Dieu merci, au Caucase, cher monsieur, dit Prychkine, et je me permettrai de vous faire remarquer que...

— Est-ce qu'il va se taire, celui-là ? hurla Michel.

— Michel ! Michel ! dit Tania en joignant les mains. Ne t'emporte pas. Après tout, leurs affaires ne nous regardent en rien.

— Alors que viennent-ils faire chez moi ? Que venez-vous faire chez moi, je vous le demande ?

Lioubov pleurnichait et se tamponnait les narines avec son mouchoir :

— Cet accueil... Ces injures... Ah ! je n'oublierai jamais...

Prychkine lui tapotait le genou d'une main molle.

— Ma chérie, ma chérie, marmonnait-il.

— Voulez-vous m'expliquer, une fois pour toutes, votre présence dans ma maison à cette heure indue ? demanda Michel.

Prychkine rectifia sa cravate, passa un doigt léger sur le grain de beauté qui marquait le coin de sa lèvre.

— Cher monsieur, dit-il, ainsi que Lioubov vous l'a laissé entendre, nous avons quitté Mikhaïlo avec le consentement d'Ivan Ivanovitch Kisiakoff. Notre première idée a été de partir pour l'Italie, où j'ai déjà joué lors de quelques tournées retentissantes.

— Joué ?

— Oui, je suis acteur, dit Prychkine en battant des paupières. C'est d'ailleurs au cours d'une série de représentations à Ekaterinodar que j'ai eu le plaisir de rencontrer celle qui est présentement ma compagne. Je suis venu quatre fois en quatre ans, à Ekaterinodar. Et, la quatrième fois...

Il s'arrêta un moment pour échanger avec Lioubov un regard de tendresse humide. Puis, il reprit dans un soupir :

— Je vous disais donc que nous avions décidé de partir pour l'Italie. Toutefois, Lioubov n'avait pu recevoir aucun subside de son mari pour ce long voyage et mes économies personnelles étaient assez maigres. Nous avons donc résolu de limiter notre escapade à Moscou. Une fois à Moscou, il était bien naturel que Lioubov cherchât à revoir sa sœur. Elle s'attendait, la pauvre chérie, à une explosion d'allégresse. Ce sont des menaces qui l'ont accueillie sous votre toit. Je vous fais juge de sa surprise et de son chagrin légitimes.

Michel marchait de long en large et accrochait du genou les meubles qui gênaient son passage. Il s'arrêta enfin et s'appliqua une grande claque sur le front.

— Je crois rêver, dit-il.

— Nous aussi, dit Prychkine avec politesse.

— Ainsi, vous vous imaginez, dans votre inconscience monumentale, que je vais recueillir sous mon toit ma belle-sœur en fuite et son amant ?

— Oh ! Oh ! gémit Lioubov. Ne nous défends pas, Sacha. C'est inutile. Il nous chasse. Eh bien, partons ! Allons mendier dans les rues ! Allons coucher dans la boue ! Mais Dieu voit tout ! Dieu entend tout ! Et Dieu jugera les bons et les mauvais !

Tania, subitement touchée par le désarroi de sa sœur, se rapprocha d'elle et la baisa au front.

— Lioubov, ma petite, ne pleure pas, dit-elle. Tu as fait une folie ! Mais il ne sera pas dit que nous aurons la cruauté de te repousser...

— Non ! Non ! Maintenant, je ne veux plus rien savoir, geignait Lioubov.

Tania tourna vers Michel un regard mouillé de larmes :

— Michel, aie pitié d'elle !

Michel mordillait sa moustache et tiquait nerveusement de la jambe.

— Il est trop tard, dit Prychkine d'une voix sépulcrale.

— Oui, il est trop tard, hoqueta Lioubov.

Michel assena un coup de poing sur la table.

— Silence, tous ! dit-il. Ma décision est prise. Vous ne resterez pas chez moi. Mais, s'il vous faut de l'argent pour loger à l'hôtel, je vous donnerai de quoi vivoter une semaine. Après quoi...

Et il fit le geste aérien de balayer des miettes.

Prychkine baissa la tête :

— On nous lance une aumône !

Michel tirait son carnet de chèques. Lioubov pleurait toujours et bafouillait entre deux sanglots :

— Oh ! Oh ! Quelle humiliation !... Jamais encore !... Ma propre sœur !... Et voilà !...

Puis, elle releva le front et soupira :

— Tu as une bien jolie robe de bal, Tania. Mais ce piquet de plumes bleues flanque tout par terre ! Oh ! Oh !

Tania berçait sa grande sœur en la tenant serrée contre sa poitrine. Sans doute, elle était indignée par la conduite de Lioubov. Mais elle ne savait pas la condamner avec la même rigueur que Michel. Elle ne pouvait s'empêcher de penser qu'il y avait une poésie audacieuse dans cette fuite, dans ce renoncement au confort de la vie conjugale. En fait, Kisiakoff était une brute. Lioubov avait eu raison de l'abandonner. Était-il possible que Michel demeurât indifférent à l'attrait romanesque de la situation ? Il était si droit, si sévère, Michel, qu'il en devenait un peu obtus par moments. Elle balbutia :

— Lioubov, je t'aiderai... Tout s'arrangera... Ivan Ivanovitch n'était pas un mari digne de toi...

— N'est-ce pas ? dit Lioubov.

— Voici le chèque, dit Michel.

Prychkine prit le feuillet entre deux doigts et souffla dessus pour faire sécher l'encre.

— À présent, dit-il, je voulais vous faire une proposition.

— Encore ?

— C'est la dernière, dit Prychkine. Et, au reste, c'est une proposition aussi avantageuse pour vous que pour moi.

Michel était fatigué, vidé, à bout de nerfs. Il serra les poings et grommela entre ses dents :

— Est-ce que vous allez enfin me laisser en paix, monsieur ?

— Je voudrais voir les autres chambres, Tania, murmura Lioubov d'une voix dolente.

Elles se levèrent. Lioubov chancelait avec distinction. Elle remonta une mèche qui lui barrait le front.

— Tu vois, j'ai changé de coiffure, dit-elle. Ah ! combien avez-vous de chambres ? Combien de domestiques ? Je veux tout savoir !

Elle eut un pâle sourire :

— Je veux tout savoir de vous qui ne voulez rien savoir de moi !

— Voici ma proposition, dit Prychkine. J'avais l'intention de monter une compagnie théâtrale...

— Et vous manquez d'argent ? dit Michel.

— Vous avez deviné.

— Et vous comptez sur moi pour vous subventionner ?

— Exactement.

— Eh bien, la discussion sera brève : c'est non, non et non.

Prychkine ouvrit les bras dans un geste de désespoir.

— Ma dernière chance s'écroule, dit-il.

À ces mots, Lioubov, qui était sur le pas de la porte, trébucha et se retint mollement au chambranle.

— Elle est si lasse, dit Prychkine. Si seulement elle pouvait s'étendre un peu !

Une grimace de fureur tordit le visage de Michel :

— Vous vous moquez de moi, peut-être ? dit-il violemment. J'en ai assez ! Je suis fatigué ! Je suis abruti ! Je veux dormir, vous m'entendez ?

— Permets-leur au moins de passer la nuit chez nous, dit Tania.

— Nous sommes en plein jour ! s'écria Michel.

— Raison de plus, dit Prychkine.

— Oh ! faites ce que vous voulez, dit Michel. Mais que je ne vous revoie pas à mon retour du bureau.

— Tu vas au bureau ? demanda Tania.

— Oui, dit Michel, puisqu'il n'y a pas d'autre endroit où je puisse être tranquille.

Et il sortit du boudoir en claquant la porte.

Contrairement à ce que Michel avait espéré, le bureau, avec ses secrétaires diligents, ses cartons verts, ses bouliers et son odeur de colle, se révéla incapable de le secourir contre sa lassitude. Malgré les piles de lettres amoncelées sur la table, il ne cessait de réfléchir à la fugue de Lioubov, et sa mauvaise humeur s'aggravait de minute en minute. Plusieurs fois, il tenta de lutter contre cette obsession en regardant fixement les murs tendus de cuir sombre, les presse-papiers de bronze et le portrait de l'empereur dans son cadre de bois doré. Mais aucune aide efficace ne lui venait de ces objets aux couleurs familières. L'ouverture du courrier même lui parut une opération fastidieuse. À la dixième enveloppe, il se renversa dans son fauteuil et ferma les yeux. Il avait sommeil. Il était éreinté. Et un goût amer encombrait sa bouche.

Une quinzaine de visiteurs attendaient dans le vestibule. Michel sonna le garçon de bureau et lui enjoignit de les éconduire tous. Comme il formulait cet ordre péremptoire, Volodia entra, sans frapper, dans la pièce. Il était rasé de près et sentait l'eau de Cologne. Michel lui en voulut brusquement de sa mine reposée après une nuit de danses et de propos imbéciles. Dès que le garçon de bureau se fut retiré, il dit :

— Tu m'as l'air singulièrement en forme pour un homme qui a passé une nuit blanche !

— Affaire d'habitude, dit Volodia en s'asseyant sur le bras d'un fauteuil de cuir.

Il alluma une cigarette et jeta l'allumette dans un cendrier de cristal que Michel avançait à son intention.

— Tu fumes trop, dit Michel.

— Toujours, lorsque je suis inquiet.

— Tu es inquiet ?

— Oui. Il s'agit pour moi de prendre une décision importante.

— Elle a trait à la Varlamoff, ta décision importante ? demanda Michel en réprimant un sourire.

Un fait était sûr : nul mieux que Volodia ne savait distraire Michel de ses tracas journaliers. Sans Volodia, il se serait probablement ennuyé dans l'existence. Cette pensée traversa l'esprit de Michel, et il s'en amusa un instant. Mais, déjà, Volodia répondait d'un air grave.

— Il ne s'agit pas de la Varlamoff.

— Et de qui donc ?

— De toi. J'ai beaucoup réfléchi depuis quelques jours. Et voici ce que je voulais te dire

Il s'arrêta, embarrassé, la bouche ouverte. Visiblement, il attendait que Michel l'encourageât à poursuivre son exposé. Mais Michel, immobile, le regardait droit dans les yeux et ne disait rien. Volodia poussa un soupir.

— Vois-tu, reprit-il, j'ai l'impression que je ne suis pas d'une grande utilité dans l'affaire. À Ekaterinodar, je dirigeais vaguement la succursale. Mais, ici, je ne dirige rien. Je prends l'air du bureau. Je dicte deux ou trois lettres personnelles. Je rends visite, selon ton conseil, à quelques fabricants. Et c'est tout.

— Tu veux que j'accroisse tes attributions ? demanda Michel.

Le visage de Volodia se chargea d'une expression inquiète.

— Non. Non. Ce n'est pas cela. Au contraire...

— Au contraire ?

Volodia était devenu rouge et respirait difficilement.

— Oui, au contraire, dit-il enfin. J'estime que, pour le peu de services que je te rends, le bureau me prend trop de temps.

— Tu ne viens ici que le matin, en coup de vent !

— C'est déjà beaucoup, dit Volodia. Je... j'ai besoin de tous mes loisirs. Je désire me consacrer à un autre travail. Je ne sais pas quoi encore. On verra. Peut-être le journalisme...

— Ou la Varlamoff ?

— Laisse donc la Varlamoff et tâche d'être sérieux. Tu m'as offert cette place très gentiment pour m'occuper et me distraire. Or, à présent, j'ai d'autres occupations et d'autres distractions en vue. Je voudrais reprendre ma liberté.

— Et ton traitement ? demanda Michel.

— J'y renonce. Ma mère m'envoie des mensualités généreuses.

— Parce qu'elle le veut bien. Ton père ne t'a rien laissé dans son testament.

— Il ne l'aurait pas pu, dit Volodia. Toute la fortune venait de ma mère.

— C'est ce que je tenais à te faire dire. Donc, si ta mère, pour une raison ou pour une autre, refuse un jour de te secourir...

— Pourquoi refuserait-elle ?

— Admettons qu'elle se ruine.

— Pourquoi se ruinerait-elle ?

— Ou qu'elle se remarie avec un homme qui te soit hostile...

Volodia éclata de rire.

De tout temps, Michel avait aimé prévoir des catastrophes pour lui-même et pour ses proches. Il se méfiait de l'avenir comme d'un ennemi. Et sa prudence à longue portée l'empêchait d'être satisfait de son sort.

— Ma mère, se remarier ? s'exclama Volodia. Non, tu es trop drôle ! Parlons posément. Acceptes-tu ma démission ?

— Non, je ne l'accepte pas, dit Michel avec dureté. Tu es un ingrat et un sot. Fais la bringue tant que tu voudras, mais l'amitié que, Dieu sait pourquoi, je te porte m'oblige à te considérer encore comme un collaborateur de notre maison. Il me plaît de te sentir associé, fût-ce platoniquement, au même effort que moi. Si tu t'en allais... je... je crois que j'en aurais de la peine...

ou peut-être que je me fâcherais... D'ailleurs, tu regretterais bien vite ton départ. Ne viens donc plus au bureau qu'une ou deux fois par semaine. Tu t'occuperas, par exemple, de la publicité. Nous ne faisons pratiquement pas de publicité, ainsi tu seras tranquille.

— Je trouve cette solution absurde, dit Volodia.

— Elle te permettra de conserver une partie de ton traitement.

— Mais puisque je te dis que je n'en ai pas besoin de ce traitement ! s'écria Volodia. Ma mère...

Michel l'interrompit brutalement :

— As-tu entendu parler d'un certain Kisiakoff ?

— Ton beau-frère ?

— Oui. Il s'intéresse beaucoup aux affaires d'Olga Lvovna. Il lui donne des conseils financiers. C'est tout juste s'il ne l'aide pas à gérer sa fortune.

— Qu'est-ce que tu me chantes là ? dit Volodia, et le sourire disparut de ses lèvres.

— La vérité, mon cher, dit Michel. Notre nouveau directeur d'Ekaterinodar vient de m'écrire à ce sujet. Et aussi mes beaux-parents. Je peux te montrer les lettres.

Volodia haussa les épaules :

— Des ragots de province. Je suis sûr que Lioubov n'est pas étrangère à tous ces racontars.

— Lioubov n'a rien à voir dans cette question. Elle a quitté son mari. Elle s'est enfuie avec un acteur, un nommé Prychkine.

— Non ? Mais comment ? Raconte !

De nouveau, Volodia se mit à rire, et Michel envia son insouciance.

— Je ne te raconterai rien de plus, dit Michel. Et je te prie de ne pas répéter autour de toi ce que je viens de dire...

— À qui veux-tu ?...

— Alors ? Acceptes-tu ma solution ?

Volodia se gratta la tête :

— Oh ! après tout... Du moment que tu me laisses toute ma liberté !... Mais... dis-moi... Lioubov... enfin... où loge-t-elle ?... Pas chez vous ?... Pas à Moscou ?...

— Je l'ignore, dit Michel sur un ton sec.

Ensuite, il se leva et passa son bras sous le bras de Volodia.

— Je suis fatigué, dit-il. Ce bal m'a mis les nerfs en boule. Et l'arrivée à l'improviste de ma belle-sœur... Oh ! quelle existence !...

Il paraissait plus lourd à remuer qu'une montagne, fermé et dur, soupçonneux, mécontent. Volodia se demanda un instant si Michel était accessible au bonheur. Toujours réfléchissant, prévoyant, calculant, il y avait en lui quelque chose de besogneux et comme d'hostile à la vie.

— Pauvre Michel ! dit-il. Que tu sais donc mal te distraire !

— Chacun sa mission, dit Michel. Tu es sur terre pour t'amuser et amuser les autres.

— Et toi ?

— Moi, pour travailler. Quand je ne travaille pas, je me sens fautif. J'ai honte du temps perdu. C'est comme ça. Aujourd'hui, je n'ai pas pu travailler. Alors, je ne suis pas heureux. Je voudrais envoyer au diable tous les bals, tous les acteurs et toutes les femmes de Russie...

Il eut un sourire triste et ajouta :

— Tu as de la chance, Volodia.

Puis, il regarda sa montre :

— Laisse-moi, maintenant.

Lorsque Michel revint du bureau, à une heure de l'après-midi, Lioubov et Prychkine avaient disparu. Tania avait les yeux rouges, parlait à peine, mangeait du bout des dents. Pour la consoler, Michel lui promit de l'emmener au théâtre.

Lioubov et Prychkine s'installèrent à l'*Hôtel du Nord*. Il était entendu que Tania leur verserait en secret des mensualités prélevées sur ses économies personnelles. Prychkine se faisait fort de la rembourser avant la fin de l'année.

À Michel, Tania expliqua que le couple avait quitté Moscou pour se rendre à Saint-Pétersbourg, où l'acteur comptait quelques amis importants.

6

Ayant achevé, vaille que vaille, ses études classiques au gymnase d'Ekaterinodar, Akim Arapoff quitta la maison familiale pour se rendre à l'école de cavalerie d'Elizavetgrad. Dès sa plus lointaine enfance, il avait pris la décision de se consacrer à la carrière des armes. Aucun autre métier ne lui semblait concevable, et il riait de ses camarades qui se destinaient au commerce, à la médecine ou au barreau. Justement, l'école de cavalerie d'Elizavetgrad avait institué depuis peu des cours spéciaux pour les anciens élèves des gymnases, bénéficiant d'un « certificat de maturité ». Après deux années de présence, les junkers de l'École de cavalerie étaient placés dans les régiments, avec le grade initial de cornette. Cette perspective enchantait Akim, et il rêvait déjà uniformes, chevaux, coups de sabre, parades et fêtes d'officiers. À peine débarqué à Elizavetgrad, il loua une chambre à l'*Hôtel Mariani* pour y déposer ses bagages et se préparer à la visite officielle.

La pensée de cette visite l'obsédait. Depuis qu'il avait quitté ses parents sur le quai de la gare, une sorte de dédoublement physique s'était opéré en lui. L'enfant turbulent et vantard avait sombré dans la fumée du train et le fracas des roues. Il ne le regrettait pas. Il ne regrettait personne. Même pas sa mère qui pleurait très fort en l'embrassant, debout sur le marchepied du wagon. Même pas Nina qui lui avait glissé dans la main une médaille protectrice. Même pas son père, pâle et vieilli, qui agitait son mouchoir et tâchait de paraître gai. Une saine cruauté s'était installée dans son cœur. Un nouvel homme venait de naître, privé de mémoire, et entièrement tourné vers l'avenir. Un homme ardent et fort, décidé à servir le tsar, à honorer son régiment, à dépenser des sommes folles pour des femmes méprisables, à boire du champagne glacé et à verser son sang pour la patrie. Et cet homme s'appelait Akim Arapoff. Le véritable, le seul Akim Arapoff, était celui qui, présentement, arpentait la petite chambre enfumée et moisie de l'*Hôtel Mariani*.

Pour cet homme, la vie était claire et facile. Une foi solide répondait à ses moindres questions : tout ce qui exaltait la gloire de l'École et de l'armée impériale était bien. Tout ce qui s'opposait à cette gloire était mal. Aucun système métaphysique, aucune tradition morale, aucune élucubration sociale ne pouvait rien contre cet évangile. Noir et blanc. Ombre et lumière. Pas de nuances.

Akim était fier de sa dernière incarnation. Bien avant d'avoir franchi les murs de l'École, il se sentait solidaire de ses camarades et de ses instructeurs futurs. Simplement, il redoutait un peu le premier contact avec la caserne. Comment l'accueillerait-on, là-bas ? Comprendrait-on d'emblée l'excellence de cette jeune recrue ? Ne le soumettrait-on pas aux brimades habituelles ? À plusieurs reprises, il eut peur de sa solitude et de son dénuement en face de cet univers inconnu. Les minutes passaient et la conviction de son insuffisance lui devenait de plus en plus pénible. Pour fortifier son courage, il boucla la porte de sa chambre et ouvrit sa valise, où reposaient, enveloppées dans du papier fin, les pièces de l'uniforme des junkers d'Elizavetgrad. Aussitôt, une vague d'orgueil le submergea, et il se mit en devoir de se déshabiller. Avec mépris, il jetait loin de lui ses vêtements civils. Lorsqu'il fut nu, il se lava des pieds à la tête, comme pour se débarrasser de toutes les souillures anciennes. Puis, avec une précaution amoureuse, il passa un blouson en « peau de diable », enfila des culottes de cheval bleues, chaussa des bottes vernies, s'étrangla la taille avec une courroie en cuir blond, et planta sur son crâne, un peu de biais, la casquette blanche de l'École. Certes, la casquette ne portait pas encore de cocarde, la blouse était dépourvue d'épaulettes, les bottes étaient privées d'éperons, et il était indéniable qu'un sabre eût heureusement complété cette silhouette martiale. Mais le sabre, les éperons, les épaulettes et la cocarde n'étaient distribués aux élèves qu'après leur incorporation à un escadron.

Tel quel, Akim se regarda dans la glace et rougit de satisfaction. Vraiment, il ne le cédait en rien aux junkers qu'il avait croisés dans la rue. Il étudia scrupuleusement les traits de son visage enfantin et grave. Le front bas, le nez retroussé, la lèvre épaisse, il avait cet air un peu rustre et brutal qui impose aux hommes de troupe et séduit les femmes dans les villes de garnison. Dommage que sa moustache fût si lente à pousser. Il avait beau la tortiller tous les matins et l'enduire d'un cosmétique spécial, elle n'était encore qu'une ombre grise au-dessus de sa bouche puérile. Préoccupé par ce détail, Akim sortit de sa valise un tube de « pommade hongroise », noire et parfumée, en graissa fortement les pointes de sa moustache et les releva en les tortillant entre le pouce et l'index. Puis il fronça les sourcils, serra les mâchoires, cligna de l'œil. Il grommelait :

— Très bien... Très bien, mon brave... Quels sont vos états de service ?...

Enfin, il claqua des talons, se fit un salut militaire foudroyant dans la glace, éclata de rire et quitta la chambre en courant.

Sa première visite fut pour la chancellerie de l'École, où un aide de camp paisible s'arrêta d'étaler une réussite pour lui annoncer que ses papiers avaient été reçus au bureau, et qu'il était incorporé, à titre de boursier, au premier escadron de l'école de cavalerie d'Elizavetgrad. À tout hasard, Akim jugea bon d'écouter ces paroles au garde-à-vous, l'œil fixe et les narines dilatées.

— Maintenant, dit l'aide de camp, allez chercher votre fourbi personnel et portez-le à la caserne.

À la caserne, le trompette de service convoya le jeune homme jusqu'à l'officier de service, qui le renvoya lui-même au junker de service, et cette cascade de présentations protocolaires impressionna favorablement Akim : « Ça, c'est de la discipline », songeait-il.

« Le junker de service pour l'École » nota le nom de la recrue dans un gros cahier de rapport et lui ordonna de se rendre auprès du « junker de service pour l'escadron ». Akim apprit, par la même occasion, que l'École comptait deux escadrons de cent quarante hommes chacun, que « le junker de service pour l'escadron » était toujours un ancien, et que « le junker de jour pour l'escadron » était un blanc-bec, parfaitement méprisable. On lui enseigna aussi la formule sacramentelle par laquelle tout nouveau venu à l'École devait se signaler à l'attention du junker de service pour l'escadron : « Monsieur le junker de service, le junker Arapoff a l'honneur de se présenter devant vous pour vous faire part de son incorporation à l'école de cavalerie d'Elizavetgrad. »

Akim se répétait mentalement la formule en dégringolant l'escalier qui conduisait à la chambre du junker de service pour l'escadron. Celui-ci le reçut avec raideur, écouta son rapport, debout et la main à la visière de sa casquette, puis fit sonner ses éperons et lissa sa moustache d'un revers de pouce.

— Tournez-vous, dit-il.

Akim exécuta un demi-tour impeccable.

— Encore, encore... Bon, allez vous faire distribuer, chez le maître fourrier, une cocarde et des épaulettes. Puis, vous passerez à la salle de gymnastique, et on vous choisira un parrain.

— Un parrain ?

Le visage d'Akim exprima une juste surprise. Que voulait-on qu'il fît d'un parrain ? Un instant, il songea à demander des explications à son interlocuteur. Mais un souci de discipline lui cousait la bouche. Il préféra claquer des talons et gagner la porte à petits pas latéraux. Ce fut le maître fourrier qui le renseigna. Chaque jeune recrue était nantie d'un parrain, choisi d'office parmi les élèves du cours supérieur. Le parrain assurait aide, conseil et protection à son filleul ; le filleul, en revanche, s'engageait à marquer un dévouement total à son parrain et l'aidait à tracer des épures, à recopier ses rapports et ses notes de cours, et à faire ses commissions.

— Comme c'est bien ! Comme c'est bien ! répétait Akim, qui était résolu à s'émerveiller de tout.

Cependant, lorsqu'il pénétra dans la salle de gymnastique où se tenaient les anciens, une appréhension terrible lui nouait le ventre. Il s'avança timidement vers un groupe de junkers qui s'entraînaient aux barres parallèles. L'un d'eux, assis à califourchon sur les barres, lui demanda brusquement.

— Eh, là ! jeune homme, qui vous a permis de pénétrer dans ce sanctuaire ?

De nouveau, Akim se figea au garde-à-vous, et son visage devint de pierre. Il proféra d'une voix nette :

— Selon les ordres supérieurs, je viens me présenter à vous pour que vous me choisissiez un parrain.

— Un parrain ? s'écria l'autre. Pourquoi pas ? Je veux bien être votre parrain. Je m'appelle Toumanoff. Seulement, j'exige de mes filleuls une obéissance totale. Laissez-moi vous regarder, honorable blanc-bec. Vous m'avez l'air dégourdi comme une orchidée. Ça sort tout barbouillé de jaune d'œuf et de confiture de groseilles. Ça sait dire papa et maman, et compter sur ses doigts jusqu'à quinze. Et ça veut d'emblée traîner le sabre, fumer des pipes à longs tuyaux et discuter stratégie avec les anciens ! On vous dressera, monsieur. Savez-vous au moins quel est l'idéal du junker ?

— Dieu, le tsar et la patrie, dit Akim avec un regard flamboyant.

— Animal médiocre, je ne vous demande pas de formules officielles. Je veux que vous me récitiez la profession de foi qui sera vôtre.

— Je... Alors... je ne sais pas, balbutia Akim.

— Eh bien, écoutez-moi, dit Toumanoff. L'idéal du junker, c'est :

Pas de cartes, sauf les cartes à jouer.
Pas d'histoires, sauf les histoires scandaleuses.

Pas de langues, sauf les langues fumées.
Pas de corps, sauf les corps féminins...

— Veuillez répéter, je vous prie : « Pas de... »

Un groupe d'anciens entourait Akim et son parrain aux moustaches vernies. Tous rigolaient, Dieu sait pourquoi, et se claquaient les cuisses. Des voix rudes se croisaient :

— Que savez-vous, animal médiocre, au sujet de l'immortalité de l'âme des perdreaux ? Eh ! animal médiocre, combien y a-t-il de pas entre le poste de garde et la grille ?

— Je ne les ai pas comptés...

— Il ne les a pas comptés ! glapit Toumanoff. Coupable négligence, mon bon ami ! Je vois que j'aurai du fil à retordre. Allons, rompez ! Une deux, une deux...

Des rires accompagnèrent la retraite piteuse d'Akim.

Les cours n'avaient pas encore commencé à l'École. De jeunes recrues arrivaient chaque jour au bureau de l'officier de service. Des anciens rentraient de permission. Akim s'initiait lentement, passionnément, à sa nouvelle existence. Il sut d'abord qu'un junker de la classe supérieure avait le titre de « cornette honoraire », et que le junker d'incorporation récente était traité d'« animal médiocre ». Un cornette honoraire valait dix, vingt animaux médiocres. Un cornette honoraire avait toujours raison contre un animal médiocre. L'animal médiocre était livré au bon plaisir des anciens, qui pouvaient l'humilier et le punir à leur convenance. Il était obligé de marcher les bras tendus, et le petit doigt à la couture du pantalon. Il devait tourner la tête vers le cornette honoraire qu'il rencontrait sur son chemin. Et il n'avait le droit de s'asseoir qu'au fumoir de l'École. D'ailleurs, le sol du fumoir était recouvert d'asphalte, et une ligne profonde, tracée jadis avec un tisonnier chauffé à blanc, le partageait par le milieu : les animaux médiocres, parqués au-delà de ce sillon, ne se risquaient à le franchir que s'ils y étaient invités par leurs parrains.

Toutes ces vexations, Akim les accueillait avec une

sorte de gratitude extasiée. Plus la discipline était sévère, plus les punitions étaient injustes, plus il éprouvait de fierté à les subir. Il lui semblait qu'en acceptant ces brimades il achetait l'honneur d'être un vrai serviteur de la patrie. En effet, chaque tour de garde supplémentaire le rapprochait de ses bourreaux, l'intégrait mieux au régiment, lui faisait une âme plus forte et plus dévouée. Il avait soif d'« obéir ». Avec une sorte de rage stoïque, il s'interdisait d'écrire trop souvent à la maison et de s'attendrir sur les souvenirs de son enfance. Un jour, comme il se sentait prêt à fondre en larmes à la lecture d'une lettre de sa mère, il serra les dents et éteignit une cigarette contre le dos de sa main. « Ça t'apprendra ! » grognait-il en se dirigeant vers l'infirmerie.

Les jeunes camarades d'Akim admiraient son zèle sauvage, sa capacité de silence et son mépris de la douleur. Ils l'avaient baptisé d'emblée : « le crocodile ». Akim était fier de ce sobriquet, comme d'un titre de noblesse.

Les cours débutèrent en octobre. Dès sept heures du matin, le trompette de service sonnait le réveil aux quatre coins de la caserne. Les animaux médiocres sautaient à bas de leurs lits et se ruaient à la toilette, pour libérer les lavabos avant l'arrivée des cornettes honoraires. Déjà, on entendait les glapissements des anciens : « Qui est-ce qui m'a foutu des limaces pareilles ! Débarrassez le terrain ! Le dernier aura un tour de garde ! Un tour de garde ! J'inscris un tour de garde supplémentaire » !

Après l'appel, venaient la prière en commun et le petit déjeuner de thé, de pain noir et de beurre. Puis commençaient les études. Le programme, dangereusement chargé, comprenait l'équitation, la voltige, l'escrime, la gymnastique et la manœuvre à pied, comme exercices de plein air. Les « travaux de classe » portaient sur l'histoire militaire, l'art des fortifications, l'artillerie, l'administration, la topographie, l'hippologie, la mécanique et la chimie. Ces deux dernières sciences étaient considérées par les élèves comme éminemment indignes d'un junker. La tradition obligeait les animaux médiocres à ne toucher les livres de mécanique et de chimie qu'avec des mains gantées, en signe de mépris. L'animal médiocre qui recevait un zéro en chimie était félicité par les anciens, qui lui conféraient, pour quarante-huit heures, le droit de vivre sur un pied d'égalité avec eux. Il pouvait se coucher sur la table, fumer en présence d'un cornette honoraire et se promener avec un col dégrafé.

Dès la seconde interrogation de chimie, Akim s'arrangea pour obtenir le zéro rédempteur. Et, le soir même, il recevait un huit sur dix en équitation, ce qui doublait l'importance de sa victoire. Les exercices d'équitation avaient lieu au manège de l'École. Les animaux médiocres montaient sans éperons et sans étriers. Tandis qu'ils tournaient dans la carrière, la voix gutturale de l'instructeur les fouettait dans le dos :

— L'épaule droite en avant... Rentrez la pointe des pieds... Coudes au corps... Le pouce en l'air, je vous dis... De quels marécages a-t-on tiré ces animaux médiocres ?...

Akim encaissait les injures avec une patience amère. Et si, par hasard, l'instructeur l'oubliait dans ses réprimandes, la vanité qu'il en concevait le rendait optimiste pour toute la journée.

Lorsque les animaux médiocres surent se tenir en selle, on leur distribua des éperons et on leur apprit à sabrer. Des cônes de terre glaise étaient dressés sur des châssis de bois. L'art suprême consistait à fendre l'obstacle avec la pointe du sabre, de façon que le morceau fauché demeurât en place malgré l'élan de la monture. Souvent, les cônes de glaise alternaient avec des fascines. Alors, les élèves suppliaient les aides-instructeurs de tremper préalablement les branches dans de l'eau salée pour que, séchées et durcies, elles fussent plus faciles à trancher. Akim répugnait à ces subterfuges. Sa fougue était telle, qu'il faillit entailler l'oreille de son cheval en attaquant le mannequin d'osier. Rien ne lui plaisait tant que cette ruée sur un ennemi abstrait, que ce geste oblique et meurtrier qui, de haut en bas, rayait l'air d'une lumière blanche. Dans l'ivresse de l'effort, il ne sentait plus la brûlure saignante de ses fesses. L'odeur de la sueur et du crottin l'exaltait comme un encens précieux. Il s'imaginait, chargeant à la tête d'un escadron. Les balles sifflaient. Des hommes tombaient, à sa droite, à sa gauche. Et une trompette sonnait, très loin, la défaite énorme de l'adversaire.

Longtemps encore, enfermé dans la salle des cours où bourdonnait la voix monotone de l'instructeur, Akim continuait en esprit ses prouesses équestres.

Les conférences se succédaient jusqu'au déjeuner de midi, qui avait lieu dans le vaste réfectoire, bourré de vapeur, disloqué de cris et de tintements de fourchettes. À une heure et demie, le ventre lesté de viande et de choux aigres, les junkers revenaient en classe. Et les cours se poursuivaient jusqu'à six heures du soir. Après le dîner, les junkers travaillaient encore dans la salle d'étude, aux murs décorés de plaques de marbre et de tableaux militaires. Ceux qui avaient fini de repasser leurs leçons descendaient dans la cour pour prendre l'air avant l'appel du soir. Akim appréciait fort ces sorties dans la nuit mouillée de l'hiver.

Les fenêtres de la caserne s'incrustaient en rectangles lumineux dans un fond de brouillard obscur. Çà et là, des arbres haussaient vers le ciel leurs troncs luisants et noirs. Il faisait froid. Des écuries proches, venait un tintement de chaînes et de sabots et, parfois, le cri violent d'un gardien gourmandant quelque bête indocile :

— Tu vas te tenir, carne !...

Une mince fumée s'élevait d'un tas de purin. Un fanal se reflétait bien à plat dans une flaque. La boue du chemin collait aux chaussures. Akim enjambait les fils de fer tendus autour de la carrière, et marchait droit devant lui, seul et désœuvré, libre et joyeux, à travers un univers docile. Tout en marchant, il songeait à son avenir. Encore quelques mois, et ce seront les manœuvres. Après les manœuvres, les anciens quitteront l'École, et lui-même sera sacré cornette honoraire. Les nouveaux élèves le respecteront. Il les traitera en animaux médiocres, exigera leur soumission et les inscrira pour des tours de garde supplémentaires. Plus tard, enfin, les derniers examens passés, il endossera l'uniforme d'un régiment de la garde. Dans la garde, les officiers se montent à leurs frais. Une grosse dépense. Mais ses parents l'aideront, et il les récompensera de leur assistance par une ascension vertigineuse dans les grades et les décorations. Satisfait d'avoir « fait le point », suivant son expression favorite, Akim entonnait, à tue-tête, la chanson de l'École :

Envolez-vous, aiglons,
Comme volent les aigles...

Puis il rentrait à la caserne, blaguait avec ses camarades et s'endormait, fourbu, content de lui, de ses voisins, de l'École et de la Russie.

Un soir, tandis qu'il se promenait ainsi dans la carrière, il fut rejoint par Youra Melnikoff, son compagnon de chambrée, un garçon sage et mollasson.

— Salut, crocodile, lui dit Melnikoff. Quelle journée ! Je suis à bout ! J'ai les fesses en sang ! Et mon parrain est une brute !

— Le mien aussi, dit Akim. Qu'est-ce que ça peut faire ?

— J'en ai assez de la caserne. Je voudrais rentrer chez moi, dit Melnikoff. Tu sais que je suis fiancé ?

Akim fit une moue dédaigneuse et cracha par terre :

— Les femmes ! Si tu es un sentimental, il faut renoncer à l'uniforme.

— Tu parlerais autrement si tu étais amoureux, dit Melnikoff avec un gros soupir.

— Je ne serai jamais amoureux, dit Akim. Un amoureux est un être débile, par principe. Et je veux être fort. Fort et libre. Libre et courageux. Courageux et...

— Est-ce que je t'ai montré sa photo ?

— Non.

— Veux-tu la voir ?

— Non.

Melnikoff souffla dans ses doigts gelés, hocha le menton et grommela :

— Tu es un vrai crocodile.

— Et toi, une poule mouillée. Tu mérites bien qu'on se moque de toi. Je te regardais sabrer, au manège : ce n'était pas aux fascines que tu pensais, mais à quelque jupon de province. Tu ne fais pas glisser ton sabre. Tu cognes comme avec une hache. C'est du joli ! Elle rigolerait, ta fiancée, si elle te voyait gesticuler ainsi...

— Non, elle me plaindrait.

Akim rejeta la tête en arrière.

— Les femmes sont des instruments de plaisir, dit-il.

Et il se dirigea vers le bâtiment de l'escadron.

À dix heures du soir, la trompette sonnait l'extinction des feux, et les animaux médiocres éteignaient les lampes à pétrole dans les chambrées. Dans l'obscurité chaude et odorante, des corps se retournaient sur les lits de fer.

— Je suis rompu, geignait Melnikoff.

Akim lui répondit par un grognement.

— Est-ce que tu as déjà connu des femmes, toi ? reprit Melnikoff d'une voix oppressée.

— Bien sûr, dit Akim avec un aplomb qui le fit rougir.

— Combien ?

— Je ne sais plus.

— Et c'est vraiment aussi bien qu'on le prétend ?

— C'est mieux.

— Raconte un peu.

— Tu m'embêtes, dit Akim.

Et il lui tourna le dos. Mais, en lui-même, il fit le serment d'« essayer », dès sa prochaine sortie en ville. Il importait qu'un cornette eût connu quelques femmes pour avoir le droit de les mépriser toutes. Si pénible que cela pût paraître, il fallait accepter cette corvée pour être un serviteur conscient de son pays. C'était comme les tours de garde supplémentaires : une mesure de discipline.

Le junker de service passe dans les chambrées. Il ouvre la porte, allume une lampe. Et, tout à coup, il se penche, grogne un juron, empoigne un pied de châlit.

Dans un fracas épouvantable, la literie de Youra Melnikoff s'effondre sur le sol.

— Melnikoff ! crie le junker de service. Vos vêtements sont mal rangés. Veuillez les ramasser et les remettre en ordre.

Youra se redresse, ahuri, ébouriffé, la lippe lourde. Il est en chemise, ses jambes sont maigres et velues.

— J'allais juste m'endormir, gémit-il.

Des rires méchants fusent de tous côtés.

— Un peu plus vite que ça, dit le junker de service.

Youra s'exécute. Et, pour décorer la pile de linge, il dispose ses chaussettes « en amour », c'est-à-dire en croix, comme l'exige le règlement de l'École.

Le junker de service quitte la chambre en gueulant :

— Un tour de garde au premier qui bronche.

La porte refermée, la lumière éteinte, Youra se met à pleurnicher.

— Tous, tous sont contre moi...

— Il pleure comme une fille ! dit quelqu'un dans la nuit.

— On n'est pas au jardin d'enfants, que diable ! Sortez-le !

— Eh ! Melnikoff, c'est vrai que tu as pissé dans ta culotte, au manège ?

— Ha ! ha ! ha ! Et il cache des bonbons dans son armoire ! Des bonbons que lui envoie sa fiancée ! C'est si touchant !...

— Il m'a montré une lettre. Elle l'appelle : Youyou !

— Salauds ! Salauds ! gronde Melnikoff. Mon oncle est lieutenant-colonel...

— Et ma grand-mère est généralissime !

— Bien répondu, Grichka !

— Je demanderai à changer de chambrée, dit Melnikoff.

Une brusque pitié serre la gorge d'Akim. Il voudrait consoler ce garçon faible et malchanceux, et mériter sa gratitude. Mais il se raidit contre cet accès de tendresse malsaine.

— Ils ont raison, dit-il. Si tu pensais moins à ta fiancée, tu serais plus attentif au service.

— Bravo ! Bien parlé, crocodile ! Ça, c'est un cornette ! crient des voix diverses.

Akim se sent fier de sa popularité. Il dit :

— L'incident est clos, messieurs. On roupille.

Bientôt, dans la vaste salle surchauffée, on n'entend plus que les craquements du poêle et le ronflement régulier des dormeurs.

7

Volodia avala une dernière gorgée de thé et mordit délicatement dans une tartine de caviar frais. Il déjeunait au lit, entouré, comme chaque matin, de ses amis Ruben Sopianoff, Stopper et Khoudenko. Tout en grappillant des fruits sur le plateau, ces messieurs discutaient gravement de leurs affaires.

— Pour moi, disait Stopper, la Varlamoff est cuite. Moralement, elle appartient à Volodia. C'est une question de jours.

— Je n'en suis pas aussi sûr que toi, soupirait Volodia. Elle m'a signifié clairement qu'elle ne coucherait pas avec moi.

— Sottise, s'écriait Ruben Sopianoff. Cette femme est rousse, donc elle a du tempérament et il faut la bousculer à la hussarde. Tu la vois à cinq heures. À cinq heures et quart, j'exige qu'elle soit tienne.

Et il faisait le geste d'appliquer un fantôme gracieux contre son poitrail de gorille.

— Moi, disait Khoudenko, à la place de Volodia, je plaquerais tout, et je choisirais quelque brave blanchisseuse. Elles font l'amour aussi bien que les femmes du monde, elles coûtent moins cher, et, avec elles, du moins, on ne perd pas son temps en préliminaires.

Après avoir écouté ses conseillers habituels, Volodia les remercia et résolut d'adapter sa conduite à l'inspiration du moment. Puis il sonna son valet de chambre et se fit apporter une série de complets, de chemises et de chaussures assortis. Le tout fut étalé sur le lit, en grande pompe. Les amis de Volodia examinèrent un à un les articles présentés, et donnèrent leur avis sur le veston, le gilet, les boutons de manchettes et les souliers les mieux faits pour séduire Olga Varlamoff. Ils assistèrent aussi à la toilette de Volodia, le complimentèrent sur sa prestance, déjeunèrent avec lui et l'accompagnèrent, à cinq heures, jusqu'au domicile de la belle rousse. À la porte de l'hôtel particulier, tout blanc, tout neuf, flanqué de robustes lampadaires en fer forgé, ils s'embrassèrent.

— Tous nos vœux sont avec toi, mon chérubin, glapit Ruben Sopianoff.

Lorsque Volodia pénétra dans le salon d'Olga Varlamoff, il fut surpris de le trouver bondé à craquer de femmes, jeunes et vieilles, qui caquetaient en secouant leurs chapeaux à plumes. Volodia s'était attendu à une réunion intime, et il tombait dans une sorte d'assemblée plénière de la coquetterie et de la médisance. Il était le seul homme dans la pièce. Tous les regards se tournèrent vers lui et l'évaluèrent avec une curiosité marchande. Ces dames, se sentant *chez elles*, le soupesaient et le débitaient en tranches. Si la Varlamoff l'avait prévenu, il aurait retardé sa visite. Il jeta un regard furibond sur ce cercle de femelles abreuvées de thé et de sirops. La maîtresse de maison s'avançait vers lui, glissante et souple, dans sa robe noire à berthe de dentelle crème. Elle lui tendit la main et il lui baisa le bout des doigts, tandis que les chuchotements renaissaient dans son dos. Il grommela :

— Je tombe dans un harem !

— Vous devriez être content, puisque, paraît-il, toute la population féminine de Moscou ne suffirait pas à vous satisfaire.

— Quand on pense à une femme, les autres vous sont odieuses.

— Je vous étais odieuse, lorsque vous pensiez à vos jumelles trapézistes ?

— Laissez les trapézistes tranquilles, dit Volodia. Ce n'est pas pour vous parler d'elles que je suis ici.

— Ah ! non ?

Elle le saisit par le bras et l'entraîna vers ses invitées. Les présentations achevées, il fallut que Volodia s'assît sur une chaise, entre une vieille femme couperosée et une petite lycéenne à boutons. Il reçut une tasse de thé, une tranche de gâteau, des confitures. Et la conversation reprit, comme s'il n'avait pas été là. Ces dames parlèrent successivement, et avec un égal entrain, du mariage scandaleux d'une certaine Niouta avec un garçon dont on ne savait même pas s'il avait un père et une mère, de la mauvaise santé de l'écrivain Tchékhoff, de l'excommunication de Tolstoï, des nouvelles tendances de la mode parisienne, des ravissants chapeaux que fabriquait une dénommée Betty, de leurs maris, de leurs enfants, de leurs rêves et d'une catastrophe de chemin de fer en Amérique du Sud.

Volodia se jugeait parfaitement ridicule, planté comme un collégien dans ce parterre de chapeaux, de voilettes et de rubans. Il crut entendre de petits rires et vérifia d'une main rapide l'ordonnance de sa toilette. Dix fois, il voulut se lever et prendre congé d'Olga Varlamoff. Mais il lui répugnait de s'avouer vaincu. Il tiendrait le coup, il expulserait ces volailles gloussantes. Pour précipiter leur départ, il songea un instant à raconter des anecdotes obscènes, ou à pincer la taille de la vieille tante couperosée, ou à retirer une chaussure pour se gratter le pied. Mais aucune de ces solutions ne le satisfaisait pleinement. De guerre lasse, il préféra commencer un monologue sur la politique extérieure de la Russie.

— J'ai vu un de mes amis, dit-il avec le plus grand sérieux, qui est très bien introduit auprès des ambassades anglaise et française, et qui m'a apporté des révélations capitales sur l'avenir de notre pays dans le cadre européen.

— Je ne vous savais pas friand d'indiscrétions politiques, dit Olga Varlamoff.

— Oui, oui, je parais léger à première vue. Mais, en fait, je suis un inquiet, un fureteur, un sentimental, un social, un inspiré. Mon ami m'affirmait que nous sommes à deux doigts d'une déclaration de guerre à la Chine.

— À la Chine ? s'écria une dame.

— Mon mari ne m'a jamais dit ça ! murmura une autre.

— Oui, dit Volodia, vous n'ignorez pas que le général Tchin Haï Tchang est au mieux avec le prince Tchang Tso Tching. Ce dernier, qu'un mariage morganatique a mis à la merci du parti libéral chinois, ne rêve, et cela se comprend, que de prendre pied en Sibérie.

Au début, les dames essayèrent de s'intéresser au discours véhément de Volodia. Mais, très vite, elles se fatiguèrent de l'entendre. Deux d'entre elles se levèrent pour prendre congé. Volodia les pourchassa jusqu'à la porte en agitant les mains au-dessus de sa tête :

— Rendez-vous compte de notre position délicate entre les tendances socialo-hégéliano-darwiniennes des leaders de Pékin et les revendications slavo-sionistes de leurs adversaires ?

— Je vous en prie ! chuchotait Olga Varlamoff.

D'autres dames suivirent le mouvement de retraite. À sept heures du soir, le salon était vide.

— Eh bien, dit Olga Varlamoff à Volodia, après avoir raccompagné sa dernière amie, vous avez été d'une impertinence rare. Vous êtes content ?

— Très, dit-il, et il se mit à rire avec une si belle franchise qu'elle ne put s'empêcher de rire avec lui.

— Vous êtes un gamin ! dit-elle. Un gamin mal élevé !

— C'est ce qui fait mon charme.

— Et vous vous imaginez qu'après avoir chassé mes amies vous allez me convaincre en un temps record ?

— Je n'imagine rien, dit Volodia. Je suis heureux de vous trouver enfin seule, et c'est tout.

Traversant le salon, dont les sièges, rangés en cercle, semblaient poursuivre une conversation silencieuse, ils pénétrèrent dans un petit boudoir beige tendre, encombré de gros coussins, de statuettes et de fauteuils bas. Olga Varlamoff s'allongea à demi sur un canapé et désigna un fauteuil au jeune homme.

— Asseyez-vous et parlons encore de la Chine, dit-elle en souriant.

— La Chine ? Je voudrais y vivre avec vous, dit Volodia.

— Pourquoi ?

— Parce que c'est loin ! Parce que personne ne nous y connaît ! Parce qu'on n'y parle pas notre langue ! Ainsi, vous seriez livrée à mon bon plaisir.

— Que vous êtes pressé !

— Horriblement !

En disant cela, il fixa un regard impudent sur la gorge ronde, le cou plein et laiteux de la jeune femme. Vraiment, elle était belle et désirable. Il y avait en elle une réserve voluptueuse, un mystère chaud et violent, qui montaient à la tête. Volodia se voyait déjà touchant de la main cette chair blanche qu'on imaginait partout, sous la robe, sous les bas, sous les souliers pointus. Il inventait ce corps, avec des courbes potelées à la naissance des bras, de longues avancées d'ombre sur le ventre, des renflements secrets et des parfums entrebâillés. Sans doute devinait-elle son excitation et en était-elle flattée ? Elle renversa légèrement le menton. Son cou se gonfla, se courba, et Volodia sentit qu'il allait dire des bêtises.

— Écoutez, murmura-t-il, je considère qu'il est inutile de feindre plus longtemps et d'échanger des paroles banales. Vous savez, mieux que si je vous l'avais crié, mon engouement pour vous...

— Je ne sais rien et je ne veux rien savoir, dit-elle.

— Ne mentez pas ! Ne jouez pas !...

Il s'était levé et la dominait de toute la taille.

— Je vous aime, dit-il. Et il ne s'agit pas d'un entraînement passager comme pour les autres. Il s'agit...

Elle demanda, les paupières rapprochées, les lèvres entrouvertes :

— Il s'agit ?

— Il s'agit de quelque chose que je n'ai jamais connu. Je... je crois que je vous respecte.

— Que ce doit être ennuyeux pour vous ! dit-elle.

— Excessivement ennuyeux, en effet, car je n'ai pas

l'habitude de jouer au soupirant, la main sur le cœur et l'œil voilé.

— Je voudrais sincèrement vous éviter de le faire, dit-elle avec une moue de pitié narquoise. J'aimerais vous céder dans les délais qui vous sont coutumiers, c'est-à-dire, je pense, dans les vingt-quatre heures ; malheureusement, je n'ai aucune envie de vous avoir pour amant.

— Vous vous moquez de moi ! dit-il.

— Nullement. Je vous trouve beau garçon, spirituel, légèrement impoli. Je suis sûre que vous êtes un numéro de choix. Mais, plus je m'interroge, moins j'éprouve le besoin de vous admettre dans mon intimité.

— Mais on... on ne sait jamais d'avance, balbutiait Volodia.

— Moi, je sais. Pour succomber à votre offre flatteuse, il faudrait au moins que j'entrevisse la possibilité de vous aimer un jour. Or, je n'entrevois rien. Avouez que c'est désolant.

— Faites-moi confiance.

— Le risque est trop gros.

C'était la première fois, depuis son arrivée à Moscou, que Volodia se trouvait éconduit par une femme. Soudain, il douta de son charme et jeta un coup d'œil furtif à la glace du boudoir. Olga Varlamoff surprit son regard et sourit imperceptiblement :

— Vous vous demandez ce que je peux bien reprocher à votre physique ? Mais rien, mon cher. Vous êtes le modèle des amants. Et, cependant (ah ! c'est inexplicable !), il me semble que je préférerais un bossu. Il y a dans votre perfection quelque chose de... passez-moi le mot... de repoussant pour moi. Mais tant d'autres s'estimeraient heureuses d'être à ma place. Je suis sûre que, parmi les dames que vous avez effarouchées avec vos histoires chinoises, il y en a une bonne douzaine qui, cette nuit, rêveront éperdument de vous. Choisissez parmi elles.

— C'est vous que je veux, dit Volodia d'une voix sourde.

— Et moi, je ne veux pas de vous. C'est monstrueux, mais c'est comme ça. C'est absurde, mais il faut l'admettre.

Volodia haussa les épaules et se rassit dans un coin du boudoir.

— Vous avez déjà un amant, dit-il.

— Vous êtes d'une grossièreté pesante, mon cher. Je pourrais ne pas vous répondre et quitter la pièce. Mais je mets cette repartie sur le compte de votre dépit. Je n'ai pas d'amant. J'ai perdu mon mari, il y a quatre ans, et je ne l'ai remplacé par personne. Je parais très libre, très gaie, et, cependant, je vis seule. J'ai l'air d'aimer la compagnie des hommes, et, pourtant, aucun d'entre eux n'a dépassé le stade des compliments. Voulez-vous mon amitié, ma sympathie ? Elles vous sont acquises. Voulez-vous plus ? Adressez-vous ailleurs.

Volodia était honteux de son échec. Il regarda sa montre.

— Je vois que mon amitié ne vous intéresse pas, dit Olga Varlamoff. Vous ne vous dérangez que pour les affaires sérieuses.

Volodia poussa un soupir.

— Vous vous êtes bien moquée de moi, dit-il enfin. Je vous remercie pour cette leçon de modestie. Je m'en souviendrai.

— Que les hommes sont donc bêtes ! s'écria Olga Varlamoff. Si nous ne leur ouvrons pas les bras, ils s'imaginent que nous les méprisons et doutons de leurs qualités viriles. Ils ont un amour-propre placé si bas ! Soyons bons amis, Volodia. Vous voyez, je vous appelle : Volodia. Une grande amitié vaut mieux qu'un petit amour. Voulez-vous faire la connaissance de mon fils ?

— De votre fils ?

— Vous ne saviez pas que j'en avais un ?

— Si... Non... J'avais oublié...

— Vous prétendez m'aimer, et vous avez oublié que j'avais un fils. Venez que je vous le montre.

— Est-ce bien nécessaire ? dit-il d'un air rogue.

Elle avait posé la main sur le bouton de la porte. Elle laissa retomber le bras.

— À votre guise, dit-elle. Je vois que vous n'avez pas encore renoncé à vos illusions, ou à votre colère. Revenez me voir, un jour, lorsque vous serez plus calme. Je vous recevrai avec plaisir.

Le soir même, Volodia convoqua ses amis pour les mettre au courant de sa déconvenue. Toutefois, par vanité ou par prudence, il leur affirma qu'il était seul responsable de cet échec.

— J'ai très vite compris que j'avais affaire à une hystérique, à une sentimentale. Je n'allais pas me lancer dans des complications romanesques. J'ai battu en retraite. Elle était furieuse de me voir partir...

— Oui, oui, disait Sopianoff sans grande conviction. Tu as bien fait...

Mais Volodia devinait la réserve de ses compagnons et enrageait de les avoir déçus. À mesure que les heures passaient, sa rancune contre Olga Varmaloff devenait plus ardente. Mentalement, il la détestait, l'injuriait, la traînait dans la boue. Lui avoir fait ça ! Elle méritait qu'on lui crachât au visage !

Pour se venger, il organisa un petit souper à domicile, auquel ses camarades convièrent quelques actrices faciles. Très vite, les « actrices » furent à moitié nues, et Ruben Sopianoff s'amusait à leur planter du persil dans les narines. L'une d'elles monta sur la table et dansa avec un verre sur la tête. Après quoi, Khoudenko et Stopper vidèrent toutes les bouteilles de champagne dans la baignoire, et ces dames se trempèrent, à tour de rôle, dans le jus pétillant, tandis que leurs hôtes chantaient à tue-tête des marches militaires. Volodia battait la mesure sur une casserole. Il était ivre et désespéré. Une jeune femme vint s'asseoir sur ses genoux, toute rieuse et ruisselante, et lui demanda de la frictionner avec un gant de crin. Il mit une telle violence à lui obéir que la malheureuse, le dos écorché, jeta des cris affreux, se débattit et le traita de bourreau. Mais il la maintenait furieusement plaquée contre sa poitrine et respirait, avec une satisfaction mêlée de dégoût, son odeur de sueur blonde et de champagne. Tout en la malmenant, tout en la haïssant de la sorte, il ne cessait de penser à la Varlamoff. Il lui semblait que c'était la chair opulente de la Varlamoff qu'il corrigeait, ses cheveux souples qu'il tirait à poignées. Il répétait :

— Ça t'apprendra ! Ça t'apprendra !

Puis il repoussa cette inconnue gonflée de larmes, avec ses cuisses trop grosses et ses seins ahuris. Autour de lui, il voyait ses amis vautrés sur le carrelage de la salle de bains. Il écoutait les cris aigus des filles, que tâtaient des mains impatientes. Assourdi, écœuré, il les quitta et se réfugia dans sa chambre. La femme nue vint le rejoindre et s'étendit sur le lit à son côté.

— Tu es une brute. J'aime ça, disait-elle.

Son haleine sentait le vin. Sa peau était molle, obéissante. Volodia, fatigué, se laissait caresser par elle. Dans ses oreilles, il entendait la litanie fastidieuse :

— Tu es beau ! Ce que tes cheveux sont bouclés pour un homme ! Et cette peau blanche que tu as ! Qu'est-ce que tu fais dans la vie ? Réponds ! Mais réponds donc ! Tu ne veux pas ? Je vois ce que c'est. Tu es amoureux ?

Volodia secoua la tête :

— J'ai envie de dormir.

— L'un n'empêche pas l'autre, dit la femme. Au contraire.

Des images incohérentes traversaient l'esprit de Volodia. Il s'imaginait fustigeant la Varlamoff, qui, à genoux, demandait grâce. Puis il réfléchissait à sa dernière entrevue avec Michel. Avait-il eu raison de renoncer à quitter les Comptoirs Danoff ? Après tout, ses fonctions de chef de la publicité ne l'occuperaient que quelques heures par semaine. Et, grâce à la solution préconisée par Michel, il garderait un contact permanent avec l'affaire. Si, par malchance, les subsides maternels venaient à lui manquer, il aurait toujours la faculté de reprendre au bureau un travail plus absorbant et plus utile. Les ponts n'auraient pas été coupés. Il ne fallait jamais couper les ponts. Avec la Varlamoff, il n'avait pas coupé les ponts. Que cette femme était donc belle, désirable et intelligente ! Elle avait un grain de beauté à la naissance des seins. Volodia évoquait ce grain de beauté avec une précision pénible. Sa tête lui faisait mal. Il avait l'impression qu'une barbe épaisse lui couvrait les joues. Kisiakoff avait une barbe longue, large et noire. Pourquoi Michel lui avait-il parlé de Kisiakoff et de sa mère ? Un cochon, ce Kisiakoff ! Lioubov avait eu raison de le fuir. Mais qui était le séducteur ? Un nommé Prychkine, avait dit Michel. Un acteur. S'il était un acteur, les petites actrices devaient le connaître.

— Connais-tu un certain Prychkine ? demanda Volodia à la jeune femme qui lui mangeait les joues de baisers ravageurs.

— Bien sûr. Il fait surtout des tournées.

— Il est comment ?

L'autre haussa les épaules :

— Ni bien ni mal.

— Il a du talent ?

— Je ne crois pas... Je ne sais pas... Je ne l'ai jamais vu jouer...

— Mais tu as couché avec lui ?

— Non.

— Et tes copines ?

— Pourquoi tu demandes ça ?

— Cela m'amuserait de savoir.

— Tu es bête comme un hibou, soupira la femme. Je crois que Katia, la petite brune qui louche un peu, a été avec lui. Tu veux que je l'appelle ? Elle s'amuse avec ton ami, le gros qui a tant de poils sur la poitrine. Elle pourra te dire.

— Laisse-la, dit Volodia. Vous êtes toutes des putains. Toi, Katia, Lioubov, Tania, ma mère. Des chiennes, voilà tout.

— C'est pas désagréable, une chienne, dit la femme.

Et elle embrassa Volodia sur les lèvres. Il reçut un poids mou et agile dans la bouche, avala une salive étrangère et se débattit faiblement :

— Fous-moi la paix !

— T'aimes pas quand on t'embrasse ?

Il avait envie de vomir. Il se leva, passa dans les lavabos. Lorsqu'il revint, il se sentait mieux. La petite femme blonde s'était levée et commençait à se rhabiller.

— Recouche-toi, lui dit-il.

Docile, elle se recoucha. Il la regarda, nue et simple, étendue devant lui comme une bonne victime. Elle était jolie. Elle ne faisait pas d'histoires. Pourquoi diable fallait-il qu'il lui préférât cette Varlamoff, si distinguée, si compliquée et si lointaine ?

— Toutes les femmes devraient être comme toi, dit Volodia.

— Mais elles le sont, répondit l'autre avec douceur.

Volodia demeura interloqué par cette phrase banale. Une brusque gaieté circulait dans son corps. Il se mit à rire.

— Bien sûr, elles le sont, reprit la fille. Seulement, il y en a beaucoup parmi elles qui ne veulent pas que ça se sache.

— Voilà, s'écria Volodia en claquant des doigts, elle ne veut pas que ça se sache ! Elle ne veut pas que ça se sache !

Il se pencha vers le lit et enlaça la fille qui roucoulait de plaisir :

— Oh ! toi ! Ce que tu me plais ! Tu es mon petit prince doré ! Mon petit dieu rose !

De la pièce voisine, venaient les braillements de Sopianoff et de Khoudenko :

Avec Katka, la servante,
Je m'unirai devant l'autel,
Et, dès la semaine suivante,
Nous ouvrirons un bordel !

— Vos gueules ! hurla Volodia.

Il éteignit la lumière et serra dans ses bras un corps sans nom et sans visage qui répondit aimablement à son effort.

Le lendemain, à midi, un laquais, glabre et digne,

vint réveiller ces messieurs et ces dames qui dormaient pêle-mêle dans la chambre de Volodia. Les actrices poussèrent des cris stridents et s'enfuirent vers le cabinet de toilette. Mais le regard du larbin ne dévia pas d'une ligne au passage de ces naïades échevelées. Il apportait le plateau du petit déjeuner. Le reste ne l'intéressait pas. Volodia et ses amis votèrent à l'unanimité une motion d'excellence en l'honneur de ce serviteur impeccable.

— Youri, tu es un héros ! clamait Volodia. Je t'augmente de dix roubles par mois. Et je te permets de choisir l'une de ces jeunes personnes pour passer la nuit avec toi.

— Monsieur oublie que je suis marié, dit Youri, sans que tressaillît une fibre de son visage.

— Bravo, Youri ! s'écria Sopianoff. Ce n'est pas dix roubles, c'est quinze roubles qu'on devrait t'offrir, et une auréole en papier doré pour tes jours de sortie. Mais, entre nous soit dit, tu pourrais t'arranger pour que ta femme ne sache rien.

— Je ne suppose pas que je pourrais m'arranger ainsi, monsieur, répondit Youri en déposant son plateau. D'ailleurs, je ne suis pas porté sur la chose. Et ces dames sont trop distinguées pour moi.

Volodia crut apercevoir un fin sourire de mépris sur les lèvres du valet de chambre.

— Ça va, ça va, dit-il, tu peux te retirer.

Cependant, comme Youri s'éloignait d'une démarche glissante, il le rappela :

— Eh ! Youri ! Tu commanderas une corbeille de roses rouges, et tu la feras porter avec ma carte à l'adresse de Mme Varlamoff.

8

La haute société d'Ekaterinodar était frappée de consternation. Dans les salons, au foyer du théâtre municipal, au Cercle des officiers, on commentait avec entrain la fuite de Lioubov et la liaison de Kisiakoff avec la « vieille » Olga Lvovna Bourine. Abandonné par sa femme, Kisiakoff avait multiplié ses démarches auprès d'Olga Lvovna. Il lui avait fait payer toutes ses dettes et obtenait d'elle d'innombrables cadeaux, tels des gilets de cachemire, montres anciennes et tabatières d'argent fin. Vêtu de neuf, la barbe saine, une fleur à la boutonnière et des breloques sur le ventre, il se pavanait dans les rues pour le plaisir de se sentir détesté. Et, de fait, la plupart de ses relations se détournaient à son passage, ou feignaient de ne pas le reconnaître. Chez les Arapoff, on avait refusé de le recevoir. Alors, il avait envoyé à Zénaïde Vassilievna un énorme panier de roses feu, avec une pièce d'or enterrée au pied de l'arbuste. Au Cercle, où les gens sérieux évitaient sa compagnie, il avait su s'entourer d'un groupe de joueurs obséquieux, à court d'expédients. Suivi de cette cour servile, il narguait ses amis d'autrefois, racontait tout haut des anecdotes ignobles sur les femmes les plus respectables de la ville, misait gros, gagnait souvent et acceptait des paiements différés à des taux usuraires. Une pétition avait circulé pour son exclusion du Cercle, toutefois on n'avait pas recueilli le nombre de signatures nécessaires. Un jeune effronté l'avait provoqué en duel. Mais Kisiakoff n'était pas venu sur le terrain. Dans la rue, un étudiant lui avait lancé un paquet de boue qui s'était écrasé sur son épaule, et Kisiakoff lui avait adressé, le lendemain, sa photographie ornée d'une dédicace. En vérité, les manifestations de cette haine impuissante réjouissaient Kisiakoff et l'encourageaient à redoubler d'insolence. Il éprouvait une volupté gourmande à se savoir redouté, méprisé, envié, menacé par cette meute. Il prenait mieux conscience de sa force dans ce climat de basse colère et de délation. Il se découvrait l'âme d'un roi, pour cela seulement qu'il suscitait la révolte.

Olga Lvovna, pourtant, s'inquiétait des réactions violentes que provoquait la conduite de son amant. Kisiakoff l'avait ensorcelée. Elle n'était plus cette femme économe, desséchée et dure, qui vivait parmi des meubles couverts de housses, et comptait chaque soir l'argenterie et les cristaux rangés dans les tiroirs. Dominée par Kisiakoff, elle avait senti se réveiller en elle tous ses vieux instincts d'obéissance et de souffrance. En quelques mois, elle avait sacrifié à Kisiakoff sa dignité personnelle, son sens des affaires, son amour maternel et son avarice. Il était devenu son mage tout-puissant, son idole barbue et virile. Quand il l'observait de près, elle croyait que les yeux de Kisiakoff s'avançaient rapidement au bout de tentacules agiles et touchaient sa peau d'un rayon noir. Et elle n'était plus qu'une loque pendue au clou de ce regard, fixée dans le vide par cette pensée ardente. Lorsqu'il la possédait, énorme, lourd, vociférant et suant, elle comprenait que toute la nuit descendait sur elle et l'écrasait de délices et de douleurs surnaturelles. Sa seule crainte était que les ennemis de Kisiakoff ne lui fissent un mauvais parti. Les gens sont bêtes et méchants dans les villes de province. Ils chasseraient un apôtre à coups de pierres. Olga Lvovna confessa ses appréhensions à Kisiakoff, et Kisiakoff, que les lettres de menace commençaient à inquiéter un peu, consentit à quitter Ekaterinodar pour vivre avec sa maîtresse dans la propriété de Mikhaïlo.

— Là, dit-il, nous nous marierons !

— Mais ta femme, Lioubov ?

— J'arrangerai ça, dit-il. Je connais un illuminé qui nous donnera sa bénédiction quand même. Je tiens à la bénédiction. Autrement, ce n'est pas bien.

Quinze jours plus tard, Olga Lvovna faisait clouer les volets de sa maison, renvoyait ses domestiques, vendait ses chevaux et son argenterie, et partait avec Kisiakoff pour Mikhaïlo.

Comme la calèche passait dans une rue de traverse, des gamins lui jetèrent des pierres. Olga Lvovna se mit à pleurer.

— Pense au Christ, dit Kisiakoff.

La propriété de Mikhaïlo, délaissée depuis des mois par son maître, avait souffert gravement de cet abandon. La cour n'était plus qu'un champ de boue et de glace. Un arbre foudroyé avait défoncé les écuries, et l'intendant n'avait pas osé engager les frais d'une réparation. La maison même était envahie de poussière. Des carreaux manquaient aux fenêtres. Quelques domestiques étaient passés au service des voisins, Kisiakoff évalua le désastre et murmura :

— Les imbéciles !

Autour de la calèche, se pressait déjà une foule de paysannes et de gamins curieux. Un porc traversa la cour et s'accroupit dans une flaque brune. Olga Lvovna serra sa pelisse de loutre autour de ses épaules.

— Entrons, Vania, il fait froid, dit-elle peureusement.

Dans le vestibule, Kisiakoff et Olga Lvovna furent accueillis par la fille Paracha, dépoitraillée et rieuse à son habitude. Kisiakoff lui pinça le menton et lui chuchota à l'oreille quelques mots qui la firent hoqueter de plaisir.

— C'est une fille de confiance, dit-il en la désignant à Olga Lvovna.

La paysanne inclina la tête, secoua les épaules et s'enfuit.

On avait allumé du feu dans la grande pièce basse du rez-de-chaussée, qui servait de salon, de salle à manger et de salle de jeu. Des meubles de mauvaise tapisserie encombraient la chambre. Une lampe à pétrole sifflait dans un coin. Il s'était mis à pleuvoir, et les gouttières engorgées mêlaient leurs sanglots à la plainte du vent. Kisiakoff ferma la porte et s'assit auprès d'Olga Lvovna, devant le poêle de faïence qui montait jusqu'au plafond. Il resta longtemps à la contempler avec un étrange sourire. Puis, il appela Paracha et lui ordonna d'aller chercher Stiopa, l'illuminé du village.

— Ce soir, nous serons bénits, dit-il à Olga Lvovna qui le regardait, terrifiée et ravie. Ce soir, Dieu sera dans le coup. Tu es croyante, n'est-ce pas ?

— Oui.

— Alors, tu seras heureuse de la fête qui se prépare. Ce Stiopa n'est pas un homme ordinaire. Il est le fils d'un pope. À quinze ans, il s'est enfui de la maison paternelle. Il a vécu avec des bohémiens voleurs de chevaux. Un jour, après une bagarre, il a eu l'œil droit arraché. Les bohémiens l'ont laissé au coin d'un bois. Recueilli par des moines, il a passé trois ans dans le monastère.

— C'est un moine.

— Non. Laisse-moi parler. Le prieur l'aimait bien, lui apprenait à lire, à guérir les maladies avec des herbes. Stiopa se plaisait au monastère et rêvait même d'accéder à la prêtrise. Mais, un beau soir, en rentrant dans sa cellule, il eut une illumination. Il crut voir que le crucifix, les icônes, les images saintes qui garnissaient le réduit étaient tournés la tête au bas. Ainsi placés, ils laissaient filtrer des rayons qui provoquaient l'extase. De même qu'il faut renverser une bouteille pour boire le vin qu'elle renferme, de même, se dit Stiopa, il faut renverser les insignes chrétiens pour leur faire rendre leur suc. Comprends-tu, mon Olga, la hardiesse de ce raisonnement ? Et personne n'y avait pensé avant mon Stiopa ! Tout le monde regardait les fioles pleines et nul n'osait les manier, les incliner, tendre les lèvres aux vérités désaltérantes. Et lui, humble moujik, ancien voleur de chevaux, voici que cette révélation lui est donnée. Il quitte le monastère. Il voyage à travers le pays. Il guérit les maladies, fonde des sectes, et propage la bonne parole. Des paysans ignares le poursuivent à coups de bâtons et de pierres. Des ouvriers de mon domaine se saisissent de lui et le suspendent, la tête en bas, au-dessus d'une mare, tout près de la plantation de tabac. C'est dans cette posture que je l'ai découvert au cours d'une promenade. Je l'ai fait décrocher. Je l'ai fait amener chez moi. Je l'ai interrogé. Depuis, je le consulte toujours et il m'assiste de ses lumières. C'est un saint homme, Olga. Un homme de Dieu. Nous allons souper. Et, au dessert, il viendra nous bénir.

Pendant le souper, en tête à tête, Kisiakoff se montra plein d'entrain et de gentillesse. Il mangeait beaucoup et buvait à en perdre l'haleine. Olga Lvovna, assise devant lui, l'observait avec admiration.

— Tu vas te rendre malade, disait-elle parfois.

Il l'attirait et l'embrassait dans le cou, sur la bouche, gloutonnement. Paracha, qui servait à table, pouffa de rire en les voyant enlacés. Kisiakoff lui jeta une assiette à la tête. Elle s'enfuit en criant : « Vieux diable ! »

Cette exclamation déplut à Olga Lvovna. Quelle que fût la prévenance de Kisiakoff, elle se sentait dépaysée dans cette maison vétuste, parmi des serviteurs inconnus. Elle croyait avancer dans un rêve où il n'y avait plus ni bien, ni mal, ni pudeurs, ni craintes, ni soucis, ni espoirs valables. Les seules réalités vivantes au cœur de toute cette vapeur de songe étaient le visage, la barbe et le regard perçant de Kisiakoff. Il était devant elle comme un soleil.

À plusieurs reprises, Olga Lvovna s'efforça de rassembler ses esprits et de réfléchir à l'avenir qui l'attendait. Elle essaya même d'évoquer le souvenir de Lioubov. Lioubov était encore la femme de Kisiakoff, elle avait laissé des robes, des peignes d'écaille, des parfums et des habitudes dangereuses dans la maison ; elle pouvait revenir, un jour ou l'autre ; et alors, il faudrait intriguer, lutter contre cette jeunesse.

Comme s'il eût deviné les appréhensions d'Olga Lvovna, Kisiakoff se leva et lui prit la figure dans ses mains chaudes. Il la tenait au-dessous de lui, comme une tête coupée. Son regard la trouait jusqu'au cerveau.

— Ne pense pas à Lioubov, dit-il. Elle est morte pour

moi. Toutes ses robes t'appartiennent. Tu vas t'habiller comme elle, te parfumer comme elle. Tu la remplaceras. Bois un peu de champagne.

Il appliqua, de force, le bord d'une coupe contre les lèvres d'Olga Lvovna. Elle gémit un peu, blessée à la bouche par le verre, puis renversa le menton, avala le vin.

— À la bonne heure, cria Kisiakoff. À présent suis-moi.

Et, la saisissant par le bras, il l'entraîna vers la chambre de Lioubov.

On n'avait pas rangé cette pièce depuis le départ de la jeune femme. Quelques robes traînaient, flasques, en travers du lit. Des boîtes de poudre et de rouge encombraient la coiffeuse. Un corset de satin rose, une chemise chiffonnée pendaient encore sur la chaise, près du poêle. L'air sentait le parfum, la poussière. De lourds rideaux de velours cerise masquaient la fenêtre. Un petit chat se glissa dans la chambre, derrière Kisiakoff.

Kisiakoff referma le porte d'un coup de pied.

— Te voilà chez toi. Tu mettras cette robe-là, rouge avec des ramages bruns. Je la lui ai achetée, il y a trois ans. Elle la portait bien, la garce, les épaules nues, la gorge avancée, la hanche offerte. Allons, déshabille-toi, qu'attends-tu ?...

Olga Lvovna, épouvantée, commença à se déshabiller. Il tournait autour d'elle en grommelant :

— Plus vite, plus vite...

La robe était trop large. Elle bâillait sur les seins. Elle flottait sur la croupe.

— Ça ne fait rien. Ça ira comme ça, dit Kisiakoff. On songera plus tard aux reprises. Poudre-toi, mets-toi du rouge, maintenant.

Puis il versa du parfum dans le creux de sa main et en frotta le chignon, le cou d'Olga Lvovna.

La malheureuse s'approcha de la glace et contempla attentivement ce mannequin funèbre, enfariné jusqu'aux oreilles et affublé de draperies écarlates. Les os saillaient sur ses épaules jaunes et nues. L'étoffe se plissait sur sa poitrine, sur son ventre. Ses longs bras pendaient comme des tresses de chair le long de ses hanches plates.

— J'ai l'air d'une momie, dit-elle en souriant tristement. Pourquoi me forces-tu à m'habiller ainsi, Vania ?

— Tu es belle, unique, fascinante ! s'écria Kisiakoff. Tu es une vision céleste. On ne peut que t'adorer à genoux.

Il se prosterna devant elle, se releva avec une légèreté surprenante et lui offrit le bras dans un geste rond.

— Stiopa nous attend pour la bénédiction, dit-il.

En sortant, Kisiakoff trébucha contre le petit chat noir et l'envoya rouler d'un coup de pied dans le fond de la pièce. La bête se redressa, bomba le dos, hérissa son poil, alluma ses yeux de phosphore. Kisiakoff frémit et se signa rapidement.

— La sale bête ! La sale bête, dit-il. Partons. Je ne veux plus la voir.

Dans le couloir, ils se heurtèrent à un paysan, solide, barbu, le nez lourd. Un trou rose marquait la place de l'œil arraché. Ses cheveux roux lui descendaient jusqu'aux épaules.

— Salut, Stiopa, dit Kisiakoff.

Stiopa s'inclina devant Kisiakoff.

— J'allais vous chercher. Tout est prêt. Vous serez content, dit-il.

Il fit encore quelques pas, poussa une porte sur la gauche et s'effaça pour laisser passer Olga Lvovna. La pièce, petite et basse, était éclairée par sept bougies de cire rouge. Sur une table, disposée au fond, se trouvaient un gros volume à couverture de bois et une pelote d'épingles. Aux murs, pendaient des crucifix et des icônes tournés la tête en bas, et des palmes en papier d'argent. La lueur des bougies balançait de grandes ombres au plafond. Une forte odeur de bottes et d'encens prenait la gorge.

Kisiakoff et Olga Lvovna vinrent se placer devant la table. Stiopa les regarda, poussa un long cri et se mit à tourner autour d'eux en marmonnant dans sa barbe. De temps en temps, il s'agenouillait, baisait la terre et faisait des signes de croix.

— Toutes les images sont à l'envers. La vérité est à l'envers. Soyez vous-mêmes à l'envers, dit-il.

Kisiakoff serra la main d'Olga Lvovna.

— Et si c'était vrai ? dit-il. Et s'il avait raison contre tout le monde ?

— Je n'aime pas cette mascarade, Vania, murmura Olga Lvovna. C'est tenter le diable...

— Il le faut, parfois, dit Kisiakoff.

Le récitant trottait toujours, en soufflant, comme un phoque. Puis, il arracha sa chemise, et fut nu jusqu'à la ceinture.

— Je donne ma souffrance pour votre bonheur ! hurla-t-il.

En même temps, il saisit une baguette et se fouetta vigoureusement le ventre et les épaules. Son dos était couvert d'égratignures. Sa face ruisselait. Son œil crevé devenait rouge. Il psalmodiait :

— Oh ! je souffre ! Soyez heureux ! Oh ! je souffre ! Soyez unis ! Oh ! je souffre ! Soyez bénits !

Olga Lvovna tremblait de tous ses membres. Une terreur sacrée arrêtait son cœur.

— Pardonne-nous, Seigneur ! dit-elle.

Kisiakoff lui enlaça les épaules et l'embrassa sur la bouche.

— Gloire ! vociféra l'illuminé. Gloire !

Les icônes, la tête en bas, fascinaient par le vide de leurs gros yeux noirs. Un crucifix se décrocha et tomba par terre avec un bruit sourd. Bondissant, tournoyant, frappant, rotant, aboyant, Stiopa se démenait comme un diable entre les bougies. Ses bottes heurtaient les planches, à plein talon, et soulevaient des nuages de poussière. Son torse nu brillait de sueur. Sa barbe rousse était déviée. Des traînées de sang lui ficelaient les mains. Il crachait devant chaque image. Il éteignait les cierges un à un. Quand il eut, enfin, soufflé la dernière flamme, il s'écroula d'un bloc sur le parquet.

Dans la nuit, Olga Lvovna se sentit soulevée par les bras énormes de Kisiakoff.

— Personne ne peut plus nous séparer, dit Kisiakoff d'une voix enrouée.

Elle poussa un cri et perdit connaissance.

Lorsqu'elle revint à elle, Kisiakoff lui donna une bougie et la promena, pas à pas, solennellement, dans toutes les chambres de la maison.

Les domestiques étaient couchés. Des portes s'ouvraient sur des cuves de froid et de ténèbres. Une bête nocturne détalait sous les planches pourries. De brusques courants d'air inclinaient la flamme. Il semblait à Olga Lvovna qu'elle s'enfonçait dans un labyrinthe noir, cloisonné de toiles d'araignée, et que jamais plus elle ne reverrait la lumière du jour.

9

Constantin Kirillovitch Arapoff traversa rapidement les salles de l'hôpital civil. Son infirmier le suivait, une boîte à pansements sous le bras. Arapoff était fatigué et souffrait d'une névralgie à la joue. Aussi lui semblait-il que tout allait de travers dans le service. Le carrelage portait des traces de boue. Les feuilles de température étaient confuses. Il y avait des miettes sur les couvertures. La tenue des filles de salle laissait à désirer. Arapoff grogna :

— Une écurie !

Il serra son tablier sur son ventre et s'approcha d'un malade qui se plaignait d'un phlegmon à la main droite. Une fille de salle poussa un tabouret. L'infirmier présenta les scalpels. Arapoff ouvrit deux abcès sur la main gonflée et rouge, surveilla le pansement. Puis il passa dans la section des femmes, où il opéra un kyste, d'aspect douteux, à la paupière.

Après la visite des salles, Arapoff se rendit dans son cabinet pour la consultation. Par la fenêtre ouverte, arrivait un parfum de terre humide et jeune. Un ciel printanier, brouillé de nuages pâles, montait derrière le court rideau des sapins. Des sansonnets sautaient de branche en branche. Sur le gazon, brillaient des tessons de bouteille et des boîtes à conserve tordues. Un sentier traversait ce coin d'herbe pauvre et filait vers la grille en se tortillant. Deux malades se chauffaient au soleil, sur un petit banc.

Arapoff soupira et s'assit devant sa table.

— Faites entrer, dit-il.

Le défilé commença. Il y eut l'inévitable fille enceinte, qui jure qu'elle est vierge et que le Saint-Esprit l'a visitée en rêve, la mère avec ses gosses galeux, le boucher blessé à la main, le voyou qui rigole et paraît fier d'avoir « attrapé ça chez les femmes ». Arapoff connaissait par cœur ces échantillons quotidiens de la misère humaine. Ils se ressemblaient tous. Ils entraient tous de la même façon, et se signaient de la même façon devant l'icône pendue au mur. Leurs visages se confondaient dans l'esprit du docteur. Lorsqu'il pensait à eux, il ne les identifiait plus que par leurs maladies. Le cancéreux, le paralytique, le diabétique... Depuis longtemps, il ne pouvait plus les craindre. Il n'en avait pas le temps. Il n'en voyait pas l'utilité. Son devoir n'était pas de consoler mais de guérir.

— Pisse dans ce verre, dit-il au voyou qui se déculottait devant lui. Puis tu passeras à la pharmacie. Au suivant.

Entre deux consultations, il se tourna vers la fenêtre, regarda le ciel. L'air était d'un bleu tendre, furtif, avec une grande plume de nuages posée au bord de l'horizon. Le parfum de l'herbe éveillait les narines. Les oiseaux se querellaient dans les branches. Constantin Kirillovitch se sentit bêtement ému par ce retour du printemps. Que faisait-il dans ce bureau, à examiner ces plaies sordides, ces paupières déchiquetées, ces bouches purulentes, alors que le printemps était revenu sur la terre ? Il en avait assez de se sacrifier pour les autres.

— Combien de clients encore ? demanda-t-il à l'infirmier.

— Douze.

— Je les verrai demain. Je sors.

Dans le vestibule, il se ravisa. Jamais encore il n'avait déserté devant les malades. Il lui était désagréable de laisser un travail inachevé dans son dos.

Le soleil éclairait les marches du perron. Une ombrelle mauve se dandinait derrière la grille de l'hôpital. Il devait faire doux dans le jardin aux roses. Des calèches passèrent avec un joyeux tintement de grelots.

Arapoff porta la main à sa joue qui lui faisait mal, hocha la tête et revint dans son cabinet de consultation.

— Plus tard, plus tard, grognait-il.

On introduisit un grand jeune homme pâle, qui tenait un mouchoir devant sa bouche. Des gouttes de sang filtraient entre ses doigts. Il eut un regard fautif et demanda humblement :

— Docteur... Excellence... Ce ne sera rien, n'est-ce pas ?

Les consultations achevées, Arapoff monta dans sa calèche et se fit conduire à la roseraie. Là, il inspecta les plates-bandes, essaya quelques greffes, interrogea le vieux jardinier sur son dernier pèlerinage.

Tout en marchant dans les allées, il aspirait à pleins poumons l'air acide et gai, cette odeur de terre remuée, de fumée et d'herbe jeune. Il était heureux d'avoir quitté l'hôpital. Et, cependant, il ne pouvait s'empêcher de réfléchir aux malades qu'il avait auscultés. Il ne savait plus oublier ces têtes de misère, ces corps fatigués de vivre. Partout, ils le suivaient avec leurs gémissements et leurs toux. Autrefois, le seuil de l'hôpital franchi, Arapoff ne pensait plus à son métier. Il distribuait sa vie par compartiments étanches. De telle heure à telle heure, il était médecin, puis il était un amateur de roses, puis un amateur de femmes, puis un joueur, puis un mari et un père charmants. Aucune de ces activités n'empiétait sur l'autre. Par exemple, il ne songeait pas à Zénaïde Vassilievna quand il était avec une actrice en tournée, et il ne songeait pas à l'actrice quand il examinait ses malades, et il ne songeait pas à ses malades quand il soignait ses roses. Mais, depuis quelques mois, toutes ces notions distinctes s'étaient brouillées dans son entendement. Le mécanisme du changement de personnalité ne jouait plus avec la même aisance. Il résultait une confusion déplorable qui menaçait gravement son repos. Les malades... Le jardin aux roses... Zénaïde Vassilievna... La petite chanteuse de l'autre soir... Les enfants... Lioubov qui a quitté son mari...

Nicolas qui n'écrit plus... Akim, Tania, Nina... Les malades... De nouveau, les malades... Le jeune homme au mouchoir sanglant...

Arapoff clignait des yeux. C'était là sa vie, ce buisson de regrets et d'espoirs, ce cercle de visages. Il était fier, jadis, d'annoncer à ses amis : « Je mène dix existences de front. » À présent, il savait bien que ces dix existences n'en faisaient qu'une. Une existence ni plus intéressante ni plus belle que les autres.

« Peut-être ce chaos est-il un signe de vieillesse ? songea-t-il. Je vieillis... »

Le jardinier le dépassa en poussant une brouette. Il chantonnait sans presque remuer les lèvres. Ses yeux pâles regardaient le ciel.

— Tu es heureux ? lui demanda Arapoff.

— Pourquoi ne le serais-je pas ? Il fait doux. Bientôt, on entendra les cloches de Pâques. Il y aura des fleurs. Tous les saints du calendrier se réjouiront dans le ciel. Alors, pourquoi ne serais-je pas heureux, moi aussi ? Il faut être heureux quand les saints sont heureux. C'est Dieu qui le veut ainsi.

Arapoff consulta sa montre. Il avait promis de visiter quelques malades personnels et de passer au Cercle. Mais, tout à coup, il n'avait plus qu'une envie : rentrer à la maison, retrouver sa femme, sa fille et parler avec elles jusqu'à la tombée de l'ombre, parler de tout et de rien, des absents, d'Akim et de l'École militaire, de Nicolas et de ses lectures, de Tania, de Lioubov, de Michel, n'être plus seul, n'être plus seul enfin !

Subitement, lui revint à l'esprit l'image de ce long jeune homme très pâle et très maigre. Il tenait un mouchoir ensanglanté devant sa bouche. Il avait un regard traqué. Et il murmurait :

— Ce n'est rien, ce n'est rien, n'est-ce pas, Excellence ?

Arapoff passa une main sur son visage :

— Ne plus penser à ça, oublier. Qu'importe la misère des autres ! Moi seul, j'existe. Moi seul compte pour moi.

— Adieu ! cria-t-il au jardinier.

Et il remonta dans sa calèche.

À la maison, il trouva Zénaïde Vassilievna et Nina attablées devant un samovar fumant. Nina était devenue une jeune fille molle, lente et désenchantée. Elle avait le nez un peu gros, les lèvres grises. Elle manquait de coquetterie, méprisait les bals et fuyait la compagnie des jeunes gens. Ses loisirs, elle les occupait surtout à soigner les chiens et les chats qu'elle ramassait dans les rues, et à lire des romans français. Zénaïde Vassilievna disait que sa fille était anémique et reprochait à son mari de ne rien entreprendre pour la guérir. En vérité, cependant, l'indolence de Nina n'était pas pour déplaire à Zénaïde Vassilievna. Nina était la seule de ses cinq enfants qui n'eût pas déserté la maison familiale. Cette jeune fille pâle et secrète lui rappelait encore les grandes tablées d'anniversaire, les disputes, le cirque et les nuits d'orage, qui réunissaient autour de son lit une nichée de visages puérils. Nina partie, la vaste demeure, jadis pleine de rires et de jeux, ne serait plus qu'une carcasse abandonnée. Alors viendraient la solitude, la vieillesse et la mort. Égoïstement, Zénaïde Vassilievna souhaitait que Nina demeurât vieille fille. « Puisqu'elle n'éprouve pas le besoin de se marier, nous serions bien cruels de l'obliger à le faire, la pauvre petite », disait-elle. Et elle pleurait lorsque Constantin Kirillovitch soutenait une opinion contraire.

Zénaïde Vassilievna avait vieilli et s'était empâtée, depuis trois ans. Elle avait un visage au menton gras, aux joues pleines. Ses cheveux gris étaient tirés sur ses tempes. Elle portait des lunettes bleues. Du seuil de la salle à manger, Constantin Kirillovitch la contemplait avec gentillesse.

— Vous ne m'attendiez pas si tôt ! s'écria-t-il en feignant la bonne humeur.

— Ma foi non, dit Zénaïde Vassilievna en relevant ses lunettes sur son front. Mais tu arrives bien. Je viens de recevoir une lettre de Michel et de Tania.

— Et qu'écrivent-ils, nos Moscovites ? demanda Arapoff en enfonçant une tartelette entière dans sa bouche.

Il le faisait par habitude, pour affirmer son appétit, montrer ses belles dents et scandaliser sa femme.

— Constantin ! Tu es impossible ! s'écria-t-elle, conformément à la tradition.

Nina sourit de cette petite scène qui se répétait quotidiennement depuis des années. Elle savait que ses parents se donnaient beaucoup de mal pour l'amuser, pour lui prouver qu'ils étaient encore jeunes de caractère, et que, malgré le départ des enfants, la maison des Arapoff demeurait le refuge de la joie.

— Tu es incorrigible, papa, dit-elle à son tour en baisant la main du docteur.

Il lissa des doigts sa barbe blonde, qu'il faisait teindre depuis quelque temps, et s'assit devant un verre de thé.

— Eh bien, cette lettre ? dit-il.

— Ils invitent Nina à passer les fêtes de Pâques à Moscou, dit Zénaïde Vassilievna, et elle regarda son mari d'une manière significative.

Arapoff comprit facilement cette prière muette : le désir de distraire Nina, la tristesse de rester seule avec son mari pendant les fêtes, la crainte que leur dernière fille ne se mariât au loin, il y avait tout cela dans le regard inquiet de Zénaïde Vassilievna. Tout cela, et de la pitié, et de la honte pour elle-même.

Arapoff la rassura d'un clignement de paupières.

— Eh bien, dit-il, mais c'est très gentil de leur part... Justement... Heu... je voulais vous envoyer à Moscou toutes les deux...

— Comment ça, toutes les deux ? dit Zénaïde Vassilievna.

Arapoff ouvrit ses mains blanches et les croisa de nouveau sur son ventre. L'étonnement que suscitaient ses paroles lui paraissait flatteur.

— Je ne saurais guère lâcher mon service, reprit-il. Aussi ai-je pensé que toi et Nina pourriez rendre visite à Michel et...

— Sans toi ?

— Mais oui, sans moi.

Zénaïde Vassilievna se leva lourdement et s'approcha de son mari.

— Constantin, dit-elle, je ne te laisserai pas seul. Nina ira à Moscou. Et nous l'attendrons ici, toi et moi. Il faut bien que nous nous habituions à n'être plus que tous les deux. Un jour viendra...

Elle s'arrêta, murmura encore : « Un jour viendra », et porta un mouchoir à ses yeux. Aussitôt, Nina se précipita vers sa mère, la saisit dans ses bras et l'attira vers la bergère bouton-d'or du salon.

— Je n'irai pas, maman... Je n'irai pas, balbutiait Nina.

Arapoff marchait de long en large dans la pièce et toussotait pour se donner une contenance.

— Mes enfants ! Mes enfants ! disait-il. Ces pleurnicheries sont inutiles et ridicules. Mon opinion est solide ! Un peu de calme que diable ! Je dis, mon opinion est solide ! Heu, j'exige...

Zénaïde Vassilievna et sa fille ne l'écoutaient pas. Enlacées, elles pleuraient, joue contre joue, et bredouillaient des paroles de tendresse.

— Ma petite maman, ma colombe, disait Nina. Je sais que tu ne peux pas vivre sans moi... Alors, pourquoi te quitterais-je ?... Votre affection, quelques livres, je n'en demande pas plus...

— Ma fillette, sanglotait Zénaïde Vassilievna, mon trésor ! Je n'accepterai pas ton sacrifice. C'est à nous d'être raisonnables...

Arapoff se planta au milieu du salon et tapa du pied.

— Est-ce que vous êtes folles, toutes les deux ? s'écria-t-il.

— Voilà ton père, il ne sait que hurler, dit Zénaïde Vassilievna en se mouchant. Quel homme !

Arapoff arrangea sa cravate, tira sa montre et en fit claquer le couvercle. À la moindre difficulté, il avait recours à ces petits gestes nets et inutiles qui ravivaient en lui le sentiment de son importance.

— Bon, dit-il. Voici ma décision : Nina partira pour trois semaines. Tu l'accompagneras à Moscou et tu reviendras pour être auprès de moi pendant les fêtes. Ensuite, tu iras la chercher à la date que nous aurons fixée. Je ne veux pas que Nina voyage seule. C'est compris ?

Zénaïde Vassilievna souriait à travers ses larmes. Nina s'essuyait les paupières avec le coin de sa serviette.

— Les femmes, disait Arapoff, ça se noierait dans un verre d'eau ! Je me demande ce que vous feriez si vous étiez, comme nous, obligées de prendre parti quatre cents fois par jour. Oui, non ; oui, non ; oui, non : voilà notre discipline.

Il cueillit une rose dans un vase, la serra légèrement entre ses doigts, la respira et la glissa dans sa boutonnière. Il était heureux d'avoir affirmé sa volonté en présence de sa femme et de sa fille. Comme elles se taisaient toujours, il déposa un baiser sur le front de Zénaïde Vassilievna.

— Eh bien, ma chère ! dit-il. Te voilà un peu plus calme. Ce voyage à Moscou me paraît une nécessité pour toi. Il faut que tu surveilles un peu nos enfants. Je ne parle pas pour Tania. Elle a un bon mari, une riche maison. Mais Lioubov...

— Cette folle, cette écervelée ! gémit Zénaïde Vassilievna. Avoir quitté son mari, avoir filé avec un acteur. Quelle honte !

— Ne recommence pas à te lamenter, Zina, dit Arapoff. Elle a des excuses. Kisiakoff est une crapule. Il ne méritait pas notre fille.

— Quel que soit le mari, dit Zénaïde Vassilievna, une femme n'a pas le droit de l'abandonner ainsi. Elle a prêté serment devant l'autel. Elle a juré devant Dieu...

De nouveau, elle se mit à pleurer. Arapoff se grattait la nuque.

— Je sais, je sais, grommelait-il. C'est un scandale. Un grand scandale. Lioubov est coupable.

— Je l'avais élevée avec tant de soins ! soupira Zénaïde Vassilievna. Elle n'avait eu sous les yeux que des exemples dignes. Et voilà !

— Maman chérie, dit Nina, ne pense plus à elle. C'est du passé. Il faut vivre...

— J'ai vieilli de dix ans à cause d'elle. Elle finira par me tuer, reprit Zénaïde Vassilievna. Et pas une lettre pour nous. Rien. Comme si nous n'existions pas. Où est-elle ? Ah ! ce Prychkine, le jour où il est venu chez nous, j'ai eu un pressentiment. Je l'ai dit à ton père. Tu te rappelles, Constantin ?

— Non, dit Arapoff, mais cela n'a pas d'importance. Michel t'aidera à la retrouver. Il doit connaître son adresse. Tu lui parleras. Tu essaieras de la détacher de ce saltimbanque. Qu'elle s'installe chez nous, si elle ne veut pas retourner chez son mari. Il y a de la place, chez nous !

— Et Nicolas ? dit Nina.

— Oui, celui-là aussi, il faudrait le voir, dit Arapoff. Il ne nous écrit plus guère.

— Qu'est-ce que c'est que ce Braniloff chez qui il travaille ? demanda Nina.

— Un avocat de quinzième zone, paraît-il. Mais un brave homme. Je lui ai envoyé une lettre, il y a quelques jours, pour avoir des renseignements sur Nicolas. J'attends la réponse.

— Je suis sûre, murmura Zénaïde Vassilievna, que Nicolas habite dans une petite chambre froide et qu'il se nourrit de harengs et de pommes de terre. Mais il ne veut rien dire par fierté.

— Nicolas, comme Lioubov, dit Arapoff, ferait mieux de se fixer. Il s'inscrirait au barreau d'Ekaterinodar. J'ai des relations... Je l'appuierais...

— Et, au moins, il mangerait à sa faim, dit Zénaïde Vassilievna.

Arapoff se leva, se rassit, tira sa montre.

— Oui, oui, dit-il. Il faudrait les raisonner, les ramener. Ekaterinodar n'est pas un trou, que diable ! Ils sont si jeunes encore, si vulnérables...

— Comment faire ? dit Zénaïde Vassilievna, et son regard suppliant ne quittait pas les yeux de son mari.

Arapoff réfléchit, avança les lèvres dans une moue autoritaire et s'appliqua une claque sur le genou gauche.

— Pour plus de sûreté, dit-il, il faudrait que je parte avec vous !

— Constantin !

— Papa !

Zénaïde Vassilievna et Nina se jetèrent au cou du docteur. Il se débattait en riant :

— Laissez-moi... Ça m'apprendra à parler trop tôt... Rien n'est décidé... Je vais demander un petit congé... On peut me le refuser...

— Non ! Non ! Non ! criait Nina. Papa part avec nous ! Papa part avec nous !

Elle sautait à cloche-pied autour d'Arapoff.

— Papa part avec nous !

Après le dîner, Arapoff alla au théâtre applaudir une chanteuse française. Puis, il passa au Cercle, où il joua sagement quelques parties de whist. Mais, tandis qu'il jouait, le souvenir de ses malades le détournait insensiblement des cartes, de la fumée et des figures qui encadraient le tapis vert. À minuit, il se leva, distribua des poignées de main négligentes et sortit dans la rue. Il marcha à pied jusqu'à la grille de l'hôpital. La calèche le suivait à distance. L'air nocturne lavait et rafraîchissait son visage. Comme il pénétrait dans le vestibule dallé, l'infirmier de garde vint à sa rencontre. Il y avait du nouveau. Le numéro 76, ce jeune homme qui crachait du sang, était mort à dix heures du soir. Arapoff frémit : « Deviendrais-je sensible ? Mieux vaudrait rendre mon tablier. »

La névralgie se réveillait dans sa joue gauche. Il regarda le long couloir éclairé d'une lumière bleue très douce. Les crachoirs brillaient, alignés à la queue leu leu devant les portes numérotées. Derrière ces portes, Arapoff évoquait avec tristesse la douleur des chairs et des âmes à l'abandon. À quoi bon ces tortures, ces désordres, ces désespoirs ? Que signifiait cet holocauste offert à un Dieu de silence ? Que rachetait-on, que payait-on avec ces corps déchirés ? Des fautes ? Lesquelles ? Combien de criminels mouraient dans un sourire, et combien d'innocents crachaient leur vie, avec effort, pendant des mois ? Où était la justice ? Il n'y avait pas de justice. Dieu se moquait de la justice. Ou, plutôt, sa justice dépassait la nôtre. Le monde était mal fait. Dieu était loin de nous. Il nous avait donné le désir de comprendre, et s'était dérobé à toutes nos questions. Pourquoi ? Pourquoi ? Nous ne savons rien. Nous ne pouvons rien. C'est trop bête de vivre pour rien, de vivre sans maître. Les chiens même ont un maître.

Traversant le bois des portes closes, un gémissement enfantin retentit au bout du couloir.

— C'est le 17. Vous lui ferez une piqûre de morphine, dit Arapoff. Il n'en a plus que pour trois jours, le pauvre.

Les uns meurent, les autres naissent. Quelle usine étrange que cet hôpital de province ! Ici on fabrique, on rafistole et on détruit la vie. Car tout le monde tient à la vie. Même ceux qui peuvent à peine dresser la tête hors de leurs oreillers. Même les tordus, les amputés, les troués, les puants, les vieillards aux entrailles pourries.

Une fille de garde glissait d'une chambre à l'autre sur des savates feutrées. « Nina... Il faut marier Nina... Il faut ramener Nicolas et Lioubov au bercail... Il faut... Le 17 va mourir dans trois jours. Et Akim... Il y a bien longtemps qu'il n'a pas écrit, Akim... »

— Désirez-vous voir le cahier de garde ? demanda l'infirmier.

— Non, dit Arapoff.

Il fronça les sourcils, secoua la tête et sortit de l'hôpital en marchant à grands pas. La voix de ce jeune homme pâle, à la bouche saignante, résonnait encore dans ses oreilles : « Ça ne sera rien, n'est-ce pas, Excellence ? »

La calèche l'attendait devant le perron. Le cocher se pencha, ouvrit la portière.

— À la maison, dit Arapoff.

Quinze jours plus tard, Arapoff, Zénaïde Vassilievna, Nina et les domestiques s'installaient dans le salon pour la prière du départ. Les maîtres étaient en vêtements de voyage. Les serviteurs portaient leurs habits de travail. Le cocher, qui avait arrimé les bagages sur la calèche, pénétra le dernier dans la pièce.

— Asseyons-nous, dit Constantin Kirillovitch.

Tout le monde s'assit. Les têtes se baissèrent pour une courte action de grâces. La servante, Akoulina, qui était en place depuis quarante ans et qui avait vu naître tous les enfants de la maison, pleurnichait à petits coups dans son tablier. Le cocher, barbu et frappé de petite vérole, reniflait avec sentiment. Une gamine à tresses rousses, la fille de la femme de charge, regardait sournoisement, à droite, à gauche, et se mordait les lèvres pour ne pas rire.

Le silence se prolongea quelques secondes. Puis Arapoff se leva et se signa rapidement, en se tournant vers l'icône. Les assistants l'imitèrent dans un grand bruit de chaises repoussées.

— À la grâce de Dieu, dit Arapoff.

— À la grâce de Dieu, répondirent les serviteurs.

— Le train part dans une demi-heure. Nous allons être en retard, maman, dit Nina.

Zénaïde Vassilievna, emmitouflée dans un cache-poussière, donnait ses dernières recommandations aux domestiques :

— Voici les clefs de la réserve... Tu surveilleras les confitures... Tu passeras chez le pâtissier...

— Ne dirait-on pas qu'on s'embarque pour des années ? Dans cinq ou six jours nous serons rentrés, dit Arapoff. En route !

Il sortit le premier, suivi de Zénaïde Vassilievna et de sa fille. Les serviteurs fermaient le cortège. Le fils du *dvornik*, un gamin de douze ans, apporta un bouquet de primevères à sa jeune maîtresse. Le gamin était tout rouge. Il soufflait.

— Tu soigneras bien les bêtes, Timofeï, en mon absence, lui dit Nina.

Le cocher grimpa sur son siège.

— À la grâce de Dieu, crièrent encore ceux qui restaient.

La calèche s'ébranla doucement. Le fils du *dvornik* courut à quelques pas de la voiture en secouant sa casquette. Mais les chevaux prirent de la vitesse, le dépassèrent et disparurent au tournant de la rue.

— Au revoir ! cria le gamin.

Il s'arrêta, soupira et revint à la maison en traînant les pieds.

10

Dès son arrivée à Moscou, Constantin Kirillovitch essaya de retrouver les traces de Nicolas et de Lioubov. Mais, aux dernières nouvelles, Lioubov habitait Saint-Pétersbourg et s'apprêtait à quitter la ville, avec Prychkine, pour suivre une tournée où elle jouerait des « rôles d'expression ». (« J'appelle ça des rôles muets, disait Arapoff ; quelle idiote ! ») Quant à Nicolas, Braniloff ne l'avait pas vu depuis quinze jours et ignorait son adresse actuelle. Constantin Kirillovitch dut se contenter de laisser une lettre à l'intention de son fils chez le vieil avocat. Il était très affecté par ce contretemps, et la gentillesse active de Tania et de Michel ne suffisait pas à le distraire. C'était en vain que sa fille et son gendre le traînaient au théâtre, au concert et dans les magasins. Partout, il conservait un air attentif et chagrin.

Zénaïde Vassilievna, en revanche, après avoir copieusement pleuré l'absence de Nicolas et de Lioubov, avait fini par oublier un peu ses déconvenues dans le tourbillon où l'attirait Tania. Cette existence de luxe et d'agitation l'émerveillait et l'épuisait, si bien qu'elle n'avait plus le goût de réfléchir à sa peine. Elle admirait pêle-mêle la maison, les meubles, les domestiques, les tableaux, les robes, les amis de Tania. Tania la comblait de cadeaux et de prévenances. Michel lui rapportait des pièces de tissu du magasin. Volodia, qui venait fréquemment en visite, lui racontait des anecdotes qui la faisaient rire jusqu'aux larmes. Un jour, cependant, après avoir débité quelques plaisanteries, il lui demanda des nouvelles d'Olga Lvovna. Elle n'osa pas lui avouer que Mme Bourine vivait à Mikhaïlo avec Kisiakoff. Elle murmura : « Nous nous sommes un peu perdues de vue. Je crois qu'elle va bien. » Volodia devint songeur et changea de conversation.

Lorsque Zénaïde Vassilievna raconta cet incident à Tania, la jeune femme lui dit :

— Sa mère ne lui a rien écrit à ce sujet. Mais il se doute de quelque chose. Michel l'a préparé au choc.

— Ah ! dit Zénaïde Vassilievna, il devrait bien se marier, avoir des enfants.

Puis elle regarda sa fille droit dans les yeux et ajouta :

— Toi aussi, tu devrais bien avoir des enfants.

Tania éclata de rire :

— Mais j'en aurai. Seulement, je veux m'amuser d'abord !

Cette réplique inattendue déconcerta Zénaïde Vassilievna.

— Tu attendras tant que je mourrai avant d'avoir vu mon petit-fils ou ma petite-fille, dit-elle.

Et elle se mit à pleurer.

Le cinquième jour de son arrivée à Moscou, Constantin Kirillovitch, à bout de patience, retourna voir Braniloff. Il trouva l'avocat assis, en robe de chambre puce, dans son bureau. Le bonhomme découpait des images dans un livre d'apiculture et les collait sur des feuilles de papier glacé.

— N'avez-vous pas de nouvelles de mon fils ? demanda Arapoff en s'installant dans le fauteuil de cuir déchiqueté que lui désignait Braniloff.

— Si fait, si fait, dit Braniloff. Il est venu ce matin. Il a lu votre lettre. Il passera vous rendre visite demain après-midi, vers cinq heures.

Arapoff poussa un soupir de soulagement. Son cœur se mit à battre très fort. Timidement, il questionna :

— Et son adresse, vous l'a-t-il enfin donnée ?

— Non, dit Braniloff en trempant son pinceau dans la colle.

— Comment cela non ?

— Il ne me donne jamais son adresse, dit l'avocat. Il est très prudent...

— Mais c'est insensé ! s'écria Arapoff. Comment pouvez-vous tolérer que votre secrétaire s'absente des semaines entières sans laisser d'adresse ? À quoi travaille-t-il donc ? Pour quoi le payez-vous ?

— Oh ! dit Braniloff, chez moi il ne travaille guère. D'ailleurs, je suis, en quelque sorte, retiré du circuit. Je m'occupe surtout de botanique, de questions agraires. Nicolas vient quand il veut. Il recopie et corrige mes articles. Quant au traitement, nous l'avons supprimé d'un commun accord. Il a son couvert à ma table. Il sait qu'il peut toujours se restaurer chez moi...

— Et c'est tout ? demanda Arapoff, éberlué.

— Mais oui, c'est tout.

Arapoff se dressa péniblement sur ses jambes et fit quelques pas dans la pièce pour se donner le temps de la réflexion. Les révélations de Braniloff répondaient si exactement à son inquiétude qu'il se croyait le jouet d'un rêve. Une tristesse lourde le submergeait. Découragé, fatigué, il dit, comme se parlant à lui-même :

— À quoi diable peut-il donc employer ses journées ?

— Vous ne le savez pas ? demanda Braniloff. Que c'est étrange ?

— Et vous le savez !

— Parbleu ! Il travaille pour la « cause ». Moi aussi, quand j'avais vingt ans, je travaillais pour la « cause ». Ce n'était pas tout à fait la même. Nous étions des poètes. Ils sont des techniciens. Il faut bien que jeunesse se passe.

— En quoi consiste ce travail ? dit Arapoff d'une voix blanche.

— Là, vous m'en demandez trop... Des meetings, des tracts... Rien de bien grave, en somme... À l'heure qu'il est, les sept dixièmes de nos intellectuels sont socialistes... Après tout, ils ont peut-être raison. Le régime a vieilli. Il faut replâtrer la baraque. Moi, n'est-ce pas ? je suis en dehors du circuit...

Arapoff haussa les épaules. Il ne concevait pas qu'on pût parler avec cette négligence du danger qu'une poignée de voyous faisait courir à l'ordre impérial. Ce vieux fou bredouillant, vêtu de sa robe de chambre puce, lui semblait tout à coup odieux et redoutable. Il dit brièvement :

— Quelle que soit votre opinion sur les agissements de mon fils, ce n'est pas avec le traitement que vous ne lui payez plus qu'il peut subsister à Moscou. Comment gagne-t-il de quoi vivre ?

Braniloff eut un gros sourire saliveux et cligna de l'œil :

— Ces jeunes gens sont fortement liés par leurs idées. Ils s'aident mutuellement. La caisse du parti les soutient...

— Mon fils serait inscrit au parti ?

— Je n'en sais rien. Je dis « parti », comme je dirais « cercle », ou « confrérie », ou n'importe quoi de semblable. Bref, il se tire d'embarras. N'est-ce pas l'essentiel ?

— Non, dit Arapoff.

Il ramassa son chapeau qu'il avait posé sur la table et tendit la main à Braniloff. Sur le seuil de la porte, il se retourna et demanda encore :

— Puis-je vous prier, à l'avenir, de veiller un peu mieux sur mon fils ? Je voudrais avoir confiance en vous. Je voudrais...

Il s'interrompit, regarda Braniloff penché sur ses images, une paire de ciseaux à la main.

— Mais oui, mais oui, répétait l'avocat. À votre service... Bien sûr... Que ne ferais-je ?...

Arapoff quitta la pièce, la poitrine oppressée, yeux voilés de larmes. Dans le couloir, il se heurta à une femme opulente qui lui saisit la main.

— J'ai écouté à la porte, dit-elle. Je suis Nadéjda Alexandrovna Braniloff, la femme de Braniloff. Il est un peu fou. Mais c'est un si brave homme ! Comptez sur moi. Je m'occuperai de Nicolas, je le soignerai...

Elle s'arrêta, poussa un soupir :

— Si seulement il me laissait faire ! Il est tellement sauvage ! Voulez-vous une tasse de thé ?

Une envie de pleurer, stupide, irritante, piquait la

gorge et les paupières d'Arapoff. Il eut peur de ne pas pouvoir se retenir, secoua la tête et sortit sans ajouter un mot.

Ayant embrassé ses parents, Nicolas s'assit dans le fauteuil que lui avançait Michel. Nina et Tania se tenaient un peu à l'écart, près de la fenêtre. Un crépuscule, bleu et fade, commençait à noyer le salon. Dans cette pénombre, le visage de Nicolas paraissait encore plus exsangue. Un silence gênant s'appesantit sur le groupe. Zénaïde Vassilievna, immobile, muette, étudiait son fils avec avidité. Elle notait au vol les souliers mal cirés, la chemise usée et le veston marqué de taches. Et elle souffrait de cette misère discrète. Pourtant, quel que fût son désir de plaindre et d'interroger le jeune homme, elle n'osait ouvrir la bouche. Ce fut Constantin Kirillovitch qui prit la parole. Tout à coup, il dit d'une voix basse, presque chevrotante, que Zénaïde Vassilievna entendait pour la première fois :

— Enfin, te voilà retrouvé. Tu te caches bien, mon garçon. Et tu ne donnes pas souvent de tes nouvelles.

— J'étais très occupé, dit Nicolas, et il détourna les yeux.

— Comment, très occupé ? s'écria Zénaïde Vassilievna. Ton père a vu Braniloff...

— Tais-toi, Zina, dit Constantin Kirillovitch. J'ai vu en effet Braniloff. Et il m'a mis au courant de ton travail chez lui. Tu n'as strictement rien à y faire. Il ne te paie pas. Et, d'ailleurs, tes heures de présence au bureau sont plus que fantaisistes. Par-dessus le marché, tu refuses de donner ton adresse. Que devons-nous penser de tout cela ?

— Ce qu'il vous plaira, dit Nicolas. Puisque vous savez tout, la discussion sera brève.

Il avait parlé sur un ton morne, indifférent.

— Pour l'amour du ciel, mon enfant, dit Zénaïde Vassilievna, ne t'enferme pas dans ton orgueil. Nous sommes tes parents, nous voulons te guider, t'aider. Peut-être es-tu entraîné par une femme ?...

Elle s'arrêta et ajouta vivement :

— Veux-tu nous laisser seuls, Nina ?

Nina sortit sur la pointe des pieds.

— De quelle femme s'agit-il ? reprit Zénaïde Vassilievna.

— Écoute, Zina, dit Constantin Kirillovitch avec humeur, laisse tes histoires de femme. Nicolas est embarqué dans une affaire plus grave que tu ne l'imagines.

— Je te promets de ne plus t'interrompre, Constantin, dit Zénaïde Vassilievna en se tamponnant les paupières.

Arapoff s'approcha de son fils et posa les deux mains sur ses épaules. Il le regardait dans les yeux avec fixité. Il dit enfin :

— Nicolas, ta conduite me déplaît et m'inquiète. Quelles que soient tes idées politiques, tu n'as pas le droit de salir notre nom en t'efforçant de servir une bande d'illuminés. Je te demande de renoncer, une fois pour toutes, à cette activité aussi louche que nuisible, et de revenir avec nous à Ekaterinodar.

Comme Nicolas ne répondait rien, il poursuivit :

— Ne crois pas que je te tienne rigueur de ton silence et de ta passion. Je t'aime assez pour te pardonner le mal que tu nous as fait, à ta mère et à moi. Seulement, il faut que tu t'arrêtes.

— Je ne veux pas quitter Moscou, dit Nicolas d'une voix sèche.

Son visage n'avait pas changé d'expression. On eût dit qu'une volonté terrible insensibilisait toutes les fibres de sa chair. Il était là, debout, impassible, comme un mannequin. Seule sa respiration sifflante, irrégulière, témoignait de son désarroi.

— Tu refuses ? demanda Constantin Kirillovitch faiblement.

— Allons, Nicolas, s'écria Michel, vous n'aurez pas la cruauté de repousser la prière de vos parents. Vous leur avez causé trop de peine !

Tania avait tourné son visage contre la vitre. Zénaïde

Vassilievna vint la rejoindre, la caressa, l'attira sur son épaule.

— Tu refuses ? répéta Constantin Kirillovitch, et sa mâchoire inférieure se mit à trembler.

Nicolas inclina la tête.

— Mais... mais tu as donc une pierre à la place du cœur ? hurla Arapoff. Mais tu ne nous reconnais donc plus ? On t'a hypnotisé, séduit, abêti pour la vie ? Réponds !

— Je vous ai déjà dit que je désirais rester à Moscou.

— Pour comploter avec ces canailles ! glapit le docteur. Pour rédiger des tracts d'injures contre le tsar, l'Église, la patrie ! Pour louer les assassins, les fabricants de bombes et de faux billets !

— Je te prie, papa, de mesurer ton vocabulaire lorsque tu parles de mes amis. Si tu ne respectes pas leurs idées, respecte au moins leur courage et leur bonne foi, dit Nicolas avec froideur.

— Leur bonne foi ? Mais, s'ils étaient de bonne foi, ils travailleraient au lieu de vivre d'expédients ignobles ! Ah ! Nicolas, de quelle famille te crois-tu donc issu ? Laisse cette tâche aux voyous, aux envieux, aux professionnels du meurtre et du vol à la tire. Mais toi, toi, tu es mon fils, mon enfant, tu portes mon nom, je t'aime...

Il bredouillait, la voix coupée par des sanglots horribles. Nicolas était devenu livide. Un regard de pitié passa dans ses prunelles vitreuses. Des gouttes de sueur perlaient à son front. Il gémit :

— Je t'en supplie, papa... N'insiste pas... Tu me rendrais fou pour rien... Je... Je ne peux pas te dire autre chose... Alors, il ne faut plus me faire mal... Va-t'en... Allez-vous-en, tous... Je vous aime aussi... Fort, fort, comme jamais... seulement, partez... Au nom du ciel...

Il ne pouvait plus tenir. Il allait tomber comme une masse aux pieds de ces deux vieillards. Ils étaient si bons ! Et si malheureux ! Derrière eux, il y avait tout son passé, avec des visages d'enfants, des rires, des tilleuls frissonnants, et la table ronde servie de thé, de pastèques et de confitures. Derrière eux, il y avait la propreté, l'aisance, la joie de vivre et le calme de Dieu.

La tentation était si forte que Nicolas voulut appeler à l'aide. Mais qui ? Zagouliaïeff, Grünbaum, les camarades aux mains sales, aux ventres creux, aux yeux ardents ? Tandis qu'il se débattait ainsi contre l'emprise des souvenirs, il vit son père s'affaler dans un fauteuil, déboutonner son col, comme s'il étouffait. Michel marchait de long en large dans la pièce :

— Nicolas, reprenez-vous... Réfléchissez...

— Partez... Allez-vous-en, geignait Nicolas.

— Tania, un verre d'eau, je t'en prie, dit Constantin Kirillovitch. Ce ne sera rien...

Nicolas ferma les paupières. Son cœur cognait si violemment qu'il entendait à peine les bruits de la pièce. Un poids affreux écrasait sa poitrine. Sa salive avait un goût de sang. Tout à coup, à travers le bourdonnement de ses oreilles, il devina la voix douce de sa mère qui l'interpellait :

— Nicolas, mon chéri, viens près de moi, viens donc...

Avait-elle vraiment dit cela, ou ces paroles remontaient-elles en lui du fond de son enfance ? Nicolas ouvrit la bouche, aspira l'air tiède, vaguement parfumé d'encaustique. Un frisson parcourut sa peau. Ses muscles se dénouaient. Toute sa chair devenait tendre. Les larmes ruisselaient sur ses joues. Ah ! oublier tout, trahir les camarades, partir... Zénaïde Vassilievna était près de lui. Il percevait la chaleur de ses vêtements. Son être entier était pris dans un rayonnement agréable. Il balbutia :

— Maman.

C'était parce qu'il avait faim, sans doute, que ses jambes tremblaient ainsi, que sa voix mourait sur ses lèvres.

— Nicolas, mon fils !

D'une manière absolument imprévisible, Nicolas poussa un sanglot sourd et se laissa tomber devant Zénaïde Vassilievna. Le visage inondé de larmes, il baisait les vieilles mains fripées, l'étoffe trop neuve de la robe. Il s'emplissait la tête de ce parfum d'eau de Cologne et de savon. Il mâchait à pleines lèvres l'air nourricier de son enfance. Les secondes passaient, et il ne bougeait plus.

— Mon petit, mon petit qui a du chagrin, murmurait Zénaïde Vassilievna.

La voix de son père le fit tressaillir. Il disait :

— Enfin ! Enfin ! Ah ! comme je suis heureux !

Nicolas aussi était heureux. Finis les tracts, les comités, les parlotes, la peur des mouchards et les chambres froides. Fini, Zagouliaïeff. Fini, Moscou. Il s'écouta murmurer :

— Pardonnez-moi tous les deux...

— Alors, tu viens avec nous ? demanda Arapoff.

Nicolas releva le front. Le salon était plongé dans l'ombre. Un losange de tapisserie recueillait la dernière lumière du jour. Dans la pièce voisine, on entendait le pas d'un laquais, un tintement léger de vaisselle.

Nicolas passa une main sur sa face moite. Il croyait s'éveiller d'un rêve. Il regarda son père, sa mère :

— Oui, dit-il. Je vous suivrai... Mais plus tard... Beaucoup plus tard... Quand tout sera fini... Quand on n'aura plus besoin de moi...

Il se mit debout, péniblement, sourit, s'approcha de la porte.

— Il faut m'excuser, dit-il encore.

Puis, il cria : « Adieu », poussa le battant et se précipita dans le corridor.

Lorsque le docteur arriva dans l'antichambre, Nicolas avait déjà quitté la maison.

Le soir même, le docteur et sa femme examinèrent avec Michel les moyens d'apprivoiser et de guider leur fils. Après tout, Nicolas était un faible. Il ne s'en était pas fallu de beaucoup qu'il cédât aux instances de son père. Tous les espoirs étaient donc permis à condition de manœuvrer avec adresse. Pour calmer Constantin Kirillovitch, Michel lui promit de retrouver Nicolas et de le convoquer à son bureau. Là, il lui offrirait de prendre en main certains procès des établissements Danoff. Bien entendu, il rétribuerait largement Nicolas pour ses services et tenterait de l'attirer peu à peu à la maison. Un travail intéressant, une affection attentive auraient vite raison de la réserve où se complaisait le jeune homme. Conseillé, encadré, réchauffé, il se détacherait lentement de ses amis socialistes et reviendrait à une vie normale, sans qu'il fût besoin, pour cela, de l'expédier à Ekaterinodar.

Les paroles apaisantes de Michel finirent par convaincre ses beaux-parents... Certes, ils auraient aimé demeurer à Moscou jusqu'à ce que Nicolas eût accepté la proposition de Michel. Mais Constantin Kirillovitch ne pouvait guère s'absenter plus longtemps, et Zénaïde Vassilievna ne voulait pas le laisser rentrer seul à Ekaterinodar. Quant à Nina, elle exprima bien le vœu d'accompagner son père qui avait tant de chagrin, mais Tania la supplia de rester auprès d'elle, comme convenu, jusqu'à la fin des vacances de Pâques. Partagée entre sa piété filiale et le désir de passer quelques jours supplémentaires avec sa sœur, Nina se résigna donc à voir partir ses parents, côte à côte, un peu plus courbés, un peu plus vieillis encore qu'à leur arrivée.

11

Ayant résolu d'éblouir Nina par le nombre et la variété de ses distractions, Tania ne lui faisait grâce d'aucune sortie. Elle lui imposa son coiffeur, lui acheta des chapeaux, lui choisit un parfum et la présenta successivement à tous ses amis. Dans le fond de son cœur, elle eût aimé que Nina parût la jalouser un peu. Mais Nina ignorait l'envie. Les toilettes, les bijoux, les bibelots de Tania éveillaient son admiration, mais non sa convoitise. On eût dit, vraiment, qu'elle ne souhaitait pas ressembler à sa sœur. Souvent, lorsque Tania lui prêtait une robe pour le soir, elle murmurait en caressant du bout des doigts l'étoffe riche et lourde :

— Comme c'est joli ! C'est trop joli pour moi !

Cette humilité exaspérait Tania plus que ne l'avait fait la coquetterie fielleuse de Lioubov.

— Comment veux-tu plaire, si tu joues la souillon ? Il faut briller. Par tous les moyens. Tu es mignonne, pourtant ! Viens que je t'arrange !

À Michel, Tania expliquait que sa sœur cadette n'était pas tout à fait normale :

— Rien d'essentiel ne l'intéresse : les jeunes gens, les toilettes, la danse... On dirait qu'elle n'est pas vivante, ou qu'elle a soixante-dix ans, ou qu'elle est obsédée par une idée fixe. C'est une sorte de maladie, n'est-ce pas, l'idée fixe ? Il faudrait lui trouver quelqu'un.

— Tu voulais déjà trouver quelqu'un à Volodia. À présent, c'est ta sœur que tu songes à marier. Ouvre une agence ! disait Michel.

— Eh bien, oui ! C'est plus fort que moi. Quand je vois un être malheureux, solitaire, il faut que je lui vienne en aide.

Pour mener à bien son programme, Tania organisa un dîner chez *Yar* et invita deux jeunes gens à l'intention de Nina. Les deux jeunes gens firent la cour à Tania d'un bout à l'autre de la soirée, et ce fut Michel qui dut s'occuper de la jeune fille. Tania fut fâchée d'avoir accaparé l'attention de ces prétendants et accusa Nina de décourager les hommes par sa retenue.

— Tu n'arriveras à rien de cette façon-là, disait Tania.

— Mais je ne veux arriver à rien, chérie, disait Nina.

« Ne vouloir arriver à rien » était une expression qui déconcertait Tania. Tania avait toujours envie de quelque chose : une bague, un gâteau, un spectacle, un paysage. Son appétit d'impressions nouvelles était démesuré, dévorant. Elle brûlait sur place de mille curiosités contraires.

— J'ai du sang dans les veines, moi ! s'écriait-elle. Et toi, Nina, on dirait que ton cœur ne brasse que du petit-lait.

Nina baissait la tête et ne répondait rien. Elle admirait sa sœur pour sa vivacité et pour sa bonne humeur. Mais elle se sentait incapable de l'imiter. Ses joies, à elle, étaient intérieures et humbles. La lumière et le bruit lui causaient une espèce d'appréhension. Les conversations mondaines lui paraissaient à la fois futiles et incompréhensibles. Les hommes l'ennuyaient. Elle les jugeait fats, sonores et inutiles. Ils faisaient de grosses plaisanteries, parlaient politique, fumaient, buvaient et vous regardaient dans les yeux d'une manière impudente. Ils ne pensaient qu'à leurs cravates et à leurs succès féminins. On ne pouvait rien leur dire qu'ils n'interprétassent en leur faveur. Pourquoi les femmes recherchaient-elles aussi bassement leur suffrage ? Était-il vrai que certaines jeunes filles devenaient folles parce qu'elles n'avaient pas connu à temps l'étreinte qui les eût révélées à elles-mêmes ? Elle était anormale sans doute, puisqu'elle n'éprouvait aucune attirance envers les messieurs. Ce n'était pas désagréable d'être anormale et de trouver son bonheur dans la compagnie des parents et dans les soins quotidiens du ménage. Vraiment, elle ne voyait pas en quoi elle était à plaindre !

— Laisse-moi telle que je suis, Tania, disait-elle en souriant. Je t'assure que je ne souhaite pas changer.

— Et pourtant, il le faut, ma petite, disait Tania. Tu ne peux pas désirer le mariage, parce que tu n'as pas encore aimé ! Mais, quand tu auras aimé ! Ah !

Elle renversait la tête et allongeait la main dans un geste de prêtresse :

— Quand tu auras aimé, tu ne sauras plus t'arrêter, ma chère. Je te trouverai quelqu'un. Dommage que Volodia soit entiché de cette Varlamoff. C'est un garçon comme lui qu'il t'aurait fallu. Je vais y réfléchir.

— Ne te presse pas.

— Non, non. Je ferai bien les choses. C'est demain dimanche. Je te prêterai une robe. Et nous sortirons nous promener en calèche, avec Michel.

Le soir même, Michel revint à la maison dans un état d'agitation extrême.

— Ils ont assassiné Sipiaguine, dit-il.

— Qui ? demanda Nina.

— Sipiaguine, le ministre de l'Intérieur.

— Et qu'avait-il fait, ce Sipiaguine ? demanda Tania en se recoiffant devant sa psyché.

— Il avait essayé de gouverner. Oh ! ce n'était pas un aigle. Mais chaque attentat nous rapproche d'une révolution. La police perquisitionne à droite, à gauche. Les étudiants se soulèvent. Les gendarmes stationnent dans la rue Mokhovaïa. À Pétersbourg, les Cosaques ont dispersé à coups de sabre une manifestation sur la perspective Nevsky. Voilà, voilà les nouvelles. Hier Bogoliepoff, aujourd'hui Sipiaguine...

— C'est affreux, dit Tania. Mais tout grand pays a ses crises de nerfs.

Michel s'assit dans un fauteuil et secoua la tête.

— Espérons qu'il ne s'agît que d'une crise de nerfs, dit-il.

Son visage exprimait une colère, un dégoût sauvages.

Nina le regardait avec inquiétude et pensait à Nicolas et à ses amis socialistes. « Sipiaguine assassiné... La police perquisitionne... » Se pouvait-il que Nicolas fût lié avec cette bande de meurtriers anonymes ? N'allait-on pas l'arrêter, l'enfermer en prison ? Une crainte atroce lui serrait le cœur. Elle demanda :

— Ces gens, ces assassins, ce sont des révolutionnaires, des socialistes, n'est-ce pas ?

— Bien sûr !

— Des amis de Nicolas ?

Michel hésita une seconde et dit :

— Non... Nicolas n'a rien à voir dans l'affaire... Enfin... Il ne faut pas confondre...

Nina se sentit soulagée.

— Les canailles ! Si on me laissait faire ! grommelait Michel.

— Tu n'es pas à Armavir, Michel, dit Tania.

— Je le regrette parfois.

Il se dressa et colla son front à la vitre.

— Il fait sombre déjà, dit-il. Les gens courent comme des fourmis. Et ils ne savent pas, ils ne savent pas...

À ce moment, le valet de chambre annonça M. Bourine, et Volodia pénétra dans la pièce en coup de vent. Il paraissait bouleversé, les cheveux défaits, les yeux hors de la tête.

— Tu sais la nouvelle ? s'écria-t-il.

— Sipiaguine assassiné ? dit Michel.

Volodia claqua des doigts en signe d'impatience.

— Non, dit-il.

Et, s'approchant de Michel, il lui souffla à l'oreille :

— La Varlamoff m'a écrit pour me remercier de lui avoir envoyé des roses !

Chaque dimanche matin, après la messe, Michel et Tania se rendaient en calèche à la promenade du parc Petrovsky. Cette promenade était le lieu de rencontre de tous les équipages élégants de la ville. Il s'y faisait une concurrence effrénée de harnais d'argent, de chevaux de prix et de cochers barbus. Les attelages étaient l'expression de la fortune et du goût de leurs propriétaires. La moindre faute de présentation était aussitôt notée par mille regards envieux. Chaque innovation heureuse, chaque toilette inédite, y recevait sa consécration. Tania raffolait de ces parades orgueilleuses. Et elle se promettait une joie double à l'idée de l'étonnement et de l'admiration de Nina devant le défilé des voitures.

Dès la veille au soir, l'ordre fut donné au palefrenier de préparer l'équipage. Il fallait trois heures de travail pour astiquer les harnais, peigner et nouer les crinières et les queues des chevaux, nettoyer leurs sabots et les passer au cirage. La calèche attelée, on hissait le cocher sur son siège. Ses jambes étaient prises dans une vaste couverture de laine, tendue au point de lui interdire tout mouvement. Sa houppelande matelassée était tirée, épinglée, de façon qu'aucun pli ne dérangeât l'étoffe. Immobile, rembourré et ficelé comme un mannequin, il attendait l'arrivée des maîtres.

Les chevaux piaffaient, énervés par l'approche du départ. C'étaient deux trotteurs Orloff, de robe alezane, longs et musclés, aux têtes minces. L'un deux, Boyard, était depuis un an au service de Michel. L'autre, Sokol, avait été acheté quinze jours auparavant. Le cocher le disait malveillant et peureux.

En descendant du perron, Michel inspecta rapidement la voiture, les harnais, la tenue des chevaux. L'ensemble était impeccable. Tania et Nina s'installèrent sur la banquette du fond. Michel s'assit en face d'elles, le dos tourné au cocher. Tania avait revêtu pour la circonstance une jaquette couleur champagne à brandebourgs mordorés, très serrée à la taille. Ses cheveux étaient coiffés d'un chapeau pétillant de plumes et de paille blonde. Nina portait une toilette rose et gris, un peu triste, mais distinguée. Il faisait doux. Dans le ciel, d'un bleu-vert très pâle, se dénouaient de lents nuages de lait. La fonte des neiges avait laissé une boue brune sur la chaussée. Les toits étaient luisants de la dernière pluie. Aux fenêtres des maisons voisines, quelques figures curieuses se penchaient pour admirer le riche équipage des Danoff. Le cocher, fier de sa calèche, de ses chevaux et de ses maîtres, bombait le torse, étendait les bras.

— On y va, barine ?

— En route.

La voiture démarra doucement, prit de la vitesse en s'engageant dans le boulevard Tverskoï, tourna dans la rue Tverskaïa et fila sur la route de Saint-Pétersbourg.

— Il faut avoir vu la promenade du parc Petrovsky, disait Tania. On y rencontre les gens les plus élégants, les plus influents, les plus riches de Moscou. C'est le rendez-vous de toutes les jalousies. C'est le terrain de jeu de toutes les ambitions...

Nina écoutait distraitement sa sœur et regardait couler, de droite et de gauche, le courant régulier des façades et des visages. Michel, lui, ne s'intéressait qu'aux chevaux. La tête inclinée, les traits tendus, il surveillait le martèlement des sabots sur la chaussée.

— Ils marchent bien, dit-il. Ce sera une des plus belles paires de Moscou, si Onoufri sait les tenir. Plus vite, Onoufri.

Onoufri claqua de la langue, et l'équipage dépassa en trombe un landau plein de vieilles dames vêtues de mauve. Tania les salua d'un sourire et chuchota en se penchant vers Nina :

— La comtesse Bourtzeff et ses trois sœurs...

Quelle que fût l'indifférence de Nina pour les élégances du parc Petrovsky, elle ne put retenir un cri de surprise au spectacle de la grande allée, bordée d'arbres noirs, où se déversait le flot miroitant des attelages. Une marée de calèches, de coupés, de cabriolets, de tilburys, de landaus et de victorias roulait vers le restaurant *Mauritanie*. L'équipage de Michel s'inséra dans cette masse écailleuse et mouvante. Autour de Nina, des panneaux armoriés scintillaient au soleil, des glaces limpides éclaboussaient les visages d'un reflet blanc, des essieux brillaient, des roues tournaient, rouge et noir, infatigablement. À chaque arrêt de la circulation, les chevaux secouaient leur écume et faisaient tinter leurs harnais d'argent. Des têtes se penchaient hors des voitures. Quelques femmes, très jolies, au teint animé par la course, souriaient sous des échafaudages de plumes vaporeuses et de fleurs. Des messieurs aux cols de neige ôtaient leur chapeau pour un court salut. D'une file à l'autre, se répondaient des voix amicales :

— Chère amie ! Votre nouveau trotteur est une merveille ! Qui vous l'a vendu ?

— Et ce chapeau ?...

— Serez-vous chez les Stassoff, ce soir ?

— Ma tante est malade !

— Ah ! on m'avait dit qu'il allait entrer au corps des pages.

Et, tandis que les bouches parlaient pour ne rien dire, des regards de femmes, précis et impudents, évaluaient les toilettes et les harnachements de l'équipage voisin.

Puis, les attelages repartaient au trot. Les cochers étendaient les bras et se mettaient à flotter, tout droits, comme des bouées au-dessus du courant. Les moyeux grinçaient, les sabots sonnaient sec sur le sol, des croupes lustrées de sueur se soulevaient et s'abaissaient à contretemps. Parfois, un cavalier se faufilait entre les voitures, la taille orgueilleuse, la cravache au poing. Et, des deux côtés de l'allée, les piétons endimanchés reluquaient avidement ce torrent de sellettes, d'œillères, de timons, de crinières, de chapeaux et de sourires distingués.

— Dieu que c'est beau ! soupira Nina.

— Tu vois ! Tu vois ! s'écria Tania, en faisant signe de la main à une dame blanche et fine qui conduisait elle-même son buggy tout neuf. Regarde celle-ci, on prétend qu'elle est la maîtresse d'une haute personnalité ecclésiastique. Elle sort toujours seule. Et elle a une bonne qui est muette. Regarde à droite, maintenant. Quelle horreur, cette toque en fourrure qui pique sur le nez ! Tiens, les Mamontoff ont une nouvelle voiture ! Boris ! Boris ! Il y a un siècle qu'on ne vous a vu ! Serez-vous au théâtre Korsch, ce soir ?

Un jeune cavalier s'arrêta devant la calèche, baisa la main de Tania, dit quelques mots en français et s'éloigna en riant aux éclats.

— Il monte comme un ivrogne, dit Michel.

— N'empêche qu'il a les plus belles bottes de Moscou, dit Tania.

Dans une calèche bleue, trônait un général à favoris de coton et au poitrail constellé de décorations. Il avait posé son sabre entre ses jambes et il paraissait dormir.

— Lui aussi, nous le connaissons, dit Tania avec une fierté inutile. Si seulement il tournait la tête !

À mesure que la calèche avançait dans le parc, les files se desserraient, les voitures s'écartaient, s'échappaient par des voies de traverse. Un instant, le champ fut libre devant l'équipage de Michel.

— Va, Onoufri, cria Tania.

Onoufri fouetta ses bêtes. La calèche vibra et partit au trot accéléré dans l'avenue.

— Vite, vite ! J'adore la vitesse, dit Tania.

— N'oublie pas que Sokol est un cheval tout jeune. Il est imprudent de le pousser à fond, dit Michel.

La calèche rasa le trottoir.

Nina s'appuya contre sa sœur. Michel souriait et se frottait les mains :

— Les braves bêtes ! Toc ! Toc ! Toc ! Toc ! Un mouvement d'horlogerie.

Comme il achevait ces mots, un craquement sourd ébranla la voiture. La calèche heurta une pierre, tressauta, retomba, déséquilibrée. Michel devint très pâle :

— Le timon ! Pourvu que le timon n'ait pas cédé, dit-il.

Au même instant, le cocher tourna vers lui sa face blême.

— Barine ! Barine ! dit-il. Le timon...

— Retiens les bêtes, glapit Michel.

Il était trop tard. Effrayé par le choc, Sokol avait pris le galop et entraînait Boyard dans une fuite désaccordée. Le cocher avait beau tirer sur les guides, les chevaux fonçaient droit devant eux. Emballés, furieux, ils secouaient la calèche. Michel se cramponnait à son siège. Tania et Nina, blotties l'une contre l'autre, criaient à pleine bouche :

— Au secours ! Arrêtez-les !

Une bonne distance séparait encore l'équipage du gros des voitures qui bloquaient le carrefour. Mais cet espace diminuait de seconde en seconde, et l'accident était inévitable.

— Calmez-vous, dit Michel aux deux sœurs. Ce ne sera rien...

Des larmes glissaient sur le visage défait de Tania :

— Ils vont nous tuer ! J'ai peur ! Michel ! Michel !

Tout à coup, un cahot plus violent que les autres bouscula le cocher. Vidé de son siège, Onoufri roula en boule sur le sol. Les bêtes ne se sentant plus tenues prirent encore de la vitesse.

Des arbres, des figures fondaient en trombe, de part et d'autre de l'allée. Une victoria, qui était sur la droite, disparut, happée par le vent de la course. Michel se découvrait seul, faible et comme déjà mort. Que faire ? Il ne fallait pas songer à sauter en marche. Et comment rattraper les guides qui traînaient à terre, entre les chevaux ? Avec des mouvements d'une infinie prudence, Michel s'accroupit dans le fond de la calèche et s'accrocha, de la main gauche, au rebord du siège. Ensuite, il descendit sur le marchepied, plia le genou, pencha le torse. La chaussée filait sous ses yeux, tissée de vitesse. Plus loin, entre les sabots de Sokol, les guides, lâchées par Onoufri, sautillaient sottement à chaque foulée. Atteindre ces guides. Michel avança la main droite. Ses doigts tremblants s'égratignèrent aux cailloux sans toucher les courroies. La tête gonflée de sang, l'épaule déboîtée, il s'allongea encore. Mais, d'une saccade, les guides évitèrent son approche. On les eût dit vivantes, reptiliennes. Elles se moquaient de lui. Des mottes de terre bombardaient le visage de Michel. S'il perdait l'équilibre, c'était la chute. Devant lui, derrière lui, tournaient les roues. Au-dessus de lui, il entendait les hurlements de Tania. Il songea à Artem, soudain, à la jument noire. Puis, il cligna des paupières, et, dans un suprême effort, se porta de tout le corps en avant. Une secousse faillit le précipiter hors de la calèche. Mais il ne sentait rien. Étiré, disloqué, il griffait des doigts la terre rapide. Et, brusquement, sa main se referma sur la boucle des guides. Il les tenait. Lentement, il se redressa. Ses oreilles sonnaient. Un voile rouge dansait devant ses prunelles.

Quelques mètres séparaient à peine les chevaux emballés des premières voitures, dont les occupants, debout, agitaient des parapluies et poussaient des cris d'effroi.

— C'est le moment. Mon Dieu, aidez-moi, dit Michel. Ensuite, campé d'aplomb sur ses jambes, il emplit d'air ses poumons, leva les yeux au ciel et, de toutes ses forces, de tout son poids, tira les guides à la renverse. Sokol, étranglé, buta et s'effondra sur le flanc, Boyard s'immobilisa. Un nouveau choc inclina la voiture. Mais elle retomba sur ses quatre roues. D'un bond, Michel fut à terre. Il saisit les chevaux au mors.

Sokol, agenouillé, râlait, bavait, tournait des regards apeurés vers son maître. Boyard tremblait de tous ses membres. Déjà, les curieux accouraient et encerclaient la calèche.

— Occupez-vous des dames, leur cria Michel.

Lui-même, écorché, taché de boue, se tenait devant les bêtes et les flattait de la voix et du geste :

— Là, là... Calmez-vous, mes petits... Là, là...

Le cocher arriva sur ces entrefaites. Il boitait. Il avait la lèvre ouverte.

— Dételle les chevaux, lui dit Michel.

Des dames en toilettes somptueuses, des douairières à voilettes, des messieurs diligents s'empressaient autour des deux jeunes femmes. Tania, très pâle, sans chapeau, les cheveux défaits, s'appuyait au bras du général à favoris de coton. Une petite vieille, toute plissée et surmontée par un extraordinaire oiseau de paradis, tapotait les mains de Nina et présentait une fiole de rhum à ses lèvres. Michel s'approcha de Tania et demanda doucement :

— Pas de mal ?

— Non... La peur simplement... Mais toi ?

— Ça va, dit-il.

Et il rit un peu nerveusement.

La foule grossissait à vue d'œil. Le cercle des premiers spectateurs se doublait de têtes nouvelles à casquettes et à capelines. Des gens criaient :

— Qu'est-ce que c'est ?

— Paraît qu'on a écrasé quelqu'un !

— Mais non, c'est ce monsieur qui s'est jeté à la tête des chevaux emballés.

Une allégresse puissante dilatait la poitrine de Michel. Il avait risqué sa vie pour sauver Tania. Quel dommage qu'aucun de ses Tcherkesses n'eût été là pour le voir à l'œuvre !

Lentement, il revint aux chevaux qu'Onoufri dételait avec l'aide d'autres cochers.

— Tu les ramèneras à la main, dit Michel.

Nina le rejoignit, comme il se penchait pour examiner les genoux de Sokol.

— Grâce à Dieu, il est à peine écorché, disait-il.

Elle l'appela :

— Michel !

Il releva la tête :

— Ah ! c'est vous ? Je m'excuse, ma petite fille, de vous avoir causé une émotion pareille.

Nina le contemplait avec des yeux brillants de larmes.

— Non, non, c'est très bien ainsi, murmura-t-elle.

Onoufri emmena les chevaux. La foule se dispersa par petits groupes bavards. Michel héla un fiacre. Une fois installée dans la voiture, Tania éclata en sanglots et baisa les mains de son mari.

— Mon chéri, mon chéri, balbutiait-elle. J'ai eu si peur !

Nina, assise en face du couple, ne disait mot. Il lui semblait que son cœur venait de se rompre et qu'une onde joyeuse envahissait son corps. Sans doute était-ce parce qu'elle avait échappé à un grand danger qu'elle se découvrait tout à coup si heureuse de vivre. Elle regarda Michel. Son visage brun et dur était couvert de sueur. Une ferronnerie de la voiture avait éraflé sa joue gauche. De ses doigts forts et souillés, il pétrissait les mains blanches de Tania. « Comme ils sont heureux ! comme ils s'aiment ! » songea Nina.

Le fiacre allait au petit trot. Des arbres dépouillés défilaient, sur un ciel de nuées pâles. Au loin, brillaient les vitres du restaurant *Mauritanie*.

— Nous y boirons un verre de porto, dit Michel, et vous rectifierez votre toilette avant de rentrer chez nous.

Cette phrase parut à Nina empreinte d'une douceur et d'une intelligence particulières. Tania, les bras levés, épinglait son chapeau sur sa tête.

— Nina a été très forte, dit-elle en souriant. Je serais devenue folle si elle ne m'avait pas serré la main.

— Oui, Nina est une courageuse petite fille, dit Michel.

La jeune fille rougit et baissa les yeux. De nouveau, elle se sentait allégée, soulevée par un souffle tiède. Et elle n'avait pas la force de parler.

12

La pièce était tendue de cuir sombre, tapissée de haute laine brune. Quelques bronzes massifs écrasaient des guéridons aux pattes d'acajou. Des cartes, des diplômes, des photographies d'usines pendaient au mur. Au fond, le portrait de l'empereur se penchait dans un cadre d'or, surmonté de l'aigle bicéphale. Michel était assis derrière un fort bureau à cylindre et jouait négligemment avec son coupe-papier.

— Eh bien, Nicolas, dit-il après un court silence, vous ne répondez rien ? Mon offre vous agrée-t-elle ? Vos honoraires vous paraîtront peut-être un peu minces au regard du travail que vous aurez à fournir, mais il m'est impossible de hausser mon chiffre...

Les honoraires étaient très largement calculés. Mais Michel espérait vaincre la résistance de Nicolas en jouant à l'homme d'affaires intraitable. Formulée dans cet esprit commercial, son offre ne pouvait être prise pour une aumône, et la susceptibilité maladive de Nicolas n'aurait pas à s'en alarmer.

— Je ne m'adresse pas à vous en tant que beau-frère, mais en tant que directeur des établissements Danoff, dit-il encore, pour mieux souligner sa pensée. Cette fonction m'oblige à oublier tout sentiment et à vous traiter comme un étranger. D'avance, je vous prie de m'en excuser.

— Je vous remercie, au contraire, dit Nicolas, d'aborder la question avec un esprit libre. J'aime mieux discuter affaires avec un commerçant qu'avec un parent, si agréable soit-il. D'ailleurs, le seul fait que je sois venu, après la scène pénible de l'autre jour, vous prouve l'estime que j'ai pour vous.

— Ne parlons plus de cette scène, dit Michel. J'ai su calmer, raisonner vos pauvres parents. Ils ont fini par admettre votre engouement pour des idées politiques contraires aux leurs. La seule chose qu'ils demandent, c'est que vous soyez prudent et ne ruiniez pas votre santé. J'ai cru devoir le leur promettre en votre nom. Vous n'allez plus chez Braniloff ?

— Je suis retourné là-bas pour chercher mes livres. J'ai trouvé votre mot. Longtemps, j'ai hésité à venir. Mais, je savais que mes parents étaient partis et que vous demeuriez le seul lien entre eux et moi. Alors, je n'ai pas pu tenir...

Nicolas parlait lentement et sans lever les yeux. Il paraissait gêné par le bureau somptueux, par la lumière, par le bruit des bouliers qui cliquetaient dans une pièce voisine. Il serrait les genoux. Sa main grimpait le long de sa cravate pauvre.

— Ne restez donc pas debout, lui dit Michel.

Nicolas s'assit et croisa les jambes.

— Pourquoi me proposez-vous de gérer vos intérêts ? dit-il tout à coup. Je suis très jeune. Je n'ai jamais plaidé. Chez Braniloff, je m'occupais plus d'apiculture que de jurisprudence. En somme, je suis le type même de l'avocat perdant.

Nicolas avait dit cela avec une violence soudaine, comme s'il en voulait à Michel de l'obliger à se dénigrer devant lui. Il était si tranquille avant cette visite ! Il ne se plaignait de rien. Pourquoi cherchait-on à le séduire ?

— Je ne puis vous rendre que de mauvais services, reprit-il d'une voix plus calme.

Michel sourit et laissa retomber son coupe-papier sur la table.

— J'aime les avocats qui savent plaider contre eux-mêmes, dit-il.

— Il y a mille avocats mieux désignés que moi pour cette tâche, plus éloquents, plus retors, plus célèbres...

— C'est justement parce que vous n'êtes ni célèbre ni retors, et que vous ne vous croyez pas éloquent, que vous m'intéressez, mon cher. J'ai été roulé par tous mes avocats-conseils. Je veux me payer le luxe d'en avoir un qui soit honnête. J'ai pensé à vous. Me direz-vous encore une fois que je me suis trompé d'adresse ?

Nicolas se mordit les lèvres.

— Les procès que vous aurez à plaider seront très simples, poursuivit Michel. Les Comptoirs Danoff n'attaquent une entreprise que lorsqu'elle est nettement en défaut. Nous sommes trop grands pour la chicane. Alors, à quoi bon prendre des as de la procédure ? Un avocat jeune, instruit, simple et consciencieux coûte moins cher et rapporte plus. Acceptez, et vous verrez que ni vous ni moi n'aurons à nous plaindre de notre accord.

— Vous me connaissez depuis longtemps, dit Nicolas. Pourquoi donc, tout à coup, cette offre...

— Une inspiration, dit Michel, et il se toucha la tempe avec la pointe de son coupe-papier.

Il y eut un silence. Nicolas réfléchissait aux avantages et aux inconvénients de la proposition. Certes, il lui faudrait s'habiller de neuf, louer un bureau en ville et jouer à l'homme d'affaires accablé de besogne. On l'inviterait chez les Danoff. On le présenterait à des imbéciles harnachés de décorations. On l'entraînerait à des spectacles futiles. Mais ce rôle dérouterait les soupçons éventuels de la police. Ayant une position sociale définie, il serait plus à son aise pour aider et renseigner. Et l'argent qu'il gagnerait, il en verserait la plus grosse fraction à la caisse du parti. Zagouliaïeff, Grünbaum et les autres lui seraient reconnaissants de son effort.

Cependant, Nicolas avait beau s'affirmer qu'il n'acceptait la solution de Michel que pour des raisons de haute politique révolutionnaire, il n'en éprouvait pas moins une satisfaction assez louche à se voir porté au rang d'avocat-conseil. L'orgueil de gagner de l'argent par son travail, l'attendrissement de rentrer dans l'ordre de la famille, il y avait de tout cela dans le sentiment qui agitait le jeune homme. Et il s'en voulait d'être accessible à ces avantages matériels.

Il jeta un coup d'œil méchant vers son beau-frère. Michel n'avait pas bougé. Un rayon touchait l'épaule de son veston, qui était d'un tissu bleu, serré et souple. Une pochette de soie. Une cravate à reflets pétrole. Un faux col glacé de coupe haute. Et, par là-dessus, le menton dur et propret de l'homme de bien. Tout, dans la personne de Michel, paraissait net, sûr, nécessaire, réfléchi, réussi. Cette perfection même était agaçante. Nicolas redressa la taille.

— J'accepte, dit-il.

— À la bonne heure, s'écria Michel.

Il semblait vraiment heureux de cet accord. Ses yeux s'attachaient aux yeux de Nicolas avec une expression de confiance et de gratitude. Il se leva et serra la main du jeune homme dans les siennes.

— Je suis content, dit-il. Cette collaboration nous permettra de nous mieux connaître. Je vous vois si rarement !...

Nicolas devina l'attaque et répondit aussitôt :

— Je ne voulais pas vous déranger...

— Pouvez-vous croire que vous dérangez votre beau-frère ou votre sœur en leur rendant visite ? Tania souffre d'être séparée de vous...

— Il y a des séparations nécessaires, dit Nicolas. Je ne suis pas une fréquentation pour Tania.

— Et pourquoi ?

— Nos idées, nos goûts diffèrent tellement !

— Existe-t-il une seule famille russe dont tous les membres soient d'accord sur la politique du gouvernement ? dit Michel.

— Il y a des désaccords superficiels. Mais moi, moi... je ne suis pas de la même race que vous, dit Nicolas avec une brusque arrogance. Je devrais vous haïr...

— Et vous ne me haïssez pas ? C'est l'essentiel.

À ces mots, Nicolas releva la tête pour répondre, et son regard rencontra le portrait de l'empereur dans son cadre de bois doré. Un long moment, il contempla ce visage rose, aux yeux tendres, aux moustaches châtain.

Il lui sembla que le tsar, souriant et digne, s'amusait de sa soumission. Dans un sursaut de colère, il voulut se reprendre. Mais, déjà, Michel appuyait du doigt sur le bouton d'une sonnette.

— Je vais convoquer le chef du contentieux, dit-il.

Nicolas frémit au son de ce timbre irritant. Puis il regarda ses chaussures, rougit et dit d'une voix basse :

— Ne craignez rien. Je serai mieux habillé la prochaine fois.

Zagouliaïeff écouta le rapport de Nicolas sans l'interrompre. Debout dans l'embrasure de la fenêtre, la casquette sur l'oreille, les mains aux poches, il grignotait des graines de tournesol.

— Eh bien, dit-il, lorsque Nicolas eut achevé son récit, je te remercie d'être venu me relancer chez moi pour m'annoncer la bonne nouvelle.

Et il souriait de biais, une pommette remontée, les yeux plissés de malice. Nicolas le contemplait avec inquiétude. Il n'était plus certain, brusquement, d'avoir agi pour le seul avantage de la cause. Il balbutia :

— Ai-je eu raison d'accepter ?

— Mais bien sûr ! s'écria Zagouliaïeff. Il faut toujours se laisser guider par son instinct. Tu n'étais pas fait pour la misère et le dévouement. Tu as essayé quelque temps de renoncer à toutes les chances qui t'étaient offertes, de rompre avec des parents et des amis fortunés, de passer au ban de la société pour mieux te consacrer à notre mission. Ça n'a pas duré.

— Tu n'as rien compris !... C'est pour vous !... C'est dans votre intérêt !...

— Tais-toi. Le mal s'est réveillé dans tes petits os, dans ta petite chair douillette de bourgeois travesti : la nostalgie des soupers au caviar, des chaussures confortables, des faux cols glacés, des courbettes de larbin et des baisemains protocolaires. Tu as lutté pour l'acquit de ta conscience contre cette démangeaison agréable. Tu as continué de nous fréquenter, mais en grelottant avec distinction dans nos chambres froides.

— Ce n'est pas vrai !

— Et puis, tout à coup, tes nerfs de femmelette ont cédé de la tête aux pieds. La tentation était trop forte. Au premier capitaliste qui t'a tendu la main, tu as fait amende honorable. Tu nous as trahis. Si c'était par suite d'un changement de conviction encore ! Mais non. Ce n'est pas une idée que tu as préférée à la nôtre. Tu nous as trompés pour une garde-robe et un menu de grand restaurant !

Il s'arrêta, le visage bouleversé par la haine, les lèvres luisantes. Un souffle court soulevait sa poitrine.

Nicolas, atterré, s'était appuyé à la table.

— Pourquoi cette rage ? murmura-t-il enfin. Je t'assure que je n'ai pas songé à moi-même en acceptant cet emploi. J'ai cru vous rendre service. L'alibi que me créait ma nouvelle situation, le... l'argent versé à la caisse du parti...

— Admirable ! hurla Zagouliaïeff. C'est par abnégation que tu as consenti à te remplir les poches !

Il appliqua un coup de poing sur la table.

— Non, mon petit, dit-il en approchant de Nicolas sa face jaune et mince, non, les révolutionnaires n'ont pas besoin de tes alibis et de ton argent. L'alibi, on l'invente. L'argent, on le vole, quand il le faut. Un véritable révolutionnaire n'est pas un dilettante, c'est un professionnel du combat. Il ne s'occupe pas du bouleversement social aux heures de loisir que lui laisse l'exercice d'une fonction honorable et grassement payée. Le bouleversement social est son métier. Il ne vit que pour ça. Il n'a plus d'attache avec ceux qui sont étrangers à sa cause. Il abandonne père, mère, frères, sœurs et femme pour être libre dans la lutte. Le Christ le demandait déjà, ce grand malin : *Si quelqu'un vient à moi, et s'il ne hait pas son père et sa mère, sa femme et ses enfants, ses frères et ses sœurs, et même sa propre vie, il ne peut être mon disciple*. Le Christ, tu te rends compte ? Je suis en bonne compagnie !

Il ricanait en se frottant les mains.

Une lassitude infinie envahit le cœur de Nicolas. Il avait honte, car il savait avoir éprouvé du plaisir à l'idée de rentrer dans les traditions de son enfance. Les motifs de son acceptation n'étaient pas aussi purs qu'il voulait le faire croire aux autres. Zagouliaïeff avait reconnu et désigné le sentiment coupable.

— La conspiration est un sacerdoce. Il n'y a pas de place chez nous pour les délicats, les nuancés, et les doubles faces, reprit Zagouliaïeff. Ou tu es avec nous. Ou tu es avec eux. Choisis.

— Mais je me suis déjà engagé vis-à-vis de mon beau-frère ! dit Nicolas.

— La belle affaire ! Écris-lui une lettre où tu allégueras quelque raison bien entortillée pour revenir sur ta décision. On ne prend pas de gants avec ceux qui vous poussent à la trahison...

Nicolas, bousculé, écœuré, ne savait que répondre. L'accueil de Michel avait été trop cordial pour qu'il fût possible de rompre tout rapport avec lui. Mais Nicolas ne se sentait pas le courage, non plus, de renier l'œuvre qu'il avait entreprise aux côtés de Zagouliaïeff. Il était allé trop loin avec ces hommes pour, aujourd'hui, leur fausser compagnie. Que diraient de lui les camarades ? Que penserait-il lui-même, en conscience, de son abandon ?

Nicolas releva le front et regarda Zagouliaïeff avec soumission.

— J'écrirai la lettre, dit-il enfin.

— Parfait, s'écria Zagouliaïeff. Voici de l'encre, du papier. Moins tu en mettras, mieux ça vaudra. « Je regrette... D'autres occupations plus pressées et mieux rétribuées... Je me souviendrai de votre complaisance... Votre dévoué... » Et c'est fini.

Nicolas écrivit la lettre et la remit à Zagouliaïeff. Zagouliaïeff lut le papier et le fourra dans sa poche.

— Je l'expédierai moi-même, dit-il.

Pâle, les cheveux défaits, l'œil morne, Nicolas semblait fatigué par un long supplice.

— Ce n'est pas très beau vis-à-vis de lui, ce que j'ai fait là, dit-il doucement. Il ne méritait pas ça !

— Mais c'est beau, vis-à-vis de nous ! dit Zagouliaïeff. Et nous le méritons.

Il posa une main sur l'épaule de Nicolas et ajouta d'une voix brève :

— J'ai voulu tenter l'épreuve. J'ai voulu savoir si tu étais prêt à tout sacrifier pour nous suivre. À présent, je suis fixé. Merci. Tu es vraiment des nôtres...

Nicolas sourit faiblement et hocha la tête :

— Tu n'avais pas besoin de ça pour t'en rendre compte.

— Si, dit Zagouliaïeff. Car, d'année en année, notre rôle devient plus chargé, plus grave, plus dangereux. Il nous faut constamment contrôler nos forces. L'ère des grandes secousses approche...

— Qu'entends-tu par là ?

Zagouliaïeff enfonça sa casquette jusqu'aux oreilles et se dirigea vers la porte.

— As-tu dîné ? Non ? Viens manger un morceau avec moi. Je t'expliquerai mes projets...

Ils entrèrent dans une buvette enfumée et pleine de monde. Il y avait là des cochers, des vendeurs de cigarettes, des filles et des charretiers. Le plafond, très bas, s'appuyait sur de gros piliers de pierre décorés de dentelles en papier jaune. Une matrone au visage luisant de graisse trônait derrière le comptoir. Devant elle, s'alignait un parterre de concombres salés, de pains noirs, de fromages et de harengs. L'air sentait la bière aigre, le poisson pourri, les bottes. Nicolas et Zagouliaïeff s'installèrent dans un coin obscur, derrière une colonne, et commandèrent de la vodka et des harengs.

— Vois-tu, dit Zagouliaïeff en se penchant vers Nicolas, il y a longtemps que je réfléchis à notre travail révolutionnaire et que je cherche à le perfectionner. Je croyais, autrefois, que la propagande parmi les ouvriers devait être le seul objet de nos efforts et qu'on ne pouvait amener la révolution la plus sanglante, la plus définitive, sans la préparer autrement que par des tracts, des discours et des campagnes de mécontentement. Eh bien, c'est une utopie. Il faut payer d'exemple. Pour que l'ouvrier se sente fort, il importe de lui prouver que nous, ses dirigeants, ses responsables, ne reculons devant rien. Pour qu'il consente à verser le sang, il est nécessaire que nous le versions d'abord nous-mêmes. Pour qu'il tue, il est indispensable que nous commencions à tuer.

— Pourquoi tuer ?

— Grâce au meurtre politique seulement, nous arriverons à dérégler la machine administrative, à impressionner les masses, à leur faire comprendre que « tout est permis ». Tant que cette notion du « tout est permis, rien n'est sacré » ne sera pas entrée dans la caboche des hommes, ils ne seront pas prêts à se soulever contre le pouvoir. L'action terroriste est mal organisée chez nous... Dans certains pays, la Macédoine, par exemple, il n'y a pas de révolutionnaire qui ne soit terroriste. Et ici ? Une dizaine au plus forment le groupe de combat. Qu'est-ce qu'un révolutionnaire sans une bombe ? Un manchot ! Un bègue !

Nicolas regardait son ami avec épouvante. Zagouliaïeff grimaçait. Un tic nerveux lui bridait les lèvres :

— Il faut en finir, s'écria-t-il. J'ai décidé de mettre la main à la pâte. J'entrerai dans l'organisation de combat. Je tuerai ceux qu'on me dira de tuer. Avec quelle volupté ! Assez ! Assez ! Si tu savais comme je les hais ces personnages dilatés d'importance ! Je ne veux plus vivre s'ils doivent régner sur moi. Je suis leur égal, entends-tu ? leur égal !

Il s'arrêta, essoufflé, et vida d'un trait son petit verre.

— Je connais tes raisons, dit Nicolas. Mais comment peux-tu accepter de tuer un homme ? Je préférerais mourir que tuer.

— C'est une solution de lâche, dit Zagouliaïeff en s'essuyant la bouche avec la manche de son veston. Il est plus facile de mourir que de tuer. Il faut un effort sur soi-même pour tuer. J'aime l'effort. Je tuerai.

— Un ennemi, peut-être, et dans un moment de colère...

— N'importe qui, si on m'affirme que sa présence nous est nuisible. Notre cause est sacrée. Si quelqu'un se met en travers de nos intérêts, je revendique l'honneur de l'abattre. Devant cette nécessité, pâlissent toutes les discussions morales, toutes les remontrances religieuses, toutes les amitiés. Bogoliepoff, Sipiaguine. La liste est ouverte. Je veux y ajouter quelqu'un...

— Qui ?

— Les candidats ne manquent pas, dit Zagouliaïeff.

— Et si on t'arrête ?... Et si on te déporte ?...

— J'attendrai en Sibérie l'heure d'être délivré. Car je serai délivré. Nous serons tous délivrés.

Il leva un regard inspiré vers le plafond.

— Tous, tous, murmura-t-il.

Son visage devint immobile, comme une pierre taillée.

Nicolas ne voulait pas troubler sa méditation. Désespérément, il cherchait un motif pour condamner Zagouliaïeff. Mais Zagouliaïeff avait répondu à tout. « Peut-être a-t-il raison ? Peut-être est-ce très noble de se sacrifier pour la cause, de préférer le triomphe du parti à sa propre tranquillité morale, de consentir à n'être qu'un assassin ? »

Dans le fond de la salle, deux hommes se dressèrent en titubant, et un garçon, en tablier, les poussa vers la porte. Les ivrognes gueulaient des injures, trébuchaient contre les pieds des chaises : « Et pour ceux là aussi, il faut qu'on se sacrifie ! » pensa Nicolas. Zagouliaïeff sortit de sa rêverie.

— Je suis heureux d'avoir compris, dit-il. Toi aussi, tu comprendras un jour. Notre amie, Dora Rouboff, m'a promis d'intercéder en ma faveur auprès d'un membre de l'organisation de combat. Si je suis reconnu digne...

Il avala une tranche de hareng.

— Si je suis reconnu digne, les citrouilles n'auront qu'à bien se tenir.

Nicolas songeait à cette mystérieuse organisation de combat, dont tout le monde parlait sans trop savoir quelles étaient sa composition et sa règle. La plupart des crimes politiques étaient préparés et commis par elle. Les neuf dixièmes de ceux qui perdaient leur vie pour le triomphe de la cause étaient membres de cette confrérie redoutable.

— Je pense, dit Nicolas, que les membres de l'organisation de combat sont tous des désespérés, des illuminés...

— Quelle idée ! s'écria Zagouliaïeff. Suis-je un désespéré, un illuminé, moi ?

Et il se mit à rire.

Des gens entraient dans le tripot. On entendait battre des portes. Une pile d'assiettes se cassa par terre. Des taloches claquèrent sur la joue d'un gamin. Le gamin se précipita vers l'escalier en hurlant :

— Au secours, bonnes gens !

Zagouliaïeff commanda encore de la vodka. Nicolas ne supportait pas l'alcool. Après quelques verres, il se sentit la tête lourde, le cœur soulevé. Il ne parlait plus. Il surveillait les pulsations accélérées de ses artères. Une vapeur grise noyait les coins de la pièce. Les visages des consommateurs se gonflaient comme des bulles de savon. Cependant, Zagouliaïeff discourait toujours, et ses paroles coulaient dans les oreilles de Nicolas avec un bruit de source. C'était très agréable. Mais, sûrement, Nicolas allait vomir. Il eut la force de hausser le menton et de murmurer :

— Je ne suis pas bien, Zagouliaïeff. Sortons.

— Tu tournes de l'œil, mon ange, dit Zagouliaïeff. Monsieur ne supporte pas les boissons grossières. Sois tranquille, je ne t'abandonnerai pas. Tu n'es pas capable de rentrer chez toi. Mais je vais te conduire chez Dora, où tu pourras te reposer un peu. D'ailleurs, il faut que je lui parle, à Dora.

— Oui, allons chez Dora, dit Nicolas. Cette fumée, cette odeur sont intolérables.

Dora Rouboff habitait à quatre maisons du cabaret. Zagouliaïeff soutint Nicolas dans la rue et dans l'escalier. Nicolas se laissait faire, le regard brouillé, le ventre meurtri, la bouche épaisse. Une porte s'ouvrit. Il vit une pièce sombre, un visage de femme, un lit dérangé. La voix de Zagouliaïeff et la voix de Dora se répondaient dans une région lointaine. Des mains le poussaient sur un matelas. Une compresse humide vint glacer son front. Il ferma les yeux. Il entendit encore des paroles incohérentes :

— Demain, je le verrai. Je lui parlerai de vous. Il a besoin d'hommes de votre trempe, camarade. Ah ! celui-là ! Oui... Oui, je le soignerai... Il loge chez Pilatova ?... Est-ce bien prudent ?... Andersen avait passé là... Bon, puisque vous en êtes sûr... Il repartira demain matin... Soyez tranquille... Voulez-vous vous taire !...

Un rire de femme monta jusqu'au plafond. Puis, la porte se referma, tranchant net un lambeau d'air et de lumière grise. Et ce fut le silence. Nicolas sombra dans les ténèbres. Des vagues le recouvraient de leur eau sale. Et ce balancement continu lui donnait la nausée. Lorsqu'il rouvrit les yeux, la nuit était venue. Une lampe jaune, entourée de journaux, éclairait la pièce. Il reconnut le « local conspiratif » de la camarade Dora, avec sa table tendue de toile cirée rouge, et encombrée de bobines et de lambeaux d'étoffe. Dora était couturière. De la vaisselle souillée traînait sur une desserte, pêle-mêle avec des livres et des cahiers. Un samovar était posé par terre. La cage des canaris pendait à l'espagnolette de la fenêtre. On respirait une odeur d'huile, de parfum vulgaire et de cigarettes. Une petite horloge paysanne cliquetait au-dessus de la porte. De la cour, venait le ronronnement ennuyé d'un orgue de Barbarie. Dora était dans la cuisine. Elle rentra dans la chambre, bientôt, sans remarquer que Nicolas avait ouvert les yeux. C'était une fille haute et souple, au teint très pâle et aux yeux noirs allongés vers les tempes. Sa bouche était grande, lourde. Ses lèvres luisaient. On la prétendait féroce. Elle avait abattu deux agents à coups de revolver, lors d'une échauffourée aux abords de l'université. Elle était en rapport avec des terroristes notoires qui recherchaient ses conseils. Nicolas regardait cette belle fille charnue, qui débarrassait la table avec des gestes précis de ménagère, et qu'on disait capable de tuer père et mère pour servir la révolution. Comment était-elle venue à la révolution ? Avait-elle vraiment sacrifié à la cause son désir, sa faiblesse de femme saine et jolie ? Le programme du parti remplaçait-il pour elle tout ce qu'une créature de son sexe et de son âge attend de l'existence ? Quelle force miraculeuse émanait donc de cet idéal, pour que des êtres aussi dissemblables que Zagouliaïeff, Grünbaum, Andersen, Dora et lui se retrouvassent unis dans la même foi ! Comme cette alliance était douce et féconde ! Comme c'était bon de croire !

De nouveau, Nicolas baissa les paupières. Il se rendormit. À travers le sommeil léger, il lui semblait entendre un pas de femme, qui tournait autour de sa couche. Une ombre blanche se penchait sur lui, contemplait son visage, souriait à sa fatigue, le bénissait d'un geste vague et s'éloignait pour revenir aussitôt. On eût dit que tout cela se passait dans un très vieux miroir habillé de poussière. Quand Nicolas se réveilla enfin, il aperçut Dora, inclinée au-dessus de son lit, une tasse de thé à la main.

— Buvez, dit-elle.

Il but le thé brûlant et parfumé, où nageaient des rondelles de pomme.

— Vous allez mieux, dit-elle encore. C'est Zagouliaïeff qui vous a entraîné, j'en suis sûre. Il croit que tout le monde a, comme lui, un gosier imperméable.

La voix de la jeune fille n'était plus celle que Nicolas avait entendue aux réunions du groupe. Il avait gardé le souvenir d'une voix nette, gutturale, désagréable, et Dora lui parlait à présent sur un ton radouci, presque maternel, qui touchait Nicolas jusqu'aux larmes.

— Vous êtes très bonne pour moi, murmura-t-il. Mais il est tard. Il faut que je m'en aille.

— Dans cet état ? Vous ne tiendrez pas sur vos jambes.

— Vous n'attendez pas de camarades ce soir ?

— Non. La réunion est ajournée.

Elle se leva pour porter la tasse vide à la cuisine, et revint s'asseoir au chevet de Nicolas. Longtemps, elle examina en silence le visage fin du jeune homme. Puis elle soupira, serra les pans de son gros peignoir bleu sur ses genoux, sur sa poitrine.

— Plus tard, je vous donnerai à manger, dit-elle.

Elle paraissait heureuse d'avoir quelqu'un à soigner.

— Je ne vous imaginais guère dans le rôle d'une garde-malade, dit Nicolas.

— Pourquoi ?

— Vous aviez toujours l'air si dure, si cruelle...

— Pour les ennemis !

Elle posa une main tiède sur la main de Nicolas.

— Vous n'êtes pas un ennemi, dit-elle.

Nicolas frémit à cette caresse. Cette main avait tué. Lentement, il se dégagea.

— Je pensais tout à l'heure, dit-il, à l'idée qui nous rassemble. N'est-il pas admirable qu'une même cause enflamme des êtres aussi différents que vous, Zagouliaïeff et moi-même ?

— Il en est ainsi de toutes les religions, dit-elle.

— Pour vous, le socialisme révolutionnaire est une religion ?

— Oui.

— Et le meurtre politique ferait partie de cette religion ?

— Oui. En tant que sacrifice.

— L'agent abattu au coin d'une rue, le ministre écrabouillé par une bombe remplaceraient donc l'agneau immolé à quelque dieu antique ? demanda-t-il, en souriant.

— Non, dit-elle, ce n'est pas la victime qui est l'objet de mon sacrifice.

— Et qui donc ?

— Moi-même.

— N'est-ce pas là une dialectique un peu trop subtile ? dit Nicolas.

— Nous ne sommes pas des criminels, dit Dora. Je ne suis pas une criminelle. Quand j'ai tué, je savais que cet acte resterait sur ma conscience et me torturerait jusqu'à mon dernier souffle. Je savais que c'était moi-même que j'immolais en abattant ces hommes dont j'ignorais le nom. Mais je recommencerais s'il le fallait, avec le même dégoût, la même angoisse, le même remords. Je recommencerais pour porter encore un peu de ma souffrance en offrande à l'idéal commun.

C'est si bon d'avoir mal pour quelqu'un, pour quelque chose...

Les mains de Dora, longues et nues, étaient croisées sur sa poitrine. Ses lèvres fortes bougeaient voluptueusement. Nicolas ne pouvait s'empêcher de l'admirer et de la comprendre.

— Zagouliaïeff tuerait par haine de l'ennemi, dit-il.

— Et je tuerais par amour de la cause, dit-elle.

— Il ne souffrirait pas de son crime.

— Mon crime n'aurait de sens que si j'en souffrais comme une damnée !

— Je me sens plus près de vous que de lui, dit Nicolas. Et, cependant, tuer un homme, rompre une vie comme on casse du pain, c'est... c'est... Non, je ne pourrais pas...

Il cacha son visage dans ses paumes. Dora posa une main sur sa nuque. Il sentit de tout près l'odeur fraîche de sa peau, de ses cheveux âcres.

— Chacun sa vocation, dit-elle. Toi, tu es tout jeune encore. Un gamin. Alors, il ne faut pas te mêler de la grosse besogne. Laisse-la aux autres...

Une pause suivit, pendant laquelle Nicolas n'entendit plus que le souffle de Dora répondant au sien. Ces respirations conjuguées lui parurent énormes, assourdissantes. Deux bêtes. Il voulut se lever du lit. Mais un vertige subit lui tourna la tête. Il demeura assis au bord du matelas, les jambes pendantes, le front appuyé contre l'épaule de la jeune femme. Il songea qu'il n'avait pas de faux col, que sa chemise était dégrafée, qu'on lui avait retiré ses chaussures. Il avait honte de ce désordre. Mais il ne bougeait pas. La joue de Dora se colla contre sa joue.

— Ne parlons plus de politique, dit Dora. Nous avons bien assez des réunions du parti pour confronter nos idées. Oublions un peu que nous sommes les soldats de la révolution. Soyons nous-mêmes pour un instant. Nicolas et Dora.

Elle répéta d'une voix lente, en insistant sur chaque syllabe :

— Nicolas et Dora... Tu es si joli, si fin... Comme une

fille... Il y a longtemps que je t'observe... Et ton cou est si blanc...

De nouveau, elle se tut. Il releva un peu la tête et vit, de tout près, ce visage pâle et dense, aux grosses lèvres de sang. Les lèvres s'ouvrirent sur une rangée de dents brillantes. Nicolas repoussa doucement la jeune femme. Elle s'écarta de lui pour montrer son peignoir déboutonné sur la naissance de la gorge. Elle haletait. Ses yeux étaient dilatés et fixes. Elle murmura :

— Viens.

Mais une détresse affreuse immobilisait Nicolas. Il avait toujours eu peur des femmes, de leur chair, de leur corps étranger, exigeant et mou. Celle-ci l'épouvantait. Avancer la main, la bouche, vers cette inconnue, se coucher dans sa chaleur, poser des caresses sur ces hanches fortes, et travailler ensuite honnêtement, longuement, en bon ouvrier, jusqu'au plaisir, c'était si bête ! Il aurait voulu éprouver le désir que n'importe qui eût éprouvé à sa place. Ou du dégoût, au moins. Mais il ne sentait rien, comme d'habitude. Rien que la crainte d'être ridicule.

— Viens, dit-elle encore.

Était-ce bien la même créature qui l'entretenait naguère de ses souffrances morales, et qui, présentement, ne songeait plus qu'à rouler avec lui dans les draps ? N'avait-elle pas le courage élémentaire de renoncer à son désir pour mieux se consacrer à leur idéal commun ? Ne pouvait-elle s'empêcher de ressembler aux autres ? Quelle laideur les femmes apportaient dans le monde, avec leur sourire et leurs longs cheveux ! Rien de grand, rien de pur n'était possible auprès d'elles. Leurs plus nobles élans s'arrêtaient devant un bois de lit.

Nicolas se mit debout avec un soupir.

— Dora, dit-il. Je vais mieux. Je vous remercie. Je peux rentrer chez moi.

Elle demeura un instant stupide, les mains pendantes, le regard puni. Puis, elle ramena vivement les pans de son peignoir sur sa gorge nue. Ses lèvres se serrèrent. Des larmes brillèrent dans ses yeux. Elle dit d'une voix mate :

— Fort bien... Si vous voulez passer à côté pour brosser vos vêtements et vous rafraîchir le visage... Je vous verrai à la prochaine réunion, n'est-ce pas, camarade Arapoff ?...

— Oui, dit Nicolas. Je viendrai... Je vous remercie...

Il se sentait fautif. Il eût donné n'importe quoi pour la voir sourire. Mais elle évitait son regard. Elle s'assit devant la table tendue de toile cirée rouge et se mit à compulser des papiers, des livres. Un reflet de sang était sur son visage. Ses mains ne tremblaient pas. Quand Nicolas sortit, elle ne tourna même pas la tête.

13

Depuis l'accident du parc Petrovsky, Nina éprouvait un délire léger qui transfigurait toute son existence. La présence de Michel la troublait au point qu'elle fuyait son approche. Quand il rentrait du bureau et qu'elle entendait battre la grande porte du rez-de-chaussée, elle croyait défaillir de joie. Elle écoutait son pas dans l'escalier, et il lui semblait que c'était dans son corps à elle que Michel gravissait les marches. Puis il apparaissait dans le petit salon. Tania se jetait à son cou et Nina fermait les yeux, serrait les dents, comme pour contenir la secousse qui ébranlait tout son être. Il lui parlait. Mais elle ne comprenait pas ses paroles. Elle répondait au hasard. Tania disait :

— Nina est toujours dans la lune.

Et Nina souriait en regardant les cheveux noirs, les poignets secs, les doigts, les chaussures de Michel. Pendant deux jours, l'égratignure de sa joue gauche retint l'attention de la jeune fille. Puis l'égratignure disparut. Elle la regretta.

Cependant, Tania et Michel ne devinaient pas les pensées de Nina et tentaient de la divertir par tous les moyens. Ils l'emmenaient au théâtre, au restaurant, au concert. Toutes ces distractions, Nina les acceptait avec indifférence. Ses rêves l'absorbaient trop pour qu'elle pût prendre part à la vie des autres. Sans se lasser, elle retournait en esprit au souvenir de la calèche emballée à travers le parc Petrovsky. Elle revoyait avec exactitude les moindres détails de l'aventure. Elle suivait, d'un regard intérieur, le geste de son beau-frère, accroché en plein vol au marchepied, balayant de la main la route furieuse. Les cheveux de Michel étaient défaits par le vent. Sa cravate flottait. La vitesse et l'effort sculptaient son visage luisant. Lorsqu'il avait tiré les guides, en basculant de tout le corps et en criant : Ho ! d'une voix rauque, elle avait senti qu'elle-même était étranglée, arrêtée, avec les chevaux.

Elle n'aurait jamais cru que cet homme ponctuel, intègre et sérieux recelât tant de courage et tant de volonté. Dans un grand désarroi, elle s'avoua qu'elle aimait le mari de sa sœur.

Cette révélation se confirma pendant la messe solennelle des Pâques. Le prêtre ayant proclamé la résurrection du Christ, une houle parcourut l'assistance constellée de flammes. Les fidèles se tournaient les uns vers les autres pour échanger le baiser de paix en murmurant : « Christ est ressuscité. » Michel embrassa Tania, se pencha vers Nina, qui se tenait à sa gauche. Une joie sacrilège envahit le cœur de la jeune fille. Elle vit avec extase le visage de Michel s'incliner vers le sien. Dans le chant des chœurs, il lui semblait entendre des accents de colère et de volupté.

Le jour suivant, Nina se prétendit malade et refusa de descendre saluer les visites, qui affluaient dans le salon des Danoff à l'occasion des fêtes. Elle était atterrée par sa découverte. Des inspirations folles la dressaient, haletante, devant sa glace. Elle s'imaginait avouant son amour à Michel. Il poussait un grand cri, la saisissait à bras-le-corps, déchirait ses vêtements et baisait gloutonnement sa peau nue. Puis, ils fuyaient ensemble. Et Tania se pendait de désespoir au centre de la salle à manger. Ou bien, c'était Tania qui démasquait le subterfuge de sa sœur, la giflait à toute volée, appelait les domestiques et désignait la jeune fille à leurs quolibets. Tout le monde riait autour de Nina. On lui crachait au visage, et elle essuyait les crachats tièdes avec son poignet. La cuisinière lui lançait des épluchures de pommes de terre à la tête. Le cocher faisait siffler son grand fouet à travers la pièce. Ses parents surgissaient à leur tour, et la maudissaient avec de vieilles formules slavonnes. Ils étaient accompagnés de prêtres, dont les vêtements d'or bruissaient comme le feuillage d'une forêt dans le vent. Un patriarche venait enfin et s'écriait d'une grande voix noire, qui déchirait sa barbe et faisait éclater ses yeux de verre étincelants : « Elle a conçu le péché dans le temple du Seigneur, le jour de la résurrection du Seigneur. Anathème ! »

Comme le soir tombait, Nina épuisée par les sanglots, se coucha tout habillée sur son lit et désira mourir. Elle ne voyait pas d'autre solution à ce dilemme atroce : elle ne pouvait pas vivre sans Michel, et Michel était le mari de Tania.

— Oh ! je la déteste pour sa chance, gémit Nina.

De nouveau, de gros hoquets lui coupèrent le souffle. Sa dépravation lui paraissait monstrueuse. Elle ne comprenait pas qu'un pareil sentiment pût naître dans son cœur, dans son corps qu'elle connaissait si bien. Elle s'imaginait possédée par le diable. Et elle ne savait quelle prière dire pour se débarrasser de son mal. D'ailleurs, lui eût-on offert de la guérir de cet amour coupable, qu'elle eût préféré mourir avec sa honte que vivre dépouillée de toute illusion. Personne au monde n'avait subi une passion semblable. Elle était fière d'être maudite. Elle était heureuse d'être malheureuse.

L'ombre descendait lentement dans la chambre tendue de brocatelle bleu tendre. Le baldaquin du lit se gonflait d'une nuit légère. Les meubles s'appuyaient les uns aux autres. Un bouquet de roses trempait dans un vase de cristal à facettes. Tout cela était si joli, si précieux, et elle était si triste ! D'une voix faible, elle appela :

— Maman... *mamotchka*...

Son oreiller était humide. Sa figure brûlait. Sûrement, elle avait la fièvre. Comme elle essayait de s'asseoir dans son lit, elle entendit frapper à la porte.

— C'est moi, Michel, dit une voix familière.

Elle n'eut pas le temps de répondre. Déjà, il était devant elle.

— Eh bien, que se passe-t-il ?

Il se tenait debout près du lit, la tête légèrement penchée sur l'épaule, les mains glissées dans les poches de son veston. Nina ne pouvait détacher les yeux de son visage. Elle éprouvait à la fois une terreur atroce et une joie bondissante qui lui défonçaient les côtes. Elle balbutia :

— Il ne fallait pas venir !

Il attira une chaise et s'assit à son chevet.

— Vous ne vous êtes pas montrée de l'après-midi. Sans doute êtes-vous souffrante ? Tania est encore avec les invités. Elle m'a envoyé prendre de vos nouvelles...

Il disait les choses les plus banales et, cependant, il semblait à Nina que chacun de ses mots se doublait d'un sens maléfique. Elle sentait sa langue se durcir et coller contre son palais. Elle répéta :

— Il ne fallait pas venir... Il faut vous en aller...

— Qu'avez-vous ? dit Michel.

Et il posa deux doigts sur le poignet de la jeune fille. Au contact de cette peau tiède, elle tressaillit, baissa la tête. La main de Michel était toute proche de sa main. Il y eut dans son cœur un élan de bonheur aigu. L'émotion fut si forte que des larmes lui montèrent aux paupières. La chambre entière dansait devant ses yeux.

— Je suis bien, murmura-t-elle. Je suis heureuse que vous soyez venu...

— Si j'avais su, je serais venu plus tôt, dit-il. Ces visites sont assommantes !

Elle se mit à rire drôlement, et le son de sa voix lui fit peur. Il était venu prendre de ses nouvelles. Il lui tenait la main. Et ils se trouvaient seuls dans une chambre close, seuls comme des amants, comme des époux. Quelque chose de chaud et de tumultueux montait dans sa poitrine. Tout son ventre battait. Au bout d'un moment, il lui sembla qu'un liséré lumineux vibrait autour du visage de Michel. Les yeux de Michel devenaient énormes. Pourquoi la regardait-il ainsi ?

— N'avez-vous besoin de rien ? demanda-t-il.

Elle balança la tête sans répondre. Le regard de Michel l'engourdissait lentement. Tout à coup, elle s'entendit parler. Le ton était calme. Elle disait :

— Je vous aime, Michel.

Il eut un mouvement de recul et ses sourcils descendirent sur ses yeux noirs.

— Vous êtes folle ? murmura-t-il.

Elle répéta :

— Je vous aime, Michel.

Il était très agréable de prononcer devant lui les paroles qu'elle avait si souvent criées seule, dans sa chambre. Cet aveu la soulageait, la purifiait merveilleusement.

— Je vous aime, Michel, reprit-elle. Depuis que vous êtes là, je me sens heureuse... Je ne peux vivre ailleurs qu'à vos côtés... Je ne savais pas comment vous le dire... Et voilà... C'est si simple...

Il n'avait pas lâché ses mains. Il lui souriait avec une tendresse apitoyée.

— Je me doutais de vos sentiments, dit-il enfin. Ils sont absurdes.

— Non ! s'écria-t-elle.

Il haussa les épaules :

— Mais si. Vous êtes une petite fille qui n'a jamais aimé personne, qui n'a rien vu, qui ne s'intéressait à rien. Et tout à coup, vous tombez dans cette grande ville de luxe et d'intrigues. Il était naturel que vous subissiez le charme du premier venu...

— Vous, le premier venu ? dit-elle. Vous n'avez pas le droit de parler ainsi ! Vous n'avez pas le droit de vous détruire à mes yeux ! Vous êtes le plus beau, le plus fort et le meilleur des hommes ! Quand les chevaux se sont emballés...

Un flot de sang monta au visage de Michel.

— Je vois ce que c'est, dit-il. Votre imagination romanesque s'est emballée avec les chevaux. Si je n'avais pas su arrêter l'attelage, je serais demeuré un homme comme les autres. Mais j'ai pu le retenir, par chance, et me voici un héros.

— Vous deviez réussir ! dit-elle dans un élan. J'étais sûre que vous étiez plus fort que tout !

— Nina ! Nina ! petite sotte ! Vous parlez comme une enfant qui a lu trop de poèmes. Laissez vos songes.

Revenez sur terre. Je suis Michel, votre beau-frère, le mari de votre sœur, votre ami, votre grand ami...

Nina secoua violemment le front :

— Non... non... je ne veux rien savoir !...

— Vous aimez Tania ?

— Oui, mais je vous aime plus qu'elle !

— Et vous admettriez que je la quitte pour vivre avec vous ?

Elle leva les yeux au plafond et murmura du bout des lèvres :

— Oh ! oui.

Michel se dressa et lâcha les mains de la jeune fille :

— Je ne veux pas croire que votre bonheur dépende de moi. D'autres viendront, qui vous consoleront de mon indifférence. Je suis plein d'affection pour vous. Mais j'aime Tania. Et vous ne me pardonneriez pas d'obéir à vos instances. Imaginiez-vous, vraiment, lorsque vous m'avez avoué votre amour, que j'allais tout laisser pour vous suivre ?

— Non, dit-elle d'une voix sourde.

— Alors ?

— Je ne sais qu'une chose, c'est que, loin de vous, je deviendrai folle, je mourrai... Vous n'avez pas le droit de m'abandonner... Vous devez avoir pitié de moi...

Elle sauta vivement à terre, s'agenouilla et tendit ses bras :

— Gardez-moi !

Mais Michel se pencha vers elle et la releva doucement. Nina se mit à trembler. Ses dents claquaient. Elle répétait comme une litanie :

— Gardez-moi... gardez-moi...

À présent, Michel lui tapotait les mains, lui essuyait le visage avec son mouchoir. Il paraissait fâché, impatient, inquiet. Il marmonnait :

— Là, là, c'est fini.

Elle se rassit, à bout de forces. De grosses gouttes de sueur roulaient sur ses tempes. Sa gorge lui faisait mal.

— Excusez-moi, dit-elle. J'ai été grotesque. Mais j'avais besoin de parler. Maintenant, tout est net. Vous pouvez vous moquer de moi, me chasser, me chasser comme je le mérite !

Elle se mit à pleurer.

— Je ne me moquerai pas de vous, dit Michel. Et je ne vous chasserai pas. Et Tania ne saura rien de notre secret. Vous allez vous calmer, vous raisonner un peu. Puis, vous retournerez à Ekaterinodar chez vos parents. Et là, vous m'oublierez bien vite.

Nina essayait de reprendre son souffle. Une toux brusque lui secoua les épaules. Elle eut l'impression que son cœur cessait de battre et qu'elle tombait dans un abîme.

— Je ne vous oublierai jamais, soupira-t-elle.

— Oui... Oui... Ne parlez plus... Reposez-vous...

Michel alluma une lampe. Il marchait de long en large dans la pièce. Le parquet grinçait sous son pas.

— C'est une épreuve, disait-il, et vous la subissez douloureusement... Mais vous en triompherez comme les autres... Votre premier chagrin... Toutes les jeunes filles ont connu des chagrins semblables... Tania, elle-même, m'a raconté qu'à l'âge de seize ou dix-sept ans elle s'était amourachée d'un homme marié : le père de Volodia Bourine... Elle s'imaginait qu'il était le seul être estimable sur terre et qu'elle n'aimerait personne après lui... Et, vous voyez...

Nina l'entendait à peine. Elle regardait le mur, droit devant elle, comme si Michel eût déjà quitté la pièce. Elle était seule, dépouillée, honteuse, malade. Ses lèvres bourdonnaient de paroles incohérentes.

Lorsqu'elle revint à elle, Michel n'était plus là. Elle ne descendit pas pour le dîner. Le lendemain, elle fit télégraphier à ses parents qu'elle désirait rentrer d'urgence.

Ce fut avec un calme exemplaire qu'elle fit ses adieux à Michel, à Tania et à tous leurs amis. Elle avait maigri, pâli, en quelques jours. Michel accompagna Nina à la gare. Jusqu'à l'heure du départ, la jeune fille demeura penchée à la fenêtre du wagon. Puis une clochette tinta. Le visage de Nina se contracta dans une grimace effrayée. Elle cria :

— Michel !

Des larmes coulèrent sur ses joues. Le train s'ébranla. Et longtemps, Michel put suivre, dans la fumée, le geste triste et régulier d'un petit mouchoir blanc.

En rentrant de la gare, il trouva sur sa table une lettre de Nicolas.

La première réaction de Michel en recevant la lettre de Nicolas fut une colère sourde, dont personne, à la maison, ne soupçonna la cause. Il se jugeait offensé par le refus de son beau-frère et méditait une réponse cinglante. Puis, il réfléchit au débat intérieur qui avait dû motiver la décision du jeune homme, il se rappela le chagrin de Constantin Kirillovitch, de Zénaïde Vassilievna, et résolut de tenter une suprême démarche de conciliation. Dans l'espoir que Braniloff était demeuré en rapport avec son secrétaire, il se rendit chez lui pour déposer un message. À sa grande surprise, ce fut Nicolas lui-même qui vint ouvrir la porte. Michel eut un haut-le-corps en l'apercevant. Mais Nicolas paraissait très calme.

— Je vous attendais, dit-il. Je savais que vous viendriez.

— Pourquoi ? demanda Michel.

— Parce que vous êtes bon. Braniloff n'est pas là. Entrez dans mon bureau.

Ils pénétrèrent dans une petite pièce basse et sombre, aux murs tapissés de papier vert. Des liasses de dossiers formaient deux bastions poussiéreux, de part et d'autre de la table.

— Vous voulez savoir pourquoi j'ai refusé votre offre ? demanda Nicolas, après que Michel se fut assis devant lui, sur une petite chaise branlante.

— Je me doute de vos raisons, dit Michel.

— Elles sont valables, dit Nicolas. À vous, je parlerai franchement. Une réussite matérielle m'éloignerait insensiblement de mes idées, de mes camarades. Or, je préfère ces idées, ces camarades, à tous les avantages que vous pourriez me proposer. Je vous prie de ne pas discuter ce point. Vous ne sauriez pas me convaincre. Et nous risquerions de nous disputer. Je veux demeurer en bons termes avec vous.

Il parlait d'une voix égale, posée. Son regard était raisonnable. Michel sentit que toute tentative de séduire Nicolas serait, pour l'instant, vouée à l'échec. Il dit :

— Soit, je n'essaierai pas d'ouvrir une controverse sur l'opportunité de votre décision. Il m'est impossible de vous forcer à me croire. Mais je voudrais pouvoir, du moins, tranquilliser un peu vos parents qui attendent le résultat de ma démarche.

— Eh bien, tranquillisez-les, murmura Nicolas avec un sourire.

— En leur disant quoi ?

— La vérité. Depuis trois jours, j'ai passé un nouvel accord avec Braniloff. Il me rend mon traitement du début, et je m'engage à venir tous les matins à son bureau, de façon régulière, ponctuelle. N'est-ce pas la sagesse même ?

— Vous continuerez à vous occuper des abeilles ?

— Non, Braniloff a entrepris un gros ouvrage sur l'histoire universelle de l'agriculture. Il recherche les documents et je rédige le texte. Il ne terminera jamais son travail. J'ai du pain sur la planche.

— On pourra donc vous joindre chez lui...

— Tous les jours, de neuf heures à midi.

— Et après ?

Nicolas eut un geste vague de la main :

— Dites aussi à mes parents que vous m'avez trouvé très sain d'esprit, très bien portant, très attentif à leur chagrin. Dites-leur que, sans renoncer à mes idées politiques, je vous ai promis d'être prudent. Dites-leur... tout ce qui pourrait apaiser leur inquiétude.

— Vous me demandez de mentir.

— Pas tout à fait...

Michel regarda son beau-frère avec tristesse.

— Nicolas, Nicolas, dit-il, vous méritez une existence meilleure...

Cependant, il ne pouvait s'interdire d'admirer la fermeté de Nicolas dans le renoncement. Il eût souhaité gagner sa confiance, devenir son ami, l'aider à vivre. Maladroitement, il glissa la main dans sa poche, tira quelques assignats, les roula dans ses doigts impatients. Nicolas observait son geste et dit d'une voix douce :

— Non. Je vous remercie. Pas ça.

Michel n'osa pas insister. Son costume neuf lui pesait aux épaules. Son faux col glacé lui sciait le cou.

— Reviendrez-vous nous voir ? demanda-t-il.

— Oui, dit Nicolas. Plus tard...

Une porte battit au fond du couloir. Nicolas tourna la tête.

— Voici Braniloff. Voulez-vous lui parler ?

— Non, j'ai hâte de rentrer chez moi pour écrire à vos parents, dit Michel, et il se leva de sa chaise.

Lorsqu'il fut dans la rue, un sentiment d'insuffisance lui confirma son échec. Mais il réagit contre cet abattement passager, et se mit en devoir de composer mentalement la lettre qu'il adresserait à Constantin Kirillovitch. Dans cette lettre, il lui annoncerait, bien sûr, la rupture de ses pourparlers avec Nicolas, mais il tenterait aussi de le rassurer sur l'avenir du jeune homme.

Rentré chez lui, avant même de passer à table pour déjeuner, Michel s'enferma dans son bureau et rédigea la lettre dans cet esprit charitable et conciliant. En vérité, il était un peu honteux de falsifier ainsi sa pensée, mais ce mensonge était nécessaire. Son père même n'eût pas agi autrement. Cette idée tranquillisa Michel. Pour décharger tout à fait sa conscience, il écrivit aussi à ses parents. Il y avait longtemps qu'il ne les avait pas revus, et Alexandre Lvovitch, surtout, lui manquait. Un moment, il rêva d'organiser un voyage à Armavir, mais ses affaires lui prenaient trop de temps. Que sa vie était donc étrange ! Autour de lui, se déchaînaient des bourrasques : Lioubov s'enfuyait avec un acteur, Nicolas participait à la lutte clandestine, Volodia perdait la tête à cause d'une femme rousse qui se refusait à lui, Nina délirait d'un amour coupable. À lui seul, il n'arrivait rien. Au centre de ces passions disparates et violentes, il demeurait immobile, toujours semblable à lui-même, privé d'aventures et heureux de son sort. « Ils doivent me prendre pour un imbécile, songea-t-il, ou pour un homme sans cœur. » Il sourit à cette pensée. Était-ce donc sa faute si le travail lui tenait lieu de distraction pathétique ?

Un instant, il se rappela Nina, les paroles incohérentes qu'elle avait prononcées, et son pauvre visage penché à la fenêtre du wagon. Une courte tristesse lui traversa le cœur. Bah ! elle n'était qu'une gamine. Elle se calmerait aussi vite qu'elle s'était enflammée.

Comme il cachetait la lettre destinée à son père, un doigt discret frappa à la porte :

— Monsieur est servi, dit le valet de chambre.

Cette voix lui fit du bien. Il lui semblait, tout à coup, qu'il émergeait d'un marécage de tracas. « Ils finiraient par me tourner en bourrique avec leurs histoires ! » Avant de quitter la pièce, il la parcourut d'un regard satisfait. Tout était en ordre. Les papiers, le buvard, l'encrier, les livres. À travers les vitres voilées de tulle, un rayon de soleil pâle tombait obliquement sur le tapis aux couleurs fraîches.

— Tu viens, Michel ? cria Tania en passant dans le corridor.

Il répondit avec entrain :

— J'arrive.

Et il sortit du bureau en sifflotant.

14

Après le billet aimable qu'Olga Varlamoff lui avait envoyé pour le remercier de ses roses, Volodia reprit courage et se rendit chez elle au thé rituel du jeudi. Olga Varlamoff l'accueillit avec la meilleure grâce du monde, le gronda pour sa longue absence, lui demanda même de rester après le départ de ses invitées. On eût dit qu'elle ne se souvenait plus des aveux de Volodia, ou que ces aveux lui paraissaient négligeables. Lorsqu'ils furent seuls, Volodia la pria de lui présenter son fils. L'enfant était en visite chez des cousins. Volodia feignit d'en être désolé.

— J'ai beaucoup changé, dit-il. Il me semble que votre influence sur moi est salutaire. Ah ! si vous pouviez me conseiller, me guider un peu...

Il avait réfléchi que cette attitude repentante devait flatter la jeune femme et endormir ses soupçons. Il ne se trompait pas. Olga Varlamoff le conduisit dans le boudoir beige et lui apporta un album de photographies. Il le feuilleta sagement avec elle, la questionnant sur ses parents, sur ses amis.

— J'aimerais vous mieux connaître, disait-il humblement. Près de vous, je me sens meilleur. Seul, ou parmi les autres, je comprends que je gâche ma vie. À présent que nous sommes amis, vous pouvez bien me dire ce qui vous déplaît en moi. Mon physique ?

Elle se mit à rire.

— Mon moral ?

— Oui, dit-elle. Vous êtes l'être le plus paresseux, le

plus fat, le plus versatile et le plus dangereux que j'aie rencontré.

Il fit un petit air penaud et se cacha la tête dans ses mains.

— Vous êtes dure ! dit-il.

— Parce que vous m'êtes sympathique. Si je n'avais aucune amitié pour vous, je vous laisserais étouffer sous vos défauts. Mais je veux vous sauver.

— Que faut-il entreprendre ?

— Tâchez de travailler, et, déjà, vous aurez fait un pas vers la guérison.

— Mais je travaille, répondit-il le plus sérieusement du monde. Je dirige la publicité des établissements Danoff.

— Je n'appelle pas cela travailler. Michel Danoff vous a offert une sinécure. Vous allez au bureau aux heures qui vous conviennent, et surtout pour bavarder avec votre ami. Il faut faire autre chose...

Il la regarda droit dans les yeux avec une expression loyale. Puis il proféra gravement :

— Je vous promets d'essayer. J'ai toujours voulu écrire. Mais la patience me manquait. Encouragé par vous, je vais m'atteler à la tâche. Et, si vous le permettez, je viendrai quêter vos conseils, mendier votre approbation...

— Je ne suis guère qualifiée...

— Si ! s'écria-t-il, vous êtes une créature admirable, un ange...

— Pas de compliments entre nous !

— Pas de compliments. Vous avez raison. Francs et rudes, tels seront nos rapports.

Il la quitta sur un salut respectueux, et se précipita chez Tania pour lui raconter que ses affaires étaient en bonne voie.

Le soir même, il condamna sa porte aux amis, étala du papier sur sa table, et se mit en devoir d'écrire un long poème sur l'amour malheureux. En grappillant dans les œuvres de Pouchkine et de Lermontoff, il put étager une trentaine de vers passables, qu'il se récita, la main sur le cœur, avec étonnement. En toute sincérité, il était fier de sa nuit studieuse et du résultat obtenu. Pour la première fois, depuis des années, il lui semblait que le temps n'avait pas fondu entre ses doigts comme une vapeur, mais qu'il l'avait arrêté, marqué de son sceau, et qu'il méritait des louanges. Il envisagea même sérieusement de se consacrer à la carrière des lettres.

Le lendemain, il lut son poème à Olga Varlamoff. Elle le félicita et lui conseilla de s'attaquer à un roman.

— Me permettez-vous d'écrire notre histoire ? dit-il.

— Elle est bien mince.

— Je saurai l'étoffer !

Elle se mit à rire et lui avoua qu'elle attendait avec impatience le produit de son inspiration.

— J'appellerai le personnage féminin Olga Baranoff, et le personnage masculin Volodia Groudine...

— Comme ça, les curieux en seront pour leurs frais !

— Et j'intitulerai le volume : *Fumée*.

— Dommage qu'on y ait pensé avant vous !

— Ou : *Vapeurs*.

— Vous songerez au titre quand vous aurez achevé le roman. Il suffit que vous ayez pris une résolution, et, déjà, pour vous, l'affaire est terminée. C'est un grand défaut. Je veillerai à vous en corriger.

À dater de ce jour, Volodia sacrifia quelques sorties avec ses amis pour s'astreindre à son nouveau travail. Ruben Sopianoff le traita de « lâcheur », et la bande vota une motion de méfiance à l'adresse du « membre fondateur » Bourine. Tous les jeudis, Volodia se rendait chez Olga Varlamoff, après le thé, pour lui lire un chapitre ou deux de son livre. L'histoire en était confuse, et les personnages manquaient de substance. Mais le style, tarabiscoté, faisait illusion. Olga Varlamoff écoutait, critiquait, priait Volodia de lui laisser les derniers feuillets pour les relire à tête reposée. Il s'établit entre eux une sorte de camaraderie affectueuse qui enchantait Olga Varlamoff et attisait l'impatience de Volodia. Certains jours, il lui semblait qu'Olga Varlamoff lui parlait sur un ton complice, et il cherchait une invite dans les moindres gestes de son hôtesse. Mais, la semaine suivante, elle lui paraissait hautaine, réservée, moqueuse, et il se désolait du terrain qu'il avait perdu. Il consultait Tania, et Tania lui recommandait la prudence. Il consultait ses amis de la bande, et ils lui enjoignaient de rompre avec cette faiseuse d'embarras. À plusieurs reprises, ils essayèrent de le consoler en l'entraînant chez de petites femmes joviales. Volodia buvait comme eux, chantait comme eux, et, comme eux, caressait les filles, mais il revenait chez lui, le cœur plein de dégoût et la bouche amère.

Au bout de trois mois, le roman de Volodia en était à son douzième chapitre, et son intimité avec Olga Varlamoff ne s'était ni resserrée ni relâchée d'un cran. Ruben Sopianoff criait au scandale. À la réunion matinale des camarades, dans la chambre de Volodia, il n'était question que de sa maladie.

— Tu en crèveras, rugissait Sopianoff. Regarde ta pauvre mine. Cette femme est un vampire. Elle te suce le sang, la moelle épinière et le cervelet. Je propose que nous, tes amis, tes hommes de confiance, allions lui parler en ta faveur et la sommer de t'accepter dans son lit !

— Vous êtes des imbéciles, disait Volodia en mastiquant une tartine de charcuterie. Il m'a semblé, avant-hier, qu'elle était, comment dirai-je ? un peu plus... un peu moins...

— Elle est toujours un peu plus ou un peu moins qu'il ne faudrait, disait Stopper. Je connais des chevaux comme ça. Un peu plus, un peu moins... ils arrivent toujours dans les choux.

— Cela te ressemble fort de comparer une alcôve à une écurie, disait Vladislav Khoudenko. Moi, je trouve que Volodia a raison de miser sur le roman. Elle attend peut-être le dernier chapitre pour lui tomber dans les bras.

— Si c'était ça, s'écria Volodia, je ferais mourir mon héros dans la livraison de la semaine prochaine !

— Essaie toujours.

Volodia reposa sa tasse de thé sur le plateau qu'il tenait en équilibre sur ses genoux.

— Je réfléchis, dit-il.

Tous se turent. Volodia, assis sur son séant, les cheveux ébouriffés, la chemise largement ouverte, semblait visité par l'extase. Tout à coup, il se donna une claque sur le front.

— D'accord, dit-il. Le prochain chapitre sera le dernier, mes braves. J'y flanquerai de l'émotion à la pelle, et des baisers, et des agonies, et du sein qui palpite, et des serments éternels, et de la lune blanche à travers des feuillages vernis. Elle en veut ? Elle en aura. Et, si elle me repousse après cette lecture, c'est qu'elle n'a pas de cœur et ne mérite pas mes efforts.

— Bravo, dit Sopianoff.

Et il se pencha au-dessus du lit pour embrasser Volodia.

Il fallut quatre jours à Volodia pour achever le treizième et dernier chapitre de son roman. Le travail fut pénible, parce qu'il y avait un grand nombre de personnages dont il importait d'annoncer le mariage, la mort ou la séparation brusquée en quelques lignes. Les héros qui, au chapitre douze, étaient encore vigoureux et engagés dans des intrigues de longue haleine, se défendirent contre ce cruel revirement imposé à leur destinée. Mais ils finirent par céder à la hâte amoureuse de Volodia. L'auteur lut son épilogue aux membres de la bande réunis en cénacle, et tout le monde fut d'accord pour louer son habileté et lui prédire un triomphe auprès de la belle rousse.

Le jeudi suivant, Volodia se rendit à cinq heures chez la Varlamoff. Par vanité, il contrôlait l'effet de son élégance sur le visage des passants. Toutes les femmes le remarquaient. Deux jeunes filles se retournèrent quand il descendit de voiture devant l'hôtel particulier aux lampadaires massifs. C'était bon signe. Volodia pénétra en habitué dans la vaste antichambre dallée et tendue de tapisseries à personnages. Il s'arrêta étonné, cependant, de n'entendre pas la rumeur de voix qui l'accueillait toujours dès l'entrée.

Un laquais en gilet rouge et noir s'inclina devant lui et lui annonça d'un air respectueux que le fils de Madame était au plus mal, et que Madame s'excusait de ne pouvoir recevoir ses invités aujourd'hui. Volodia éprouva un dépit rageur à l'idée de ce contretemps. La politesse la plus élémentaire exigeait qu'il feignît de s'intéresser à la santé de l'enfant. Mais Volodia ne savait réfléchir qu'à ses ennuis personnels. Ce qui le frappait dans cette mésaventure, c'était l'obligation où il se trouvait de reporter à plus tard une entrevue dont il avait espéré tant de joie. Le reste ne comptait pas. Peut-être même cette maladie était-elle un prétexte pour l'éconduire ? La Varlamoff avait flairé le danger. Il grommela devant le laquais imperturbable :

— C'est trop bête !

— Le petit est très mal, dit l'homme. On parle de pneumonie...

— Oui, oui, répétait Volodia, perdu dans une rêverie égoïste. Et quand Mme Varlamoff compte-t-elle reprendre ses réceptions ? Vous ne savez pas ?... Bien sûr !... C'est bon... Je repasserai... Dites-lui que je repasserai...

Il se retrouva dans la rue, furieux contre la Varlamoff, contre l'enfant et contre lui-même. Il ne savait que faire de la journée. Son désœuvrement lui parut tragique. Il se rendit chez Tania pour lui expliquer son échec, mais elle n'était pas à la maison. Ruben Sopianoff, Stopper et Vladislav Khoudenko étaient sortis de leur côté. Le valet de chambre de Ruben affirmait que ces messieurs ne rentreraient pas avant dix heures du soir. Volodia résolut de passer aux Comptoirs Danoff pour bavarder avec Michel. Il y avait douze personnes dans l'antichambre de son ami. Un huissier, glabre et solennel, glissait entre les visiteurs, disparaissait derrière les doubles portes capitonnées du bureau directorial, revenait, chuchotait, repartait pour reparaître encore. Il demanda à Volodia s'il devait annoncer sa présence à Michel Alexandrovitch.

— Non, non, je vais dans mon service, dit Volodia.

Les Danoff ne faisant aucune publicité et vivant sur leur seule réputation de maison riche et intègre, les fonctions de Volodia se limitaient au dépouillement du courrier et au refus circonstancié des offres de service. Il avait un petit bureau très clair, encombré de statuettes et d'estampes japonaises, un secrétaire barbu et méticuleux comme un horloger, et de grands cartons verts où dormaient des correspondances numérotées. Il passait une à deux heures par jour dans ce local somptueux et douillet, signant quelques lettres, cochant au crayon rouge des articles dans des journaux, et fumant de gros cigares avec un air absorbé. Mais, aujourd'hui, cette occupation même lui parut fastidieuse. Il quitta le bureau dix minutes après y être entré et se fit conduire à nouveau chez Ruben Sopianoff.

Il était six heures. Les jeunes gens n'étaient pas encore revenus de leur promenade. Volodia s'installa dans la petite salle à manger de Ruben et se fit servir de la vodka et du saucisson à l'ail. Ayant bu et mangé, il alla flâner dans la cuisine, rafla des cornichons dans un pot en verre, goûta une eau-de-vie que la cuisinière fabriquait elle-même, interrogea le laquais sur ses préférences en matière de vins, se parfuma, se lima les ongles, lança des fléchettes contre une cible en liège placée à la tête du lit de Ruben, essaya quelques grimaces devant le miroir, prit un livre, le reposa, commença une lettre de reproches ironiques à l'adresse d'Olga Varlamoff et la fourra dans sa poche. Sa tristesse lui enlevait toute suite dans les idées. Il ne savait plus de quoi il avait envie. Et il ne voyait aucune raison de vivre jusqu'au lendemain.

À neuf heures et demie, enfin, Ruben, Vova et Vladislav pénétraient dans le salon, où Volodia s'était assoupi, le derrière dans un fauteuil, et les pieds sur un guéridon. Au bruit, Volodia se réveilla et bondit à la rencontre de ses compagnons.

— Brutes infâmes ! Vous me lâchez au moment où j'agonise !

Sans leur donner le temps de placer un mot, il leur raconta sa mésaventure.

Tous l'écoutaient d'un air sombre. Quand il eut fini, Ruben déclara simplement :

— Ne compte pas sur moi pour te remonter le moral.

— Que se passe-t-il ? demanda Volodia.

— Mon père m'a coupé les vivres, dit Ruben. À midi, j'ai reçu sa lettre...

Le père de Ruben était un négociant arménien de Bakou, généreux et compréhensif, mais dont l'idée fixe était de marier son fils. Ruben ayant refusé d'épouser l'une des plus riches héritières de la région, les représailles ne s'étaient pas fait attendre.

— La situation est claire, dit Ruben. Je dois gagner de l'argent par moi-même ou perdre ma liberté.

— Prends un métier, dit Stopper.

— Il ne faut pas violenter sa nature, dit Ruben.

— Trouve une riche maîtresse, dit Vladislav. Elle t'entretiendra, t'achètera des lingeries fines, te gavera de friandises, et tu nous recevras, étendu sur un sofa écarlate.

— Autant vaut se marier, dit Ruben. Non. Il faut trouver autre chose.

Pendant près d'une heure, les amis discutèrent sur la tristesse de leur sort et les remèdes propres à conjurer leurs mauvaises fortunes respectives. Ruben plaignit Volodia. Volodia plaignit Ruben. Stopper et Khoudenko plaignirent Volodia et Ruben. En fin de compte, on décida de se rendre dans une maison de jeu clandestine, tenue par un dénommé Joseph Lewin. Ruben y tenterait sa chance et gagnerait peut-être de quoi se remettre à flot. Et Volodia trouverait dans le jeu une distraction à sa mélancolie.

À onze heures, les quatre gaillards débarquaient dans les salons de Joseph Lewin. Dans la première pièce, des jeunes gens, assis sur des canapés de cuir, mangeaient de la glace et bavardaient en riant très fort. Dans la deuxième pièce, une cohue de militaires, de fonctionnaires en uniforme et de civils se pressait autour de trois tables de jeu, dont la réverbération verdissait et déformait leurs visages. Le troisième salon, où pénétrèrent Volodia et ses compagnons, était réservé à la roulette. Il y régnait une fumée épaisse qui plafonnait mollement. Deux laquais passaient des rafraîchissements sur des plateaux tenus au-dessus de leur tête. Ruben Sopianoff avala trois verres de cognac à la file et se dirigea vers la table de la roulette. Volodia préféra se risquer au trente-et-quarante. Il laissa son ami sous la surveillance de Vladislav et de Vova, et les pria de le prévenir si les affaires de Ruben tournaient à la catastrophe. Lui-même s'installa devant le tapis vert, entre un Anglais à favoris jaunes et un gros colonel chauve.

De cette nuit, Volodia devait garder un souvenir violent et confus. Il jouait noir et gagnait. Il jouait rouge et gagnait. Il changeait de table et gagnait encore. Il but beaucoup de bière et de cognac, eut une altercation sévère avec un officier qui lui avait marché sur le pied, et distribua des pourboires massifs autour de lui. La tête lourde, la gorge déchirée, les yeux brûlés de lumière, il fourrait les billets de banque dans sa poche en répétant :

— À quoi ça me sert, bon Dieu ? À quoi ça me sert ?

Deux inconnus le complimentèrent sur sa chance, et Volodia les invita à déjeuner pour le lendemain. Un jeune homme, ayant perdu sur parole, lui offrit en paiement un caniche qu'il venait d'acheter et qui l'attendait au vestiaire. Volodia refusa le marché et prétendit acquérir le chien pour quatre cents roubles. Le jeune homme accepta. Volodia l'embrassa sur les deux joues en le traitant de « frère par l'esprit ».

À quatre heures du matin, Ruben Sopianoff, Vova et Vladislav rejoignirent Volodia à sa table. Ruben avait perdu ses dernières réserves. Vova et Vladislav étaient ivres. Volodia jugea prudent de rentrer.

Dans la rue, les quatre amis décidèrent de sceller leur alliance par une promenade à pied dans la ville. Le vin, le jeu, la fatigue les avaient rapprochés, et ils s'attendrissaient sur leurs malheurs réciproques.

— C'est toi qui es le plus à plaindre dans le coup, grondait Ruben de sa voix de tonnerre. L'amour passe avant l'argent.

— Non, c'est toi qui es le plus à plaindre, disait Volodia. Il est plus difficile de vivre sans argent que sans femme.

— Non, c'est toi !

— Non, c'est toi !

— Dieu ! que nous nous aimons ! disait Khoudenko. Que la nature humaine est généreuse !

Et, vraiment, il leur semblait ne former qu'un seul corps à quatre têtes, aux blessures communes et aux contentements partagés. Titubants et graves, ils marchaient à travers la ville endormie, et les réverbères se transmettaient leur ombre comme un secret. Volodia tenait en laisse le caniche qu'il avait gagné. C'était une toute jeune bête, noire, vive et frisée, qui répondait au prénom de Viki.

— Tu as gagné ce chien, et maintenant que vas-tu en faire ? dit Ruben.

— Le dresser, dit Volodia, le dresser à mordre les femmes. Car toutes les femmes sont des monstres dissimulés sous une apparence humaine. Elles sont le diable.

— C'est très juste ce que tu dis là, hoqueta Vova. Ça mériterait d'être développé.

— Les sergents de ville aussi sont des diables, dit Volodia en apercevant un gardien de la paix qui marchait à quelques pas devant eux, sous un réverbère.

— Oui, dit Ruben. Et celui-ci nous espionne.

— On lui tombe dessus ? demanda Stopper.

— Non, dit Vladislav. Nous allons faire la ronde autour de lui, comme des elfes dans une prairie.

— Il se fâchera, dit Ruben.

— Tant mieux, dit Volodia.

Comme ils se rapprochaient pour encercler l'agent, celui-ci tourna la tête, et le réverbère éclaira son visage pétrifié, à la barbe blond filasse.

— Nous sommes les elfes de la prairie ! s'écria Vladislav d'une voix aiguë de fillette.

Et il se dressa sur la pointe des pieds, en arrondissant les bras au-dessus de son crâne, comme une ballerine.

— Et nous voulons danser autour de vous, gronda Ruben, en esquissant un entrechat vigoureux.

— Et nous vous charmerons jusqu'au vertige, dit Volodia en sautant sur place.

— Et nous vous boufferons le nez pour le dessert ! rugit Stopper.

L'agent reculait pas à pas devant ces énergumènes. Tout à coup, il pivota sur les talons et se mit à fuir dans la rue.

— Il a peur ! glapit Ruben. Sus ! Sus à l'agent ! Lâchez les chiens !

Volodia lâcha le caniche qui se rua sur les trousses de l'homme, en aboyant à pleine gueule. Les camarades le suivaient en courant. Ils riaient à en perdre l'haleine. Le bruit de leur galopade, les jappements de Viki, les braillements enroués de Ruben, se répercutaient très loin dans les rues désertes. L'agent disparut au coin d'une maison, et les amis s'arrêtèrent, essoufflés. Viki tournait autour d'eux, frétillait de la queue, sautait, léchait des mains au hasard, repartait sur la piste, revenait en poussant de petits cris plaintifs.

— L'autorité est en fuite, dit Volodia entre deux sanglots de joie. Le champ est libre. Une chanson triomphale, je vous en prie.

Les quatre amis se postèrent en ligne, au milieu de la chaussée, et entonnèrent à pleine voix le *Gaudeamus igitur*.

Une fenêtre s'ouvrit, au premier étage d'un immeuble bourgeois.

— Vous ne pouvez pas rentrer chez vous, bande d'ivrognes ? hurla quelqu'un. J'appellerai la police si vous empêchez encore les honnêtes gens de dormir !

— Nous sommes nous-mêmes des honnêtes gens, et nous ne craignons pas la police, dit Volodia.

— Voyous ! cria l'inconnu, et la fenêtre se referma en claquant.

— Mes amis, dit Volodia. Je crois qu'il est prudent de décamper. L'agent est allé chercher du renfort, sans doute. Le poste n'est pas loin. Et je veux dormir dans mon lit. Au trot.

Les camarades applaudirent à ce conseil, et le groupe détala dans la direction opposée à celle qu'avait prise l'agent. Ils rentrèrent à six heures du matin, après avoir déposé leurs chapeaux au pied des monuments de Pouchkine et de Gogol.

Tous prirent pension chez Volodia. Ruben et Volodia

s'étendirent sans se déshabiller, sur le même lit. Stopper s'endormit sur un canapé, et Vladislav s'arrangea une couchette dans la baignoire. Le caniche profita de leur sommeil pour manger des côtelettes de mouton qui étaient restées sur la table de la cuisine et déchiqueter les pantoufles brodées de Volodia. Puis il pissa contre les rideaux de velours, s'assoupit, tranquillisé, au creux d'un fauteuil en tapisserie ancienne.

Ce fut le caniche qui, à midi sonnant, réveilla Volodia en lui léchant la figure. Volodia se sentait la tête lourde et la langue mauvaise. Il délogea Vladislav, qui ronflait encore dans la baignoire, et prit un bain d'eau tiède, parfumée à l'alcool de lavande.

À quatre heures, les amis sortirent en grande pompe pour promener le chien. Volodia avait décidé de s'en débarrasser à la première occasion.

— Il est trop gentil, disait-il. Il nous gênera. Et puis, je tenais à mes pantoufles...

Passant sous les fenêtres d'Olga Varlamoff, il voulut rendre visite à la jeune femme. Tandis que ses compagnons déambulaient dans la rue avec le chien, il pénétra dans l'hôtel particulier, remit ses gants au laquais, vérifia son nœud de cravate dans la glace et se fit annoncer à la maîtresse de maison. Il tentait sa chance, mais n'avait pas grand espoir d'être reçu. Aussi fut-il très étonné d'apprendre que Madame l'attendait dans le boudoir beige.

Olga Varlamoff était très pâle, décoiffée, et ses yeux étaient fatigués par les larmes. L'expression égarée de son visage surprit considérablement le jeune homme. Il l'avait toujours vue calme, fière et souriante. Il n'imaginait pas qu'elle pût souffrir comme les autres.

— Les médecins cherchent à me rassurer, dit Olga Varlamoff. Mais Georges tousse si fort... les veines de son front sont gonflées... Il pleure... il est tout rouge... je ne peux pas supporter cela...

Pendant qu'elle parlait, Volodia réfléchissait à son propre isolement et à sa disgrâce. Il comptait si peu pour Olga Varlamoff, auprès de cet enfant dont la maladie la bouleversait jusqu'aux larmes ! Elle avait oublié, sans doute, l'amour de Volodia et ce roman qu'il écrivait pour elle. Il avait travaillé en pure perte. C'était grotesque ! Que faisait-il devant cette mère éplorée ? Il ne se sentait aucun goût pour bercer le chagrin d'autrui, discuter température, selles, potions et cataplasmes. Mais que dire d'autre ? Il murmura :

— C'est bien ennuyeux... Mais ces refroidissements sont fréquents chez des enfants de l'âge de votre Georges... Il ne faut pas s'en alarmer...

— Vous croyez ? dit-elle.

Et une lueur d'espoir élargit ses yeux. Volodia fut flatté de la deviner attentive à son jugement. Il se rappelait avoir souffert, à l'âge de quinze ans, d'une violente bronchite. Fort de cette expérience lointaine, il poursuivit avec sûreté :

— Vous lui faites boire des tisanes, sans doute ?

— Oui, dit-elle, de la tisane de mauve, de violette, de bourrache...

Était-ce bien la hautaine et voluptueuse Olga Varlamoff qui lui tenait ce langage ? Toutes les femmes étaient donc semblables — faibles, animales et maternelles — derrière leurs attitudes diverses ?

— Il faudrait aussi lui appliquer des compresses froides sur la poitrine pour le soulager, reprit Volodia.

— C'est ce que m'a dit le docteur, s'écria Olga Varlamoff. Voulez-vous voir Georges ? Un instant, rien qu'un instant !

Volodia pénétra dans la chambre sombre et surchauffée où reposait le malade. Une gouvernante était assise au chevet du lit. L'enfant gisait vaincu et moite, parmi les coussins dérangés. Volodia renifla, avec dégoût, l'odeur des médicaments et des draps, s'avança vers la couche à petits pas silencieux. Puis, il contempla longuement la figure du gamin, rouge, aux narines dilatées, aux grands yeux verts, suppliants et peureux. Olga Varlamoff posa la main sur le front de son fils.

— Tu ne dors pas, Georges ? Tu devrais dormir, dit-elle avec douceur.

Volodia fut frappé par l'expression attendrie, simplifiée, de son visage. Georges se mit à geindre en roulant sa tête sur les oreillers. Puis, une quinte de toux secoua sa poitrine, creusa son ventre sous la chemise trempée de sueur. Ses prunelles exorbitées, sa bouche tordue, faisaient peine à voir. Olga Varlamoff détourna les yeux. La gouvernante versa une potion entre les lèvres bleues de l'enfant. Il fit la grimace et griffa les couvertures à pleins doigts.

— Que veut-il ? demanda Volodia.

— Je lui ai fait acheter les plus beaux jouets, soupira Olga Varlamoff. Il s'en amuse un instant, et puis il les repousse.

— Il demande un petit chien à présent, dit la gouvernante.

— Un petit chien ? Mais pour quoi faire, mon chéri ? Il va sauter partout, il va t'énerver, dit Olga Varlamoff. Il faut que tu restes calme. D'ailleurs, où irais-je te chercher un petit chien ?...

Il jeta les bras au cou de sa mère. Des larmes coulaient sur ses joues gonflées de sang. Une toux atroce le renversa.

Olga Varlamoff se pencha au-dessus de lui. Retenant ses sanglots, elle balbutiait :

— Georges, mon enfant chéri, mon ange, mon trésor... Tu auras un petit chien... Tu auras tout ce que tu désires... Et tu seras vite rétabli, alors... Regarde ton livre d'images, pour l'instant... Ou prends ton petit ours contre ton oreiller...

La gouvernante apporta un polichinelle, un ours en peluche, quelques volumes illustrés qu'elle étala sur le lit.

Volodia sortit sur la pointe des pieds, descendit dans la rue où ses amis déambulaient toujours en l'attendant.

— J'ai trouvé à caser le cabot ! dit-il d'une voix brève.

Et, saisissant Viki sous son bras, il repartit en courant vers la maison.

— Un chien ! Un vrai petit chien ! s'écria Georges, lorsque Volodia reparut dans la chambre.

Les yeux de l'enfant brillaient d'extase. Sa bouche

souriait. Ses bras minces se tendaient, tremblants, vers le caniche.

— Comme il est joli ! Tout frisé ! Et regarde sa drôle de queue, maman ! Et sa langue ! Elle est toute rose, comme un ruban !

Il s'interrompit pour souffler, Olga Varlamoff s'était levée et considérait Volodia d'un air étonné, affectueux.

— Comment s'appelle-t-il ? demanda l'enfant.

— Viki, dit Volodia.

— Et il aboie ?

— Oui.

— Et il mange du chocolat... et de la viande... et...

— Il n'en mange que trop, dit Volodia.

Il déposa le petit chien sur le lit de Georges. Aussitôt, le garçon attira la bête contre sa poitrine. Viki poussait des jappements satisfaits et lui léchait les mains et le visage. L'enfant se mit à rire.

— Il rit... Il rit, murmura Olga Varlamoff.

Puis, elle se tourna vers Volodia et le questionna d'une voix tremblante :

— Où avez-vous trouvé ce chien ?

— C'est mon chien, dit Volodia. Il m'attendait en bas.

— Vous l'avez depuis longtemps ?

— Trois ans, dit-il avec aplomb.

— Et il ne vous est pas trop pénible de vous séparer de lui ?

— Pas dans ces conditions.

Elle l'observait avec fixité. Son regard était empreint d'une douceur que Volodia ne lui avait jamais connue. Elle était transfigurée par l'émotion. Elle rayonnait. Elle dit :

— Quel homme étrange vous faites ! Je n'aurais jamais supposé que vous fussiez capable d'une pareille pensée, d'un pareil geste...

— Ne jugez pas trop vite.

Des larmes montaient aux yeux de la jeune femme. Volodia sentait son propre cœur battre à petits coups pressés dans sa poitrine. Une tendresse merveilleuse l'empêchait de parler. Il regrettait presque, à présent, que ce chien fût une bête gagnée au jeu, la veille, et dont il avait résolu de se débarrasser coûte que coûte. Il aurait voulu mériter la reconnaissance d'Olga Varlamoff, et être tel enfin qu'elle se plaisait à le croire. Il bredouilla :

— Voilà... Heu... Il faut que je parte... Je reviendrai prendre des nouvelles du petit, si vous le permettez...

— Je vous en prie.

Elle le raccompagna jusqu'à l'antichambre. Tandis qu'il lui baisait la main, elle dit encore :

— Merci, Volodia. Je n'oublierai pas.

Dès qu'il eut rejoint ses amis, Volodia changea de visage. Il jubilait. Il se frottait les mains et riait à gorge déployée.

— Un coup de maître ! s'écria-t-il. J'ai réussi un coup de maître avec cette bestiole ! La Varlamoff en a la larme à l'œil ! Elle me prend pour un saint authentique ! D'ici quinze jours, je déposerai mon auréole sur sa table de nuit !...

Comme ses compagnons s'esclaffaient et le complimentaient pour sa chance, il se sentit offusqué, irrité par leur joie. Quelque chose l'étouffait au niveau du cœur. Il refusa de dîner avec la bande, rentra chez lui et passa sa soirée à lire des auteurs sévères.

15

Chaque matin, Tania s'efforçait de découvrir les achats indispensables qui occuperaient sa journée avant l'heure des spectacles ou des réceptions. Acheter était devenu pour elle une fonction physiologique, à laquelle elle ne pouvait plus se soustraire. Lorsqu'elle rentrait chez elle sans paquets, l'après-midi lui semblait perdu. Peu lui importait d'ailleurs la nature de ses emplettes. Elle s'énervait autant à choisir des tissus qu'à commander des fleurs, des parfums ou du linge de table. Elle courait de magasin en magasin, palpait, triait, discutait, se fâchait, admirait, et faisait envoyer la note aux Comptoirs Danoff. Ces courses lui fouettaient le sang et contentaient en elle un extrême besoin de tout connaître et de tout posséder. Le soir, elle déballait son butin sous le regard narquois de Michel.

— Ce bonze chinois, où vas-tu le mettre ? disait-il.

— Mais au salon. La tablette de laque est toute dégarnie.

— Et ce tapis ?

— C'est pour ma chambre.

— Il y en a déjà quatre.

— Justement.

— Que veux-tu dire ?

— Je dis : justement. S'il y en a déjà quatre, je ne vois pas de raison pour hésiter à en ajouter un cinquième.

Michel riait et embrassait sa femme, sur les deux joues, comme une enfant. Il la sentait heureuse, et cette certitude excusait à ses yeux les menues folies de Tania.

En vérité, il avait tellement souffert de la voir mélancolique et irritée pendant leur séjour à Armavir, qu'il était prêt à tout lui pardonner, pourvu qu'elle se déclarât satisfaite de son sort. Il disait seulement :

— Combien ?

Tania fouillait dans son sac d'un air affairé :

— Voici le total. Vérifie l'addition. Mais on t'enverra la facture au bureau.

Michel vérifiait l'addition et notait le chiffre dans son calepin, d'un air sérieux.

Un jour, comme Tania brassait à pleins doigts un étalage de dentelles, une cliente l'accosta et lui arracha des mains le carton qu'elle avait saisi. Tania se retourna contre l'impudente : Olga Varlamoff se tenait devant elle et lui souriait d'un air amusé. Les deux jeunes femmes éclatèrent de rire, et Tania, renonçant à ses achats, pria Olga Varlamoff de venir prendre le thé chez elle, séance tenante. En route, elle l'interrogea sur la santé de son petit garçon, dont Volodia lui avait donné des nouvelles. Georges était rétabli et le docteur l'autorisait à quitter la chambre.

— Volodia a été si gentil pour mon petit Georges, dit Olga Varlamoff.

Tania devina que la discussion allait devenir passionnante et cria au cocher d'accélérer le train. Dès qu'elles se furent attablées devant deux tasses de thé et des assiettes de pâtisseries, Olga Varlamoff et Tania entreprirent une critique serrée des spectacles et des réceptions du mois. Mais l'une comme l'autre, tout en feignant de s'intéresser à leurs propos, savaient intimement qu'elles s'étaient rencontrées pour d'autres confidences. Un sujet capital, qu'elles gardaient en réserve, donnait son charme à leur entrevue. Enfin, Olga Varlamoff demanda d'une voix un peu sourde :

— Vous connaissez très bien Volodia Bourine, n'est-ce pas ?

Tania eut un sourire de soulagement et murmura très vite :

— Pensez donc ! Nous jouions ensemble dès l'âge de six ans !

— Ce n'est pas une raison pour le bien connaître, dit Olga. Il me semble que, si j'avais été élevée avec lui dès le berceau, je serais encore incapable de lire dans son âme. Il paraît futile, orgueilleux, égoïste, méchant, léger, voluptueux et, tout à coup, un geste, un mot de lui vous révèlent un être d'une sensibilité exquise.

— C'est ça ! C'est exactement ça ! s'écria Tania. L'enveloppe est de mauvaise qualité, mais l'intérieur, l'intérieur...

Elles se turent et Olga Varlamoff baissa les yeux.

— Il me parle très souvent de vous, dit Tania.

Olga Varlamoff rougit et ne répondit rien. Tania attendait depuis longtemps l'occasion de parler de Volodia avec la belle rousse. À présent, elle tenait cette jeune femme à la merci de sa générosité. Cette seule pensée l'exaltait jusqu'au malaise. De nouveau, elle s'admira de pousser dans les bras d'une autre cet homme qu'elle avait aimé autrefois, et pour lequel elle conservait encore une affection spéciale. Bien peu de femmes eussent été capables d'un pareil renoncement.

— Je ne vous dirai pas les termes dont il se sert pour me raconter vos entrevues, reprit Tania.

— Il vous raconte nos entrevues ? dit Olga Varlamoff, qui parut troublée par ce détail.

— Oui. Et, à travers ses récits, je devine l'influence admirable que vous exercez sur lui. Il s'est transformé, littéralement, selon vos conseils. Moi, sa vieille amie, je le reconnais à peine. Grâce à vous, il a gagné de la profondeur, du poids, du charme, du... Bien sûr, par moments, ses anciens défauts le reprennent. Mais c'est un éclair. Et, aussitôt, il redevient tel que vous l'avez fait !

— Vous me flattez, dit Olga Varlamoff en riant. Il est vrai que je l'ai prié, dans son propre intérêt, de travailler un peu, de renoncer à certaines... facilités sentimentales...

— Et il vous a obéi. Vous êtes la première femme à qui il obéisse.

— Quel compliment !

— Je vous remercie de ce résultat au nom de l'amitié

que je porte à Volodia. Il avait besoin d'une aide. Et cette aide, je ne pouvais pas la lui donner.

— Pourtant, dit Olga Varlamoff, il a tant d'affection pour vous !...

— Justement, il n'a pour moi que de l'affection.

Olga Varlamoff feignit de n'avoir rien entendu et avala une gorgée de thé. Tania fut fâchée de cette réserve. Elle ne pouvait pas, d'emblée, conseiller à Olga Varlamoff d'accepter Volodia pour amant. Il fallait que la jeune femme l'aidât un peu, préparât insensiblement la nécessité de cette recommandation. Mais Olga Varlamoff ne disait rien. Elle restait là, pensive et close, devant sa tasse de thé.

— Il me semble, par moments, dit Tania, que vous n'appréciez pas Volodia à sa juste valeur, que vous doutez de lui...

— Nullement.

— Savez-vous que... je ne devrais pas vous le dire... mais puisque nous sommes décidées aux confidences, il me plaît de faire le premier pas... Savez-vous que Volodia m'avait demandée en mariage ?

— Non ? s'écria Olga, et son regard brilla, vert et vif, sous les sourcils remontés.

— Si ! Si !

Tania riait et secouait la tête.

— Et pourquoi donc avez-vous renoncé à ce parti magnifique ?

Tania s'attendait à cette question et déclara simplement :

— Volodia n'était à cette époque qu'un galantin de province, infatué de ses succès, léger, méchant et un peu bête. Le chagrin l'a beaucoup changé. Ah ! s'il avait été alors tel que je le vois à présent, je ne crois pas que je l'aurais éconduit...

Olga Varlamoff battit des paupières et vida le fond de sa tasse.

Tania ne put résister au plaisir d'insister un peu sur l'amour de son adolescence. Il ne fallait tout de même pas que cette belle rousse s'imaginât être la première passion de Volodia ! Tania avait vu Volodia à ses pieds, et elle avait repoussé sa demande. Elle était fière de son passé sentimental.

— Oui, il était fou de moi, dit-elle rêveusement. Et je dois dire — j'étais une gamine — que j'étais également très éprise. Mais la raison a parlé. J'ai compris que je serais malheureuse auprès de cet être trop beau et trop versatile. J'ai préféré renoncer au risque. Il a souffert comme un damné !

— Je vous crois sans peine, dit Olga Varlamoff, avec une moue malicieuse.

— Plus tard, il a épousé, par dépit, une créature douce et humble qui est morte en couches. Mon refus et cette mort ont formé l'homme que vous connaissez. J'estime qu'un troisième chagrin lui serait néfaste.

— Un troisième chagrin ? demanda Olga Varlamoff.

Tania se pencha et prit les mains de la jeune femme dans les siennes.

— Vous me comprenez, dit-elle. Il ne faut plus le faire souffrir. Il ne le mérite pas. Il a droit à un grand bonheur...

— Je sais, je sais, dit Olga Varlamoff.

Et elle ajouta, en remuant à peine les lèvres :

— Vous êtes très gentille. Vous défendez bien vos amis. Tout ce que vous pensez de Volodia, je le pense aussi. Êtes-vous contente ?

— Mais je... je n'ai pas à être contente, dit Tania, prise au dépourvu.

Olga Varlamoff affecta d'ignorer son trouble et parla encore de ses invitations, de son fils et de ses amies.

À sept heures du soir, Michel et Volodia firent leur apparition dans le petit salon. Tania observait Olga Varlamoff avec curiosité gourmande. Elle vit le sang affluer aux joues de la belle rousse, lorsque Volodia s'approcha d'elle pour la saluer.

Olga Varlamoff partit très tard. Elle avait une figure heureuse. Ses gestes lents étaient ceux d'une femme comblée. Tania l'accompagna jusqu'au vestibule.

— Nous nous reverrons bientôt, j'espère ?

— Mais oui, dit Olga Varlamoff. Je me sens si proche de vous, depuis cette conversation.

Volodia les rejoignit en courant. Il rapportait un mouchoir qu'Olga Varlamoff avait oublié dans son fauteuil.

— Le roman est terminé, murmura-t-il en tendant la main à la jeune femme.

— Le roman ? Ah ! bien, dit-elle d'un air égaré, comme si ces paroles l'eussent tirée d'un rêve.

— Quand vous le lirai-je ?

— Jeudi, après le thé, comme d'habitude.

— Cinq jours à attendre ! dit-il en faisant la grimace.

Elle haussa les épaules et lui tourna le dos.

Dans la voiture qui la ramenait chez elle, Olga Varlamoff ferma les yeux, prise d'une fatigue subite. Mais le visage de Volodia s'inscrivait sur le fond rouge de ses paupières. Et ce visage était d'une grâce inquiétante. Elle souhaita inexplicablement voir la figure de Volodia enlaidie par quelque blessure, ou nouée par une vieillesse précoce. Elle l'eût aimé facilement, sans doute, s'il avait été moins aimable. Tel quel, n'importe qui pouvait l'aimer. Or, elle voulait choisir à sa passion un objet dédaigné, dont elle fût seule à connaître le prix. Elle désirait créer sa joie dans l'ombre, dans le secret. Volodia éblouissait tout par sa présence. Cette lumière qui émanait de lui était bizarrement répugnante. Olga Varlamoff en avait des frissons de dégoût. N'était-ce pas la crainte de cette perfection, qui, jadis, avait incité Tania à repousser son camarade d'enfance ? Comment le savoir ? Tania le savait-elle ?

En arrivant chez elle, Olga Varlamoff se précipita dans la chambre d'enfant. Georges était assis devant sa table et jouait avec des cubes de bois coloriés. Elle l'embrassa farouchement, comme si elle l'eût retrouvé après une longue absence. Le caniche sautait autour d'elle et mordillait le bas de sa robe. Olga Varlamoff se redressa et regarda la bête.

— Il est si gentil, Viki, dit le gamin. Il ne me quitte plus, il m'amuse.

Olga Varlamoff poussa un soupir et caressa le chien d'une main molle.

Deux jours plus tard, comme Volodia rentrait chez lui pour se changer avant le théâtre, son valet de chambre lui annonça qu'une dame inconnue l'attendait depuis près d'une heure dans le salon. C'était Olga Varlamoff. Elle portait une robe noire. Une voilette épaisse dissimulait ses traits. Volodia, radieux, s'élança vers la jeune femme et lui saisit les mains.

— Vous êtes venue sans me prévenir, balbutiait-il.

Olga Varlamoff se dégagea doucement et remonta sa voilette.

— Oui, je suis venue, dit-elle. Je voulais inspecter votre maison, imaginer votre vie dans son décor véritable. C'est charmant, chez vous. Un peu saugrenu, un peu bazar, mais charmant...

Ses lèvres étaient pâles. Son regard fixe dépassait le visage de Volodia.

— Au fond, reprit-elle, votre appartement vous ressemble. Il est plein de jolies choses disparates, achetées dans un mouvement d'enthousiasme, et que, déjà, vous ne voyez plus. On y devine une dispersion de désirs, une incohérence de pensée, qui fait peur. Savez-vous seulement pourquoi cette lampe vous a plu, pourquoi cette chaise Louis XV voisine avec cette tablette incrustée de nacre, et d'où vous est tombé ce narghileh obèse ? Savez-vous quand vous avez acquis cette dépouille de léopard ? Et vous êtes-vous jamais servi de ce brûle-parfum ?

— C'est pour une réprimande maternelle que vous vous êtes dérangée ? demanda Volodia. Alors, asseyez-vous. Car j'ai tellement de défauts que nous allons passer une bonne soirée à les énumérer.

Olga Varlamoff sourit à peine. Une soudaine rougeur enflamma ses joues.

— Vous êtes effrayant de légèreté, dit-elle. Vous ne pouvez que faire le malheur des êtres qui vous aiment.

Volodia, déconcerté, ne savait plus s'il fallait plaisanter ou paraître ému.

— Vous avez peur de moi ? dit-il d'une voix hésitante.

Elle ne répondit pas.

— Comment peut-on avoir peur de moi ? reprit-il avec un étonnement sincère. Je suis bien incapable d'être méchant. Il faut de la suite dans les idées pour être méchant. Et je n'ai aucune suite dans les idées...

Olga Varlamoff le laissait parler, à présent. Elle l'écoutait même avec une grande attention. De toutes les forces de son esprit, elle s'appliquait à prévoir les conséquences d'un sentiment qu'elle ne savait pas maîtriser. Mais, plus elle réfléchissait au caractère de Volodia, plus elle était inquiète pour elle-même. Elle le devinait égoïste, irresponsable, privé d'âme comme un pantin. Il n'y aurait jamais entre eux aucun abandon, aucun échange. Leur amour ne serait qu'une suite de désordres et de mensonges. Cependant, elle ne pouvait accepter l'idée de fuir cette chambre. On eût dit, même, que c'était la certitude d'un avenir néfaste qui l'attirait vers cet homme. Comme si elle éprouvait le besoin de souffrir par sa faute.

— N'essayez pas de me convaincre, dit-elle faiblement. Mon opinion est faite.

— Qu'entendez-vous par là ?

Il se leva, s'approcha d'elle. Elle se mit à trembler.

— Olga, murmura-t-il. Laissez-moi vous appeler Olga. Je vous jure qu'il ne faut plus me craindre. Je vous aime trop pour vous causer le moindre chagrin. De vous seule dépendra notre bonheur ou notre infortune. De vous seule !

— Je ne vous crois pas.

— Quelle preuve, quel gage exigez-vous de moi ?

— Les preuves et les gages que vous donnerez aujourd'hui n'auront plus cours demain, mon pauvre ami.

— Vous me repoussez ?

Elle eut un regard long et fier :

— Pourquoi serais-je venue ?

Volodia se sentait à la fois joyeux et déçu devant cette étrangère trop rapidement consentante. Il s'attendait à une lutte, et, dès l'abord, il était victorieux. Sa mission n'était plus de séduire, mais de protéger Olga Varlamoff contre ce péril vague qu'elle portait en elle. Le saurait-il ? Maladroitement, il posa la main sur l'épaule de la jeune femme.

— Non, dit-elle, pas de ces gentillesses.

Il rougit et bredouilla :

— Je voulais vous rassurer, Olga.

— C'est inutile. Où est votre chambre ?

— Pardon ?

— Où est votre chambre ? Cette porte doit y conduire, je pense ?

Elle feignait d'être parfaitement à l'aise. Mais son visage était blanc. Et des larmes divisaient ses yeux.

Elle sortit à pas lents, la tête haute.

Volodia, suffoqué, essayait de comprendre sa chance. Mais les idées se brouillaient dans son esprit. Il s'était préparé à tout, sauf à cette proposition sobre et hygiénique. De son désir, de son impatience, il ne lui restait rien maintenant. L'étonnement annihilait en lui l'envie, le courage viril, et jusqu'à la curiosité la plus élémentaire. Elle était folle ! Pourquoi se donnait-elle à lui aussi brusquement ? Pourquoi ne cherchait-elle pas, comme les autres femmes, à mettre en valeur le sacrifice qu'elle lui faisait de son corps ? Il aimait tellement le plaisir préliminaire des pudeurs vaincues et des linges froissés ! Par la faute de cette créature, il allait, pour la première fois, se montrer au-dessous de sa renommée. Car, c'était indéniable, il n'éprouvait plus pour elle qu'un intérêt contemplatif et limité.

— C'est trop bête ! C'est trop bête ! grognait-il.

Furieux, il cueillit un Casanova dans sa bibliothèque, en parcourut, sans profit, quelques lignes, et le rejeta sur la table. Puis, il alluma une cigarette et lui trouva mauvais goût. Enfin, il voulut se parfumer les cheveux, ouvrit une commode et se cassa un ongle contre la poignée du tiroir. Il en aurait pleuré de rage.

Une voix lointaine le fit tressaillir.

— Vous pouvez venir.

Comme un automate, il poussa la porte et pénétra

dans la chambre. Il espérait qu'Olga Varlamoff serait déjà blottie sous les couvertures. Mais elle l'attendait devant le lit, toute nue. Il en eut le souffle coupé. Vidé de son désir, il contemplait cette grande femme potelée et blanche, aux longues jambes unies, aux seins puissants, au sourire mort. Les épaules étaient larges, le bassin rond et bien planté. Son pubis était marqué d'une ombre rousse. Debout devant lui, dans cette chambre aux lampes allumées, elle avait une réalité gênante.

Il murmura sans conviction :

— Vous êtes belle.

Et il se sentit ridicule, aussitôt. Il devait avoir fière allure, dressé tout habillé, tout cravaté, tout chaussé, devant une femme nue ! Cette chair, brutalement dévoilée, le glaçait d'ennui. Anxieux et morne, il tentait vainement de réagir contre sa défaillance. Il grommela :

— Pourquoi avez-vous fait cela ?

Puis, tout à coup, il se mit à crier :

— Vous êtes pire que toutes les autres !... De quoi ai-je l'air ?... De quoi avons-nous l'air, tous les deux ?...

Il la saisit aux poignets et la secoua violemment. La chaleur qui venait de ce pauvre visage démoli par la honte, le regard éperdu de ces yeux verts, le parfum de cette peau émue, tout cela le grisait, lui donnait des forces. Avec fierté, il surveillait en lui-même le retour de l'audace.

Lorsqu'il se fut convaincu de l'excellence de ses moyens, il repoussa la jeune femme et alla s'asseoir dans un coin. Il haletait. Il était heureux. Il dit :

— Vous êtes stupide ! Vous auriez pu tout gâcher. Oublions-le, maintenant...

Mais Olga Varlamoff avait ramassé sa chemise au creux d'un fauteuil. Sa face était marbrée de plaques rouges.

— Je m'en vais... je m'en vais, gémissait-elle. Quelle honte !

D'un bond, il fut sur la porte, la ferma et retira la clef de la serrure. Elle continuait à se rhabiller. Il lui arracha le corset, la blouse qu'elle tenait encore à la main. Il les jeta loin de lui et tomba à genoux devant elle.

— Restez ! C'est un malentendu... J'avais tant espéré cette entrevue... Et votre attitude m'a dérouté... Alors, j'ai crié comme une brute, comme une sale brute ; mais maintenant, c'est fini... Je vous aime, je vous aime, Olga...

Il lui baisait les doigts. Il reniflait des larmes véritables.

— Si vous vous en allez, je me tue ! dit-il enfin.

— Vous êtes bien tel que je le redoutais, murmura-t-elle.

Il sentit une main tiède qui descendait et s'attardait sur son front.

16

Dès son retour à Ekaterinodar, Nina fut prise par le train des obligations quotidiennes. Ayant retrouvé ses petits chiens, ses petits chats, ses ouvrages de broderie, ses livres et quelques amies fades, elle se replongea dans l'existence commode et tranquille de la maison. Déjà, son voyage à Moscou arborait pour elle les couleurs enchantées d'un rêve. Était-ce bien elle qui avait osé avouer son amour à Michel, qui avait pleuré devant Michel, et que Michel avait consolée et découragée avec gentillesse ? Grâce à l'absence, Michel devenait un demi-dieu, un génie aux yeux de lumière. Eût-il mieux valu qu'il cédât à ses instances et commît le péché affreux de tromper Tania ? Il se fût rabaissé en lui donnant la joie passagère qu'elle attendait de lui. Il eût tout gâché, tout sali en répondant à ses vœux. Car elle aurait été triste, plus tard, d'un amour volé à Tania. À présent, repoussée, dédaignée, elle savait que Michel méritait son adoration. Elle n'était pas désespérée. Elle était heureuse. Heureuse et engourdie et retranchée du monde, tournée vers une contemplation essentielle dont personne ne soupçonnait rien. Souvent, elle priait pour lui. Et elle ne s'endormait jamais sans glisser sous son oreiller une lettre qu'il lui avait écrite pour son anniversaire.

Zénaïde Vassilievna s'inquiétait du silence et de l'isolement de sa fille. À plusieurs reprises, elle essaya d'inciter Nina aux confidences. Or, Nina vivait pour une vision ineffable et refusait de livrer à sa mère le sujet de ses méditations. Elle maigrit beaucoup, dans les mois qui suivirent son voyage. Constantin Kirillovitch ordonna de lui servir des gruaux consistants entre les heures des repas. Mais Nina ne supportait pas ce régime. Une de ses amies se maria, et, en rentrant de la cérémonie nuptiale, la jeune fille eut une crise de larmes qu'il fallut calmer en lui appliquant des compresses froides sur le front. Arapoff décréta que le seul remède possible à ces extravagances était le mariage pur et simple avec un garçon en bonne santé.

Zénaïde Vassilievna était désolée à l'idée de perdre sa dernière fille, mais Arapoff sut tenir tête à ses remontrances. La pauvre femme céda, tout en conservant le mince espoir que Nina s'abstiendrait d'obéir à son père.

Au mois de juillet 1902, il y eut des conciliabules secrets entre les cousins, les cousines, les oncles et les tantes de la famille Arapoff. Nina n'était pas admise à ces réunions qu'on lui disait destinées à régler quelque obscure question d'héritage, ou de mitoyenneté. Un beau jour, enfin, Constantin Kirillovitch amena à la maison un jeune homme blond, étriqué et modeste, qui était son collègue à l'hôpital. Le jeune homme s'appelait Vassili Aphanassievitch Mayoroff. Il bégayait un peu, rougissait hors de propos, et essuyait constamment ses yeux petits, bleuâtres et larmoyants, avec un mouchoir à liséré de dentelle. Il paraissait doux, méticuleux, timide et d'assez piètre intelligence. À table, le docteur étourdit son confrère de compliments massifs, parla de son avenir, de l'excellence de son diagnostic et de son dévouement aux malades de l'hôpital. Mayoroff rougissait, bafouillait, essuyait ses paupières et regardait les domestiques à la dérobée. En fin de repas, il essaya de se dégeler un peu et raconta comment son chien Yourka avait attrapé un gros rat dans le jardin et lui avait brisé l'échine d'un coup de dents. Personne ne comprit l'opportunité de cette anecdote. Pourtant, le récit terminé, Arapoff appliqua une tape amicale sur l'épaule du jeune homme et s'écria en riant :

— Il raconte bien, le cochon ! Je resterais des heures à l'entendre !

Mayoroff revint les jours suivants. Il mangeait souvent chez les Arapoff. Après le dîner, Arapoff s'arrangeait pour le laisser seul quelques instants avec la jeune fille. Mayoroff interrogeait Nina sur la santé de ses bêtes et lui donnait des médicaments pour les soigner. Un soir, il lui demanda si elle ne s'ennuyait pas trop avec lui. Nina, qui s'apercevait à peine de sa présence, lui répondit poliment que sa compagnie lui était très agréable. Le jeune homme en parut troublé et ne lui parla plus jusqu'à son départ.

Au mois d'août, Mayoroff fit sa demande officielle en mariage. Contrairement aux espoirs de Zénaïde Vassilievna, Nina accepta la proposition. Mais elle ne marquait aucune joie, aucune impatience, à la pensée de ses fiançailles. Elle semblait indifférente à tout ce qui lui arrivait. On eût dit que le mariage était un trop pauvre incident pour déranger le cours de ses réflexions quotidiennes.

— Elle aime quelqu'un d'autre, peut-être ? soupirait Zénaïde Vassilievna.

— Alors, elle aurait repoussé son offre ! disait Constantin Kirillovitch avec humeur. Non, elle est lunatique. Un bon mari. De beaux enfants. Il n'y a rien de tel contre le mal vaporeux des jeunes filles.

Comme pour Tania, Zénaïde Vassilievna décrocha la vieille icône de sa chambre et bénit les fiancés en pleurant. Constantin Kirillovitch fit des plaisanteries. Il y eut un petit souper intime pour célébrer l'événement. Arapoff versa du champagne et chanta de sa belle voix veloutée :

Qui boira la coupe ?
Qui sera prospère ?
Celle qui boira la coupe,
Celle qui sera prospère,
C'est notre chère Nina !

Zénaïde Vassilievna se mouchait et embrassait Nina en l'appelant « ma pauvre petite ». Constantin Kirillovitch expliquait pour la dixième fois qu'il était fier d'avoir un gendre qui fût docteur comme lui. Mayoroff, le sang aux joues, réclamait un peu d'eau fraîche, car il ne supportait pas le mélange des vins. Et Nina souriait, détachée et docile, à tous ces braves gens qui se réjouissaient à cause d'elle. Pourquoi cette agitation ? Pourquoi cette fête ? Qu'y avait-il donc de changé dans sa vie ? Au centre de ce grand remous, elle n'éprouvait rien qu'un peu de fatigue et d'ennui.

Dès le lendemain, Mayoroff envoya un billet à Nina pour lui exprimer sa tendresse attentive. Il écrivit souvent. Nina portait les lettres à son père qui les décachetait, les lisait à haute voix, et disait : « Il a du style, le gaillard. » Puis, il commandait à Nina de prendre une feuille de son beau papier glacé, et dictait la réponse avec des pauses et des effets de voix.

Les préparatifs du mariage distrayaient un peu Zénaïde Vassilievna de son chagrin. Elle s'occupait du trousseau de Nina avec une rage maladive. Infatigable, elle courait de magasin en magasin, assiégeait la succursale des Comptoirs Danoff, écrivait à des maisons de Moscou. Depuis les chemises de nuit jusqu'aux nappes brodées, elle choisissait tout elle-même. On eût dit que c'était la mère et non la fille qui s'apprêtait à prendre un mari.

Il fut décidé que toute la famille Arapoff se réunirait pour le mariage et passerait une semaine dans la maison des parents. Tania, Michel et Akim furent aussitôt prévenus de ces dispositions. Lioubov, dont on cherchait l'adresse, envoya une lettre postée à la Côte d'Azur. Elle y était follement heureuse avec Prychkine, et ne rentrerait pas en Russie avant le début de l'année prochaine. Quant à Nicolas, averti par Michel, il écrivit à ses parents que son travail chez Braniloff l'absorbait trop pour qu'il pût songer à prendre des vacances. Bien entendu, il n'était pas question de convier Kisiakoff et la vieille Bourine, avec qui les Arapoff étaient brouillés à mort depuis la fugue de Lioubov. Les parents de Michel arrivèrent d'Armavir quelques jours avant la cérémonie.

Le mariage fut modeste, et les invités jugèrent que

Nina paraissait bien triste pour une jeune épousée. Elle pleura pendant la bénédiction. Après la messe, un souper assembla la famille et les amis dans la maison des Arapoff.

— Il faut un mariage pour que je puisse grouper mes enfants autour de moi, disait Zénaïde Vassilievna. Encore mon fils aîné et ma fille aînée manquent-ils à l'appel !

Elle trouva que Tania avait maigri et qu'Akim faisait trop sonner ses éperons.

Comme on apportait les liqueurs, Zénaïde Vassilievna observa son mari. Il avait un peu bu. Sa barbe grisonnante était dépeignée. Ses yeux étaient las et troubles. Il lui sembla tout à coup si vieux, si bon, si malheureux, au milieu de ces jeunes visages, qu'un sanglot monta dans sa gorge à l'étouffer. « Deux pauvres vieux, nous sommes deux pauvres vieux tout prêts pour la solitude », songeait-elle. Elle lui prit la main sous la nappe. Il la regarda, surpris. Puis il parut comprendre et baissa la tête.

Déjà, les invités repoussaient leurs chaises, et tout le monde passait dans le salon.

Alexandre Lvovitch et sa femme, qui n'avaient pas revu Michel depuis des mois, accaparaient leur fils et leur bru et les interrogeaient avidement sur la marche de l'affaire et les fastes de leur existence personnelle à Moscou. Akim pérorait dans un cercle de jeunes filles. Les parents de Mayoroff, Zénaïde Vassilievna et le docteur entouraient Nina. Mayoroff s'approchait fréquemment de son père, un commerçant de la seconde guilde, moustachu et luisant, ou de sa mère, toute ratatinée, avec des yeux rapaces de volaille. Et il leur citait les noms, ou leur donnait des conseils à voix basse :

— Ne te cure pas les dents ainsi... Tire tes manchettes... Enlève ton cigare de la bouche, quand tu parles aux dames...

Puis, il allait papillonner de nouveau, de groupe en groupe, l'œil mielleux, la lèvre humide. Quelques flûtes de champagne avaient eu raison de sa timidité. Il était émerveillé par sa chance. Son épouse était plus jolie et plus distinguée qu'il n'aurait jamais osé l'espérer. Sa belle-famille était composée de gens respectables et utiles. L'avenir s'annonçait brillant. La grande préoccupation de Mayoroff était d'accéder à un certain « rang » dans le monde. Les distinctions honorifiques et les fortunes célèbres excitaient son admiration. Pour se créer des relations, il eût sacrifié ses idées, ses amitiés, et jusqu'à son indépendance. La présence de Michel Danoff, surtout, lui était précieuse. Un homme si riche, si énergique, si bien coté ! Il s'avança vers Michel, sous le prétexte de lui demander du feu.

— Nous vous rendrons visite à Moscou, je pense, dit-il, ma femme et moi...

Et il rougit. Il paraissait très fier de dire : « Ma femme », en parlant de Nina. Il dit encore, en s'adressant à Alexandre Lvovitch :

— J'ai passé par Armavir, il y a deux ans. Quelle ville charmante !

— Une ville de trafic est rarement charmante, dit Alexandre Lvovitch. Je m'y plais parce que j'y suis né, mais je suis bien sûr que vous ne pourriez pas y vivre deux mois sans regretter Ekaterinodar.

— Ekaterinodar est aussi une ville charmante, dit Mayoroff avec un sourire sucré. En général, on peut dire que la Russie est pleine de villes charmantes. Quel bonheur que d'habiter un pays pareil !

— Qu'est-ce qu'il dit ? Hein ? Hein ? grognait la mère de Michel. Un jeune marié ne devrait pas parler avant la nuit de noces !

— Et pourquoi ?

— Il ne dit jamais ce qu'il pense.

— Je dis toujours ce que je pense, et je suis toujours satisfait de tout, murmura Mayoroff en claquant des talons.

Michel considérait son beau-frère avec une espèce de dégoût attristé. Quel pauvre homme ce devait être, attentif à flatter les personnages importants, et prêt à les singer dans leurs moindres manies. Il ne put s'empêcher de dire :

— C'est avec des idées pareilles qu'on tue le désir même du progrès...

— Voilà Michel qui devient socialiste, dit Constantin Kirillovitch. La fréquentation de Nicolas ne vous vaut rien, mon cher.

— Constantin, pas de politique ! supplia Zénaïde Vassilievna. Un jour pareil ! Tu n'as pas honte ?

— On devrait interdire aux hommes de parler politique, dit Tania, et alors ils seraient heureux.

— Non. Leurs femmes seraient heureuses, dit Michel. Ce n'est pas la même chose.

— Votre bonheur dépend du nôtre, s'écria Tania. C'est bien connu !

La conversation devint générale. Nina, pâle et souriante, s'approcha de Michel pour lui offrir des gâteaux.

— Eh bien ? dit Michel à voix basse. N'avais-je pas deviné ? Il y a quelques mois, vous prétendiez ne plus pouvoir vous passer de ma présence. Et aujourd'hui...

— Il n'y a rien de changé, Michel, dit Nina.

Et elle s'éloigna pour rejoindre les parents de son mari qui s'ennuyaient dans un coin.

Vers onze heures du soir, un petit orchestre d'instruments à vent s'installa dans la salle à manger. Les domestiques roulèrent les tapis. On dansa. Arapoff ouvrit le bal avec sa fille. Puis, il valsa longuement avec Zénaïde Vassilievna. Il jouait au galantin, lançait des œillades, faisait des ronds de jambe pour amuser l'assistance. Mais sa femme prenait la chose au sérieux. Il y avait une expression émue et fière sur son visage. Elle dit : « Comme autrefois, comme autrefois, Constantin ! » Et Constantin Kirillovitch cessa instantanément ses grimaces.

À une heure du matin, Mayoroff, parfaitement à son aise, raconta quelques anecdotes. Après chaque plaisanterie, il ajoutait avec une vanité comique : « Celle-là, je la tiens du professeur Ziabkine... Celle-là, c'est le capitaine Vogonenko, lui-même, qui me l'a rapportée... » Les invités rirent un peu, par politesse. Mayoroff, étourdi par son succès, voulut conquérir l'estime définitive de sa belle-famille. Il fit la cour à Tania, prétendit, en songeant à Nicolas, que lui aussi comprenait la nécessité de quelques mesures libérales en Russie, proposa de boire à la santé de la famille impériale et eut une conversation sérieuse avec Michel sur la production textile en Russie. À cette occasion, il cita même quelques chiffres qu'il avait lus, la veille, dans un journal.

— Ton mari est un homme universel, dit Tania à sa sœur. Il a l'air d'être au courant de tout, de s'intéresser à tout.

— Oui, il est gentil, dit Nina.

Les deux sœurs s'étaient réfugiées dans l'embrasure d'une fenêtre. Elles regardaient la nuit du jardin, chaude, pesante et parfumée comme les nuits de leur enfance. À travers la musique de l'orchestre et le bruit des voix confondues, on entendait un appel d'oiseau nocturne. Le clair de lune glaçait le gravier de la petite allée qui menait à la grille. Tania prit les mains de Nina dans les siennes.

— Tu as les mains froides, dit-elle. J'ai été comme toi, le jour de mon mariage. Radieuse et craintive...

— Radieuse et craintive, répéta Nina d'une voix lente.

— Tu es heureuse, n'est-ce pas ?

— Je suis toujours heureuse.

— Qu'entends-tu par là ?

— Tout ce qui nous arrive est bien. Chaque seconde de vie est un cadeau qu'il faut apprécier. La nuit est si belle !...

— Tu me parles de la nuit, et je te parle de ton mari...

— C'est la même chose, dit Nina.

— Quoi ?

— Oui, c'est la même chose. Tout se fond, tout se compense. Il y a de tout dans tout...

— Tu es encore plus folle que moi, dit Tania, et elle haussa les épaules.

Akim s'avança vers elle en faisant sonner ses éperons.

— Alors, sœurette, dit-il, tu vas nous quitter ?

Et il tortillait la pointe infime de sa moustache, pincée entre le pouce et l'index.

— Cela me fait tout drôle, reprit-il, de penser que je ne te retrouverai pas à la maison lorsque je viendrai en permission.

— C'est papa et maman que je plains surtout, dit Nina. Ils seront si seuls, mais ils l'ont voulu !

— Tu l'as voulu aussi, je crois, dit Akim en poussant un éclat de rire gaillard. Ah ! les filles ! les filles ! J'en ai perdu l'habitude à la caserne. Je suis tout dépaysé parmi les jupes.

— Tu ne vois donc pas de jupes à Elizavetgrad ? dit Tania en le menaçant du doigt.

— Hé ! Hé ! Cela ne vous regarde pas, sœurette ! s'écria Akim, visiblement flatté. Tous les militaires aiment les femmes. Le règlement l'exige. Mais il faut savoir s'arrêter. Halte ! Pas un pas de plus ! Repos !

— Vous perdez le meilleur, dit Tania en riant.

Akim rougit et quitta ses sœurs pour expliquer à Alexandre Lvovitch les qualités de la jument qu'on lui avait affectée pour les grandes manœuvres.

À trois heures du matin, Zénaïde Vassilievna s'isola avec Nina dans sa chambre. La jeune fille en sortit au bout d'un quart d'heure, le visage bouffi de larmes. Zénaïde Vassilievna, derrière elle, marchait pesamment et répétait :

— Ma dernière petite fille... Ma dernière petite fille qui s'en va...

Puis, elle appela Mayoroff, le baisa au front et lui dit très vite :

— Vous prendrez soin d'elle... Je vous la confie... Vous... vous êtes mon fils, ne l'oubliez pas...

— Sur ma vie... sur mon honneur, bredouillait Mayoroff, et ses yeux myopes s'emplissaient de larmes.

Il se moucha, une narine après l'autre, et redressa la taille.

— Il est l'heure, dit Arapoff.

Une calèche, parée de fleurs blanches, vint chercher le jeune couple qui devait se reposer à l'hôtel avant de partir en voyage de noces, pour le Caucase. L'orchestre entonna une marche militaire. Longtemps, Zénaïde

Vassilievna demeura debout devant la grille, agitant son mouchoir, soupirant et pleurant.

Les parents de Michel se retirèrent aussitôt après le départ des Mayoroff. Le trajet en chemin de fer les avait fatigués. Et ils reprenaient le train, le lendemain matin, pour Armavir. Le gros des invités ne se dispersa qu'à cinq heures du matin.

Tout le monde fut d'accord pour juger la réception un peu morne et mal préparée. Ceux qui avaient assisté au mariage de Tania évoquaient les fastes de cette cérémonie. Les dames prirent rendez-vous pour le dimanche suivant, afin d'échanger leurs dernières impressions sur l'affaire.

Tania et Michel dormirent dans « la chambre des jeunes filles », dont les meubles n'avaient pas changé, et qui gardait encore son léger parfum de pommes sures.

— Coucher avec toi dans la chambre où j'ai pensé à toi, c'est grisant ! dit Tania au réveil.

Elle se sentait très belle, très amoureuse, et passa un quart d'heure à chanter devant la fenêtre ouverte, tandis que Michel se rasait dans la salle de bains. Elle chantait des chansons de son enfance, sentimentales et bêtes, qui la faisaient pleurer autrefois. En même temps, elle s'efforçait d'imaginer qu'elle n'était pas encore fiancée avec Michel, que Michel la fuyait, et qu'elle ne le reverrait plus. Mais, tout à coup, elle l'entendait remuer dans la salle de bains. Et une bouffée de chaleur lui réjouissait le visage. Alors, sa chance lui paraissait insolente, imméritée. Elle avait envie de crier de joie. Elle appelait Michel, il arrivait, vêtu d'une robe de chambre en cachemire rouge, et les joues barbouillées de mousse. Elle l'embrassait au hasard, comme une folle, et se léchait les lèvres ensuite, avec gourmandise, en prétendant qu'elle « adorait » le goût du savon.

— Dépêche-toi, disait Michel. Je vais avoir fini, et tu n'as pas encore commencé ta toilette.

— Je m'habillerai très vite, disait Tania. Et nous irons voir le jardin aux roses.

Michel feignit la surprise :

— Le jardin aux roses ?...

— Vous ne le connaissez pas, monsieur ? demandait Tania. C'est le jardin de mon père. Ce matin, nous y serons seuls. Seuls avec un vieux jardinier.

— Est-ce bien convenable, mademoiselle ?

— Monsieur... je ne sais quelles sont vos intentions... Vos paroles me surprennent...

— Mademoiselle...

Mais Tania poussait un glapissement aigu :

— Tais-toi, ou je te mange de baisers !

Jamais, à Moscou, elle n'avait été aussi éprise de son mari. Elle fit une grimace redoutable :

— Va-t'en ! Va-t'en ! Je t'aime trop ! Tu n'as pas le droit de rester là !...

Et elle le chassait de la chambre en lui piquant le dos avec une épingle à cheveux.

Après le petit déjeuner patriarcal, Michel et Tania louèrent une voiture et se firent conduire à la propriété du docteur. Les dernières maisons dépassées, la route s'allongea, identique à la route de leurs souvenirs, vers les petits lotissements des faubourgs. Des champs cultivés s'enclavaient dans la masse mouvante et jaune de la steppe. D'autres jardins avaient poussé autour du jardin des Arapoff. Mais le vent, pur et fort, n'avait pas changé, ni cette odeur d'herbe et de terre sèche, ni la musique fine des moustiques et des grillons. Michel prit la main de Tania et ils échangèrent un regard de tendresse.

— Regarde, nous approchons, murmura Tania. Voici l'endroit où tu garais ta voiture... Voici les premiers arbres... Voici la palissade... Pourvu que mon père n'ait rien modifié à l'ordonnance du jardin !...

Le jardin était tel qu'ils l'avaient connu : les mêmes arbres fruitiers, corsetés de couleur blanche, les mêmes vignes, les mêmes bordures de roses entourées d'abeilles bourdonnantes. La cabane, toiturée de joncs roussis, était en place. Et le soleil, comme autrefois, passant à travers les joncs, étirait des rubans de lumière sur le divan bas, la table et le samovar de cuivre. Michel et

Tania se promenèrent dans les allées. Tania cueillit une pomme, l'essuya contre sa manche et la croqua. Puis elle fit la moue :

— Elle est acide.

— Jette-la.

— Non. J'aime que les pommes soient acides. Retrouverais-tu l'endroit où nous avons planté un noyau de pêche ?

— N'est-ce pas ce grand arbre, aux branches étalées ? dit Michel.

— Tu crois ? Non. Tu es stupide ! Tu te moques ! Regarde. Voici la place où tu t'es battu avec Volodia.

Ils s'arrêtèrent à quelques pas de la palissade et contemplèrent longtemps la terre noire du chemin.

— On ne voit rien, dit Tania. C'est comme si rien ne s'était passé.

— Mais rien ne s'est passé, Tania, dit Michel.

— Sous cet arbre, tu m'as pris la main... Là, tu m'as embrassée...

Elle se tut. Une affliction très douce étouffait son cœur. Dans ce décor loquace, elle se sentait à la fois si proche et si lointaine de son immuable passé ! Les arbres, les herbes, les fleurs étaient conformes à leur tradition banale. Elle seule avait vécu, changé, selon le rythme des années. Pourtant, elle était heureuse de son sort à Moscou. Et elle avait été bien triste, souvent, dans ce jardin. Comment pouvait-elle regretter la jeune fille indécise, insipide et coquette, dont elle évoquait le fantôme ? « Tout cela ne reviendra plus, songeait-elle. Plus jamais je ne retrouverai cette liberté inutile, et la maison de mes parents où on riait, où on pleurait si fort, et les lettres de Volodia, et les discours de Michel qui me disait "vous" en inclinant la tête. »

— Dis-moi « vous », Michel ! murmura-t-elle tout à coup.

— Je vous aime, Tania.

Tania baissa le menton. Sa gorge était serrée d'un plaisir amer.

— Encore ! dit-elle.

— Je vous aime, Tania. Je voudrais ne pas vous quitter.

Deux freux tournoyaient au-dessus de la steppe. Derrière la grille, on apercevait, dans les champs de froment, des faucheurs alignés qui taillaient à pleins bras. Plus loin, des femmes, en fichus de couleur, nouaient les gerbes. Il faisait chaud. Les moustiques s'irritaient. Les abeilles faisaient un bourdonnement continu autour de la haie des roses. Tania ferma les yeux. Ses jambes mollirent. Elle désira s'endormir et se réveiller quelques années plus tôt.

— Tout recommencer, tout revivre, dit-elle.

Une voix la fit tressaillir :

— Les voilà, mes tourtereaux !

Le vieux jardinier se tenait devant elle. Il était coiffé d'un chapeau en paille verdâtre, et sa barbe blanche lui pendait en éventail sur la poitrine. Dans son visage cuit et cassé, les yeux bleus brillaient de malice. Il marmonna :

— L'eau coule, la poussière tombe et les oiseaux reviennent à leur nid. Je savais bien, moi, que vous reviendriez.

— Il ne faudrait jamais revenir, dit Tania. C'est si triste de se retrouver différente parmi les choses qui n'ont pas changé !

— Les choses n'ont pas changé ? s'écria le jardinier en joignant les mains. Vous croyez que les choses n'ont pas changé ? Mais ces roses ne sont pas celles que vous avez connues. Et l'herbe du chemin n'est plus la même. Et cet arbre a eu deux branches rompues par l'orage. Tout change. Tout le temps et partout. Et moi aussi, j'ai changé. J'ai perdu trois dents...

Michel se mit à rire :

— Et les petits cailloux blancs, ils te parlent toujours ?

— Toujours. Mais eux aussi ont changé. Ils ont vieilli. Ils ont la voix plus douce. Lorsque je les entendrai à peine, c'est qu'il sera temps de mourir.

— Tu n'as pas peur de la mort ? demanda Michel.

— Est-ce qu'on a peur du sommeil ? De beaux rêves !

Et le bon Dieu et les anges qui passent là-dedans avec des robes blanches ! Je serai là-haut. Sur ce nuage, peut-être, que vous voyez à gauche du pommier. Et, de là, je regarderai les gens. Et je vous verrai, tous les deux, marcher, la main dans la main, par les routes.

— Qu'est-ce qui nous attend encore ? dit Tania.

— C'est un péché de chercher à le savoir, dit le jardinier. Mais, quand on est très pieux, on peut le savoir sans le chercher.

— Tu le sais, toi, ce qui nous attend ? demanda Tania.

— Oui. Oh ! c'est très joli. Il y a de belles maisons. Des messieurs, des dames. D'autres maisons. Des enfants qui rient. Des morts qui pâlissent. Des rivières. Des bateaux. Et des gens parlent une autre langue autour de vous !

— C'est bien vague, dit Michel.

— Pas du tout, dit Tania. Moi, je me souviendrai de ses paroles. Des enfants, des morts, des bateaux, des gens qui parlent une langue étrangère...

— Beaucoup de souffrance et beaucoup de bonheur, dit le vieillard. Une belle vie.

— Une belle vie, soupira Tania. Comme c'est étrange ! Je suis toute triste à l'idée que j'aurai une belle vie.

Le jardinier se moucha et reprit la brouette qu'il avait laissée au milieu du chemin :

— Que Dieu soit loué pour les belles vies et pour les mauvaises.

Il s'éloigna en boitillant. La brouette grinçait. Un nuage de moustiques tournait au-dessus du chapeau de paille.

Tania inclina la tête sur l'épaule de Michel.

— Bientôt, nous repartirons. Nous retrouverons Moscou, Volodia, les amis. Et il y aura un souvenir de plus dans notre cœur.

— Cela t'ennuie ?

— Non, mais quand nous aurons beaucoup, beaucoup de souvenirs comme celui-ci, quand tout ce qu'on peut rêver de beau, de tendre, de gai, de mélancolique et d'affreux ne sera plus qu'un lot de souvenirs, alors, je me demande si nous aurons encore le courage de vivre !

— Cet instant est si loin !

— Les jours passent si vite !

Des charrettes roulaient pesamment sur la route. Une femme était couchée sur la charge de gerbes blondes. Elle chantait : sa voix était trop grande pour elle. La petite paysanne emplissait tout l'horizon.

— Comme elle chante bien ! dit Tania.

Michel se pencha sur son visage. Leurs regards s'unirent. Très vite, Tania pensa à ses parents, à la maison, à Nina, à la route, aux oiseaux qui tournaient dans le ciel. Elle avait dix-huit ans. Elle aimait. Elle était heureuse. Il lui sembla que Michel l'embrassait pour la première fois et qu'après ce baiser tout serait bouleversé dans sa vie.

L'après-midi, Michel, Akim, Tania et Zénaïde Vassilievna entreprirent une série de visites protocolaires chez les amis de la famille. Ils rentrèrent pour le dîner, harassés, assourdis, et le ventre malade, à cause de toutes les friandises qu'on leur avait servies.

Après le repas, tandis que Zénaïde Vassilievna, Tania et Akim descendaient dans le jardin noyé d'ombre, Constantin Kirillovitch pria Michel de rester à table avec lui. Dès que la porte se fut refermée, il demanda :

— Et Nicolas ?... Quoi de neuf ?...

Dans l'espoir de calmer son beau-père, Michel lui répéta, presque textuellement, ce qu'il lui avait écrit dans sa lettre. Il lui affirma même qu'il recevait fréquemment Nicolas à son bureau, et que le jeune homme avait inauguré avec Braniloff un travail scientifique d'une haute importance. Mais Constantin Kirillovitch ne voulait pas se laisser convaincre. Il grommelait :

— Nicolas s'est lié avec des voyous, des anarchistes, des révolutionnaires chevelus. Il combat l'idéal sacré dans lequel nous vivons. Et vous voulez encore que je l'aime ?

Comme Michel tentait de l'apaiser en lui rappelant que Nicolas avait conservé pour ses parents une tendresse profonde, il dit encore :

— À quoi bon parler de tendresse ? S'il continue, je finirai par oublier qu'il est mon fils. Je le rejetterai de mon cœur. Il n'existera plus pour moi.

Il avait le visage congestionné. Ses mains tremblèrent lorsqu'il porta un verre de vin à ses lèvres.

— Songez qu'il n'a même pas jugé utile d'assister au mariage de sa sœur ! s'écria-t-il tout à coup.

— Je comprends votre colère, dit Michel, mais il faut essayer d'être patient. Nicolas est jeune, impulsif, inexpérimenté. Il s'est laissé entraîner. Rien ne prouve que...

— Ne parlons plus de lui, dit Constantin Kirillovitch. Assez de honte ! Il ne mérite pas notre attention.

Et il glissa un doigt dans son faux col, comme s'il eût été sur le point d'étouffer. La voix de Zénaïde Vassilievna retentit au fond du jardin :

— Vous venez ? Il fait doux sous les tilleuls !

Arapoff se leva en s'appuyant lourdement à la table.

— Allons les rejoindre, dit-il. Et pas un mot à ma femme de notre conversation. Je lui laisse croire que vos arguments m'ont convaincu. Je m'efforce de la tranquilliser. Je lui mens, par charité...

Il regarda Michel, droit dans les yeux, et poursuivit :

— Par charité, comme vous mentez vous-même.

Michel baissa la tête sans répondre.

— Sortons, dit Arapoff, et il le prit par le bras pour l'entraîner hors de la pièce.

Dans le jardin, ils retrouvèrent la famille, serrée autour d'une table sur laquelle brillait une lampe à pétrole coiffée d'un abat-jour orange.

— De quoi donc avez-vous parlé si longtemps ? demanda Zénaïde Vassilievna.

Constantin Kirillovitch toussota pour se donner le temps de réfléchir et dit :

— De Kisiakoff et d'Olga Lvovna Bourine, ma chérie. Michel voulait avoir quelques détails complémentaires sur leurs rapports. À cause de Volodia, tu comprends...

— Pauvre garçon ! dit Zénaïde Vassilievna. Ce Kisiakoff a si bien entortillé Olga Lvovna, qu'elle n'aura bientôt plus un sou vaillant devant elle. C'est une honte ! Il lui a fait payer ses dettes. Il lui a fait vendre sa maison et hypothéquer ses terres pour agrandir la propriété de Mikhaïlo. On raconte même que la part de Volodia, dont elle a conservé la gérance, est sérieusement entamée.

— J'en étais sûre ! s'écria Tania. Il faut absolument que Volodia intervienne.

— Dès mon retour, je le lui conseillerai, dit Michel.

Tania poussa un soupir et chassa de la main les papillons de nuit qui voletaient autour de la lampe.

— Tu auras beau le prévenir, dit-elle, il ne fera rien. Il n'a jamais su ce que c'était que l'argent. Et maintenant qu'il est avec cette rouquine !...

— C'est toi-même qui l'as encouragé à lui faire la cour.

— Oui, mais il y a des limites, dit Tania sur un ton péremptoire.

— Moi, dit Akim, vos discussions m'ennuient. Je propose une partie de dominos.

— Il est tard, Akim, dit Tania. Nous devrions aller nous coucher.

— Tania a raison, dit Zénaïde Vassilievna en ramenant un châle sur ses épaules. Et puis, il commence à faire frais.

— Autrefois, dit Akim, nous jouions souvent aux dominos, après dîner.

Zénaïde Vassilievna regarda son fils avec une surprise émue. Sa lèvre inférieure se mit à trembler :

— Autrefois ?... Tu as raison... Apporte les dominos, Akim.

— Chic ! dit Akim.

Et il s'élança vers la maison à grandes enjambées.

— Regarde comme il court vite, dit Zénaïde Vassilievna à son mari. Tout de même, il s'est rappelé nos parties de dominos, le soir. C'est un si bon garçon !

Malgré l'entrain d'Akim, la partie de dominos fut morne. Zénaïde Vassilievna jouait à contresens, confondait les points et perdait à chaque coup. Quand son mari la grondait pour sa négligence, elle soupirait, hochait la tête, essuyait ses yeux avec le coin d'un mouchoir.

— Je songe à ma petite Nina, murmurait-elle. Où sont-ils maintenant ? Est-ce qu'elle pense à moi, seulement ?

— J'espère bien que non ! s'écria Arapoff.

— Constantin, tu es cruel, disait Zénaïde Vassilievna.

Au-dessus d'eux, le ciel était très haut et très calme, semé d'étoiles. La lumière de la lampe creusait une niche vert tendre dans les feuillages des tilleuls. Des moustiques vibraient autour de l'abat-jour orange.

— Quelle belle nuit ! dit Tania. Jamais, à Moscou, je n'ai vu de nuit pareille.

— Voulez-vous que je vous prépare du punch, comme à l'École ! demanda Akim.

Malgré les protestations de sa mère, il se fit apporter du rhum, un bol de grès, une cuillère et du sucre. Il officiait avec gravité.

Quand le breuvage se fut enflammé, il chanta d'une belle voix fine :

Envolez-vous, aiglons,
Comme volent les aigles...

Puis, il but à la santé de Nina et de la famille impériale. Le breuvage sentait le roussi. Mais Akim était fier de sa réussite. Il se prétendit capable d'avaler douze verres de punch à la file. On l'en dissuada. Il en but quatre. Après quoi, tout le monde alla se coucher. Vers deux heures du matin, Arapoff se leva parce qu'il entendait du bruit dans la salle de bains. Il trouva Akim, en chemise, livide, les lèvres molles, l'œil éteint.

— Tu es malade ? demanda le docteur. C'est le punch ?

— Penses-tu ! dit Akim. Ce sont les friandises de ces vieilles toupies ! J'en ai perdu l'habitude...

Et il quitta la salle de bains d'une démarche vague.

17

Revenu à Moscou, Michel mit Volodia au courant de la liaison d'Olga Lvovna avec Kisiakoff. Conformément aux prévisions de Tania, Volodia feignit d'être très exactement renseigné sur l'affaire. Il prétendit qu'il avait cessé depuis longtemps de considérer Olga Lvovna comme sa mère, que les démêlés de la pauvre femme avec Kisiakoff lui répugnaient trop pour qu'il songeât à s'en occuper, et qu'il était bien tard pour empêcher la liquidation des dernières propriétés familiales. Michel lui ayant conseillé d'intenter un procès à Kisiakoff, Volodia se fâcha et déclara qu'il ne tenait pas à se couvrir de ridicule en disputant des miettes d'héritage au suborneur barbu et malodorant de sa mère. À l'entendre, sa vie à lui, Volodia, n'était plus à Ekaterinodar, mais à Moscou. Il était éperdument amoureux d'une créature admirable. Et il ne voulait pas que des histoires de succession vinssent lui gâcher son plaisir.

Tandis que Volodia pérorait avec de grands gestes en arpentant le bureau, Michel souriait de son inconséquence.

— Ai-je eu raison en t'enjoignant de ne pas lâcher les Comptoirs ? demanda-t-il.

— Oh ! dit Volodia, ce n'est pas difficile, tu prévois toujours le pire.

— Et toi le meilleur.

Volodia éclata de rire :

— Sacré Michel ! Je vais vivre à tes crochets. Tu vas m'entretenir...

Cette idée l'amusait prodigieusement. Tout à coup, il s'arrêta et posa une main sur l'épaule de son ami :

— Si tu savais comme ces questions d'argent me paraissent secondaires depuis que je suis amoureux ! Elle m'a transformé ! Elle est divine ! Quand je pense que ce soir, elle sera de nouveau chez moi !...

Il claqua des doigts et fit une pirouette.

— Tes amis ne viennent jamais te déranger pendant ses visites ?

— Non, dit Volodia. Lorsque je ne suis pas seul, je suspends un ruban rose à la sonnette. Ils savent ce que cela veut dire. D'ailleurs, je les vois de moins en moins. Olga estime qu'ils ne sont pas une fréquentation pour moi...

Il passa la langue sur ses lèvres et murmura :

— Elle a un corps ! Un parfum ! Ah ! je me damnerais pour ce corps et pour ce parfum ! Comment se fait-il que tu ne sois pas amoureux d'elle, toi aussi ?

Puis il se tut. La conscience de son bonheur lui procurait une impression de contrainte très douce. Jamais encore, lui semblait-il, il n'avait éprouvé cette plénitude de joie. Autrefois, ses jeux nocturnes s'achevaient par un sentiment de lassitude écœurée. Avec Olga, l'étreinte passée, il se retrouvait aussi pur et tendre que s'il ne l'avait pas tenue entre ses bras. Sur les coussins froissés, ils avaient de longues conversations qui étaient le meilleur de leur entrevue. Parfois, ils discutaient gravement d'un roman ou d'un article de journal. Tout ce qu'elle disait était d'une justesse et d'une nouveauté surprenantes. Il oubliait qu'elle était une femme. Il écoutait ses arguments. Un jour, il eut l'idée de lui lire un livre à haute voix. Cette distraction leur parut si agréable qu'ils en firent une habitude. À sept heures, Olga poussait un cri et suppliait Volodia de la laisser partir. Il la retenait une demi-heure encore. Puis, elle s'échappait, s'habillait en hâte. Et, tandis qu'elle vaquait à sa toilette, Volodia, détendu, satisfait, vaniteux comme un tout jeune homme, fumait des cigarettes en la regardant. Quand elle était partie, il allait se recoucher dans le lit qui gardait encore la tiédeur de leur amour.

L'évocation de cette volupté était si précise que Volodia en oublia, l'espace d'un instant, qu'il se trouvait dans un bureau, avec Michel assis en face de lui. Son visage se figea dans une expression béate. Ses yeux s'arrondirent stupidement. Michel avança la main, toucha le bras de son ami, avec précaution, comme pour l'éveiller.

— Eh ! tu dors, Volodia ?

— Excuse-moi, dit Volodia en changeant de figure, je réfléchissais.

— Pourquoi ne l'épouses-tu pas ? demanda Michel.

Le regard de Volodia s'assombrit. Il serra les lèvres dans une moue méditative.

— J'y ai pensé, dit-il enfin. Mais j'ai peur de tout gâcher par le mariage. Le mariage tue l'amour et fortifie l'affection, l'habitude.

— Je ne le crois pas, dit Michel en souriant.

— Oh ! toi, dit Volodia, tu es un être exceptionnel. Et puis, il y a cet enfant qui nous gênerait. Non, tout est mieux ainsi, j'en suis sûr...

Il regarda sa montre :

— Six heures ! Dans deux heures, elle sera chez moi. Je te quitte. Je vais me préparer.

Comme il s'apprêtait à sortir, le garçon de bureau annonça la visite de Nicolas Constantinovitch Arapoff.

— Tiens, il existe encore celui-là ? demanda Volodia en enfilant ses gants beurre frais.

— Oui. Va-t'en vite, dit Michel. Il est urgent que je le reçoive.

Nicolas entra dans le bureau d'une démarche lente et inquiète. Il retourna précipitamment lorsqu'il entendit la porte se refermer en battant dans son dos. Une grimace peureuse lui pinça le visage.

— Asseyez-vous, dit Michel.

— Non, non, dit Nicolas. Je suis très pressé. Je voulais savoir simplement... comment s'est passé le mariage de Nina ?

— Fort bien, dit Michel. Vos parents ont beaucoup regretté votre absence. Ils ne l'ont pas comprise. Ils ont eu du chagrin.

— Oui, dit Nicolas, je le pensais bien, mais que pouvais-je faire ?

Il eut un regard circulaire, comme pour chercher un secours dans l'attitude des meubles. De nouveau, ses yeux rencontrèrent le portrait de l'empereur. Et ses épaules tressaillirent imperceptiblement. Il demanda :

— Mais le mari, ce Mayoroff, comment est-il ?

— Ni bien ni mal, dit Michel. Un honnête garçon.

— Nina est heureuse ?

Michel hésita un instant avant de répondre :

— Elle le sera.

Nicolas passa le poids de son corps d'une jambe sur l'autre. Puis, il glissa la main dans sa poche, en tira un mouchoir de toile bise et s'épongea le front.

— Eh bien, voilà, murmura-t-il, c'est tout ce que je désirais savoir.

— Mais vous-même, demanda Michel, vos affaires ?

— Ça va, ça va, dit Nicolas avec un léger sourire. Le travail avance. Braniloff est content.

— Vous n'avez besoin de rien ?

— Mais non.

— J'aimerais vous avoir à dîner, un soir.

— Oui, c'est ça, je repasserai, dit Nicolas. Nous en reparlerons.

Une toux sèche lui gonfla les joues. Il boutonna son veston d'une main nerveuse :

— Il faut que je m'en aille.

Michel le raccompagna jusqu'à la porte. Puis il revint à sa table où dormaient des piles de lettres et de télégrammes jaunes. Mais il n'avait pas envie de travailler. Par la fenêtre ouverte, arrivait le bourdonnement continu de la rue. Et ce sourd grondement, cette palpitation universelle entretenaient en lui un sentiment d'inquiétude.

18

Grâce à l'argent d'Olga Lvovna Bourine, Kisiakoff avait payé ses dettes, réparé la vieille maison de Mikhaïlo, et acheté quelques terres pour arrondir son bien. À présent, Olga Lvovna était à peu près ruinée, mais la propriété de Kisiakoff avait doublé de valeur. Elle comptait, outre les plantations de tabac, un moulin, une petite tannerie qui empestait les ruisseaux, et deux villages. À vrai dire, la tannerie travaillait un jour sur deux, le moulin tournait au ralenti, et les villages n'étaient que de misérables hameaux rongés de poussière. Mais Kisiakoff était fier de son domaine. Chaque matin, il sortait en calèche, pour inspecter les travaux.

Olga Lvovna dirigeait la maison. Habillée de noir, harnachée de bracelets, elle courait de la cuisine à la réserve et de la réserve aux étables. Un trousseau de clefs, pendu à sa ceinture, était le symbole de sa toute-puissance. Avec ces clefs, il semblait qu'Olga Lvovna transportât toutes les richesses de la propriété sur son ventre. Quand elle s'adressait à l'intendant, ou aux filles de charge, ou aux ouvriers, elle ne manquait pas de faire sauter les clefs dans le creux de sa main, comme pour leur rappeler, par ce geste, la dignité suprême dont elle était revêtue et le respect auquel elle avait droit.

D'un caractère avare et volontaire à l'excès, Olga Lvovna était très dure à l'égard de son personnel. Pour qu'elle fût satisfaite, il fallait que tout le monde lui parût occupé. Elle suivait les corridors à petits pas rapides et silencieux, et surgissait tout à coup dans la cuisine, ou dans le réduit de la lingère. Trouvait-elle quelque fille assise sur un tabouret, aussitôt elle se mettait à crier. La malheureuse était expédiée sur-le-champ vers une besogne urgente et inutile. Et Olga Lvovna l'accompagnait un bout de chemin en vitupérant sa fainéantise. Un va-et-vient continuel animait le logis. De la cave au grenier, retentissait la voix aiguë de la patronne : « Servez ceci, allez chercher cela, courez me rapporter mon châle, allez regarder si Ivan Ivanovitch n'est pas rentré de sa promenade. » En fin de journée, les domestiques tenaient à peine sur leurs jambes.

Olga Lvovna changeait fréquemment de femme de chambre et de cuisinière. Sa situation irrégulière à Mikhaïlo la rendait méfiante. À tout instant, elle s'imaginait qu'on lui manquait de respect, parce qu'elle n'était pas la femme légitime de Kisiakoff. Elle renvoyait des filles pour inconduite, pour impertinence, pour sournoiserie. Le soir, elle faisait son rapport à Ivan Ivanovitch Kisiakoff, et exigeait de lui la promesse de châtiments exemplaires. Kisiakoff l'écoutait sans mot dire. Il mangeait beaucoup. Les plats épicés et l'alcool enflammaient son visage. Souvent, il mettait sa main devant sa bouche, éructait et se signait la barbe gravement. Lorsque Olga Lvovna avait achevé ses doléances, il lui tapotait les mains avec ses gros doigts velus et déclarait simplement :

— Tout ce que tu dis est juste, ma colombe. Les coupables seront punis comme ils le méritent. Qui donc ose tenir tête à mon ange ?

Puis, il parlait d'autre chose. Il avait de vastes projets d'embellissement pour la propriété. Déjà, il avait fait venir quatre jardiniers qui taillaient des allées dans un terrain vague attenant à la maison. Au centre de ce terrain, il mettrait une boule brillante, et, dans tous les fourrés, il cacherait des petits nains en terre cuite. Sur le toit, il méditait de dresser un grand mât où on hisserait des drapeaux, les dimanches et jours fériés. Il songeait aussi à creuser un étang, mais un souci d'économie lui interdisait encore de commencer les travaux. Après le repas, Kisiakoff s'allongeait sur un canapé et convoquait Stiopa, le moine défroqué, pour une partie d'échecs. Les deux hommes jouaient pendant près d'une heure, sans échanger une parole. Olga Lvovna tricotait, au fond de la pièce. Elle n'aimait pas ce Stiopa, borgne et grimaçant, qui l'avait unie à Kisiakoff par une messe sacrilège. Elle avait peur de lui. Sans lever les yeux de son ouvrage, elle écoutait les soupirs de Kisiakoff, les grognements de Stiopa, le glissement des pièces lourdes sur l'échiquier. Parfois, Kisiakoff faisait craquer les ressorts du canapé en se retournant d'une masse. Ou bien, il avalait un petit verre et claquait la langue. Puis, c'était le silence. Olga Lvovna revenait à ses pensées habituelles. Kisiakoff paraissait l'aimer et la révérer avec patience. Mais comment pouvait-il se contenter d'une femme aussi vieille et défraîchie, après avoir possédé une créature de la qualité de Lioubov ? Ne l'avait-il pas choisie à cause de sa fortune ? Cependant, elle n'avait plus d'argent. Elle lui avait tout donné. Même la part de Volodia, et il avait fallu falsifier les comptes de tutelle. Alors, pourquoi la gardait-il auprès de lui ? Était-ce de la reconnaissance, de la pitié ? Ces deux sentiments étaient étrangers à Kisiakoff. Non, de toute évidence, il l'aimait pour quelque mérite subtil d'âme ou de corps, dont elle ignorait tout elle-même. Une vague de fierté submergeait son cœur à cette seule idée, et elle se mettait à compter ses mailles, vite, vite, comme pour conjurer un sort. Cette partie d'échecs était interminable. Encore une dizaine de pièces sur l'échiquier. Pourquoi donc tenait-il à jouer aux échecs avec ce borgne dégoûtant ?

— Échec à la dame, disait tout à coup Kisiakoff.

— Ouais, grognait Stiopa. Ma dame, ma dame va vous montrer son cul. Hop ! Et voilà. Elle est hors de danger, ma dame !

Dans la cour, le veilleur de nuit faisait retentir sa crécelle. Une bûche s'écroulait dans la cheminée. Une fille passait en courant dans le corridor.

— Échec et mat, disait Kisiakoff.

— Aïe ! aïe ! gémissait Stiopa. Comme vous m'avez rossé ! Comme vous m'avez puni !

C'était la fin. Stiopa buvait encore un petit verre et quittait la pièce, après s'être incliné profondément, la main sur le ventre. Kisiakoff s'étirait, bâillait, demandait l'heure.

— Allons nous coucher, Vania, disait Olga Lvovna. Tu parais fatigué.

— Pas trop ! Pas trop ! disait-il en clignant de l'œil.

Et il lui enlaçait la taille de son bras lourd. Processionnellement, ils montaient dans la chambre à coucher, très chaude et mal éclairée. Le lit était fait. Sur la table de nuit un plateau supportait l'en-cas de Kisiakoff. Du saucisson, de la viande froide, des cornichons, des olives, un hareng et de la vodka. Tout cela, il le mangerait à trois heures du matin, entre deux sommes, et il s'essuierait la bouche et les doigts avec la serviette pendue à son chevet. Puis, il se remettrait à dormir. Et elle s'assoupirait elle-même, bercée par son ronflement régulier. Déjà, il s'asseyait sur le lit, humait les victuailles exposées :

— Ça sent bon !

— Ce sont les petits cornichons que j'ai salés moi-même.

— Ça se voit, mon alouette ! Donne-m'en un que je le goûte ! Oh ! quel parfum ! Quelle chair ferme et délicate ! Viens : je veux t'embrasser pour la peine !

Olga Lvovna s'approchait de Kisiakoff, la tête basse. Il l'installait sur ses genoux, la caressait de ses grandes mains dangereuses, l'embrassait sur la bouche. Olga Lvovna se laissait faire, étourdie et molle. Il la déshabillait lui-même en répétant :

— Je déshabille ma petite fille avant de la coucher. Sage ! Sage ! Est-ce bien ainsi que ta maman te retirait tes bas ? Est-ce bien ainsi que ta maman te réchauffait les pieds ? Regarde-moi ! Je suis ta vieille nounou ! Dis-moi : « Nounou ! Nounou ! »

— Nounou ! balbutiait Olga Lvovna.

— À merveille, ma petite fille. Glissez-vous dans le

lit. Et je viendrai me coucher près de vous pour vous tenir chaud.

Très vite, il était auprès d'elle, et la serrait contre son ventre en murmurant :

— La vieille nounou est venue. La vieille nounou va te raconter des histoires. Il y avait une fois...

Et, tout à coup, il lui écrasait les lèvres d'un baiser puissant et velu. Puis, il faisait l'amour. Et, après avoir fait l'amour, il buvait un petit verre, se roulait au bord du lit et s'endormait pesamment.

Longtemps, assise dans le noir, déchirée, pantelante, radieuse, Olga Lvovna écoutait la respiration engorgée de son amant. La volupté, la fierté, la tendresse étaient si violentes en elle, que des larmes lui venaient aux yeux. Elle pleurait un peu, guettait le froissement des branchages nocturnes derrière la fenêtre, le bruit de la crécelle du veilleur, l'appel d'un coq énervé. Ensuite, elle faisait le signe de croix au-dessus de l'épaule de Kisiakoff, disait sa prière et fermait les paupières, alourdie de contentement.

Le lendemain, elle se levait avant Kisiakoff et courait surveiller les domestiques. On cuisait des confitures dans le jardin. Tout le jardin sentait la cerise chaude et le sucre. Une fille gourmandée sanglotait dans un coin. Les portes battaient. Des chiens aboyaient contre les poules, dans la basse-cour. Kisiakoff, la barbe bien peignée, le teint reposé, l'œil vif, montait dans sa calèche et partait pour inspecter le domaine. Ainsi, la journée se poursuivait identique, geste pour geste, à toutes les autres journées.

Comme Kisiakoff ne recevait personne et ne se rendait plus que rarement à Ekaterinodar, Olga Lvovna n'imaginait pas quel événement aurait pu bouleverser le cours paisible de son existence. Elle ne craignait personne dans la maison. Lioubov était à l'autre bout du monde. Volodia habitait Moscou, et avait fort heureusement oublié qu'il avait une mère et qu'elle lui devait des comptes. Paracha, même, avait été éloignée et vivait au village, avec ses parents.

Un jour, Olga Lvovna, furieuse d'avoir été obligée de

congédier sa nouvelle cuisinière, sortit du jardin et marcha dans les champs pour calmer son irritation. Elle arriva ainsi à une cabane de chasseurs, située en lisière d'un petit bois de bouleaux. La cabane était propre, solide, bien que désaffectée depuis près de dix ans. Des fenêtres à un seul carreau étaient ménagées entre les poutres. Olga Lvovna colla son nez à la vitre, et recula, épouvantée. Au centre de la pièce, sur un lit de sangles, il y avait Paracha qui riait, les jambes ouvertes et les jupes troussées jusqu'au menton. En face d'elle, Kisiakoff, debout, le ventre en avant, reboutonnait tranquillement ses culottes.

Olga Lvovna voulut crier, casser la vitre, enfoncer la porte. Mais elle n'avait plus de voix, plus de forces. Elle balançait la tête et répétait bêtement :

— Vania ! Vania !

Puis, tout à coup, elle releva sa robe et se mit à courir, comme une folle, vers la maison. Dans sa chambre, elle pleura, pria, se mordit les mains de désespoir. Sa première idée fut d'infliger à Kisiakoff une scène retentissante. Mais elle réfléchit aussitôt que Kisiakoff lui tiendrait rigueur de cette jalousie, et la chasserait, ou la priverait peut-être de ses caresses. Or, loin de lui, elle ne saurait plus vivre. Pouvait-elle lui en vouloir de s'amuser avec des filles de ferme, alors qu'elle-même n'était plus assez jeune pour le satisfaire honnêtement ? N'était-il pas étonnant déjà qu'il la conservât auprès de lui et lui donnât, chaque soir presque, une aussi magnifique preuve de science et d'application ? Qu'exigeait-elle de plus ? De quoi se plaignait-elle encore ? Non, il fallait se taire, feindre d'ignorer tout, accepter le partage de cet amour plutôt que de le perdre.

Le soir même, Olga Lvovna reçut Kisiakoff avec un visage attendri. Après le repas, Stiopa vint jouer aux échecs, puis Kisiakoff entraîna Olga Lvovna dans la chambre, goûta au saucisson, à la vodka, et fit l'amour, comme de coutume. À trois heures du matin, il se plaignit d'avoir le ventre ballonné. Elle s'en émut et lui fit manger des pruneaux cuits. Et, en le regardant mâcher les pruneaux et cracher les noyaux dans sa main repliée en cornet, elle se félicitait de n'avoir pas suivi son premier sentiment de révolte. La nuit fut bonne. Le lendemain, à midi, Kisiakoff repartit pour inspecter sa propriété.

Kisiakoff marchait de long en large dans la véranda piquée de mouches de soleil, et dont les planches criaient sous ses bottes de cuir fauve. Le médecin du *zemstvo*, un petit bonhomme malingre, au pince-nez tremblotant, le suivait pas à pas et s'essuyait constamment le visage et les mains avec un mouchoir jaunâtre.

— Il n'y a plus de doutes possibles, Ivan Ivanovitch, marmonnait le médecin.

— À son âge ?

— Mais oui, à son âge. Elle peut très bien, comment dirai-je ?... Et tout me paraît en place, sauf votre respect...

— En êtes-vous bien sûr ?

— Il est trop tôt pour jurer de rien, si j'ose m'exprimer ainsi. Attendons le quatrième mois...

— Mais que faire d'ici là ?

— Laissez agir la nature, Ivan Ivanovitch... Elle a le ventre enflé, les seins, passez-moi le mot, sont en travail... Le masque, les vomissements, les envies... Bref, dans six mois, vous serez père, je ne sais pas si je me fais bien comprendre ?

Kisiakoff dégrafa son col et se gratta la nuque du bout des doigts.

— Oui, oui, grogna-t-il. Ah ! mon cher ! Nous sommes sur terre pour recevoir les cadeaux de Dieu ! Que sa volonté soit faite !

Et il se couvrit la tête avec un mouchoir pour accompagner le docteur jusqu'à la méchante calèche qui l'attendait dans la cour.

— Tenez-moi au courant, dit le docteur.

Ivan Ivanovitch écrasa un moustique contre sa joue, renifla tristement et revint à pas comptés vers la maison. Les révélations du médecin le plongeaient dans l'étonnement et la perplexité. Il n'aurait jamais supposé qu'Olga Lvovna pût attendre un enfant. Et il ne savait s'il fallait se réjouir ou s'alarmer de cette circonstance saugrenue. Certes, il avait déjà eu des enfants naturels avec les filles du village. Tout s'était bien passé. Et il avait oublié jusqu'au nom des mères et des rejetons. Devait-il, en toute conscience, s'intituler le père de ces morveux en guenilles et aux pieds nus ? Mais, à présent, l'aventure était plus conséquente. Olga Lvovna était presque sa femme. Elle habitait avec lui. Elle dirigeait la maison. Pour tout le monde, le nouveau-né serait le fils ou la fille véritable de Kisiakoff.

Kisiakoff s'assit sur le banc de bois qui courait le long de la véranda et respira profondément l'air chaud, affadi de poussière. Un enfant. Son enfant. Il était seul dans la vie, et, tout à coup, un être allait surgir à sa droite. Un être qui lui ressemblerait sans doute, et dans lequel il retrouverait ses propres vices et sa propre laideur. Il s'était toujours considéré comme un individu exceptionnel, isolé dans le mal, plus proche de Dieu que des hommes. Or, voici qu'il tombait sous la discipline commune. Cette paternité banale éteignait son prestige, étouffait son orgueil. Tant de violences, tant de souffrances, tant de communions avec l'ineffable pour en arriver là ! Kisiakoff père ! Kisiakoff à qui un marmot baveux dirait : « Papa », en lui tirant la barbe ! C'était grotesque ! Vraiment, il n'avait pas mérité pareille déchéance ! « Dieu s'est lassé de moi, pensa-t-il. Je me suis radouci, je me suis rangé, j'ai oublié mon rôle, et Dieu m'a envoyé un enfant pour me punir. Je n'amuse plus Dieu. Il ne veut plus de mes grimaces. »

Il soupira et regarda, devant lui, les feuillages immobiles des tilleuls, et le grand ciel dur et bleu. Il n'y avait pas de vent. Il n'y avait pas de bruit. Tout était calme. Kisiakoff passa dans la salle à manger, fraîche et sombre, où une servante débarrassait la table, et but un verre d'eau de fruit. L'eau était tiède. Le parfum de la mangeaille lui donnait la nausée. Sans doute n'était-il pas lui-même en bonne santé ? Il songea un moment à aller se coucher avec une bouillotte sur le ventre pour digérer le repas trop copieux. Mais l'activité de son cerveau était telle qu'il pouvait à peine bouger. La question de l'enfant absorbait toute son énergie. D'ailleurs, plus il réfléchissait à l'événement, moins l'événement lui paraissait absurde. Sa première fureur était tombée, il en vint même à envisager le problème avec une certaine faveur. Après tout, si Dieu lui imposait un enfant, c'était pour prolonger la race des Kisiakoff, pour perpétuer sans heurts cette lignée de bouffons admirables. Dieu lui accordait un fils, afin qu'il l'instruisît dans le mal et la grimace. Kisiakoff verrait croître, s'arrondir et se perfectionner cette fraîche pourriture. Il revivrait, aux côtés de cet ange obscur, les expériences de ses premières années. Ainsi, jusqu'à la fin des temps, existerait sur terre un Kisiakoff, illuminé et redoutable, qui serait le pitre de Dieu. Les corps passeraient à travers les générations, des villes surgiraient dans un bouillonnement de boue et de pierre, les langues s'uniraient selon un idiome monotone, les océans rongeraient des rivages de fer, les statues de la Grèce antique s'effriteraient au vent des années, mais, toujours, quelque part, en Russie, il y aurait un homme à la barbe noire, au regard de feu, pour qui la poursuite âpre du plaisir serait le premier commandement du Seigneur. Dieu avait besoin de Kisiakoff autant que Kisiakoff avait besoin de Dieu. Kisiakoff était pour Dieu le grain de poivre dans une masse d'aliments fades et pâles. Peut-on reprocher au grain de poivre de piquer la langue ? Non, car, sans lui, le plat serait immangeable. Dieu se servait de Kisiakoff pour relever le goût de son ordinaire. Kisiakoff disparu, Dieu se détournerait de la marmelade humaine. Alors, vite, vite, on lui donnait un successeur. Alors, vite, vite, on renouvelait la réserve. « Pourvu que le poivre ne manque pas ! Avez-vous pensé à vérifier la provision de poivre ? » Ce cri de la ménagère, Dieu le jetait lui-même.

Kisiakoff s'assit dans un fauteuil de rotin et repoussa loin de lui ses grosses jambes bottées. Il avait compris maintenant. Tout son corps tremblait à cette seule idée. Comme il était fort ! Comme il était nécessaire ! Un grain de poivre ! Un grain de poivre ! Il se mit à rire.

Un peu plus tard, il crut que quelqu'un venait d'entrer dans la véranda. Il tourna la tête. Personne. À deux reprises, il eut encore l'impression d'une présence à ses côtés. Et, chaque fois, quand il regardait, il était seul. Seul, tout petit, tout noir et d'une puissance énorme, dans cet amas d'êtres blêmes, énervés et sans goût. Seul pour soutenir le monde. Seul pour faire accepter le monde par Dieu. Il ferma les yeux, et il lui sembla qu'en effet le monde entier, avec son ciel changeant, ses labours peignés, ses villes de fumées, ses fleuves, ses routes, ses bêtes, ses hommes et ses femmes, s'appuyait lourdement sur lui. Il rouvrit les paupières, et, longtemps, son regard fatigué ne put rendre leur place aux arbres, à la balustrade de bois et aux marches de la maison. Il répétait :

— Je vais avoir un enfant... Un autre Kisiakoff viendra... Aussi fort que moi... Et ils verront, ils verront... Il faudra en parler à Stiopa...

La sueur coulait sur son visage. Des mouches se glissaient en bourdonnant dans sa barbe, frôlaient ses lèvres. Il les chassa d'un revers de la main. Puis, il se leva, dégrafa d'un cran sa ceinture, et monta dans la chambre où Olga Lvovna reposait depuis la visite du médecin. Elle avait eu des vomissements pendant toute la matinée. Elle était tombée dans l'escalier. Maintenant, elle prétendait vouloir manger de la craie.

Kisiakoff entrouvrit la porte. Olga Lvovna somnolait dans la pénombre de la pièce. Son visage maigre et gris pesait à peine sur l'oreiller de dentelles. Ses mains étaient jointes sur son ventre. Elle respirait difficilement. Kisiakoff contempla cette femme qu'il avait prise pour son argent, qu'il avait conservée par habitude, et à qui la maternité conférait une valeur sacrée. Il sourit. Elle ne savait pas, la malheureuse, quelle œuvre divine s'accomplissait dans ses entrailles. Elle était le vase impur où mûrissait la semence de Dieu. Si Lioubov était restée auprès de lui, elle aurait eu cet honneur de le recréer en elle. Mais elle avait préféré partir, rejoindre les autres hommes, se mêler au troupeau, dont lui, Kisiakoff, commandait la course effrénée. Tant pis pour elle. Chaque fois qu'il pensait à Lioubov, Kisiakoff éprouvait un sentiment de dépit et de gêne. Il haussa les épaules :

— L'idiote !

Puis, il s'approcha du lit où reposait la malade. Debout devant ce corps las et mince, il sentait monter dans son cœur une délicieuse angoisse : « Pourvu qu'elle ne meure pas avant, songea-t-il. Ce serait trop bête. Il faudra faire très attention ! »

Et il appela doucement :

— Olga ! Olga !

Elle ouvrit les yeux. Un sourire étira ses lèvres. Ses prunelles brillèrent. Elle souleva vers lui deux pauvres mains veineuses.

— Tu es venu... Le médecin t'a dit ? chuchota-t-elle d'une voix fautive.

— Oui, mon oiselet.

— Et... et tu ne m'en veux pas ?

— T'en vouloir ? s'écria Kisiakoff. Mais de quoi, mon amour ? J'ai toujours souhaité avoir un enfant de toi !

Une lueur de joie passa dans le regard d'Olga Lvovna. Le sang affluait à ses joues. Son menton tremblait.

— C'est vrai ? C'est vrai ? disait-elle. J'avais si peur ! Je ne te l'avais jamais dit, mais moi aussi je rêvais d'avoir un enfant, un petit enfant à bichonner, à emmailloter, à bercer... L'existence est si vide quand on n'a pas un petit enfant... Bien sûr, je t'ai, toi, mon grand, je me dévoue pour toi... Mais ce n'est pas la même chose... Tu me comprends ?...

Elle parlait très vite, et un tic nerveux agitait ses paupières. Elle s'arrêta tout à coup, cacha son visage dans ses mains et gémit :

— Que pensera Volodia ?

— Je me charge de lui, dit Kisiakoff. Après tout, tu es libre de vivre à ta guise.

— Oui... Oui...

— Qui sait ? Peut-être sera-t-il ravi d'avoir un petit frère ?

— Peut-être...

— De toute façon, ne t'occupe plus de ces questions secondaires. Soigne-toi. Surveille-toi.

— Et si j'allais mourir ?

Kisiakoff donna un coup de poing sur le bois du lit.

— Je te défends d'imaginer des sottises pareilles ! Tu vivras, je le sais, je le sens...

En disant ces mots, il leva les yeux au plafond, et sa figure prit une expression inspirée.

— Comment le sais-tu ? demanda Olga Lvovna.

— Dieu me l'a dit, murmura Kisiakoff.

Et, mettant un genou à terre, il baisa les mains de la malade. Puis, il s'assit à son chevet, et ils discutèrent longuement de mille sujets qui passionnaient Olga Lvovna. L'enfant s'appellerait Ivan. On l'élèverait d'abord à Mikhaïlo. Ensuite, on l'enverrait faire ses études à Moscou. Olga Lvovna s'animait en parlant, riait, pleurait, serrait les grosses pattes de Kisiakoff contre ses lèvres. L'annonce de cette maternité l'avait transfigurée. Elle était presque jolie, par moments. Kisiakoff la regardait et se lissait la barbe avec le pouce, en répétant :

— Oui, oui, c'est une grande œuvre qui se prépare, Olga.

Au quatrième mois, les troubles d'Olga Lvovna se révélèrent inquiétants. Son ventre était énorme. Des cernes noirs lui mangeaient les yeux. Souvent, elle avait des vertiges, des nausées, des vomissements de bile. Tantôt elle voulait croquer des cornichons, et tantôt elle demandait qu'on lui brossât les cheveux avec une brosse très douce, ou bien encore elle exigeait qu'on lui servît de la vodka et du pain noir, avec des oignons. Sa nervosité était devenue telle que, pour un retard de Kisiakoff, elle tombait dans les transes. À plusieurs reprises, on fut obligé de la coucher de force et de lui appliquer des linges froids sur le front.

Au cinquième mois, le médecin du *zemstvo* vint la visiter à nouveau. Il l'ausculta avec soin. Et il quitta la chambre en se déclarant satisfait. Kisiakoff rejoignit le docteur dans la véranda. Près de la balustrade, il y avait un berceau bouillonnant de dentelles blanches. Quelqu'un avait laissé traîner une brassière inachevée sur la table. Kisiakoff regarda le berceau, la brassière, et se mit à rire.

— Vous voyez, dit-il, nous prenons nos précautions. Tout est prêt pour l'invité. Rien ne peut plus nous surprendre.

— Ah ! dit le docteur, vous n'avez pas perdu de temps, en quelque sorte. C'est bien... C'est bien...

— Et la malade ? Votre opinion ? Entre nous, ses malaises m'inquiètent.

Le docteur retira son lorgnon embué et toussota discrètement avant de répondre :

— Ses malaises ne doivent pas vous inquiéter, pour ainsi dire...

— Ne peuvent-ils pas nuire à la santé de l'enfant ?

— Seraient-ils dix fois plus violents qu'ils ne nuiraient pas à la santé de l'enfant.

— Pourquoi ?

— Parce que... parce que..., bredouillait l'autre.

— Parce que quoi ? demanda Kisiakoff.

— Parce que, si j'ose m'exprimer ainsi, il n'y aura pas d'enfant...

Kisiakoff blêmit et avança la mâchoire.

— Hein ? gronda-t-il.

Le médecin, cramoisi, les paupières battantes, essayait en vain de calmer son client.

— Ne vous fâchez pas, ne vous fâchez pas, disait-il en rentrant la tête dans les épaules.

En même temps, il regardait avec terreur le berceau qui trônait au bout de la véranda, dans une gloire de dentelles, de soie et de soleil. La vue de ce berceau lui était décidément insupportable. Il finit par lui tourner le dos.

— Eh bien parlez ! Vous vous moquez de moi ? dit Kisiakoff.

— Permettez, susurra le médecin. Ce n'est pas ma faute. Le cas est assez rare. Mais, en même temps, assez fréquent... Et ainsi de suite... Oui... heu... il s'agit d'une grossesse nerveuse... Un jeu de l'imagination qui agit mystérieusement sur les organes, pour ainsi dire, féminins et... et...

— Hors d'ici ! brailla Kisiakoff.

Et il leva ses deux poings énormes sur le petit homme noir qui osait détruire sa joie. Le médecin s'enfuit sans demander son reste.

Stiopa, qui observait la scène, assis sur la barrière de la cour, sauta à terre et s'approcha de Kisiakoff.

— Mauvaise nouvelle ? demanda-t-il en lui touchant l'épaule.

— Toi, cria Kisiakoff, je ne veux plus te voir. Tu me portes la guigne. Va te faire héberger ailleurs. Ou je te casse les reins.

— Mais je n'ai rien fait, dit Stiopa en grimaçant de toute la figure. Au contraire, j'ai prié pour la mère, pour l'enfant.

— Justement ! Il ne fallait pas prier, glapit Kisiakoff. Allons, décampe...

— La colère est mauvaise conseillère, dit Stiopa. Vous me regretterez...

Et il s'éloigna d'une démarche nonchalante.

Kisiakoff, effondré, s'enferma dans son bureau jusqu'à l'heure du déjeuner. Puis, il partit pour rejoindre Paracha dans la cabane. En rentrant, il était plus calme. Pendant toute une semaine, il essaya de préparer Olga Lvovna à la nouvelle. Lorsqu'elle apprit enfin qu'elle n'était pas enceinte, la malheureuse eut une syncope. On alla chercher un autre médecin. Il fallut la veiller toute la nuit. Au petit jour, elle reprit connaissance et pleura doucement. Elle répétait d'une voix monotone :

— Vania, mon joli poupon... Le biberon n'est-il pas trop chaud ?... Surtout qu'il ne s'approche pas de la rivière !... Pas si près !... Pas si près !... Ça y est !... Ils me l'ont tué !... Vania, Vania...

Dès le lendemain, ses troubles disparurent. Ensuite, elle se mit à désenfler. Au mois d'octobre, elle avait retrouvé son volume normal. Mais, depuis cette affaire, elle portait des vêtements de deuil, comme si elle avait perdu quelqu'un. Et elle fit dire des messes à la mémoire de l'enfant qu'elle n'avait jamais eu.

19

La seconde année d'études à l'école de cavalerie d'Elizavetgrad était sensiblement plus agréable que la première. Depuis le départ des anciens, les animaux médiocres avaient pris le titre de cornettes honoraires et imposaient aux nouvelles recrues les punitions traditionnelles dont ils avaient souffert, eux-mêmes, quelques mois plus tôt. Akim était plus intransigeant que quiconque sur le respect des coutumes. Il détenait un cahier, où il s'efforçait de résumer, à l'usage des générations futures, l'ensemble des lois qui régissaient les rapports des jeunes élèves avec les vétérans. Et il ne manquait pas une occasion de châtier les animaux médiocres qu'il surprenait dans une tenue négligée, ou fumant dans un couloir sans autorisation. Aucune excuse, aucune plainte ne le détournait de sa décision. Incorruptible et glacial, il suscitait la terreur des jeunes et l'admiration des anciens. En vérité, ce n'était ni par méchanceté ni par esprit de revanche, qu'il se déchaînait ainsi contre le troupeau ahuri des « nouveaux ». Il les trouvait même sympathiques, attachants et dignes de leurs aînés. Il se fût volontiers attendri sur leur sort. Mais il se faisait un devoir de les traiter suivant la règle de l'École. Et ce devoir lui était d'autant plus cher qu'il le jugeait pénible. Vaillamment, il luttait contre sa gentillesse naturelle. Nul ne soupçonnait ses efforts pour maintenir, aux yeux de tous, une apparence de rigueur. On eût fort étonné les victimes, en leur apprenant que « le crocodile » souffrait d'insomnies, et se retournait dans son lit pour étouffer la pitié coupable que lui inspirait tel jeune camarade dont il avait inscrit le nom pour une corvée.

D'ailleurs, la sévérité d'Akim envers les animaux médiocres n'avait d'égale que son dévouement à la cause des cornettes honoraires. La « fraternité d'armes » était pour lui une religion complète par elle-même. Certain dimanche, un ami d'Akim, nommé Roumievsky, célèbre par ses démêlés avec la direction, avait sauté le mur de la caserne pour se promener en ville après l'appel du soir. À la sortie d'un restaurant, Roumievsky se heurta au commandant de l'escadron accompagné de sa femme. Le junker salua son supérieur, et celui-ci lui rendit le salut, après une seconde d'hésitation. Roumievsky était atterré. Mal noté par ses chefs, menacé à trois reprises d'exclusion, il risquait fort d'être renvoyé de l'École pour cette dernière incartade. Renonçant à toutes les distractions qu'il avait prévues, il revint à la caserne et confia ses inquiétudes aux camarades de chambrée. Akim le rassura et lui promit d'arranger les choses. Le lendemain matin, en présence de tout l'escadron aligné pour l'appel, le commandant cria d'une voix terrible :

— Junker Roumievsky.

Roumievsky, pâle, le regard éteint, sortit des rangs et se planta au garde-à-vous devant son chef.

— Junker Roumievsky, poursuivit le commandant. Vous êtes classé dans la troisième catégorie pour votre conduite. Je vous ai plusieurs fois menacé d'exclusion. Hier, vous êtes sorti en ville sans permission valable. Je vous signale, en conséquence, que j'ai adressé un rapport à la direction pour demander votre renvoi. Rompez.

Ayant dit, le commandant passa devant le front des élèves, et grommela en manière de conclusion :

— Vous, vous et vous, il faudra vous faire couper les cheveux à la longueur réglementaire.

Puis, il se rendit au bureau. Ce fut là qu'Akim le rejoignit et le pria de vouloir bien l'entendre. À en croire les affirmations du junker Arapoff, ce n'était pas Roumievsky, mais lui, Akim, que le commandant avait rencontré dans la rue.

— Est-ce que vous vous moquez de moi ? hurla le commandant. Je ne suis pas aveugle ?

— Il faisait déjà sombre, Votre Haute Noblesse !

— Vous avez une tête de moins que votre camarade !

— Je me tenais très droit !

— Et... et... enfin vous ne vous ressemblez pas du tout !

— L'uniforme...

Le commandant croisa les bras sur sa poitrine :

— Vous voudriez me faire admettre que c'est vous qui êtes sorti sans permission, et que c'est vous que j'ai vu et que... Mais c'est de l'insolence, junker Arapoff !

— Je vous affirme que c'est moi qui me trouvais hier à la sortie du restaurant.

— Mais...

— Je peux même donner le nom du restaurant et des détails sur la toilette de madame votre épouse.

Le commandant se mit à tiquer nerveusement du genou. Ses sourcils étaient froncés. Ses paupières baissées voilaient son regard. Tout à coup, il releva la tête.

— Junker Arapoff, je ne suis pas un dindon, dit-il. Je sais que vous cherchez à disculper Roumievsky en prenant sur vous la responsabilité de son inconduite. Vos notes sont assez bonnes pour que cette infraction au règlement n'entraîne pour vous qu'une semonce, alors que Roumievsky risque d'être purement et simplement renvoyé. Le raisonnement est juste. Je vous en félicite. Mais je vous félicite aussi pour votre sens de l'amitié. Allez dire à votre camarade, que, grâce à vous, je suspends le rapport défavorable que je voulais expédier à la direction. Mais cette mesure de clémence sera la dernière.

Le soir même, après l'extinction des feux, les cornettes honoraires promenèrent Akim en triomphe à travers les chambrées. Roumievsky, en caleçon et casquette de parade, précédait le cortège. Il gambadait comme un singe. Il hurlait : « Le héros d'Elizavetgrad ! Le héros d'Elizavetgrad ! » On ouvrit une souscription auprès des élèves de l'escadron, afin d'offrir un banquet au junker Arapoff. Akim était ivre d'orgueil. Il écrivit longuement à ses parents pour leur raconter son histoire.

Avec l'approche des grandes manœuvres de septembre, une fièvre nouvelle s'était emparée de l'École. Les études étaient poussées à outrance. Chacun songeait aux examens de sortie, dont dépendait la fortune militaire des élèves. Akim travaillait avec acharnement. Cette application fut récompensée au cours des dernières interrogations. La moyenne de ses notes de concours lui permit de se ranger huitième, dans la première catégorie des candidats officiers. Cette place avait une grosse importance aux yeux des junkers, car le choix du régiment s'opérait dans l'ordre du classement général. Dès l'annonce de ce classement, une campagne sourde se déclenchait parmi les anciens camarades. Il s'agissait, pour chacun, de dégoûter son voisin du régiment auquel il espérait accéder lui-même. Les bruits les plus étranges circulaient dans les chambrées. Tel corps était particulièrement mal vu par l'empereur. Dans tel autre, le service coûtait les yeux de la tête. Un troisième était réputé pour l'intransigeance de son commandant. Akim était insensible à ces manœuvres sournoises. Il avait résolu, dès son entrée à l'École, de servir dans le régiment des hussards d'Alexandra, et aucun conseil, aucune menace ne pouvait plus l'atteindre.

Quelques jours avant le départ pour les grandes manœuvres, la direction de l'École reçut la liste des vacances dans les divers régiments de cavalerie de l'empire. Aussitôt, les élèves de seconde année furent assemblés dans la grande salle pour la lecture du message. Un maréchal des logis-chef leur donnait connaissance des places disponibles, et les convoquait ensuite, un à un, dans l'ordre du classement, pour leur demander leur préférence. Akim, grâce à ses notes de sortie, put choisir le régiment qu'il avait voulu. D'autres, moins bien partagés que lui, durent se rabattre sur des régiments qui n'avaient pas leur sympathie. Toute la salle était en effervescence. Les amis s'embrassaient.

D'autres pestaient contre leur malchance. On échangeait des projets, des anecdotes et des consolations hâtives.

Après la cérémonie, les junkers furent assaillis par une horde de tailleurs, de bottiers, de selliers qui mendiaient leurs commandes. Dans toutes les chambrées, on prenait des mesures, on détaillait des échantillons, on discutait des prix avec une ardeur mercantile. Avant le départ pour les grandes manœuvres, chaque junker devait, selon la tradition, posséder la casquette du régiment auquel il serait affecté par la suite. Bien entendu, il était interdit de coiffer cette casquette avant la date de la nomination officielle, mais, en l'absence des supérieurs, tous les élèves se pavanaient dans les couloirs avec leur nouveau couvre-chef planté crânement sur la tête. Akim, sous sa casquette à cocarde, se sentait revêtu d'une dignité, d'une force et d'une élégance qui lui donnaient le vertige. Il ne parlait plus que du bout des lèvres. Et son impatience l'empêchait de dormir.

Les manœuvres de septembre, à trois verstes d'Elizavetgrad, près du village de Balachoff, lui parurent interminables et fastidieuses. Enfin, les animaux médiocres quittèrent le camp pour rentrer dans leurs familles respectives, et les futurs officiers demeurèrent seuls dans les baraquements. Plus d'exercices, plus d'interrogations, plus de cours. Désœuvrés et nerveux, les junkers déambulaient à travers le camp, dormaient sur l'herbe, pêchaient dans la rivière Ingoul et jouaient aux cartes en attendant l'arrivée du télégramme libérateur.

Par un doux après-midi de soleil et de poussière blanche, un cri violent réveilla Akim, qui somnolait au bord de l'eau. Saisi au cœur, il se dressa, ramassa sa casquette et se mit à courir vers les cantonnements. C'était le télégramme ! Ce ne pouvait être que le télégramme ! Dès à présent, il était le cornette Arapoff ! En débouchant devant la bicoque en bois du commandant, il vit un groupe d'élèves qui poussaient des glapissements enragés. Au centre, se tenait un télégraphiste, tête nue, ruisselant de sueur. Il agitait une dépêche à bout de bras. Dans la casquette posée à ses pieds, les junkers jetaient des pièces de monnaie pour le récompenser de la bonne nouvelle.

— Tu boiras à notre santé, petit frère ! criaient des voix.

— Longue vie au télégraphe !

Le télégraphiste s'échappa enfin et courut porter son message au directeur de l'École. Déjà, le trompette de service sonnait le rassemblement, à s'en crever la glotte. D'un seul mouvement, la foule se dirigea vers le baraquement central. Akim, le cœur battant, la gorge sèche, suivait ses camarades en répétant :

— Ça y est... Maintenant, ça y est...

Les escadrons se rangèrent dans un alignement impeccable. Un silence correct recouvrit l'assistance. Seuls des oiseaux piaillaient en se pourchassant dans l'air bleu. Akim était tellement ému qu'il leur en voulait de troubler par leurs pépiements le caractère solennel de la cérémonie. Qu'attendait-on encore ? Quelques minutes de plus, et il allait crier d'impatience !

Enfin, le colonel Samsonoff parut sur le perron de sa cabane. Il tenait le télégramme à la main. Il souriait. D'une voix forte, il lut la liste des nominations.

— Junker Arapoff, affecté à titre de cornette au régiment d'Alexandra.

Akim ferma les yeux et ses jambes mollirent. Un frisson rapide glissa le long de son échine. Son allégresse lui causait un malaise physique. Déjà, le colonel parcourait le front de la troupe et serrait la main des nouveaux officiers.

— Rompez les rangs, ordonna-t-il enfin.

Aussitôt, tous se ruèrent vers leurs baraques, en poussant des hennissements et des sifflements aigus. Leurs uniformes neufs les attendaient, étalés sur les lits. Ils les revêtirent en hâte. Et, jusqu'au soir, il y eut dans le camp un étrange concours d'armes et de tenues diverses. Les représentants de toutes les formations de cavalerie de l'empire se promenaient côte à côte, riaient très fort et fumaient des cigares de prix. Le colonel rassembla une dernière fois les élèves pour leur distribuer leurs titres de permission de vingt et un jours. À l'expiration de ce délai, ils s'engageaient à rejoindre leurs régiments d'affectation.

Les premières séparations eurent lieu à la gare. Il était interdit de paraître ému. Les anciens camarades se serraient la main avec des mines graves et calmes :

— À bientôt.

— On se reverra, peut-être.

Le soir tombait. Comme Akim montait dans le train, Roumievsky s'approcha de lui et l'embrassa sur les deux joues.

— Toi, mon vieux crocodile, je ne t'oublierai pas, cria-t-il d'une voix enrouée.

Akim fit un effort pour sourire. Il se sentait joyeux et triste, tout à coup. Il avait envie de pleurer. Confusément, il savait qu'une vie d'insouciance, de travail, de justice sommaire, venait de s'achever pour lui. Déjà, il regrettait, pêle-mêle, l'École, la chambrée, le cheval qu'il avait monté aux manœuvres, le colonel Samsonoff, Youra Melnikoff, Roumievsky, l'odeur de l'écurie, le visage rougeaud et mal rasé du trompette. Des camarades, qui prenaient la même direction que lui, se pressaient dans les couloirs. L'air fleurait le cuir neuf, la pommade. Sur le quai, Roumievsky agitait sa casquette. Puis il lança une bouteille de champagne contre les roues du wagon. Les vitres de la gare étaient allumées. Il y avait des étoiles au ciel. Une clochette tinta. Le train fut parcouru par une grande secousse. Roumievsky disparut au centre d'un remous. Dans le compartiment d'Akim, ses amis chantaient à tue-tête :

Envolez-vous, aiglons,
Comme volent les aigles...

SIXIÈME PARTIE

1904-1906

1

Michel et Volodia avaient ouvert une carte sur le guéridon en laque du boudoir. Assise au fond de la pièce, Tania voyait les deux hommes, penchés côte à côte, dans la lumière jaune tendre de l'abat-jour : Michel, les sourcils noués par l'attention, la joue creuse ; Volodia, détendu et rose, une cigarette coincée à la commissure des lèvres, les paupières plissées à cause de la fumée qui montait devant son visage. Pendant tout le repas, ils n'avaient cessé de discuter politique. Et, à peine sortis de table, ils avaient déplié cette carte.

Depuis quelques semaines déjà, les relations entre la Russie et le Japon inquiétaient Michel. Il parlait souvent à Tania d'un certain Bezobrazoff, capitaine de cavalerie en retraite, qui avait conçu l'idée de former une société par actions, avec participation financière du Trésor, en vue d'exploiter les richesses forestières de la Corée. Plusieurs membres de la famille impériale étaient, disait-on, intéressés à cette opération commerciale. Cependant, la Corée n'appartenait pas à la Russie, et les tractations des agents de la société sur ces territoires irritaient l'opinion publique japonaise. Les pourparlers traînaient dangereusement. Les journaux publiaient des statistiques et des articles sur l'armée nippone. Michel avait acheté une carte et fabriqué de petits drapeaux.

— C'est drôle, dit Tania, quand ça va mal en Russie, on regarde toujours une carte.

Et elle s'avança vers Michel et Volodia, avec une

expression de dignité outragée. Ils ne tournèrent pas la tête à son approche. Alors, elle posa une main sur l'épaule de son mari et baissa les yeux vers la tablette où s'étalait une carte de Russie. Comme elle était vaste, la Russie, avec son corps maladroit, étiré d'un bout à l'autre du monde, ses frontières indolentes, ses rivages abandonnés aux glaces polaires, les chenilles brunes de ses montagnes, le pointillé bleuâtre de ses marécages, le piquetis vert sombre de ses forêts ! Les fleuves pendaient sur son visage et se divisaient en mèches minuscules. Les ronds noirs des villes la marquaient à larges intervalles. Des lacs d'azur ouvraient, çà et là, leurs paupières tranquilles. Et il y avait des noms sur toute cette étendue. Des noms familiers, de beaux vieux noms aux consonances amicales : Moscou, Saint-Pétersbourg, Kiev, Ekaterinodar, Armavir, Samara, Tobolsk, Irkoutsk, Vladivostok... Tania aimait bien regarder la carte de la Russie, parce que cette contemplation lui donnait le vertige. Elle fixait ses yeux sur un petit point d'encre, et le petit point s'enflait et crevait dans son imagination, jusqu'à révéler une bourgade de province, avec son marché bariolé, son église à coupole verte et une foule de paysans, dont chacun avait une femme, des enfants, une maladie quelconque, des chagrins, des joies, des espoirs. Ou bien, elle arrêtait son attention sur un endroit de la carte où il n'y avait pas de cités, pas de cours d'eau, pas de chemins de fer et pas de montagnes, mais un grand vide inutile, et elle se disait que ce grand vide était une steppe, et qu'à l'instant précis où elle formait cette réflexion le vent soufflait sur les herbes hautes, les nuages roulaient au ciel, et une calèche, entourée de poussière et des tintements de grelots, emportait un monsieur barbu vers la ville lointaine où l'attendait sa famille. Et elle était un peu triste, à cause de tous ces gens qui vivaient autour d'elle et dont elle ne verrait pas le visage.

Mais ni Michel ni Volodia ne regardaient la carte avec le sentiment attendri et respectueux qu'elle éprouvait elle-même. Elle demanda :

— Peut-on savoir ce qui vous préoccupe ?

— Tu vois Port-Arthur ? dit Michel.

Et, de l'index, il désignait une petite baie dentelée à l'autre extrémité du continent.

— Encore Port-Arthur ! dit Tania.

La conviction de Tania était qu'on ne pouvait pas déclarer la guerre à cause d'une ville ou d'un bout de terre dont tout le monde, la veille encore, ignorait le nom. Les gens qui croyaient à la guerre étaient des nerveux ou des mélancoliques. Il était absurde que des garçons comme Michel et Volodia prêtassent quelque crédit aux rumeurs qui couraient la ville.

— Tu es comique avec ton Port-Arthur, dit Tania. Les Japonais n'oseront jamais nous attaquer. Regarde leur pays. Le Japon a l'air d'un tout petit croissant ratatiné en face de la Russie. Et les habitants sont à la taille de leur île. Si laids, si chétifs...

— Ils sont nombreux, Tania, dit Michel, et probablement mieux armés que nous. J'ai rencontré Gortzeff, qui revient de là-bas. Nous n'avons pas encore reçu de mitrailleuses ni de jumelles. Les soldats sont mal équipés. Les montures sont insuffisantes. Partout règnent le désordre, l'inaction et la vantardise. Eux, en revanche, n'ont pas perdu leur temps. Ils ont disséminé des espions partout. Sais-tu que des ouvriers japonais travaillent dans les docks de Port-Arthur ? Sais-tu que nous leur avons vendu du riz, tout dernièrement, sur leur demande ? Et les deux croiseurs de première classe qu'ils ont achetés à l'Argentine ! Et le rappel de leurs officiers en mission en Allemagne et de leurs ingénieurs en voyage d'étude en Angleterre ! Tout cela ne me dit rien qui vaille. Le Japon ne craint pas la guerre et appelle la guerre...

— Eh bien, il l'aura, dit Volodia, et nous l'écraserons.

— J'ai peur de la réaction populaire, Volodia, dit Michel. La masse ne marchera pas. Nos intellectuels de gauche ont bien mené leur tâche. Partout, ils ont semé le soupçon, l'envie, la haine. Ce n'est pas avec une nation divisée et hargneuse qu'on gagne les grandes batailles.

— Il n'y aura qu'à envoyer les agitateurs à l'avant !

— Ils y seront plus dangereux qu'à l'arrière. Non, le moment est mal choisi pour une guerre. Il faut à tout prix l'éviter...

— Mais, c'est ce qu'on est en train de faire, dit Volodia.

— Je n'en sais rien. On échange des notes. On tergiverse sur des pointes d'épingle. On ne veut pas avoir l'air de céder. Tout cela exaspère les Japonais. Leur dernière note nous accordait un délai de quinze jours. Le délai expire aujourd'hui. Et qu'a-t-on fait entre-temps ? Rien, rien. On demande l'avis de Bezobrazoff, on sollicite l'opinion d'Alexeïeff. Et les jours passent. Qu'on leur abandonne donc le Yalou, et ces sales concessions forestières dont l'empereur n'aurait jamais dû se mêler...

Volodia secoua la cendre de sa cigarette sur le tapis et murmura d'une voix suave :

— Ne t'emporte pas, mon cher. Nous sommes tous deux fils uniques, et nous ne serons donc pas appelés en cas de guerre. On lèvera quelques divisions, par-ci par-là. On se battra. Si la Russie gagne, gloire à la Russie. Si elle perd... eh bien, mais les Japonais ne viendront tout de même pas jusqu'à Moscou !

— Ce ne sont pas les Japonais que je crains en cas de défaite.

— Et qui donc ?

— Les Russes, dit Michel.

Et il replia la carte avec brusquerie.

— Moi, s'il y a la guerre, je me fais infirmière bénévole, dit Tania.

Michel lui lança un regard fâché :

— On ne plaisante pas avec la guerre, dit-il. Les blessés ne sont pas des poupées.

— Qui parle de poupées ? dit Tania.

Mais Michel ne répondit rien. Il était irrité par l'insouciance de Tania. Aujourd'hui, il l'eût souhaitée moins futile et moins gaie.

Tania regarda sa montre.

— Si nous voulons aller au théâtre ce soir, il est temps de nous préparer, dit-elle.

— Tu veux aller au théâtre ? demanda Michel.
— Et pourquoi pas ? dit Tania.
— Oui, au fait, pourquoi pas ? dit Michel avec amertume. Après tout, ce n'est pas encore la guerre. Tu nous accompagnes, Volodia ?
Volodia fit une moue désolée et ouvrit les bras :
— Je m'excuse... On m'attend au Cercle...
Puis, comme Tania le considérait avec sévérité, il porta la main devant sa bouche et pouffa de rire :
— Vous ne me croyez pas ?
— Non, dit Tania. Je devine que votre Cercle est un Cercle très fermé, très intime, et qui se réduit, pour tout dire, à une certaine dame de ma connaissance !
— Pas de personnalités ! s'écria Volodia.
Et il avait l'air tellement fier d'avoir une maîtresse que Tania le jugea stupide. Depuis quelque temps déjà, la suffisance amoureuse de Volodia l'exaspérait. Il était installé devant son bonheur comme un convive devant une table servie. Il souriait à la ronde. Il semblait prendre le monde entier à témoin de sa délectation. Tania était sûre qu'il avait engraissé du cou et de la taille. C'était dommage.
— Vous allez trop souvent au Cercle, dit-elle rapidement.
— Laisse-le, Tania, dit Michel.
— Oh ! je ne dirai plus rien, soupira Tania. Partons vite. Je suis sûre que nous arriverons au milieu du premier acte...
Et elle quitta la pièce, suivie des deux hommes qui toussotaient et traînaient désagréablement les pieds.
Au théâtre, la mauvaise humeur de Tania ne fit que s'aggraver d'acte en acte. Des messieurs ennuyeux et bedonnants vinrent dans la loge et discutèrent avec son mari, sans lui adresser, à elle, le moindre compliment. Il n'était question que de Port-Arthur, de la Corée, de l'ambassadeur Kourino, du baron de Rosen, du comte de Lamsdorf, de Kouropatkine et d'Alexeïeff. Les uns prétendaient que la note comminatoire du Japon n'était qu'une mesure d'intimidation vis-à-vis du gouvernement russe et qu'on avait eu raison de consulter

Alexeïeff avant de répondre, quitte à dépasser de quelques jours le délai fixé par Tokyo. Les autres affirmaient que ce malentendu risquait de compromettre définitivement une situation déjà menaçante, et qu'il fallait accepter d'emblée les propositions japonaises. Tous s'échauffaient, s'indignaient, citaient des noms, des chiffres, des références. Tania détestait ces Japonais minuscules, dont l'orgueil bouleversait l'existence d'une grande et noble nation et son existence propre. En rentrant du théâtre, elle pria Michel de lui montrer encore une fois la carte de la Russie et du Japon. Mais, vraiment, le Japon était si petit, sur cette carte, que Tania alla se coucher rassurée.

Le lendemain, 26 janvier 1904, *Le Messager du gouvernement* publiait que M. Kourino, ambassadeur du Japon à Saint-Pétersbourg, avait annoncé officiellement la décision du Japon de rompre toute négociation avec la Russie et de rappeler son ministre. Michel, qui était sorti très tôt le matin, revint tout bourdonnant de nouvelles contradictoires. Lamsdorf avait résolu de tenter une suprême démarche. On comptait sur l'intervention de Delcassé auprès du gouvernement japonais. L'Allemagne poussait la Russie à la guerre et lui assurait son concours entier. À plusieurs reprises, au cours du déjeuner, le téléphone sonna, et, chaque fois, Michel sursautait, comme s'il eût attendu une communication capitale. Il mangeait de mauvais appétit. Il buvait beaucoup. Peu à peu, son angoisse se transmettait à Tania. Elle s'inquiétait surtout au sujet de ses frères. Mais Michel la rassura en quelques mots : Nicolas avait été reconnu inapte au service militaire pour raison de santé ; quant à Akim, il se trouvait en garnison aux confins de la Pologne, à deux verstes de la frontière allemande, et il était improbable qu'on dégarnît les territoires des marches occidentales, où des troubles étaient toujours à craindre en période d'hostilités.

— Et toi, et Volodia ? demanda Tania, encore à demi convaincue.

— Volodia te l'a dit. Nous sommes fils uniques. De plus, nous nous occupons tous deux d'une entreprise qui, en temps de guerre, travaillera certainement pour l'armée.

— Vous ne serez donc pas mobilisés ?

— Mais non, dit Michel avec agacement. D'ailleurs, cette question-là est secondaire.

Tania ne trouvait pas du tout que cette question fût « secondaire ». Maintenant que Michel l'avait renseignée sur les répercussions bénignes que cette guerre provoquerait dans son entourage, elle se sentait mieux. Un regain de courage lui permettait de considérer les événements avec lucidité. Elle se découvrait même bizarrement excitée par la menace d'un conflit qui modifierait le décor de son existence. Mais Michel, à qui elle tenta d'expliquer son état d'âme, ne voulait pas la comprendre. Il répétait stupidement :

— Nous courons à la catastrophe !

L'arrivée de Volodia interrompit leur conversation. Il avait le front moite, ses cheveux étaient dépeignés.

— Je tiens de source sûre qu'il y aura la guerre, dit-il.

— C'est Olga Varlamoff, votre source sûre ? demanda Tania.

Cependant Volodia n'était pas d'humeur à plaisanter. Autant il paraissait, la veille, envisager l'avenir avec indifférence, autant il se passionnait aujourd'hui pour les dernières nouvelles diplomatiques et militaires. Il avait quitté son ton de bravade légère. L'approche de la guerre le rendait sérieux. Il disait :

— La guerre est une chose absurde et laide.

Et :

— J'ai vu des officiers qui redoutaient de partir pour la guerre. L'héroïsme est une notion périmée...

Mais il suffit que Tania le taquinât à cause de sa prudence excessive, et, aussitôt, il se crut obligé de justifier sa conduite : à l'entendre, il ne condamnait la guerre que sur le plan philosophique, et, s'il n'avait pas été fils unique, il eût été heureux de partir avec les autres pour infliger une leçon à ces petits Japonais outrecuidants et interchangeables.

— Ne te donne pas tant de mal pour lui répondre, dit Michel.

D'autres visites arrivèrent bientôt, et leur venue détourna Michel de ses pensées. Tania recevait ses invités avec le sourire et déclarait, à la ronde, que la guerre ne lui faisait pas peur. Les messieurs la complimentaient sur sa vaillance et la citaient en exemple à leurs épouses. Un général en retraite lui dit :

— Vous avez un cran admirable, madame.

Tania fut très fière de cette remarque et répéta la phrase à quelques intimes.

Le 27 janvier, en sortant du bureau, Michel loua un traîneau pour rentrer chez lui. Il faisait doux. La neige ensoleillée brillait au revers des trottoirs et aux toits des maisons. Des gamins couraient le long de la chaussée. Ils tenaient des liasses de journaux sous le bras. Ils hurlaient :

— L'attaque de Port-Arthur !... Trois cuirassés coulés !...

Michel ressentit un choc au cœur.

— Arrête, cria-t-il au cocher.

Puis, il appela un gamin, acheta un journal, l'ouvrit avec des mains tremblantes.

— Ça ne va pas, là-bas, barine ? demanda le cocher.

— Non, dit Michel, ça ne va pas.

— Ils ont coulé nos bateaux ?

— Oui.

— Et sans déclarer la guerre ?

— Oui.

— On voit bien que ce ne sont pas des chrétiens. Des chrétiens auraient d'abord déclaré la guerre. Et puis, ils auraient coulé les bateaux, n'est-ce pas ?

— Oui, dit Michel.

— Et ça s'est passé loin d'ici ?

— À Port-Arthur.

— Port-Arthur ? dit le cocher en écarquillant ses yeux jaunes et poisseux.

— Tu ne vois pas où c'est ?

— Non. Et on va tous nous mobiliser ?

— Je n'en sais rien. Les troupes qui sont là-bas se

tireront peut-être d'affaire. Sinon, il faudra lever des renforts.

— À Moscou ?

— À Moscou et ailleurs.

— Alors, je partirai ? Je me suis tout juste établi à mon compte. Et puis ma femme, mes enfants...

— Tu n'es pas le seul !

— On raconte que c'est pour une histoire de forêts que l'empereur a achetées chez eux et qu'ils veulent reprendre.

— Ce n'est pas tout à fait exact.

— Même si ce n'est pas exact, dites, barine, nous n'avons rien à voir là-dedans ! Je ne sais pas où elles sont, leurs forêts ! Et on va me mobiliser... comme ça... S'il a ses forêts à défendre, l'empereur, moi, j'ai mon traîneau et mon cheval à défendre. Chacun son bien...

— Tu parles trop, dit Michel.

— Tout de même, barine, vous ne croyez pas que notre empereur aurait pu s'entendre avec le leur ?

Michel ne répondit rien. Le cocher secoua les guides et le traîneau glissa doucement dans le soleil et la neige.

2

Les premières nouvelles du front étonnèrent les milieux les plus pessimistes. Après la catastrophe de Tchémoulpo, l'amiral Makaroff, prenant le commandement de l'escadre, s'était porté au-devant de la flotte japonaise. Mais, dès le début du combat, le *Pétropavlovsk*, battant pavillon amiral, heurtait une mine et coulait avec l'équipage et l'état-major. Les autres bâtiments, sévèrement canonnés, se retiraient dans la rade. Depuis le 7 février, les forces japonaises occupaient Séoul. Partout, les troupes russes reculaient devant l'ennemi.

Cependant, le théâtre de la guerre était si lointain, les noms des localités lâchées et reconquises étaient si étrangers aux préoccupations quotidiennes que les hostilités contre le Japon prirent très vite, pour le public, l'aspect d'une expédition coloniale, dont ni la réussite ni l'échec ne pouvait affecter gravement l'avenir de la Russie. La garde impériale avait été maintenue à Saint-Pétersbourg pour assurer la sécurité de l'empereur et du gouvernement. Les proches parents de Nicolas II s'étaient abstenus, pour la plupart, de manifester leur dévouement à la cause. Seuls les grands-ducs Cyrille et Boris avaient été envoyés aux armées. À Saint-Pétersbourg et à Moscou, la vie mondaine n'avait rien perdu de son éclat. Simplement, les galas s'intitulaient galas de bienfaisance, les bals devenaient des bals-tombolas au profit des blessés, et quelques grandes dames, à l'exemple de l'impératrice, avaient institué des ouvroirs, où elles travaillaient avec leurs amies pour améliorer le paquetage des conscrits.

Dans le peuple, pourtant, la guerre était accueillie avec une morne colère. On ne comprenait pas cette aventure sanglante. On la subissait avec stupeur, comme une manifestation inexplicable de la fatalité. Des files de soldats, coiffés de gros bonnets en peau de mouton et vêtus de touloupes de cuir, s'embarquaient pour la Mandchourie. Ils allaient affronter le transport de plusieurs semaines dans les wagons à bestiaux, la traversée par étapes du lac Baïkal gelé, les assauts furieux des « diables jaunes ». À quoi bon ces départs et ces morts ? Défendait-on le sol de la Russie ? Non, mais les intérêts des familiers du tsar. Le mécontentement populaire créait un climat favorable à la besogne terroriste. Le fameux groupe de combat, dont le développement avait été suspendu par l'arrestation de son organisateur, Guerchouni, reprit son travail sous l'autorité d'un autre chef. Complètement séparé des comités locaux, possédant sa constitution propre, ses ressources financières personnelles et sa caisse secrète, le groupe de combat n'était relié au parti que par son obédience au comité central. Les comités locaux ignoraient le nom des compagnons du groupe de combat. Il ne fallut pas moins de deux ans de démarches à Zagouliaïeff avant d'être reconnu apte à « l'action ». Et, pendant ces deux ans, Nicolas essaya vainement de le décourager. Au mois d'avril 1904 enfin, Zagouliaïeff disparut de son domicile sans laisser d'adresse. Il revint au bout d'une semaine, et, dès sa première entrevue avec lui, avant même que Zagouliaïeff eût ouvert la bouche, Nicolas comprit que son camarade avait obtenu gain de cause. Il y avait dans le regard de Zagouliaïeff une fierté cruelle qui était à elle seule un aveu. Debout devant Nicolas, dans la petite chambre sordide qu'il occupait au-dessus de l'atelier d'un tailleur, il paraissait plus grand et plus robuste que d'habitude. Un long moment, il garda le silence, puis il éclata de rire et s'écria :

— Tu en fais une tête ? Tu ne me reconnais plus ?

— Je ne te reconnais plus, en effet, dit Nicolas.

Cette réponse enchanta Zagouliaïeff. Il se frottait les mains :

— Psychologue, va ! D'ailleurs, tu es dans le vrai.

Puis il cligna de l'œil, s'avança jusqu'à toucher de son haleine le visage de Nicolas et murmura :

— L'affaire est dans le sac.

— Tu... tu es avec eux ?

— Jusqu'au cou !

— Et tu vas commencer à travailler pour eux ?

— Dès demain. Mais avec ton aide, si tu permets !

— Avec mon aide ?

— Oui, ils m'ont confié une mission délicate. J'ai besoin d'être secondé. J'ai pensé à toi.

— Mais je ne veux pas tuer ! s'écria Nicolas, avec une voix aiguë qui n'était pas la sienne.

— Qui te parle de tuer ?

Le cœur de Nicolas s'était mis à battre très vite. Il baissa les paupières, honteux de son émotion trop visible.

— Tu devrais être flatté de ma confiance, poursuivit Zagouliaïeff. J'aurais pu m'adresser à quelqu'un d'autre. C'est toi que j'ai choisi.

— Je te remercie, dit Nicolas, mais de quoi s'agit-il au juste ?

— Plehvé.

— Quoi, Plehvé ?

— Ils ont résolu d'organiser un nouvel attentat contre lui. Et je suis chargé de confectionner la dynamite.

Nicolas frémit et regarda ses mains pâles et faibles. Il se sentait tout à coup dépassé par les événements, entraîné dans une direction qu'il n'avait pas voulue. Il demanda :

— Sais-tu au moins préparer des bombes ?

— Oui et non. Pokotiloff savait les préparer, et il a été tué par une explosion. Moi, je suis un novice. J'aurai la chance pour moi.

— Mais avec quoi fabriqueras-tu ces engins ? Où les fabriqueras-tu ?

— J'ai tout prévu, dit Zagouliaïeff avec orgueil. Un

ingénieur chimiste, membre du parti, m'a remis les clefs du laboratoire municipal, rue Gagarinskaïa. Mais la préparation de la dynamite se passera la nuit, dans une salle désaffectée, en l'absence du camarade ingénieur. Il ne veut pas se mouiller, tu comprends ? Quant aux matières premières, j'en ai obtenu, grâce à une fausse demande rédigée au nom d'un représentant du *zemstvo*. Nous pouvons commencer demain, si tu es libre ?

— Je suis libre, dit Nicolas.

— Nous entrerons dans le laboratoire par la porte de secours, qui sera entrebâillée à partir de neuf heures du soir. Le concierge fait sa ronde à huit heures et demie. Une fois dans la cour, nous nous dirigerons sur un kiosque à verrière dont voici les clefs.

Zagouliaïeff fit sauter un trousseau de clefs dans sa main ouverte.

— Là, nous pourrons travailler à l'aise, dit-il encore.

Nicolas inclina le front en silence. Zagouliaïeff le considéra un long moment, et, soudain, croisa violemment les bras sur sa poitrine :

— Je me demande pourquoi j'ai pensé à toi ! Tu es timide, peureux, tourmenté de scrupules...

— Peut-être est-ce pour cela que je t'inspire confiance, dit Nicolas doucement.

— Peut-être, dit Zagouliaïeff.

Ils se turent. De la rue montait le cri d'un coupeur de chats.

— Je coupe les chats ! Je coupe les chats ! hurlait l'homme.

Nicolas s'approcha de la fenêtre. Il vit, au-dessous de lui, sur le trottoir, un chirurgien ambulant, avec son attirail de ciseaux et de scalpels pendu en travers de la poitrine. Le camelot s'était déchaussé et avait enfoncé un chat, la tête la première, dans sa botte. Des commères l'entouraient. Un miaulement atroce déchira les oreilles de Nicolas.

— Je coupe les chats, sans douleur ! glapissait l'autre.

— Sans douleur ! répéta Zagouliaïeff.

Un sourire presque tendre plissait ses lèvres bleues :

— À quoi bon la douleur ?

Nicolas avait les tempes serrées.

— Quand viens-tu me chercher ? demanda-t-il.

À neuf heures et demie du soir, Nicolas et Zagouliaïeff se trouvaient dans un petit laboratoire aux murs blancs et au sol de ciment grisâtre. Des fioles, des cornues, des brûleurs à gaz et des éprouvettes encombraient les rayons de bois. Une table de marbre jaune tenait le centre de la pièce. La boîte aux ordures, poussée dans un coin, regorgeait de verres en miettes et de paperasses calcinées. Il y avait de la poussière partout. Une forte odeur d'ammoniaque piquait les narines. La porte refermée, Zagouliaïeff alluma un fanal à acétylène et l'entoura de chiffons, pour ne pas éveiller l'attention du gardien, qui pouvait s'aventurer dans la courette où étaient les cabinets. Puis il enfonça sa casquette sur ses oreilles, enfila deux paires de gants de cuir, l'une sur l'autre, et se mit à déballer les bouteilles de produits chimiques qu'il avait apportées dans une valise. Nicolas suivait ses moindres gestes avec attention. L'ombre de Zagouliaïeff se développait largement sur le mur. La lumière assourdie du fanal accrochait des prunelles de feu au ventre renflé des bonbonnes. Un train passa, tout près sans doute, et les flacons tintèrent sur leurs rayons de bois. Nicolas eut peur et toucha le bras de son camarade.

— Il faut nous dépêcher. Veux-tu que je t'aide ?

— Allume le bec.

Nicolas frotta une allumette. À ce moment, un pas pesant retentit sur le pavé de la cour.

— C'est le gardien, souffla Zagouliaïeff. Camoufle la lumière.

Nicolas jeta son manteau sur le fanal et s'accroupit derrière la table avec Zagouliaïeff. Ils demeurèrent ainsi, tapis l'un près de l'autre, retenant leur haleine.

— S'il va pisser, on le laisse faire, murmura Zagouliaïeff. S'il entre ici, je le descends...

Il tira un revolver de sa poche. Les pas se rapprochaient.

— Il va entrer, dit Nicolas.

Et il sentit la sueur qui sortait de son front comme une rosée. Il serra les dents. Il ferma les yeux. Il compta mentalement : « Un, deux, trois, quatre... »

Les pas s'éloignaient, maintenant. Une porte battit au fond de la cour. Nicolas aspira une large bouffée d'air et se signa dans l'obscurité. Après un court moment, les pas revinrent, hésitèrent devant le kiosque. Mais l'homme se racla la gorge, cracha et repartit en traînant les pieds. Enfin, il n'y eut plus de bruit. Zagouliaïeff empocha son revolver.

— Au travail, dit-il, en démasquant le fanal.

La sensation d'avoir échappé au péril décuplait l'ardeur de Nicolas. Il était gai. Il avait envie de courir dans la nuit. Zagouliaïeff avait disposé un vase en bois, doublé de plomb, sur la table.

— Passe-moi la bouteille, dit-il à Nicolas. Pas celle-ci. L'autre...

Dans le récipient placé devant lui, il versa de l'acide nitrique, puis de l'acide sulfurique concentré. Le flacon serré contre son ventre, il grommelait :

— Parfait... parfait... Arrose les parois extérieures avec de l'eau fraîche... Grouille-toi !...

Nicolas tourna un robinet à long col de caoutchouc, et l'eau gicla en aiguilles fines contre les flancs du vase.

Pendant près de deux heures, ils laissèrent le mélange au repos dans son réservoir. De temps en temps seulement, ils refroidissaient les flancs de la cuve avec de l'eau ou des torchons mouillés. Ils ne parlaient pas. Ils étaient très calmes. Zagouliaïeff sifflotait une chanson de route. Plus tard, il enleva ses gants, fourra quelques semences de tournesol dans sa bouche. À trois heures du matin, ils se remirent à l'œuvre. Zagouliaïeff tira une bouteille de glycérine de la valise, la déboucha, la renifla et fit la grimace.

— On verra bien, dit-il en enfilant de nouveau ses gants de cuir.

Ensuite, il inclina le flacon au-dessus du récipient, et

la glycérine descendit goutte à goutte dans le mélange. Nicolas était chargé de remuer vivement la masse liquide avec une baguette en verre.

— Plus vite, plus vite, disait Zagouliaïeff.

Des reflets rouges tremblaient sur le composé acide. Une vapeur rosée montait en léchant les flancs du vase. Nicolas remarqua la mine soucieuse de son ami.

— Ça ne va pas ?

— Les matières premières ne doivent pas être très pures... On dirait... on dirait qu'elles se décomposent...

— C'est grave ?

— Ne t'occupe pas de ça !

Une odeur âcre envahissait la pièce. Tout à coup, Zagouliaïeff se mit à crier :

— De l'eau !... Apporte un broc d'eau !... En vitesse !...

— Qu'est-ce qu'il y a ?

— Il y a que nous allons sauter !

Nicolas remplit un broc d'eau et le tendit à son camarade.

— Écarte-toi, dit Zagouliaïeff.

Puis il recula lui-même d'un pas, allongea le bras et versa le contenu du broc dans le vase. Un chuintement sinistre répondit à son geste. La nitroglycérine arrosée gicla par hautes gerbes. Des éclaboussures atteignirent l'avant-bras et la poitrine de Zagouliaïeff, et y explosèrent en flammèches jaunes. Zagouliaïeff poussa un juron et lâcha le broc qui se brisa sur le sol. Nicolas se précipita vers son ami. Les vêtements de Zagouliaïeff étaient brûlés, et sa peau apparaissait, noire et fumante, par les déchirures de l'étoffe.

— L'explosion est noyée, dit Zagouliaïeff d'une voix sourde. Et la matière première est fichue pour une bonne moitié.

— Tu as mal ?

— Ça n'a pas d'importance.

— Il faudrait mettre de l'huile sur tes brûlures.

— Nous n'avons pas le temps.

— Pourquoi ?

— Parce qu'il faut recommencer.

Et, en effet, malgré ses blessures, il reprit la préparation de la dynamite. Tout en aidant son compagnon, Nicolas observait à la dérobée ce visage serré par une souffrance et une volonté méchantes. Zagouliaïeff était presque beau dans sa lutte contre la douleur. Ses yeux brillaient d'une ardeur fixe. Ses lèvres minces étaient jointes dans un rictus de colère. Il semblait qu'il savourât déjà la vengeance de tous ses maux. Nicolas songea un instant à ces deux êtres, si éloignés l'un de l'autre : ici, Zagouliaïeff, petit conspirateur furieux, qui fabriquait de la dynamite dans un laboratoire désaffecté ; et, là-bas, à Saint-Pétersbourg, dans son palais cerné de gendarmes et de mouchards, derrière les portes capitonnées, harnaché de médailles, ventripotent et grave, la victime, le ministre Plehvé. Zagouliaïeff et Plehvé. Quelle étrange rencontre que celle de ces deux êtres aux destinées contraires ! C'était un rêve, une plaisanterie. Rien de plus.

— Donne-moi un verre d'eau. J'ai soif, dit Zagouliaïeff.

Nicolas lui tendit un verre d'eau et Zagouliaïeff le but d'un trait, en fermant les yeux. Visiblement, il avait très mal. Ses joues luisaient de sueur.

— Le cochon, le cochon, grognait-il. Il me paiera ça.

— Quand comptez-vous le tuer ? demanda Nicolas.

— Oh ! nous prendrons notre temps. Dans les premiers jours de juillet, si tout va bien. Le tsar se sera installé à Peterhof et recevra Plehvé tous les jeudis. Chaque jeudi, Plehvé prendra donc le train à la gare de la Baltique pour se rendre chez son patron. Quelques lanceurs échelonnés sur le parcours, et le tour sera joué...

Il se frotta les mains et ajouta avec emphase :

— Celui qui a étouffé les tentatives libérales des *zemstvos*, celui qui a multiplié les persécutions policières contre nos amis, celui qui a autorisé les massacres juifs de Kichinev, celui qui a encouragé le tsar à déclencher la guerre contre le Japon, périra, selon ses mérites, et je serai l'artisan de sa mort. Quelle heure est-il ?

— Cinq heures du matin.

Zagouliaïeff vacilla sur ses jambes.

— Sommeil, marmonna-t-il encore.

Puis il se remit à la tâche. Nicolas avait la gorge sèche. Les émanations du liquide lui donnaient la migraine. Des étincelles rouges dansaient devant ses yeux.

À six heures du matin, les deux amis quittèrent les lieux après avoir camouflé leur attirail sous des caisses vides et des toiles de sacs. Ils rentrèrent chez eux sans être remarqués. Ils dormirent toute la journée. Le soir même, ils retournaient au laboratoire. En trois jours, Zagouliaïeff parvint à réaliser six kilos de dynamite. Il partit aussitôt pour Saint-Pétersbourg, afin de les remettre au combattant technique chargé de la préparation des bombes.

3

Akim ne quittait plus son poste à la vitre embuée du wagon. Il se sentait lourd et fatigué, comme après un repas copieux. Depuis son départ, il lui semblait avoir absorbé une quantité abusive de nuages gris, de steppes chauves, de villages en bois et de forêts spongieuses. Le transsibérien traversait la taïga en sifflant d'une voix funèbre. Voici quarante heures environ que le même rideau d'arbres défilait, à longs plis, devant la fenêtre. Les troncs des sapins, des mélèzes, des cèdres, des chênes, des bouleaux tombaient l'un sur l'autre, avec une régularité mécanique.

Dans le compartiment d'Akim, ses compagnons de route dormaient, jouaient aux cartes ou lisaient des journaux. Akim ne songeait pas à les imiter. Il voulait « tout voir ». S'il s'était présenté comme volontaire, s'il avait demandé à changer de régiment pour la durée de la guerre, c'était uniquement afin de « tout voir ». La manœuvre avait été difficile. Le régiment d'Akim, cantonné à deux verstes de la frontière allemande, n'avait pas été désigné pour prendre une part effective aux opérations. Les chefs directs d'Akim, qui l'aimaient pour son entrain, sa franchise et sa ponctualité, s'opposaient à son départ. Lui, cependant, n'imaginait pas qu'on pût se promener en uniforme dans une ville de l'arrière, alors que d'autres officiers, d'autres soldats se battaient au front. Puisque la guerre était déclarée, il importait qu'il fût à l'avant. Comment justifier ses études à l'école de cavalerie d'Elizavetgrad, s'il lui était interdit, le moment venu, de les mettre en pratique ?

Il lui fallut des semaines d'intrigues, de prières et d'explications pour obtenir sa permutation officielle. Prudemment, il évita d'en avertir sa famille. Il s'était promis d'écrire à ses parents dès son arrivée à Kharbine ou à Moukden. Mais Kharbine était loin encore. Le train express roulait, jour et nuit, dans des pays de désolation et de mystère. Maintenant, les arbres, espacés et roussis, découvraient une mare. Des oies sauvages et des cygnes s'envolaient à l'approche du convoi. Demain, ce serait Irkoutsk, l'embarquement sur un brise-glace pour la traversée de lac Baïkal. Et puis, la Chine, le cantonnement, le baptême du feu. Akim frémit, redressa la taille et rejoignit ses compagnons dans le compartiment surchauffé.

La fumée des cigarettes formait une nappe bleue et molle au-dessus des têtes. Akim s'installa dans un coin du compartiment et fit mine de sommeiller. Mais, entre ses paupières clignées, il observait les camarades. Il y avait là le lieutenant des dragons Troubatchoff, sorte de colosse au visage cuit et aux moustaches cirées, grand amateur d'anecdotes salaces, de petits verres et de claques dans le dos. À son côté, le mince Paskine, jeune chevalier-garde, maladif et soigné, dont on racontait qu'il s'employait depuis deux ans à composer une marche triomphale pour sa brigade, le brun et sombre Velikanoff, officier du régiment d'infanterie de Finlande, qui était végétarien, antialcoolique et misanthrope, et le médecin major Fakiloff, qui avait fait autrefois la campagne des Boxers et s'obstinait à parler en mauvais français aux employés du train. Tous ces officiers avaient permuté pour servir dans des régiments de Cosaques sibériens. Ils étaient tous plus âgés qu'Akim. Et, dès l'abord, Akim avait été intimidé par leurs manières dégagées, leur expérience militaire et leurs voix fortes. L'énorme Troubatchoff surtout, qui plaisantait sans répit, lui paraissait redoutable. Justement, tandis qu'Akim l'examinait à la dérobée, Troubatchoff posa son journal, s'étira en rugissant à pleine gueule, et demanda :

— Eh ! les amis, voulez-vous que je vous raconte des anecdotes pour passer le temps ?

Tous applaudirent à cette proposition, sauf Akim qui préféra adopter une attitude blasée. Troubatchoff remarqua sa réserve, cligna de l'œil et fit un profond salut.

— J'espère, monsieur l'officier, dit-il, que nous ne vous dérangerons pas trop dans vos méditations...

— Mais je vous en prie, dit Akim en rougissant.

— Vous êtes bien bon, dit Troubatchoff. Quelqu'un de l'honorable société connaît-il l'anecdote du juif et du pope Guérassime ?

— Non, non, dirent les autres.

Seul Akim crut bon de murmurer :

— Ah ! oui, je crois l'avoir déjà entendue.

Troubatchoff se troussa la moustache d'un geste mécontent.

— Eh bien, je vais la raconter tout de même, dit-il.

À la fin de l'anecdote, Akim s'interdit de rire. Il devinait bien que cette pose exaspérait ses camarades de voyage, mais il ne pouvait plus s'en départir. Raidi, attentif, supérieur et malheureux, il sentait s'épaissir autour de lui une atmosphère hostile. Troubatchoff raconta encore quatre histoires très drôles, et, pour chacune de ces quatre histoires, Akim se vit inexplicablement obligé d'affirmer qu'elle ne lui était pas inconnue. Troubatchoff était cramoisi. Ses yeux brillaient de colère. Il s'appliqua une claque sur la cuisse.

— Monsieur l'officier, dit-il enfin, vous qui savez toutes mes anecdotes, connaissez-vous celle du hareng et de la truie ?

Akim avala une gorgée de salive et proféra d'une voix nette :

— Oui... On me l'a racontée... il y a quelques mois déjà...

Troubatchoff lui lança un regard meurtrier, marqua une pause et répliqua :

— Soit, puisque vous la connaissez, vous allez la raconter à ma place.

Akim crut que le sol se dérobait sous lui. Il ignorait cette anecdote, comme les autres. Ses compagnons le dévisageaient, flairaient une supercherie et attendaient avec délices qu'il se couvrît de ridicule une dernière fois.

— Eh bien ? demanda Troubatchoff.

— Eh bien, je ne la connais pas, dit Akim.

À ces mots, tout le monde éclata de rire. Et Akim, délivré, se mit à rire lui-même, en secouant la tête.

— La meilleure blague de la soirée ! criait Troubatchoff.

Ayant renoncé à son rôle de soudard, Akim se détendit et jugea ses compagnons aimables et divertissants. À la station suivante, Troubatchoff l'entraîna au buffet de la gare pour lui apprendre à boire de la vodka *à l'archine* [1] Le serveur posa une archine en bois sur la table et aligna, le long de la règle, autant de petits verres de vodka, serrés côte à côte, qu'il en fallait pour couvrir cette mesure.

— Une archine de vodka, dit Troubatchoff. Vous avez déjà vu, Arapoff, des avaleurs de sabres ? Regardez un avaleur d'archines.

Et, cueillant les petits verres l'un après l'autre, il les vida jusqu'au dernier.

Ce fut Akim qui paya l'addition.

Le misanthrope Velikanoff, qui avait assisté à l'opération, cracha par terre de dégoût et déclara que les intestins de Troubatchoff devaient être usés comme un vieux tapis. Pour sa part, il avait bu un verre d'eau et mangé des raisins secs. Paskine, le musicien, fredonnait un début de chanson.

— Je crois que je tiens mon air, disait-il. Ta-ta-tamtata... Qu'est-ce que vous en pensez ?

— Vous me semblez vous-même Ta-ta-tam, disait Troubatchoff. Désormais, nous l'appellerons Ta-ta-tam. Venez Ta-ta-tam, il est temps de reprendre le train...

1. Mesure de longueur russe : 0,71 m.

À peine remonté dans le wagon, Akim, désirant renouer la conversation, demanda si quelqu'un de ses compagnons avait des nouvelles de l'offensive japonaise. Sa question surprit l'assistance.

— On verra bien là-bas, dit Velikanoff. Je n'aime pas parler de la guerre.

— Ceux qui la font n'en parlent jamais, renchérit Troubatchoff.

Les autres officiers gardèrent le silence. Akim fut peiné de la réprobation muette qui l'entourait de nouveau. On eût dit que, par un accord tacite, ses camarades évitaient les problèmes essentiels et feignaient de ne s'intéresser qu'aux détails de leur voyage et de leurs futurs cantonnements. De même, ils ne faisaient jamais allusion à leur vie privée, à leur famille. « Voilà le vrai courage, songeait Akim. Je serai comme eux. »

La halte à Irkoutsk fut trop brève pour qu'Akim eût le temps de visiter la ville. La rivière charriait des ballots de neige, soufflés et légers comme des meringues. Le brise-glace *Angara* se dandinait devant les poutres du ponton. Un premier brise-glace, le *Baïkal*, était parti la veille, mais la glace du lac était encore épaisse, et il semblait improbable qu'il pût se tailler un canal jusqu'à Missovaïa avant le lendemain. Comme Akim s'inquiétait des suites du voyage, un officier du port le rassura : le brise-glace *Angara* serait accompagné de quatre-vingts traîneaux, et, si le bateau se trouvait arrêté dans sa course, les troupes poursuivraient leur route en troïkas.

Les soldats embarquèrent sur le pont inférieur et s'établirent dans un amoncellement de sacs et de caisses. Les officiers eurent accès au pont supérieur. Il faisait doux. Le brise-glace progressait lentement dans le sillage vert et laiteux de son devancier. Parfois, de gros blocs de glace se détachaient, avec un craquement de sucre, de la rive gelée, se soulevaient contre les parois du bateau et se tenaient un instant dressés, menaçants. Le soleil ouvrait des transparences d'émeraude dans leurs sections vives. Puis la masse vitrifiée s'abîmait lourdement dans l'eau.

— Que c'est beau ! murmurait Akim.

— Ce n'est pas beau, puisque cela s'explique physiquement, disait Velikanoff.

Sur le lac glacé, les troïkas suivaient le navire, à fond de train. Les cochers brandissaient leurs fouets et hurlaient à tue-tête en se dépassant. Leurs voix sonnaient allégrement, comme prises sous un dôme de verre. Sur le pont, Troubatchoff et Ta-ta-tam pariaient pour les attelages et les encourageaient à grands cris.

À cinq heures de l'après-midi, l'*Angara* rejoignit le *Baïkal* qui trouait sa route, en rejetant de droite et de gauche des ailes de glace épaisses et cassantes. Impossible d'aller plus loin. Il fallait débarquer. Mais, pour que l'opération se déroulât sans encombre, il importait que la coque s'enfonçât et s'établît solidement dans la matière. L'*Angara* fit marche arrière, vira lentement et se lança, « en avant toute », sur le bord gelé. Sa proue se haussa, demeura suspendue, le temps d'une seconde, et retomba enfin, broyant sous son poids la carapace du lac. Le capitaine ordonna de renouveler la manœuvre à quatre reprises. Après chaque assaut, la masse inerte refoulait obstinément l'*Angara*. Enfin, le navire s'incrusta dans cette surface éblouissante et compacte et resta immobile, enserré de toutes parts, soufflant sa fumée avec irritation. Le débarquement commença aussitôt.

Le lac étalait très loin sa nappe de glace et de neige. Sur le ciel de soleil brumeux, il y avait des montagnes de carton, posées à contre-jour. L'air vif creusait les poumons à chaque aspiration. Lorsque les traîneaux s'ébranlèrent, le son de centaines de clochettes emplit l'espace nu et froid. Akim ferma les yeux avec délices. Et, pendant dix verstes, il n'échangea pas une parole avec son voisin.

À Missovaïa, les troupes remontèrent dans les wagons et le voyage se poursuivit à travers les montagnes du Transbaïkal. Les stations avec buffet devenaient, de jour en jour, plus rares. À l'approche de ces haltes, une effervescence cannibale secouait les hommes. Sans attendre l'arrêt du train, les officiers sautaient à terre et couraient occuper une place dans la salle commune ou dans la cuisine enfumée. Et, lorsque le convoi reprenait sa route, il y avait des retardataires qui trottaient au bord de la voie, en mastiquant un dernier bout de saucisson. Rouges, les yeux ronds, la bouche pleine, ils grimpaient dans le wagon en marche, salués par les rires et les acclamations de leurs camarades. Troubatchoff excellait dans ce genre d'exercices. Quant au rêveur Ta-ta-tam, lors d'un arrêt prolongé, il quitta la gare et se mit à marcher en fredonnant, le long des rails. Le train repartit sans que personne se fût aperçu de son absence. Heureusement, il avait précédé le convoi, et le chauffeur, l'apercevant qui gesticulait sur le remblai, eut la charité de ralentir l'allure de la locomotive pour lui permettre de se hisser dans le compartiment.

— La musique est un art dangereux ! dit Troubatchoff. Avez-vous au moins trouvé l'air de votre marche ?

— Je le cerne, je le cerne, répondait Ta-ta-tam en lustrant ses ongles sur la couture de son pantalon.

La locomotive du transsibérien ne brûlant que du bois, une fumée mince et bleuâtre drapait le paysage. Des mamelons roux, des prairies d'herbes sèches, des champs de crocus multicolores, s'inscrivaient tour à tour dans le cadre exact de la fenêtre. Non loin de la voie, quelques Bouriates faisaient paître des troupeaux de chevaux, menus, velus, à longues crinières et à queues traînantes. À la station Oloviannaïa, d'autres Bouriates étaient assis à croupetons au milieu de la route. Ils avaient des bonnets de fourrure pointus, des faces jaunes et plissées de singes. Ils vendaient des chevaux. Leurs prix avaient monté depuis la guerre. Au lieu de quarante ou de cinquante roubles par bête, ils en demandaient trois cents. Troubatchoff s'indignait « pour le principe » et les menaçait de les faire fouetter à mort. Les Bouriates ricanaient, agitaient leurs petites mains sales à hauteur de visage.

À la station Mandchouria, les officiers rencontrèrent des Cosaques d'un régiment sibérien. Ils étaient fourbus et mécontents. Leur convoi sillonnait la Sibérie depuis cinq semaines, et ils ne connaissaient pas encore leur affectation.

Les jours suivants, le train dépassa encore des convois de troupes, de canons, de munitions de guerre. La voie ferrée était surveillée par des gardes-frontières, vêtus d'une tunique noire à parements verts, et coiffés de bonnets d'astrakan. De place en place, il y avait de grands mâts, surmontés d'un faisceau de paille sèche. Des sentinelles étaient chargées d'allumer ces brandons en cas d'alerte. Le train roulait déjà dans une contrée hostile. On ne se trouvait plus en Russie, mais en Mandchourie, en Orient, aux portes du mystère. Les gares étaient décorées à la mode chinoise, avec, aux pignons et aux arêtes des toits, un fouillis de dragons, de serpents et de chiens en faïence coloriée.

Akim se penche à la portière du wagon. Le train glisse avec lenteur. Dans les plaines bordées de montagnes violettes, travaillent des laboureurs chinois, habillés de longues chemises, coiffés de chapeaux de paille en forme de cônes. Un mulet tire quelque charrue primitive, dont le soc égratigne la terre en sautillant. Des arbres rabougris explosent en fleurs blanches près d'une pagode aux toits retroussés. Les murs des *fanzas* sont crépis de terre glaise et recouverts de chaume de sorgho. Tiens, une station militaire. Le train s'arrête en soufflant. Des soldats bondissent hors des wagons et courent, leurs théières de métal à la main, pour chercher de l'eau bouillante dans la cabane en planches, au bout du quai.

Près de la gare, s'alignent des baraquements tout neufs, destinés aux blessés et aux dépôts de l'intendance et de la Croix-Rouge. La guerre se rapproche. Akim remarque chez ses compagnons une nervosité croissante. Ceux-là mêmes qui, quelques jours plus tôt, affectaient d'ignorer la guerre en parlent aujourd'hui avec estime et gravité. Velikanoff critique la bataille de Turentchen, sur le Yalou. Troubatchoff s'indigne contre le mode absurde du recrutement local, qui rafle toute la population mâle d'un district et néglige d'incorporer les célibataires du district voisin.

— Comment voulez-vous que notre moujik s'y retrouve ? dit-il. Dans son village, on mobilise les pères de famille barbus et impotents, et, dans le village d'en face, des gamins de vingt ans se pavanent encore et font la cour aux femmes !

— Moi, dit Paskine, je fais confiance au génie du peuple russe. Cette guerre sera une promenade en musique... en musique...

— Préparez-nous une marche funèbre, à tout hasard, grogne le misanthrope Velikanoff.

Fakiloff, le premier, parle de sa famille. Il a laissé sa femme, sa petite fille de cinq ans. La petite fille s'appelle Olga. Elle a des cheveux blonds. Honteusement, il tire une photo de sa poche. La photo passe de main en main. Le médecin major explique d'une voix enrouée :

— C'est l'année dernière, chez ma belle-mère... Il faisait sombre... Alors, la petite a l'air d'avoir une moustache...

Les autres palpent la photo, hochent la tête.

— Si on pensait à tout ce qu'on laisse, on ne partirait jamais, dit Velikanoff.

Akim soupire.

— Moi, dit-il, je suis parti sans prévenir mes parents. Je ne leur ai pas encore écrit. Je leur écrirai... de... de... Moukden...

L'ombre descend dans le compartiment. Personne ne parle plus. Tous réfléchissent, remuent leurs souvenirs et regrettent leur geste. Akim se demande quel appel intérieur a pu arracher ces hommes à leur famille, à leur confort, à leur chance ? « Pourquoi sont-ils partis ? Pourquoi suis-je parti ? » Troubatchoff rompt le silence.

— Parfois, dit-il, il faut savoir se faire mal, rien que pour se prouver qu'on est un homme.

Akim pense à l'époque où il éteignait une cigarette contre le dos de sa main pour vérifier sa bravoure. Il a grandi, depuis. Il n'éteint plus de cigarettes contre le dos de sa main. Il part pour la guerre. Mais c'est la même chose : « Ça t'apprendra ! Ça t'apprendra !... »

— Racontez-nous une anecdote, dit-il à Troubatchoff.

Le lendemain, à la première station, Akim descend du train et va bavarder avec des soldats qui voyagent dans un wagon à bestiaux.

— Vous avez hâte d'arriver, les gars ? dit-il en forçant sa voix.

— Oh ! nous, on n'est pas pressé, Votre Noblesse, répond un rouquin au visage mou. Nous, on n'a rien demandé. C'est pas notre métier, à nous, de nous battre.

Akim, mécontent, rejoint le groupe des officiers qui déambulent sur le quai pour se dégourdir les jambes. Près de la gare, des Chinois, agenouillés devant des sacs de provisions, vendent aux soldats du pain, du tabac et des fèves sèches pour remplacer les graines de tournesol. Des coolies transportent de la terre dans des paniers plats suspendus à des palanches. Ils vont d'une démarche dansante et déversent leur charge sur le remblai. Des femmes passent, lourdement fardées, le chignon haut perché et orné d'un papillon en métal. La police est assurée par des Chinois qui ont un rond d'étoffe de couleur cousu dans le dos. Les indigènes dévisagent les officiers avec indifférence. Cette guerre ne les regarde pas. Cette guerre les dérange. Akim remonte dans le train après avoir acheté une bande de soie couverte d'hiéroglyphes dorés.

— C'est pour offrir à votre fiancée ? demande Troubatchoff.

— Je n'ai pas de fiancée, dit Akim.

— Vous en trouverez à Liao-Yang, dit Fakiloff. Les femmes mandchoues sont charmantes. Vous savez, elles n'ont pas les pieds mutilés comme les Chinoises. Elles se fardent. Et, pour la bagatelle, ah ! ma mère !... ce sont des diablotins, des diablotins !...

Il rit. Le train repart. Akim s'installe dans un coin et commence une longue lettre pour ses parents. Ayant achevé sa lettre, il joue aux cartes ; puis il déballe un saucisson et le mange sans appétit ; enfin, il ramasse un vieux journal, en lit quelques lignes, le rejette et s'étend sur la couchette étroite, avec la conscience que, demain, il faudra encore jouer aux cartes, lire, manger, dormir, dans le même compartiment, devant les mêmes hommes. Depuis quelque temps déjà, il lui semble éprouver le mouvement du train dans son ventre. Et, lorsqu'il descend sur le quai, il a l'impression que les trépidations du wagon continuent en lui, qu'il n'y a plus nulle part de terre ferme et d'immobilité.

Ils sont partis depuis trente jours. Ils se sont dit tout ce qu'ils avaient à se dire. Ils sont les uns devant les autres, vidés, ennuyés, hargneux. Chacun sent qu'il est une charge pour le voisin. Akim devine bien que le petit bouton qui lui a poussé sur la joue exaspère Troubatchoff, mais lui-même ne peut plus voir sans répugnance la moustache cirée du dragon, les doigts minces et transparents de Ta-ta-tam et la moue écœurée de Velikanoff. Il est temps que ce voyage finisse. Il est temps qu'on se sépare. Alors, de nouveau, on s'aimera. Et il sera trop tard, peut-être.

— À Moukden, on pourra enfin se détendre, gémit Velikanoff.

Moukden. Le train s'arrête deux heures. Les officiers se ruent au buffet. Akim boit plus que de raison et perd la moitié de son argent de poche en jouant aux dés avec un sous-lieutenant de tirailleurs sibériens. Il regagne le wagon, la tête lourde, la bouche pâteuse. Ta-ta-tam s'est procuré un harmonica et prétend jouer des marches militaires pour charmer les dernières heures du voyage. Ses compagnons ont beaucoup de mal à lui imposer silence. Velikanoff a déplié sa carte :

— Liao-Yang. Nous y serons dans la nuit, sans doute...

Akim veut se coucher. Mais, à peine s'est-il étendu sur la banquette, qu'une forte nausée à l'odeur de vodka lui emplit la bouche. Il se lève, passe dans le couloir. Il fait chaud. La nuit glisse derrière les vitres. Le ciel est criblé d'étoiles. Quand le train stoppe en rase campagne, on entend crier des oiseaux, des bêtes obscures.

À trois heures du matin, le convoi tressaille sur des aiguillages.

— On arrive ! hurle Velikanoff.

Et, dans tous les compartiments, retentissent des rires, des jurons, des bruits de sabres et d'éperons heurtés. Enfin, le convoi ralentit et s'enlise dans les pénombres d'une gare où tournoient de faibles lueurs. Un employé qu'on ne voit pas crie :

— Liao-Yang, Liao-Yang...

Les officiers s'empressent de faire décharger leurs bagages, car il faut changer de quai, et le train pour Port-Arthur repart dans une heure.

Tandis qu'Akim et ses amis se démènent entre des porteurs à visages grimaçants et à longues nattes, un officier du service des chemins de fer s'avance vers eux et les salue.

— Inutile de vous presser, messieurs, dit-il, vous avez tout votre temps...

— Que se passe-t-il ? demande Troubatchoff.

— Les communications avec Port-Arthur sont coupées par l'ennemi, répond l'officier.

4

La patrouille, commandée par le lieutenant Troubatchoff et le sous-lieutenant Arapoff, se composait d'un demi-escadron de Cosaques de Sibérie. Partie la nuit de Vafandian, elle avait longé la voie ferrée et s'était arrêtée, au petit jour, sur une colline abrupte qui dominait le pays.

Les hommes s'étant établis en contrebas pour dessangler les bêtes et se reposer eux-mêmes de la chevauchée nocturne, Akim et Troubatchoff montèrent au sommet du tertre et s'étendirent à plat ventre dans l'herbe. De cet observatoire, suspendu au-dessus d'une pente raide et embroussaillée, ils découvraient toute la plaine. Akim avait les jambes et le dos engourdis de fatigue, mais une impatience joyeuse précipitait les battements de son cœur. C'était sa première mission, sa première « affaire ». Ni lui ni les jeunes Cosaques qu'il commandait avec Troubatchoff n'avaient jamais vu l'ennemi. L'ennemi était pour eux une donnée abstraite, un terme d'instruction, un prétexte à manœuvres inutiles dans les cours des casernes et les terrains variés. Depuis quatre jours déjà, des patrouilles sillonnaient le pays pour reconnaître l'importance des colonnes japonaises qui avançaient sur Vafangoou. C'était à Vafangoou, en effet, qu'était cantonné le 1er corps sibérien du général-baron Stackelberg, dont les formations avaient l'ordre d'attirer et de retenir les divisions nippones.

— Pensez-vous que nous les verrons ? demanda Akim en se tournant vers Troubatchoff.

— Qui ?

— Les Japonais, parbleu !

— Vous êtes pressé !

Akim crut bon de jouer l'indifférence :

— Curieux, tout au plus. On prétend qu'ils sont très mauvais tireurs, n'est-ce pas ?

Il se reprocha aussitôt cette réflexion. Troubatchoff n'allait-il pas le prendre pour un poltron ?

Cependant, Troubatchoff haussa les épaules et dit :

— Je n'en sais pas plus que vous, mon cher. Mais rassurez-vous, nous serons bientôt renseignés.

— Bientôt, vous croyez ?

Troubatchoff ne répondit rien. Il avait allumé sa pipe et contemplait le paysage en plissant les yeux. Le ciel était d'un gris vaporeux, ensoleillé et profond. Une chaîne de montagnes cernait l'horizon, vertes et jaunes, coupées d'ombres parallèles. La ligne de chemin de fer divisait les champs cultivés. Des Chinois en blouses bleues travaillaient au bord de la voie. Parfois, ils s'arrêtaient, relevaient la tête. Et on voyait basculer leurs grands chapeaux de paille. L'air était tiède. Il y avait de drôles de petites fleurs blanches dans l'herbe. Elles ressemblaient aux edelweiss des livres de botanique. Akim en cueillit une, l'écrasa entre ses doigts, respira son parfum amer. Un oiseau sautait en pépiant dans les broussailles. L'univers entier était propre, blond et léger, inoffensif. Pour un peu Akim eût oublié la guerre. N'était-il pas étendu là, dans l'herbe, comme un promeneur, froissant des fleurs dans ses mains, humant l'odeur de la campagne matinale ? Sûrement, les Japonais ne viendraient pas. Il n'y avait pas de Japonais dans ce pays. Et il n'y en aurait jamais.

Troubatchoff extirpa une bouteille plate de sa poche, but une rasade d'eau-de-vie, claqua de la langue. Le maréchal des logis-chef, un grand Cosaque à la barbe rousse et légère comme de la bourre, s'approcha de lui.

— Si vous vouliez descendre, Votre Noblesse, je ferais le guet.

— Prends mes jumelles.

L'homme rit doucement.

— J'aime mieux celles du bon Dieu, dit-il.

Et il porta une main en visière devant ses yeux petits et cerclés de rides.

— Vous venez ? dit Troubatchoff en prenant Akim par le bras.

À ce moment, le Cosaque poussa un sifflement et redressa la taille.

— Qu'as-tu ? demanda Troubatchoff.

— Ou je me trompe fort, Votre Noblesse, ou voilà du monde qui s'apprête à nous rendre visite.

Akim et Troubatchoff braquèrent leurs jumelles dans la direction indiquée. Akim recula d'un pas.

— Mais... mais ce sont eux ! balbutia-t-il.

Son souffle s'arrêta. Un étrange respect le tenait cloué sur place, froid et radieux. Il sentit un muscle qui tremblait dans sa cuisse.

— Ce sont eux, reprit-il gaiement.

Les Cosaques, parqués dans le fond du ravin, grimpèrent la côte à quatre pattes et vinrent s'étendre aux côtés de leurs officiers. Ils discutaient entre eux, se poussaient du coude.

— Vos gueules, grogna le maréchal des logis-chef. Et tâchez voir à ne pas bouger, ou je vous fais redescendre sur le derrière.

— Il faudrait envoyer un rapport à Vafandian, dit Akim.

— Plus tard, dit Troubatchoff. On ne distingue rien encore. Ce n'est peut-être qu'une patrouille...

— M'étonnerait, Votre Noblesse, dit le maréchal des logis-chef. Voyez... voyez...

Les paysans chinois qui travaillaient dans la plaine avaient disparu, comme par enchantement. Les champs s'étalaient, vides et précis, aux pieds des observateurs, avec leurs terres diverses, leurs rigoles d'eau, leurs cabanes. De l'autre côté de la voie ferrée, à bonne distance encore, se dévidaient les colonnes ennemies. À mesure qu'elles se rapprochaient, on discernait mieux leur force et leur ordonnance. Akim n'aurait jamais cru qu'une armée pût se déplacer ainsi, en file régulière, comme sur les images d'enfants. Les petits hommes kaki marchaient en rangs. Leurs fusils brillaient, telles des aiguilles d'acier, dans le champ arrondi des jumelles. Leurs pieds soulevaient de fins panaches de poussière blanche. Derrière eux, s'avançaient des mulets chargés de mitrailleuses, des pièces d'artillerie légère, des caissons, des charrettes. Mais tout cela était émietté, lointain, infiniment gentil et puéril. Vraiment, Akim éprouvait de la peine à imaginer que ces figurines de miniatures fussent des hommes dangereux. Déjà, Troubatchoff griffonnait son compte rendu à l'état-major et le tendait à un jeune Cosaque au nez retroussé, au bonnet de fourrure dévié sur l'oreille. Le Cosaque saisit la missive, salua, dévala la pente, enfourcha son cheval, brandit sa *nagaïka* et disparut dans un nuage de poussière et d'herbe arrachée. Un deuxième, un troisième rapport furent expédiés à l'arrière.

La tête de la colonne avait depuis longtemps dépassé la colline. Il ne s'agissait pas d'une simple patrouille, mais d'une formation importante qui montait vers les positions russes de Vafangoou.

— Et nous les laissons filer ! gémit Akim.

— Vous ne voudriez pas lancer votre demi-escadron contre une armée ?

— Non, mais, quand même... quand même...

Décidément, cette guerre de calculs était bien monotone. Elle excluait tout héroïsme et toute fantaisie. La victoire ou la défaite ne dépendait que d'une addition d'hommes, de fusils, de canons, de munitions et de distances. Une règle de trois.

— Si seulement on pouvait en descendre un, rien qu'un ! dit un jeune Cosaque à visage de Bouriate.

Akim se tourna vers l'homme et lui sourit amicalement.

— Votre Noblesse, dit le maréchal des logis-chef, je pense qu'il serait prudent de nous replier.

— Pourquoi ? dit Akim.

— Ils risquent de nous couper la route...

Akim haussa les épaules. Il était déçu. Cette randonnée de nuit, ces quelques heures de guet, cet espoir, cette angoisse, pour avoir le droit de contempler un défilé de troupe ! N'était-ce pas une aventure humiliante pour un guerrier ?

Troubatchoff ne lâchait pas ses jumelles.

— Quelques instants encore, dit-il. Je veux voir s'ils n'ont pas d'artillerie lourde.

— Nous pourrons nous arrêter sur le chemin du retour pour les observer encore, dit le maréchal des logis-chef.

Tout à coup, Akim poussa un cri :

— Là !

Et il tendit la main vers la droite. Des Japonais débouchaient, à revers, venant d'un boqueteau épais. Pourquoi suivaient-ils cette route détournée ? Comment ne les avait-on pas aperçus plus tôt ? Akim et Troubatchoff éprouvèrent le même affolement, la même colère silencieuse de joueurs bernés. Les soldats nippons avançaient de biais pour rejoindre le gros des colonnes qui longeaient la voie de chemin de fer. S'ils progressaient encore, l'observatoire d'Akim et de Troubatchoff serait enserré de toutes parts, et la retraite des Cosaques vers Vafandian deviendrait une affaire de chance. Il fallait arrêter, ou tout au moins retarder le mouvement d'encerclement de l'ennemi. Cela, tous les hommes le savaient. Mais ils attendaient les ordres de leurs chefs. Groupés derrière les officiers, ils regardaient les petits Japonais qui cheminaient d'un pas égal à travers les champs. Ils évaluaient l'importance du détachement : un bataillon sans doute.

— On dirait des mouches ! grogna un Cosaque. Si c'est pas malheureux, quand même !

— Que faisons-nous, Votre Noblesse ? demanda le maréchal des logis-chef.

Akim et Troubatchoff échangèrent un coup d'œil rapide.

— Préparez-vous à les recevoir, dit Troubatchoff.

Comme s'ils n'espéraient que cette décision, les Cosaques s'éparpillèrent et armèrent leurs fusils.

— Camouflez-vous ! cria le maréchal des logis-chef en se couchant à plat ventre dans les broussailles.

Akim et Troubatchoff se placèrent aux deux extrémités de la chaîne. Akim, un genou à terre, les jumelles levées, étudiait avidement la progression minutieuse de l'ennemi. Les Japonais ne soupçonnaient pas la présence d'une patrouille russe au sommet de la colline qu'ils allaient contourner. Ils marchaient en rangs, l'arme à la bretelle. Akim distinguait les taches claires de leurs visages, les buffleteries de leurs uniformes. Un frisson joyeux le parcourut.

— Tout près, ils sont tout près, murmura-t-il.

Et il ordonna aux gardiens de chevaux de lui passer un fusil. Ayant épaulé son arme, il visa, au hasard, un soldat japonais, admirablement anonyme. Aucune cruauté dans ce geste. C'était un jeu. « Je l'aurai ! » pensa-t-il.

— Sur l'infanterie, commanda Troubatchoff, demi-escadron... feu...

Une détonation unie secoua la colline.

— Ils tombent ! Ils tombent ! glapissaient les Cosaques.

En bas, dans la plaine, de petits hommes en kaki tournaient sur eux-mêmes et s'effondraient comme des marionnettes. Le Japonais d'Akim s'était assis par terre et baissait la tête.

— Je l'ai eu ! s'écria Akim.

Les Japonais, désemparés, avaient rompu les rangs. Une deuxième, une troisième salve les refoulèrent vers le bois. Les Cosaques riaient en rechargeant leurs armes :

— Tu as vu comme je l'ai culbuté, le mien !

— Et le mien ? Regarde. Il tourne sur place comme un ivrogne. Il a son compte.

Cependant, le bataillon ennemi se reformait à l'orée du boqueteau. Une première ligne de soldats, dispersés en tirailleurs, s'avança vers la colline. D'autres suivirent. Ils couraient, pliés en deux, se plaquaient au sol et repartaient, souples et bondissants.

— De quoi ça a l'air ? dit un Cosaque.

Tout à coup, les Japonais s'immobilisèrent, disséminés et couchés dans l'herbe. Des détonations claquèrent très loin, sèches et minuscules.

Akim serra les dents avec fierté. Les balles ennemies sifflaient au-dessus de sa tête et allaient s'aplatir dans la terre avec un bruit mat.

— Demi-escadron... à mon commandement... feu !..., cria Troubatchoff.

Une salve joyeuse répondit à la fusillade des Japonais. Le crépitement de la mousqueterie chatouillait les nerfs d'Akim. Il se sentait plein de vigueur, de santé et de décision. Il ne pensait pas au danger. Ces petits êtres jaunes, là-bas, étaient des insectes inoffensifs. « Pourvu que ça dure comme ça, longtemps, longtemps ! » songea-t-il. Il eut envie de rire et se retourna. Alors, il vit l'un des gardiens de chevaux qui avait grimpé le talus et qui demeurait là, debout, les bras ballants, la tête haute. Du sang coulait sur le visage du Cosaque. Son oreille était comme une éponge rouge déchiquetée.

— Eh bien, voilà ! Eh bien, voilà ! gémit l'homme avec colère.

Puis, il porta les deux mains à sa joue et dégringola dans le ravin. Akim était abasourdi.

— Qu'est-ce qu'il a ? demanda-t-il.

— Rien. C'est l'oreille qui a pris, dit un Cosaque.

Un sentiment de pitié désagréable étreignit le cœur d'Akim. Troubatchoff s'approcha de lui en rampant et le questionna :

— Quelqu'un de blessé ?

Akim fit la grimace :

— Rien... L'oreille... C'est sa faute aussi... Il n'avait qu'à rester en bas...

Et il continua de tirer avec une volonté farouche.

Un peu plus tard, le voisin d'Akim, un petit Cosaque maigre et blondasse, poussa un cri et se roula sur le flanc, comme pour s'endormir. Ses camarades le soulevèrent et le traînèrent à l'abri, dans le ravin. Il avait reçu une balle dans l'épaule. Il perdait beaucoup de sang.

— Pas d'autres blessés ? demanda Troubatchoff.

— Si, dit un Cosaque, Krivko, à l'autre bout de la chaîne. Il a pris une balle en plein front. Mort sur le coup. Ça vaut mieux.

— C'est bon, c'est bon, à vos postes, grommela Akim.

Il était mécontent. On lui gâchait son plaisir en lui parlant de ces blessés, de ce mort.

Les Japonais avaient subi des pertes sensibles. Il y avait, dans la plaine, de faibles tas d'étoffe qui ne bougeaient plus. Cependant, les soldats ennemis avançaient toujours. Sur un ordre qu'on n'entendit pas, des silhouettes se redressèrent et se mirent à courir dans la direction de la colline.

— Feu accéléré, commanda Troubatchoff.

Les détonations couvrirent sa voix. Quatre ou cinq Japonais culbutèrent dans leur élan, mais les autres trottaient à vive allure, le dos rond, la tête tendue.

— Ils vont nous couper, s'écria Troubatchoff. Allons, les gars, à vos chevaux !

— À vos chevaux ! répéta Akim, sans bien comprendre ce qui se passait.

Les hommes dévalèrent un à un vers leurs montures. Par l'échancrure du ravin, on découvrait un nouvel aspect de la plaine. Si les Japonais parvenaient à contourner la colline, la patrouille était prise au piège. Il fallait partir avant que l'ennemi eût barré la route. Déjà, quelques tirailleurs apparaissaient dans un champ de sorgho. Des balles s'écrasaient contre les parois de l'excavation où étaient massés les Cosaques. À chaque décharge, les cavaliers baissaient la tête.

— Vous avez fini de saluer ? cria Troubatchoff.

Et lui-même, instinctivement, baissa la tête. Akim fut secoué d'un petit rire faux, crispé, qui lui fit mal.

— Il faudra leur passer dessus, grondait le maréchal des logis-chef en enfourchant sa bête.

Les blessés furent pris en croupe par leurs camarades, le mort, attaché en travers d'une selle. Sa tête pendait, avec un petit trou noir au front.

Le cheval d'Akim, effrayé par les détonations, dansait sur place, chauvait des oreilles. Akim flatta l'encolure de la bête. Il se sentait tout béat d'angoisse et de vanité. On allait charger l'adversaire. Ce serait son baptême guerrier. Machinalement, il se rappela les cours théoriques de l'École : « L'homme doit charger courbé sur l'encolure de son cheval pour offrir moins de surface aux coups de feu et donner un meilleur élan à la monture. Ce n'est qu'en joignant l'adversaire qu'il se redressera de toute sa taille et sabrera de haut en bas, de gauche à droite... » Akim savait tout cela. Cent fois, mille fois, il avait sabré des mannequins de terre glaise et des fascines. Mais, aujourd'hui, c'étaient des hommes...

Troubatchoff se retourna et sourit à Akim, d'un air à la fois égaré et joyeux.

— Prêts, mes enfants ? demanda-t-il.

— Au nom du Père, du Fils et du Saint-Esprit, murmura un Cosaque en tapotant la poignée de son sabre.

Puis, il se signa gravement.

Une ligne de soldats japonais s'étirait en face du ravin.

— Sabre au clair... Lance au poing... Pour la foi, le tsar et la patrie, glapit Troubatchoff d'une voix écorchée. Marche !

Et, avant d'avoir pu réfléchir à son geste, Akim fut pris dans un mouvement impérieux d'hommes et de chevaux qui le poussa hors du ravin. La plaine. Comme elle est vaste ! Comme l'ennemi est loin ! Jamais Akim ne couvrira cette distance ! Jamais il ne rencontrera ces petits hommes agenouillés, qui tirent sur lui, avec méchanceté, avec maladresse !

Les Cosaques s'étaient déployés en demi-cercle. Ils galopaient de front, couchés sur l'encolure de leurs bêtes. Et Akim volait avec eux. Il criait : « Hourra ! » À sa droite, il vit un Cosaque au visage grêlé sous son bonnet de fourrure, à sa gauche, un autre, la barbe au vent, les yeux hors de la tête.

— Hourra !

Les Japonais ne bougeaient pas. Ils tiraient toujours. « Ils sont braves », pensa Akim. Et, subitement, un frisson glacé lui secoua le dos. Plus de doute possible. Le choc aura lieu. Il sera blessé, peut-être. Blessé comme le Cosaque blondasse, qui s'est enroulé sur lui-même, ou comme l'autre avec son oreille en sang. « Eh bien ! qu'on me blesse, qu'on me tue, mais vite, vite ! » Des trajectoires de feu vibrent dans l'air. Un cavalier bascule hors de sa selle et demeure pendu à l'étrier, la face au sol, les mains bizarrement retournées. Un autre s'affaisse, comme pour embrasser le garrot de sa bête. Un troisième roule avec sa monture sous les pieds d'Akim. Là-bas, sur la droite, un cheval galope sur trois jambes et hennit lamentablement. La tête haute, la queue battant les reins, il tient en avant sa jambe fracassée qui pend et ballotte au rythme de la course. « Il faudra l'achever, songe Akim. Mais on n'a pas le temps. Ceux-là d'abord. Mon Dieu, aidez-moi contre ceux-là. »

Devant Akim se dresse un Japonais au visage plissé, fané, aux yeux d'épouvante. Le Japonais halète, crie quelque chose. Il grandit, cet homme. Il se rapproche. Il porte une cicatrice à la joue. Il n'était personne. Il est quelqu'un. Quelqu'un avec un nom, une vie, une arme. « Lui ou moi ? »

— Hourra ! hurle Akim.

Il talonne sa bête, lève le sabre. Dans une sorte de vertige, il voit une baïonnette qui s'avance vers lui, des sourcils énormes, une bouche pleine de dents et de salive.

— Hourra ! braille-t-il encore, autant pour lui-même que pour les autres.

Et il frappe de taille à toute volée. La lame rencontre un corps mou qui chavire. Puis, il n'y a plus rien que le silence et l'espace. Akim galope toujours. Les Cosaques l'entourent. Ils ont franchi la ligne. Les Japonais bousculés leur tirent dans le dos. « Eh bien, c'est fini ! pense Akim. Ce n'est pas plus difficile que ça. Je l'ai frappé. Je l'ai peut-être tué. Et moi, je suis sain et sauf. Je suis même un héros sans doute. »

Il se retourne. La patrouille a laissé une dizaine de morts et de blessés sur le terrain. Des chevaux sans maître trottent dans les champs. Troubatchoff rengaine sa lame.

— Bravo, les gars ! crie-t-il.

Akim regarde son sabre qu'il tient toujours à la main. Il est marqué de sang. Vivement, il l'essuie contre sa botte. Une gêne honteuse lui oppresse le cœur. Malgré lui, il évoque ce visage chiffonné d'horreur, cette cicatrice, cette bouche ouverte, ce bras levé pour la menace ou la prière. « Ne plus penser à cela... Autre chose... Voyons... la gloire de l'armée russe... l'empereur bien-aimé... le serment au drapeau... le sang pour la patrie... Très bien... Très bien... »

Akim cambre la taille. Un vent léger glace la sueur à son front, à ses lèvres. Sa respiration devient égale. Son cheval galope rondement. Autour de lui, les hommes sont essoufflés, radieux. Et les chevaux aussi paraissent satisfaits d'eux-mêmes. Les chevaux et les hommes se ressemblent. Être comme eux. Le danger a rapproché Akim de ses Cosaques. Il les aime fraternellement, tout à coup. Il voudrait leur faire plaisir. Il cherche quelque parole familière, susceptible d'amuser son voisin. Mais il ne sait pas encore parler aux gens du peuple. Il dit enfin :

— C'est une belle charge ! Le colonel sera content de nous !

L'homme se tourne vers lui et rit de toutes ses dents fortes et jaunes.

Les Japonais ont cessé leur fusillade. La patrouille passe au trot allongé, puis au pas. Akim est pressé de regagner Vafandian pour entendre les compliments de ses chefs. Peut-être lui décernera-t-on la croix de Sainte-Anne de quatrième classe, avec l'inscription : *Pour la bravoure* sur la poignée du sabre ? Il rougit de plaisir et gonfle ses narines, comme lorsqu'il était enfant.

Un Cosaque, au visage de bronze, rejette la tête et se met à chanter d'une voix fine de ténor :

Ne t'assieds pas auprès de moi,
Ne t'assieds pas auprès de moi,
Les gens diraient que tu m'aimes,
Que tu m'aimes,

Que tu me fréquentes,
Que tu m'aimes,

Que tu me fréquentes,
Je suis d'une bonne famille...

D'autres Cosaques se joignent au chanteur :

Je suis d'une bonne famille,
Pas ordinaire,
D'une famille de voleurs,
De voleurs,
Pas ordinaires !...

Akim chante avec ses hommes pour mieux s'étourdir dans la joie.

Contre toute prévision, le colonel accueillit très mal le récit de la charge des Cosaques à travers les lignes japonaises. La patrouille n'avait pas pour mission de combattre les lignes japonaises, mais de les observer sans se découvrir. Si elle s'était retirée à temps, elle n'aurait pas été surprise par l'ennemi et n'aurait pas perdu une quinzaine d'hommes en tués et blessés. Le lieutenant Troubatchoff et le sous-lieutenant Arapoff s'étaient conduits avec une légèreté coupable. Ils méritaient un avertissement. Tel était du moins l'avis du colonel. Akim, qui s'était attendu à des félicitations et à des récompenses, fut mortifié par l'incompréhension de ses chefs, et il fallut que Troubatchoff le sermonnât pour lui rendre un peu de confiance dans l'armée russe et dans son propre destin.

5

Le 6 juillet, Nicolas rendit visite à Zagouliaïeff et ne le trouva pas chez lui. Il en conclut que Zagouliaïeff avait quitté la ville sans le prévenir. Pendant quatre jours, il acheta les journaux et les parcourut avec fièvre, espérant y lire l'annonce de l'attentat. Mais les journaux ne parlaient que de la guerre russo-japonaise, des combats du détachement Rennenkampf et du passage du détroit de Tsougarou par les croiseurs de Vladivostok.

Le 10 juillet, Zagouliaïeff reparut enfin et avoua que l'affaire avait échoué par malchance. Un contretemps stupide avait retardé la distribution des bombes, et Plehvé avait pu s'embarquer pour Peterhof, sans même soupçonner qu'il avait, encore un coup, échappé à la mort.

Pourtant, Zagouliaïeff n'était pas abattu par cette nouvelle déconvenue. Très calmement, il apprit à Nicolas que l'attentat était remis au jeudi suivant, 15 juillet, et que, cette fois, la réussite était pratiquement certaine.

— Tu vas donc repartir ?

— Dès après-demain.

— Et où logeras-tu ?

— Chez un négociant juif de la rue Sadovaïa. Il me prête une défroque de vendeur de cigarettes. Si tu me voyais ! Je suis méconnaissable !

— Emmène-moi, dit Nicolas.

Mais Zagouliaïeff refusa de l'entendre. Cet attentat était l'apanage de quelques terroristes éprouvés. La présence de Nicolas sur les lieux eût été contraire aux règles de l'organisation de combat.

— Tu nous gênerais plutôt... Songe que la moindre maladresse suffirait à tout compromettre... Contente-toi de m'aider à préparer des bombes...

Nicolas feignit de se laisser convaincre, mais, intérieurement, il décida de partir, le soir même, pour Saint-Pétersbourg. Les récits de Zagouliaïeff excitaient son imagination. Coûte que coûte, il voulait assister à l'attentat contre Plehvé. Cette épreuve du sang lui paraissait indispensable à son propre repos. S'il supportait le choc sans trembler, il ne douterait plus de sa force. S'il flanchait devant la victime, il comprendrait que le seul travail auquel il pût jamais prétendre était celui de journaliste clandestin. Or, il souhaitait violemment s'évader des paroles et des papiers. Saint-Pétersbourg n'était qu'à une douzaine d'heures de Moscou, par train express. Il reviendrait le lundi pour reprendre sa besogne chez Braniloff. À moins que les camarades ne le retinssent là-bas. Tout était possible. Nicolas quitta Zagouliaïeff et passa directement à la gare pour acheter son billet.

Le 15 juillet, à huit heures du matin, il faisait les cent pas dans la rue Sadovaïa où logeait le complice de Zagouliaïeff. À l'angle de la rue Moghilev, il croisa un petit homme carré, bossu, au crâne coiffé d'une casquette à visière vernie. L'homme portait un tablier blanc très sale et des bottes à hautes tiges. Un éventaire garni de paquets de cigarettes, de boîtes d'allumettes et de porte-monnaie était suspendu à son cou. Il marmonnait :

— Cinq kopecks les dix cigarettes, barine... Demandez et on vous servira... Cinq kopecks seulement...

Nicolas reconnut Zagouliaïeff. Le cœur battant, il s'approcha de lui et feignit de fouiller dans son éventaire.

— Je t'avais défendu de venir, chuchota Zagouliaïeff avec colère.

— Il fallait que je vienne, dit Nicolas. Je ne pouvais pas résister. Je voulais voir...

— Voir... voir..., grommela Zagouliaïeff.

Mais, comme un agent passait devant eux, il reprit d'une voix plus forte :

— Achetez cet étui, barine. Il vous portera bonheur.

— Et la bombe ? demanda Nicolas dans un souffle.

Pour toute réponse, Zagouliaïeff lui désigna d'un regard le sac de toile qui pendait sur sa hanche.

Nicolas détourna les yeux.

— Où sont les autres ? dit-il encore.

— Ils se sont réunis au square de l'église Pokrov. J'y allais justement. C'est de là que nous devons partir...

— Vous êtes combien ?

— Tu es bien curieux... Mais, maintenant, ça n'a plus d'importance... Nous sommes cinq... Nous devons marcher l'un derrière l'autre à quarante pas de distance... Itinéraire : le prospect des Anglais, la rue Dvorianaïa, le canal Obvodnoï. Puis, on tourne devant la gare de la Baltique et la gare de Varsovie, et on débouche sur le prospect Ismaïlovsky. Il viendra à notre rencontre. Le premier le laissera passer. Le second lancera sa bombe. Alors, de trois choses l'une : ou il est touché, et l'affaire est dans le sac. Ou il rebrousse chemin, et le premier lanceur lui envoie son engin par la portière. Ou il continue vers la gare, et les trois autres se chargent de le descendre. C'est clair ? Demandez mes cigarettes... À cinq kopecks les dix... Seulement pour les amateurs... Barine, achetez-moi mes cigarettes...

Nicolas acheta un paquet de cigarettes, et, tandis que Zagouliaïeff lui rendait la monnaie d'une main ferme, il le questionna encore :

— Tu n'as pas peur ?

— Non, je suis soulagé.

— De quoi ?

— D'avoir trop attendu. Ouf ! Cette bombe est bien lourde. Six livres. Celle de Sazonoff en pèse douze. Adieu. N'essaie pas de me suivre.

Et il s'éloigna en clopinant.

Nicolas lui tourna le dos et se dirigea vers le prospect Ismaïlovsky. Il marchait lentement. Sa respiration était calme. Il regarda sa montre. Neuf heures du matin.

L'attentat n'aurait lieu qu'à dix heures. Que faire d'ici là ? Malgré la recommandation de Zagouliaïeff, il revint sur ses pas et entra dans le square de l'église Pokrov. Quelques hommes étaient assis sur un banc et discutaient à voix basse. L'un était vêtu en portier, un autre en employé des chemins de fer. Auprès d'eux, se tenait Zagouliaïeff. Il avait déposé son éventaire. Il fumait. De loin, son visage paraissait petit et pâle. Un visage d'enfant rachitique. Devant le porche de l'église, un individu, habillé pauvrement, se prosternait et se signait à longs gestes pieux. Zagouliaïeff s'avança vers l'inconnu. Celui-là aussi était donc du complot. Il priait avant de tuer.

Nicolas quitta le square sans être remarqué. À neuf heures et demie, il était de nouveau sur le prospect Ismaïlovsky. Une angoisse légère lui creusait le ventre. Il avait soif. Il glissa la langue sur ses lèvres et les trouva sèches, brûlantes.

Des passants aux figures banales se hâtaient vers leur travail. Le ciel était bleu. Un soleil tendre chauffait les façades en briques des maisons, les vitres aux rideaux de tulle. Tout au bout du prospect Ismaïlovsky, la gare de Varsovie dressait sa bâtisse trapue, surmontée d'un clocher miniature. Un tramway passa bruyamment. Des chevaux le tiraient dans un cliquetis de ferraille et de clochettes. Il y avait beaucoup de monde sur l'impériale. Une fillette en blanc chantait en secouant un panier à bout de bras. On entendait siffler les trains. Des oiseaux tournaient au-dessus du pont qui menait à la gare. Nicolas remonta l'avenue jusqu'à l'angle du pont. Il s'arrêta devant l'*Hôtel de Varsovie* et lut machinalement les enseignes : *Thé et nourriture. Restaurant*, et le nom du propriétaire : Koudriavtzeff. Une marquise à double pente dominait la porte. Nicolas s'appuya du dos à l'un des montants de la marquise. Puis, il craignit d'être remarqué par le portier et s'éloigna de quelques pas. Tout à coup, il lui sembla que le nombre des officiers de paix et des sergents de ville avait augmenté en quelques secondes. Sans doute le ministre allait-il arriver bientôt. Et les autres ? Pourquoi ne venaient-ils pas ? Il ne pouvait plus attendre. Il voulait que tout se terminât, n'importe comment, mais au plus tôt.

L'horloge de la gare marquait dix heures moins dix. La calèche de Plehvé devait s'être engagée dans le prospect Ismaïlovsky. Et, dans la calèche, il y avait Plehvé, avec ses décorations, ses dossiers, ses pensées particulières. Nicolas essayait de se rappeler les photographies du ministre. Une tête ronde. De grosses moustaches. Le menton lourd. Un homme comme les autres, après tout. Un homme, qui avait pris du thé le matin, qui s'était fait raser, qui avait chaud et qui lissait sa moustache avec impatience. On allait tuer un homme comme les autres. Non, pas un homme, une fonction, un principe. Le principe cachait l'homme. L'idée absorbait l'individu. Dix heures moins sept. Sûrement, il y avait eu un contretemps, et les lanceurs arriveraient en retard. Peut-être aussi les avait-on arrêtés dans le square de l'église Pokrov ? Un lâche soulagement détendit la poitrine de Nicolas. Ses jambes se dérobaient sous lui. Il s'immobilisa devant une boulangerie à devanture basse et regarda les petits pains exposés. Tout autre jour, il serait entré pour acheter un petit pain. Aujourd'hui, il ne pouvait pas. On allait tuer. L'odeur de la pâte fraîche lui tournait le cœur. Il traversa la rue. Et à ce moment, sur le trottoir qu'il venait de quitter, parmi la masse clairsemée des passants, il vit un homme qui marchait à pas lents, le corps déjeté sur la droite, la tête haute. Il reconnut l'un des terroristes. Les contours de la bombe se dessinaient précisément sous l'étoffe de son manteau. Comment les passants, les agents, ne remarquaient-ils pas son allure suspecte ? Comment ne l'avait-on pas encore appréhendé ?

Nicolas regarda plus haut, du côté de la gare, et, à l'angle du pont Ismaïlovsky, il repéra le second lanceur, qui portait, dans le creux de son bras replié, un gros paquet cylindrique entouré de papier journal. Les tueurs étaient exacts au rendez-vous. Le meurtre aurait donc lieu, dans quelques secondes, aux yeux de tous. Et, dans cette foule paisible, il n'y avait que lui, Nicolas, qui fût au courant du complot, qui pût tout arrêter d'un geste, qui pût tout perdre, tout sauver d'un mot. Cette idée lui donnait le vertige. À l'angle de la septième Rota, le sergent de ville se redressa et se mit au garde-à-vous. Nicolas entendit le roulement d'une voiture lancée au galop. Il se retourna. Un coupé fermé, attelé de chevaux pie, passa devant lui. À travers les glaces, Nicolas aperçut un visage calme, épais, moustachu : Plehvé. Un agent suivait à vélo. Quelques badauds stationnaient sur le trottoir. Un chien aboya, pourchassé par deux roquets jaunes. Comme dans un rêve, la voiture ministérielle traversa le champ visuel de Nicolas et continua sa course rapide vers le pont. Nicolas s'adossa au mur d'une maison. Il compta mentalement :

— Un, deux... trois...

Et, subitement, dans la rumeur uniforme de la cité, il y eut un choc sourd, énorme, bête, qui écrasa tout comme un marteau-pilon. Des vitres brisées vibrèrent en pluie. Du sol s'élevait, avec lenteur, une forte colonne de fumée ocre, aux bords frangés de noir. Des débris sautèrent encore dans cet entonnoir de poussière. Puis, les nuées retombèrent. Le grondement se tut. Et la rue fut vide et silencieuse. Nicolas se crut mort lui-même. Cette secousse lui avait coupé la respiration. Tel un automate, il se mit à marcher très vite vers le lieu de l'attentat. Autour de lui, le bruit renaissait avec le mouvement. Des gens couraient à droite, à gauche, pris de panique. Il entendit une voix :

— N'y allez pas. On va jeter d'autres bombes...

Du canal Obvodnoï, arrivait une foule de maçons aux visages souillés. Les porteurs de la gare dévalaient la rue au pas de charge. Des voyageurs descendaient du tramway arrêté sur le pont. Près de Nicolas, des inconnus criaient :

— Ils l'ont eu !

— Qui, l'assassin ?

— Non, le ministre.

— Quel ministre ?

— Vous ne savez pas ?

— On va encercler la rue...

— Aniouta ! Aniouta ! Je te défends d'y aller...

— Mon Dieu, laissez-moi passer, dit Nicolas à un groupe de lycéens qui lui barrait la route.

— Vous n'êtes pas plus pressé que nous ?

Nicolas avait envie de pleurer, de rire, d'expliquer à tous ces gens qu'il ne fallait pas le retenir davantage. Son cœur battait jusque dans sa gorge. Des larmes brûlaient ses yeux.

Lorsqu'il parvint sur les lieux de l'explosion, une odeur de chair brûlée lui emplit la bouche. À quelques pas devant lui, il vit un homme, effondré sur le pavé, dans une mare rouge. Son visage était livide. Ses cheveux châtains pendaient en mèches sur son front, sur ses joues, d'où giclaient encore des ruisseaux de sang. Le ventre labouré rendait une liqueur noirâtre. L'homme ouvrit les paupières sur un regard ivre.

— C'est lui, c'est l'assassin ! dit une femme échevelée à la face couverte de poussière de brique.

Nicolas recula instinctivement. C'est alors qu'il aperçut la voiture ministérielle, déchiquetée, écrasée contre un poteau télégraphique. Non loin de là, gisait une masse informe de vêtements, de chair maculée et de sang. Mais Nicolas ne put s'en approcher : un officier de paix, les yeux blancs, la mâchoire tremblante, le repoussait en criant :

— Circulez... Allez-vous-en...

— C'est... c'est le corps du ministre ? demanda Nicolas.

— Allez-vous-en, je vous dis ! hurla le policier en remuant les bras.

On ne voyait pas le visage de Plehvé. Un paquet de cheveux et de bouillie brune. Sur le pavé, brillait un insigne incrusté de diamants. À côté, il y avait un gant, des feuilles de papier éparses. Un carillon sonnait paisiblement, quelque part, à l'autre bout de la ville. Nicolas tira un mouchoir de sa poche, essuya la sueur qui inondait sa figure. « C'est fini. Ils ont tué Plehvé. Avec la dynamite que j'ai préparée. Grâce à moi, en somme. Et j'ai vu le cadavre. Et tout est calme en moi. »

Vraiment, il avait beau s'interroger, il n'éprouvait

aucune pitié pour ce tas de viande. On ne pouvait pas avoir pitié de cela. Un objet, sans plus, comme cette décoration incrustée de diamants, comme ces gants, comme ces papiers. Un principe. On avait tué un principe.

Nicolas se mit à courir dans la foule, à contre-courant. Il s'éloignait du lieu de l'attentat. Des gens le heurtaient au passage. Mais il était insensible à leur agitation. Il pensait à Zagouliaïeff : « Pourvu que les autres n'aient pas été inquiétés... Mais non, ils ont pu fuir... Sûrement, Je les reverrai... » Il entra dans une pâtisserie, acheta un petit pain — ce même petit pain qu'il avait jadis lorgné avec envie — et mordit dans la pâte molle.

Plus tard, il sortit de l'échoppe et marcha sans but, droit devant lui. Il ne réfléchissait à rien. Un sentiment, assez curieux, de délivrance l'occupait tout entier. Comme s'il avait échappé à un accident. Vers deux heures de l'après-midi, il se retrouva, rue Sadovaïa, à l'endroit précis où il avait découvert Zagouliaïeff. Il avait faim. Mais l'idée d'entrer dans un restaurant lui était pénible. Comme il hésitait sur le parti à prendre, quelqu'un le tira par la manche. Il se retourna. Un vieux petit juif, crochu et affable, lui souriait en clignant des yeux :

— On vous a vu par la fenêtre... Je suis l'ami de qui vous savez... Si vous voulez monter...

Nicolas, privé de résistance, emboîta le pas au vieillard qui marmonnait tout en marchant :

— Bien réussi !... Hein ?... Quel travail !... Il a payé pour Kichinev, le salaud !... Prenez la peine de gravir cet escalier... Attention à la dernière marche, elle branle... J'espère que cela fera réfléchir les autres... Pan ! Il n'en est rien resté... Je suis horloger de mon état... J'ai souvent aidé ces messieurs pour les questions techniques, n'est-ce pas ?... Ils sont si gentils, si impulsifs... Vous voici chez moi...

Nicolas pénétra dans une petite chambre obscure, qui sentait le chou aigre et l'ail. Sur une table, il y avait un fouillis de platines ouvertes. Des montres innombrables étaient pendues au mur. Leur tic-tac emplissait les oreilles d'une conversation mécanique et fatigante. Près de la fenêtre, étendu sur un canapé, Nicolas reconnut Zagouliaïeff.

— Alors ? dit Zagouliaïeff sans se lever. Tu as vu ?

— Oui.

— Pauvre Zazonoff ! Il est bien mal en point. Il n'en réchappera pas, murmura l'horloger. Dommage qu'il ne soit pas mort sur le coup.

— Et si... s'il parle ? balbutia Nicolas.

— Il ne parlera pas, dit Zagouliaïeff.

— Qu'avez-vous fait de vos bombes ?

— Noyées dans le canal.

— Très bien, très bien, dit Nicolas.

Il demeurait debout, embarrassé et triste.

— Voulez-vous manger quelque chose ? demanda l'horloger.

Mais Nicolas ne pensait plus à sa faim. Le tic-tac des montres l'obsédait. Il lui semblait que ces petites dents d'acier lui rongeaient la cervelle.

— Non... Je... Il faut que je parte, dit-il.

Et il se dirigea vers la porte en baissant la tête. Dehors, il respira l'air frais avec délices, héla un fiacre et se fit conduire à la gare.

6

Depuis quelques semaines, les journaux des deux capitales ne s'alimentaient plus que de nouvelles désastreuses. Port-Arthur était cerné, canonné, condamné. La flotte qui tentait de s'échapper de la rade pour rallier Vladivostok était assaillie et démantelée par les unités japonaises. L'escadre de Vladivostok se portait au-devant d'elle, mais rencontrait les formations de l'amiral Kamimoura, qui l'obligeaient au combat et lui infligeaient un échec sévère. Les Russes perdaient au total onze bateaux, cuirassés, croiseurs rapides et contre-torpilleurs. Et les mers d'Extrême-Orient passaient sous le contrôle exclusif de l'ennemi. Quant aux armées de terre, après la défaite de Vafangoou, elles ne s'efforçaient plus de débloquer Port-Arthur, mais se repliaient lentement vers le Nord. Nulle part, elles n'avaient pu déclencher l'offensive. Dans le peuple, on parlait ouvertement de l'incurie des généraux et des abus de l'intendance. Des tracts circulaient pour inviter les conscrits à refuser de partir. Il y avait des émeutes locales au passage des trains de soldats.

Cependant, le 30 juillet 1904, un événement heureux vint ranimer la confiance de la nation. Ce jour-là, vers midi et demi, l'impératrice Alexandra, qui n'avait eu que des filles depuis son mariage avec Nicolas II, mettait au monde un fils. La naissance de l'héritier fut saluée par trois cent un coups de canon. Dès son berceau, le tsarévitch Alexis fut nommé hetman de tous les régiments cosaques.

À l'occasion de cette revanche contre le destin, Tania ordonna de pavoiser du haut en bas la maison de la rue Skatertny. Elle ne doutait pas que la naissance du tsarévitch fût un signe divin annonciateur de la victoire. À ceux qui, devant elle, osaient encore exprimer des avis pessimistes sur les suites de la guerre, elle tenait un langage violent et prophétique dont Michel s'amusait beaucoup. Ce fut vers cette même époque qu'elle apprit, par une lettre de ses parents, qu'Akim, dont on n'avait plus de nouvelles depuis des mois, était parti secrètement, comme volontaire, pour la frontière mandchoue. Les Arapoff avaient reçu de lui trois missives, coup sur coup, et ils se désolaient à la pensée des dangers et des privations auxquels Akim s'exposait par plaisir. Dès l'abord, Tania partagea leur inquiétude et leur irritation. Il était absurde qu'Akim risquât sa vie, sans que personne le lui eût demandé. Mais, très vite, ce sentiment de pitié céda la place, dans le cœur de Tania, à une fierté sans bornes. Il y avait donc un héros authentique dans son entourage. La famille Arapoff était représentée dignement dans la lutte sacrée pour la défense du pays. Michel, de son côté, rendait service à la patrie en livrant du drap à l'intendance. C'était moins glorieux, bien sûr. Mais également nécessaire. Tout était bien ainsi. Tania écrivit à ses parents une longue épître patriotique, où elle les blâmait de regretter la décision d'Akim et leur conseillait le courage et l'abnégation. Pour sa part, résolue à honorer le geste de son frère, elle commanda plusieurs agrandissements de sa dernière photographie en uniforme de sous-lieutenant, et les placarda un peu partout dans la maison. Enfin, elle obtint de Michel la permission d'organiser chez elle un ouvroir pour les soldats d'Extrême-Orient. Malheureusement, la plupart de ses amies étaient en vacances, et elle dut se contenter de réunir, tous les mardis et vendredis, une dizaine de collaboratrices. Un portrait de Nicolas II, accroché au mur, veillait sur le travail de ces dames. Les guéridons supportaient aussi des effigies de Kouropatkine, de l'amiral Makaroff, avec un crêpe sur le cadre, et de divers généraux secondaires.

Devant la photographie d'Akim, il y avait un petit vase de cristal avec des fleurs fraîches.

Chaperonnées par cet état-major, les dames tricotaient des chaussettes et cousaient des chemises en échangeant des considérations sur les opérations militaires et les nouvelles théâtrales de la semaine. Le tissu était fourni par les Comptoirs Danoff. À cinq heures, un laquais en livrée servait le thé et les pâtisseries. Souvent, Michel et Volodia rentraient du bureau avant que les ouvrières bénévoles eussent pris congé de leur hôtesse. Et, alors, toutes les femmes se précipitaient vers eux et leur demandaient s'il y avait « du nouveau ».

Un soir, comme Tania interrogeait Volodia sur les répercussions probables de la défaite de Vafangoou, il la regarda d'une manière insistante et dit :

— Puis-je vous demander une grâce, Tania ?

— Mais oui, dit-elle en riant. Vous voulez faire partie de mon ouvroir ?

— Pas moi. Mais Olga Varlamoff.

Tania eut une seconde d'hésitation et mordilla l'intérieur de ses lèvres. Puis elle murmura très vite :

— Non, Volodia. Je regrette, mais... enfin nous sommes au complet... le salon est petit... tout est organisé déjà...

Le visage de Volodia changea d'expression et parut s'allonger, se durcir. Ses yeux ne quittaient pas les yeux de Tania. Un sourire méchant lui froissa la bouche.

— J'ai compris, dit-il. Excusez-moi.

Il fit un salut bref et quitta le salon à grandes enjambées.

Après le dîner, Michel, qui avait assisté à la scène, demanda des explications à Tania.

— Volodia est vexé. Je ne comprends pas ce qui t'a pris de lui refuser cette faveur, disait-il d'un air mécontent.

— Ce qui m'a pris ? s'écria Tania, toute rouge. Mais tu es impayable, mon cher ! Il est notoire que cette femme vit avec notre ami. C'est la fable de Moscou. Tout le monde se gausse de leur liaison quasi maritale...

— Personne ne s'en gausse, dit Michel. Olga Varlamoff est libre. Elle a le droit de faire ce qu'il lui plaît.

— Voilà deux ans qu'ils sont ensemble ! dit Tania avec une indignation comique.

Michel se mit à rire :

— Eh bien ? Tant mieux. Je trouve cela surprenant, louable, exemplaire...

— Pas moi, dit Tania. Volodia s'affiche trop. Je ne veux pas recevoir dans mon salon une créature dont chacun sait qu'elle vient de quitter le lit de M. Bourine pour ourler des chemises.

— Mais toutes les femmes de ton ouvroir quittent le lit d'un monsieur pour ourler des chemises.

— Ce monsieur est leur mari.

— Pas toujours, dit Michel. Je pense à ta petite amie, Eugénie Smirnoff, qui est en adoration devant toi. Elle est la maîtresse de Malinoff, et le vieux Jeltoff l'entretient largement « en souvenir ». N'est-elle pas assise au côté de Mme Jeltoff à table ? Et la ravissante Raïssa Krasnoff qui couche avec le professeur d'anglais de son fils, pendant que le mari est correspondant de guerre en Mandchourie. Et Lola Golovine qui...

— Ce n'est pas vrai ! Ce n'est pas vrai ! s'écria Tania. En tout cas, ce n'est pas de notoriété publique. Tandis que Volodia...

— N'est-ce pas toi qui l'as poussé à prendre Olga Varlamoff pour maîtresse ? demanda Michel avec douceur.

— Je ne me doutais pas des suites que cette liaison aurait pour notre ami.

— Grâce à elle, il est devenu un peu plus raisonnable, un peu plus stable, un peu plus heureux...

— Il a perdu tout éclat, toute fantaisie, dit Tania avec une moue de dépit. Cette femme finira par lui enfoncer un bonnet de coton jusqu'aux oreilles. Je suis sûre qu'elle s'occupe de ses digestions...

— Il en a de la chance ! dit Michel, et il siffla du bout des lèvres.

Tania lui jeta un regard irrité

— Ne parlons plus de cela, dit-elle. Tu n'arriveras pas à me convaincre. Jusqu'à nouvel ordre, c'est moi qui choisis mes relations. Olga Varlamoff n'a jamais été et ne sera jamais mon amie. Qu'elle cherche un autre ouvroir pour se consoler.

— Et Volodia d'autres amis pour se distraire ?

— Pourquoi pas ? dit Tania. Nous ne sommes pas mariés avec lui.

Michel haussa les épaules d'un air résigné et poussa un profond soupir.

— Les femmes ! Les femmes ! dit-il. Allons-nous au théâtre ce soir ?

— Bien sûr.

— À l'Ermitage ou à l'Aquarium ? Les autres sont fermés pour l'été...

— À l'Ermitage, dit Tania.

— Mais le spectacle sera commencé...

— Quelle importance ?

Pendant l'entracte, comme elle s'y attendait d'ailleurs, Tania aperçut Volodia installé à l'orchestre avec Olga Varlamoff. Il salua ses amis de loin, mais ne vint pas les voir dans leur loge. Durant toute la représentation, Tania, au lieu de regarder la scène, concentra son attention sur la salle obscure. À travers sa lorgnette, elle isolait facilement le couple de Volodia et de la jolie rousse. Ils se tenaient assis très près l'un de l'autre. La main d'Olga Varlamoff était posée sur le genou du jeune homme. Par instants, elle inclinait la tête, comme pour lui parler à l'oreille. Elle portait une robe blanche outrageusement décolletée, et un diadème de pierres vertes brillait dans ses cheveux. Tania s'accorda le luxe de reconnaître que cette créature était belle. Un peu trop voyante, peut-être. Mais les hommes ne détestent pas le tape-à-l'œil et le clinquant. En vérité, Volodia était seul responsable de l'aversion que Tania éprouvait à l'égard de cette veuve opulente. S'il s'était montré plus discret dans sa liaison, elle eût continué, sans doute, à l'encourager. Car elle n'était pas le moins du monde jalouse. C'était dans le seul intérêt de Volodia qu'elle souhaitait une diversion à cette idylle prolongée. Olga Varlamoff l'absorbait tout entier dans son rayonnement. Il ne voyait qu'elle, ne pensait qu'à elle, ne parlait que d'elle. Il devenait bête, à force de bonheur. Et puis, cette idée d'installer sa maîtresse à l'ouvroir de la rue Skatertny ! Comment Michel avait-il pu s'étonner des réactions de Tania devant cette demande insolite ? Dès que Volodia était en cause, Michel perdait tout esprit critique. Pourtant, Volodia l'avait envié autrefois, avait même désiré sa mort. Elle aurait dû le rappeler à Michel.

Comme elle formait cette réflexion, elle entendit Michel qui éclatait de rire. Elle sursauta : elle avait oublié qu'elle se trouvait au théâtre et que les acteurs parlaient sur la scène. Un instant, elle tenta de s'intéresser au spectacle. Mais, très vite, les discours de ces personnages maquillés lui parurent insipides. Leur histoire était tellement plus banale que la sienne ! D'ailleurs, la lumière crue qui embrasait le décor lui fatiguait les yeux. Elle se sentit lasse et triste. Devant elle, en contrebas, les têtes de Volodia et d'Olga Varlamoff s'étaient rapprochées, au point de se fondre en une seule masse noir et blanc. Elle les détesta, l'espace d'un éclair, puis se jugea stupide. Le fermoir du collier égratignait son cou. Son corset la serrait trop à la taille. Ou bien, elle avait mangé plus que de raison. Dans la loge voisine, on distribuait des bonbons. Le froissement du papier glacé agaçait les nerfs de Tania. Elle roula le programme, pour se distraire, s'éventa, passa dans le petit salon de velours rouge qui précédait la loge, revint à son fauteuil, ferma les paupières, excédée. Enfin, elle murmura :

— Rentrons, Michel. Je ne me sens pas très en forme...

— Tu n'attends pas la fin ? demanda-t-il d'un air enfantin et navré.

— Ce spectacle est idiot...

— Mais non.

— Alors, reste seul, si tu veux. Moi, je pars.

Elle se leva. Et Michel se dressa aussitôt, repoussa des chaises.

Dans le hall, elle s'arrêta devant une glace et regarda son visage pâle et malheureux.

— Mais qu'est-ce que j'ai ? dit-elle.

Michel alluma une cigarette. Elle lui lança un coup d'œil rapide et méchant. Une brusque envie de le chagriner, de le blesser, lui traversa l'esprit.

— Tu es d'une galanterie ! grommela-t-elle.

— Pourquoi ?

— Si tu es incapable de le comprendre, c'est que mon reproche est doublement justifié.

— Décidément, dit Michel, cette histoire de Volodia t'a mis les nerfs à vif.

— Volodia ? Volodia ? Mais je me moque de Volodia ! s'écria-t-elle. Et... et ta remarque est d'une insolence qui dépasse tout ce que j'ai enduré jusqu'à ce jour.

Des larmes piquaient ses yeux. Elle ramassa un pan de sa robe et s'élança dans l'escalier à petits pas claquants. À la dernière marche, elle se tordit la cheville et s'arrêta, chancelante, les lèvres serrées de douleur et de colère. Michel la rejoignit :

— Tu vois, dit-il d'une voix atrocement calme et affectueuse, maintenant tu as mal. À quoi bon te presser ainsi ?

Un appariteur, à favoris blancs, vêtu d'une tunique rouge et noir, accourait à la rescousse :

— Voulez-vous prendre la peine de vous asseoir ?

— Ce ne sera rien, dit Tania.

Des commissionnaires criaient déjà :

— La voiture de Michel Alexandrovitch Danoff.

La nuit était tiède. Les globes blancs des lampadaires éclairaient un fouillis d'attelages patients. Michel soutint robustement Tania, pour la conduire jusqu'à l'équipage. Tania boitait un peu. Une mèche de cheveux blonds lui pendait sur le front. Elle souhaitait qu'un cataclysme s'abattît sur le monde et la privât de Michel, de Volodia, du théâtre et d'elle-même.

Le lendemain matin, elle se plaignit de vertiges et refusa de quitter le lit. Cependant, lorsque Michel voulut appeler un docteur, elle affirma qu'il s'agissait d'une faiblesse passagère. Michel crut volontiers à une lubie et partit pour le bureau, en priant la femme de chambre de veiller à ce que Madame ne manquât de rien. Il déjeuna en ville. À son retour, le soir, il fut surpris de trouver une paire de gants d'homme sur la table en marbre de l'entrée.

— Des visites ? demanda-t-il au valet de pied qui le débarrassait de son chapeau et de sa canne.

— Non, c'est le docteur qui les a oubliés en partant...

— Le docteur est venu ?

— Oui, ce matin.

Michel se rua dans l'escalier et pénétra en courant dans la chambre de Tania. Il la trouva étendue dans son lit, souriante et pâle.

— Tu as fait appeler le docteur ? demanda-t-il.

— Oui... Je ne me sentais pas très bien... Mais il m'a vite rassurée.

— De quoi s'agit-il ?

— Un genre de refroidissement. Je dois garder le lit. Éviter les excès, les tracas...

Michel se gratta le menton.

— As-tu au moins prévenu tes amies ? Tu es seule. Tu vas t'ennuyer.

— Non, dit Tania avec une douceur angélique. Je ne veux voir personne.

— Bon, dit Michel. Eh bien, moi, je vais te tenir compagnie. Je suis fatigué. La perspective d'une soirée à la maison, en tête à tête, m'enchante !...

Elle le remercia d'un sourire épuisé.

— Nous ne sommes pas si souvent ensemble, reprit-il. J'ai l'impression que nous devenons des étrangers l'un pour l'autre. Je dînerai ici, avec toi. Tu acceptes ?

— À condition que tu ne fasses pas trop de bruit, dit-elle. Moi, je n'ai pas faim. Je boirai un bouillon vers minuit. C'est tout.

Michel dîna dans la chambre de Tania, sur une petite table arabe très incommode et très précieuse. Il mangeait silencieusement, attentif à ne pas heurter les couverts, les assiettes. Maladroit et inquiet, il serrait les coudes contre son corps. Il renversa du vin sur la nappe, posa un morceau de pain sur la tache pour que

Tania ne s'aperçût de rien et s'en voulut aussitôt de sa lâcheté. Lorsque le valet de chambre eut emporté la table, Michel se mit à marcher de long en large dans la pièce pour se dégourdir les jambes.

— Ne marche pas ainsi, Michel, tu me donnes le mal de mer, dit Tania.

Michel, obéissant et fautif, s'assit sur une chaise au chevet du lit. Il demanda :

— Veux-tu que j'arrange tes oreillers ?

— Non, dit-elle.

Et elle ajouta :

— Éteins le grand lustre. Cette lumière me fatigue les yeux. Et puis, je suis si laide !...

— Oh ! dit Michel. Ce n'est pas vrai...

— Tu n'y comprends rien. J'ai le teint jaune, les yeux cernés, les lèvres pâles. Je suis laide, quoi ! Ah ! si la Varlamoff me voyait...

— Que vient faire la Varlamoff dans cette histoire ?

— Elle est belle.

— Et toi aussi.

— Je l'étais.

— Tu l'étais hier, et tu le seras demain. Aujourd'hui, tu as une indisposition passagère, et voilà tout.

— Tu vois, tu reconnais toi-même qu'aujourd'hui je suis laide.

— Je n'ai jamais dit ça, murmura Michel avec agacement.

— Alors, c'est que tu ne remarques rien, c'est que tu ne m'aimes plus.

— Je ne te réponds pas : tu es malade.

Tania fit la moue et remonta ses épaules. Michel éteignit le lustre. Une lampe de chevet éclaira seule le visage de la jeune femme : un visage si pur que Michel en eut le cœur remué. Les cheveux blonds s'étalaient sur l'oreiller en larges plis soyeux. Le nez était tout petit et rond, avec un reflet rose au bout. La lèvre supérieure, un peu grasse, avançait au-dessus des dents qui brillaient.

— Et tu oses dire que tu n'es pas belle ? grommela Michel.

Un fiacre passa derrière les fenêtres entrouvertes. Une mouche bourdonna et se posa dans le silence. Tania ne répondait rien. Au bout d'un moment, elle appela Michel :

— Viens, viens plus près. Prends-moi la main. Assieds-toi sur le bord du lit.

Lorsqu'il se fut assis, elle appuya la tête sur son épaule. Ils demeurèrent longtemps, blottis l'un contre l'autre. Puis, Tania parla d'une voix faible :

— Écoute, Michel... Tu sais, hier soir, j'avais l'air fâchée par l'attitude de Volodia, mais je crois que j'ai été très sotte d'y attacher de l'importance...

— À la bonne heure, dit Michel, tu reconnais tes torts. A-t-on idée de se rendre malade pour des niaiseries pareilles ? Il y a la guerre, des tas d'embarras politiques, des gens qui meurent, et toi, tu cherches un sujet de soucis dans la conduite de Volodia !

— Ne parle pas de guerre, de gens qui meurent, soupira Tania.

— Excuse-moi. Les nouvelles du front me préoccupent tellement !

— Je crois que je vais te donner un autre sujet de préoccupation.

— Qu'est-ce que tu veux dire ?

— Tu ne devines pas ?

Les yeux de Tania avaient une expression de fierté timide. Elle répéta, sans presque desserrer les lèvres :

— Tu ne devines pas, Michel ?

Comme Michel se taisait, elle baissa les paupières et murmura très vite :

— Michel, je vais avoir un enfant.

Michel éprouva le choc en pleine chair. Il lui sembla que quelque chose de lourd et de chaud chancelait en lui. Un enfant ! Pendant des années, Tania n'avait pas voulu en entendre parler. Elle craignait d'être défigurée par l'accouchement. Elle affirmait qu'elle était trop heureuse ainsi, qu'elle préférait attendre, qu'elle avait le temps. Et, par amour pour elle, il affectait de se rendre à ses moindres raisons. Or, voici que, ce soir, elle lui annonçait joyeusement qu'elle était enceinte.

Michel ne savait plus que penser, que dire. Les idées se cognaient dans sa tête. Il balbutia :

— Tu... tu es sûre ?

— Presque, dit Tania, sans lever les yeux. D'après le docteur...

— C'est donc pour ça que tu l'as convoqué ?

— Oui.

— Et tes malaises ?

— Il ne faut pas chercher ailleurs.

— Mon Dieu, dit Michel, et moi qui te taquinais ! Quelle brute ! Es-tu contente, au moins ?

— Bien sûr.

— Oh ! Tania ! Tania ! ce n'est pas possible ! s'écria Michel. J'ai peur de le croire, tellement c'est bon ! Tania, ce sera un garçon. J'aurais un fils. Tu vas me donner un fils.

— Tu le désirais donc à ce point ?

— Quelle question !

— Et tu ne me l'as jamais dit ?

— Non.

— Pourquoi ?

— Parce que tu n'aurais pas pu me comprendre. Mais, maintenant, je sais que tu me comprends. Maintenant, je sais que nous parlons le même langage. Tu verras... tu verras ce que je ferai pour vous, pour toi et pour lui... Je... Je travaillerai dix fois plus... Je vous construirai une vie extraordinaire... Tout le monde vous enviera... Tout le monde dira : « Ils ont de la chance, les Danoff... »

— Michel !

— Tania, permets-moi de t'embrasser.

— Doucement.

— Très doucement. Fais-moi confiance.

Avec précaution, Michel se pencha sur Tania, et lui baisa les joues, les lèvres. Il tremblait. Il avait peur de la toucher, comme si elle était devenue une petite personne étonnamment fragile et précieuse. Il se releva enfin, et elle vit qu'il avait les yeux mouillés de larmes. Il les essuya vivement, du revers de la main. Puis il s'assit sur une chaise et sortit son carnet de notes.

— Que fais-tu ? demanda Tania.

— J'inscris cette date pour ne jamais l'oublier.

Tania observa son mari qui écrivait, la tête inclinée, le visage empreint d'une sereine gravité. Elle avait sommeil. Mille pensées se nouaient et se dénouaient en elle avec lenteur. Elle se sentait majestueuse et douce, comblée et rassurée pour l'éternité. Comme si elle eût accompli une action d'éclat. Volodia, la Varlamoff, les potins de l'ouvroir et des soirées mondaines reculaient dans une zone d'ombre. S'était-elle vraiment intéressée jadis à ces personnages falots ? Michel seul existait pour elle. Elle n'aurait jamais cru qu'elle l'aimât si fort. Depuis quelque temps, son amour pour lui était comme une onde cachée qui traversait toute sa vie. Elle s'était habituée à cette rumeur sage, à cette fraîcheur égale qui le signalait. Mais, par moments, lorsqu'elle prêtait l'oreille, elle entendait l'appel régulier, insistant, de cette voix souterraine. Elle chuchota :

— Michel, Michel, tu sais que je suis amoureuse de toi ?

Il ne répondit rien. Alors, elle regarda de son côté. Et elle vit qu'il n'était plus sur sa chaise. Au fond de la pièce, il y avait une icône éclairée par une veilleuse rouge comme un verre de sang. Michel s'était agenouillé devant l'icône. Tania sentit que sa gorge se serrait, que ses yeux s'emplissaient de nuit. À travers ses cils rapprochés, elle apercevait toujours la tache rouge et doré de l'image sainte, et, au-dessous, le dos très large de Michel, sa nuque, ses cheveux. Le silence était pur comme sur une terre abandonnée des hommes. Quelques instants encore, Tania lutta contre sa lassitude. Elle s'endormit enfin et rêva de Volodia et de la belle rousse.

Michel se coucha très tard, la tête lourde d'avoir trop réfléchi, le cœur affaibli d'allégresse. Mais il ne pouvait se décider à éteindre la lampe. Il ne s'était pas encore rassasié de sa joie. Allongé sur le dos, le regard fixé au plafond, il pensait à l'enfant qui naîtrait un jour pour lui survivre. Comment serait-il, cet enfant ? Un garçon, bien sûr !

Mais brun ou blond ? Actif ou nonchalant ? Affectueux ou renfermé ? Il ne s'habituait toujours pas à l'idée que Tania, allongée près de lui, portât en elle ce germe de vie et d'intelligence secrètes. Il doutait naïvement que, dans ce corps de femme, gracile et lisse, un être se formât et arrondit son existence à travers les sommeils, les réveils, les marches, les siestes, les dîners, les paroles, les silences.

Il lorgna sa montre qu'il avait déposée sur la table de nuit avec son carnet, ses crayons, son mouchoir et ses porte-monnaie : minuit dix. Un sourire errait sur les lèvres de Tania. Elle était si bien à sa place, dans cette chambre, dans ce lit, si confiante et si sûre, si courageuse, que Michel ne put résister au désir de baiser la petite main de chair, épanouie au bord des couvertures. « Elle-même est une enfant. Et elle attend un enfant. C'est drôle. Est-ce qu'elle *saura* ? Il ne faut pas qu'elle souffre. C'est l'essentiel. Elle est trop petite pour souffrir, trop fragile. L'autre jour, quand je lui ai pris le bras, j'ai tellement ri de le sentir mou et doux, privé de muscles, comme un bras de fillette. Elle n'a pas de muscles. Comment peut-on supporter la douleur, quand on n'a pas de muscles ? Mon Dieu, faites que tout se passe bien ! »

Il se signa encore. Puis il se dit que, dès le lendemain, il faudrait interroger le docteur, écrire aux parents, acheter un cadeau à sa femme. Pour ne rien oublier, il nota ces détails dans son calepin. Comme il reposait le calepin et le crayon, Tania soupira, bougea la main, haussa légèrement la tête. Et elle était une autre, tout à coup, sérieuse et belle : une étrangère aux paupières meurtries et à la bouche close sur un secret capital. « Ce serait bien aussi d'avoir une fille », pensa Michel.

7

Depuis le désastre de Vafangoou, l'armée russe battait lentement en retraite. La besogne était rude pour les quelques escadrons de Cosaques détachés en extrême pointe, vers le Sud, à une grande distance des centres de ravitaillement. Les hommes mangeaient des biscuits, des galettes chinoises, des concombres et des haricots verts, durs comme des cailloux. Les officiers dévoraient leurs dernières sardines. Les chevaux broutaient des feuilles sèches.

Pour Akim, cette retraite honteuse avait la couleur et le rythme d'un cauchemar. Un beau matin, il faut attaquer une gare, petite et vétuste, enfouie dans les tiges de sorgho. Des Japonais déguerpissent en jetant leurs fusils. La gare est occupée. On desselle les bêtes. On forme les faisceaux. Contrordre. Les Japonais reviennent en force. Il est temps de partir. Mais alors, pourquoi diable a-t-on pris cette gare, pourquoi diable a-t-on fait tuer des hommes ? Est-ce qu'on ne savait pas que les Japonais étaient massés en nombre à moins d'une verste de l'endroit ? Pas chercher à comprendre. En selle. Déjà, une ligne de têtes émerge dans les champs de maïs. Les balles chantent fin dans l'air. L'escadron se retire. On a pu emporter les blessés. Le commandant est satisfait des résultats de l'escarmouche. Pourquoi est-il satisfait ? Au campement, on étend les cadavres sur l'herbe. Les mouches se posent sur les mains, sur les lèvres mortes, sur les narines bouchées par des caillots de sang noir. Des Cosaques clouent en hâte quelques cercueils de fortune et tressent des couronnes de feuillage. Puis vient le prêtre, un tout jeune homme, maigre, à la barbe noire. Il porte des lunettes cassées. Ses vêtements de drap raide et doré sont marqués de boue. Il fait attacher des icônes à un tronc d'arbre. Devant les cercueils alignés, il psalmodie des prières. Un Cosaque chante les répons d'une voix grêle, fatiguée :

— *Apaise l'âme de ton esclave décédé...*

Les assistants agenouillés, tête nue, écoutent l'oraison. Un détachement de Cosaques présente les armes, tandis que d'autres enlèvent les caisses sur leurs épaules et s'en vont plus loin, vers les trous creusés dans la terre.

Une pluie chaude s'est mise à tomber. Le prêtre quitte ses vêtements sacerdotaux, les roule dans une serviette et redevient un petit soldat au visage ahuri et tendre. À peine a-t-on enseveli les morts, qu'il faut détacher les chevaux, réunir l'escadron. On renverse les marmites, on brûle, Dieu sait pourquoi ! une cabane pleine de chiffons. En selle. L'escadron a reçu l'ordre de se porter à l'est. Dans la pluie, dans la brume, les cavaliers abandonnent le campement qui flambe. Ils vont vers l'ennemi. Et, dès qu'ils rencontrent l'ennemi, ils font demi-tour et s'éloignent. Et, quand ils se sont éloignés, on leur enjoint de reprendre contact avec les Japonais, et de tenir leurs positions à tout prix. Ils sont fatigués, ils ont soif, ils ont faim. Le soleil revient, lourd, plat et bête, séchant la gorge, brûlant la nuque comme un fer chaud. On campe au bord de la route, à l'ombre des sorghos aux larges feuilles vertes. Ordre de laisser passer l'infanterie. L'infanterie passe. Les bottes traînent dans le sable, les visages sont des masques de terre, sans regard et sans voix. Des charrettes chinoises suivent la compagnie, chargée de sacs, de ballots déformés et tapissés de boue. Les Cosaques, assis au revers du chemin, n'ont même pas le courage de railler cette piétaille disloquée et humble. Perdu parmi les fantassins, un cavalier démonté marche lourdement. Ses culottes bleues sont crottées, son sabre lui bat les cuisses. D'où sort-il celui-là ? On le hèle :

— Viens avec nous ! Que fais-tu avec la piétaille ?

Il secoue la tête sans répondre. Il s'éloigne.

— Si les cavaliers se mêlent aux piétons, c'est la défaite ! grogne un Cosaque.

En selle. Il faut céder la route à l'infanterie et suivre le lit desséché de la rivière. Le lit n'est pas aussi desséché que le prétend le colonel. Les chevaux enfoncent dans la vase. Et voici que, de la berge, partent des coups de feu. Des hommes tombent. Les cavaliers grondent, tirent au jugé vers les broussailles. Enfin, l'embuscade est dépassée, une patrouille a capturé quelques brigands khoungouzes. Les Cosaques les traînent par leurs nattes graisseuses jusqu'au prochain cantonnement. Dans le village, les habitants, hommes, femmes, enfants, se rassemblent dès l'aube pour assister à l'abattage et au dépeçage du bétail destiné à la troupe. Même les prisonniers khoungouzes, alignés, à genoux, les mains nouées dans le dos, en attendant d'avoir la tête tranchée, contemplent le spectacle avec curiosité. Lorsque le boucher a bien porté son coup, les condamnés à mort s'écrient : « Ho ! » et rient longuement en clignant des yeux dans la lumière.

Mais les Cosaques ne restent jamais longtemps dans un village. On mange. On exécute les Khoungouzes. Et on repart.

— Nous nous reposerons à Haï-Tcheng, dit Akim pour rassurer les hommes.

Lorsque l'escadron parvient à Haï-Tcheng, on évacue la ville. Il y avait des stocks d'approvisionnement à Haï-Tcheng, des montagnes de sacs de farine, d'avoine et de son. Impossible d'emporter tout cela. On a bouté le feu au pont de madriers qui traverse le fleuve. Des poutres entières se détachent, incandescentes, royales, et s'effondrent dans l'eau. Les dépôts de vivres, arrosés de pétrole, flambent comme des torches. Les toiles craquent et laissent fuir le grain torréfié. Les toitures de paille ouvrent des ailes barbues et palpitent longtemps autour de leur squelette ardent. Les tiges de bambou éclatent comme des pétards. Des nuées de mouches s'envolent, éperdues, tournent autour de l'incendie et piquent les chevaux affolés.

On se plaint dans les rangs :

— Si c'est pas malheureux, quand même ! Tout ce qu'on aurait pu manger ! Et voilà, maintenant, c'est de la fumée ! Est-ce que c'est chrétien de brûler de la nourriture ?

— Silence ! crie Akim.

Deux Cosaques poussent devant eux, à coups de crosse, un espion japonais déguisé en Chinois, avec une fausse tresse cousue à sa calotte. Lorsqu'on l'a capturé dans les champs, il correspondait avec l'ennemi, au moyen d'une petite glace qui réfléchissait les rayons du soleil. Un officier l'interroge. Il se tait. Il montre sa bouche déchirée : un muet ! Les Cosaques rient. Akim rit avec eux. Puis, on emmène l'homme. On le tue, là-bas, quelque part derrière la distillerie embrasée. La chaleur devient atroce. Des convois se forment un peu partout. Dans la ville, les magasins restent fermés. Les Chinois sont assis sur le pas de leurs portes. Seuls quelques boutiquiers audacieux vendent aux Russes les dernières bouteilles de bière, les dernières boîtes de conserve. Demain, ces mêmes marchands serviront, avec le même sourire, des soldats japonais entourés de coolies innombrables.

Les canons passent en ébranlant le sol. En selle. La cavalerie doit couper à travers champs, et laisser la route à la file des chariots. Une bête s'effondre. Une roue s'enlise dans le fossé, et tout le convoi s'arrête. Les conducteurs chinois hurlent, s'injurient, se menacent du fouet. Des officiers courent d'un attelage à l'autre. Où couchera-t-on ce soir ? Akim se sent gagné par la fatigue et le découragement. Il est venu ici pour se battre. Et, depuis des jours et des jours, les troupes reculent en échangeant quelques coups de fusil avec des ombres.

Troubatchoff le console en lui expliquant que toutes les forces russes refluent vers les positions fortifiées de Liao-Yang, et que, là-bas, se livrera la suprême bataille.

Mais Troubatchoff lui-même est las de ces chevauchées interminables sous le soleil et sous la pluie. Il ne raconte plus d'anecdotes. Il ne rit plus. Un jour, il a touché les cheveux d'un blessé japonais, et il a dit à Akim :

— C'est drôle... Je n'aurais pas cru que leurs cheveux fussent aussi soyeux...

Akim a craché par terre de dégoût. Pour lui, un Japonais est une bête nuisible et impure. Il tient un compte secret de ceux qu'il a tués au cours de ses patrouilles.

— Je t'aime mieux dans tes anecdotes que dans tes remarques psychologiques, a-t-il répondu à Troubatchoff, car ils se tutoient maintenant.

Et il ne lui a plus adressé la parole de la journée. Mais, le soir, Troubatchoff ayant découvert des boîtes de conserve dans une *fanza* abandonnée, les deux hommes se sont réconciliés autour d'un repas frugal. Les boîtes contenaient chacune trois petites saucisses bien serrées. Troubatchoff les a enfilées sur un canif et les a chauffées au-dessus du feu de bivouac.

Lorsque l'escadron d'Akim rejoignit à son tour les positions fortifiées de Liao-Yang, un exode hâtif vidait la cité de tous ses commerçants grecs, arméniens et allemands, et de toutes ses courtisanes françaises. Les trains pour Kharbine étaient assiégés par des civils hagards, entourés de caisses et de baluchons. Des femmes emmitouflées de boas de plumes, et coiffées de fleurs, se démenaient autour de leurs boites à chapeaux. Un petit juif, encombré d'une énorme contrebasse, courait d'un wagon à l'autre en gémissant :

— Monsieur le gendarme, monsieur le gendarme... Ma place est retenue...

Puis il s'assit sur l'étui de sa contrebasse et se mit à pleurer dans un mouchoir rouge. Une forte matrone pointait son parapluie vers l'horizon, et déclarait en français à un cercle de jeunes femmes mal réveillées :

— C'est la canonnade, mes enfants, c'est la canonnade !

Cependant, des renforts nombreux arrivaient à la ville. Dans les rues noyées de vase, entre les rangées de maisonnettes à auvents de paille tressée, des régiments défilaient au pas de route. Les hommes marchaient de part et d'autre de la chaussée boueuse et puante. Harassés par le voyage, ils regardaient sans les voir les enseignes pendantes, les hauts mâts écartelant des inscriptions dorées, les étalages de porcelaines et de paquets de thé. Ils allaient bêtement, la casquette déviée, la toile de tente roulée en boudin de l'épaule à la hanche, les cartouchières bourrées et la baïonnette au canon. L'assaut aurait lieu d'un jour à l'autre. Tout le monde le savait à Liao-Yang, depuis les généraux chamarrés jusqu'au dernier des *mafous*. Après l'abandon d'Haï-Tcheng, et les défaites d'An-Tchan-Djan et d'Anping, l'armée japonaise s'était refermée en boucle autour de la ville.

Une triple ligne de défense entourait la cité occupée par les Russes.

La première ligne de défense était solidement établie à huit ou neuf verstes au sud de Liao-Yang. Étirée en demi-cercle depuis le lit du Taï-Tsé-Ho jusqu'à la voie ferrée, elle suivait les ondulations de six collines moyennes, cernées de fils de fer, de trous de loups et de fougasses.

La seconde ligne de défense était fixée à une verste en retrait de la première, et se composait de tranchées et d'obstacles artificiels.

La troisième ligne de défense, jouxtant la ville, comptait huit fortins, huit redoutes et de nombreux abris d'artillerie.

Kouropatkine avait réuni, derrière ces ouvrages, une masse de cent quatre-vingt mille hommes environ, qui devait s'opposer aux trois armées japonaises des généraux Kouroki, Oku et Nodzu. L'escadron d'Akim était cantonné à l'extrême droite des positions russes, en arrière de la première ceinture de fortifications.

Dans l'attente du grand choc, les sapeurs et les tirailleurs sibériens nivelaient des routes intérieures, vérifiaient les installations téléphoniques et fauchaient les sorghos aux abords de leurs positions. La canonnade grondait au loin, douce et veloutée. On eût dit le roucoulement d'une pleine volière de colombes. Dans le ciel, de petits flocons de fumée blanche s'arrondissaient tout à coup, comme des lambeaux arrachés aux nuages. Des civils curieux s'étaient massés sur les toits des maisons pour contempler ces explosions inoffensives. Ayant escaladé l'échafaudage qui entourait le réservoir à eau de la gare, quelques officiers désœuvrés suivaient le combat à la jumelle. Akim et Troubatchoff dédaignèrent de se joindre à eux, et passèrent la journée à dresser leur tente, qu'il fallut ceindre d'un fossé pour l'évacuation des eaux de pluie. Puis, ils s'étendirent côte à côte, en travers de leurs *bourkas*, la tête appuyée sur leur selle. Vers minuit, Akim se sentit dévoré par des insectes. Il s'était couché sur une fourmilière. Il changea de place en grognant. Mais un bruit étrange le fit sursauter. Il alluma sa lampe électrique et découvrit, près de sa joue, un crapaud vert, gonflé de pustules. La bête s'était accroupie et regardait le foyer lumineux de l'ampoule avec des yeux ronds et saillants. Akim lui lança une motte de terre, éteignit la lampe et se rendormit avec délices.

Le lendemain, 17 août, à six heures du matin, une canonnade assourdissante éveilla les deux camarades. Les Japonais s'étaient rapprochés et bombardaient les premières positions russes. Les batteries russes ripostaient à grands coups de gueule. Bien que son escadron fût au repos après la marche forcée de la veille, Akim s'habilla rapidement, ordonna de seller son cheval et partit avec Troubatchoff et un Cosaque d'escorte le long de la voie ferrée, dans la direction du pic de Chô-Chan. Ce pic escarpé, visible à plusieurs verstes à la ronde, dominait sur la droite la ligne de collines fortifiées qui cernait la ville. Ceint de tranchées, de canons et de pièges à loups, il était devenu l'objectif principal des attaques japonaises.

Akim et Troubatchoff laissèrent leurs chevaux en garde dans le ravin et commencèrent à gravir la pente. À mi-hauteur, une batterie russe de campagne s'était mise en position et tirait sur la plaine. Les détonations ébranlaient la terre, comme les brusques coups d'épaule d'un géant enfoui. Un lieutenant-colonel dirigeait le feu. Placés de quinze pas en quinze pas, des artilleurs transmettaient le commandement :

— Quatre-vingt-dix... À droite du village... Quatre-vingt-dix... Feu !

Dans ce vacarme, Akim croyait être un tapis, battu à grands coups de gourdin. Il s'amusa un moment à observer les innombrables vers de terre qui, dérangés par les vibrations, sortaient du sol et se tortillaient dans l'herbe piétinée. Mais un sifflement aigu lui fit baisser la tête. L'air se déchirait en hurlant à ses oreilles. Un éclatement sec fendit les roches derrière lui. Des pierres retombèrent avec de la poussière et des cris rauques. Un obus lourd japonais avait atteint son but.

— Montons vite, dit Akim, sans se retourner.

Ce fut à quatre pattes qu'ils parvinrent au sommet du pic balayé par le feu ennemi. Il y avait une tranchée devant la tour coréenne qui dominait le pic Chô-Chan. Ils sautèrent dans le trou de boue fraîche. Des soldats se tassèrent pour leur laisser la place de s'appuyer au parapet. À l'autre bout de la tranchée, Akim aperçut le général Stackelberg, commandant le 1er corps sibérien, et ses officiers d'état-major. Il poussa Troubatchoff du coude :

— Pourquoi s'expose-t-il ainsi ?

Troubatchoff haussa les épaules :

— On a dit qu'à Vafangoou il n'était pas sorti de son wagon pendant toute la bataille. Peut-être veut-il se racheter, ou fermer la bouche aux médisants ? Tout cela est si bête, si inutile...

— Je trouve que c'est magnifique, au contraire, dit Akim.

Et, instinctivement, il redressa la taille. Devant lui, en contrebas, s'étalait la mer mouvante et verte des champs de sorgho. Pourquoi ne les avait-on pas entièrement fauchés ? À l'abri de ces tiges énormes, les Japonais organisaient l'attaque. On distinguait nettement les remous de feuillages, signalant des files de fantassins et de mulets en marche. De temps en temps, des taches sombres surgissaient au bord d'un sentier, aussitôt reprises par la végétation frémissante et compacte. L'ennemi cherchait visiblement à déborder les positions russes dont Chô-Chan marquait l'extrême pointe, et à déboucher en arrière du pic, sur la voie ferrée. L'artillerie nippone couvrait la progression des troupes en canonnant les Russes avec précision. Tout près d'Akim, un Cosaque bondit hors de la tranchée pour porter des ordres à la cabane du téléphone. Mais l'homme n'avait pas fait deux enjambées qu'il s'affaissait en poussant un cri. Quelques voix hurlèrent dans le tintamarre de la canonnade :

— Des brancards ! Des brancards !

Trois camarades ramenèrent le blessé dans la tranchée où le médecin du régiment préparait déjà les pansements. Le Cosaque avait été frappé au ventre. Son visage blafard était souillé de sueur et de boue. Ses yeux se retournaient. Cependant, il murmurait d'une voix fautive, comme s'il eût été honteux de causer du tracas à un personnage aussi important que le major :

— Excusez-moi... Ça ira comme ça... Excusez-moi, monsieur le docteur...

Deux infirmiers déboutonnèrent hâtivement l'uniforme maculé de sang. Le ventre avait été ouvert par un éclat de shrapnell, et les entrailles pendaient, mauves et blanchâtres. Le médecin, un tout jeune homme, mal rasé, au regard inquiet, aux mains tremblantes, s'efforçait de maintenir les intestins avec des tampons de gaze.

— Voilà ! Voilà ! répétait-il.

On eût dit qu'il avait envie de pleurer. Tout à coup, le blessé eut un hoquet, murmura encore :

— Excusez-moi.

Puis, ses yeux devinrent fixes.

— Emmenez-le, dit le médecin avec un soupir de soulagement.

Et il essuya ses mains contre son pantalon.

— Par ici ! Par ici ! Docteur ! Oh ! qu'est-ce qu'ils lui ont fait, les canailles ! gémit un tirailleur.

Le docteur s'éloigna, en boitillant, dans la tranchée.

Entre-temps, une partie des soldats avait quitté le boyau et descendait renforcer l'aile droite menacée par l'ennemi. Les Japonais étaient à cinq cents mètres à peine des premiers retranchements. Couchés derrière les haies d'un petit village, ils fusillaient à courte distance les détachements russes qui ripostaient coup pour coup. À midi, sur les huit batteries du 1er corps sibérien, quatre s'étaient tournées et tiraient vers la droite pour arrêter la manœuvre d'encerclement.

La pluie s'était mise à tomber. Le fracas de la canonnade s'apaisait lentement.

— Il faut rentrer, dit Troubatchoff.

— Pourquoi ?

— J'ai faim.

— Pas moi.

— Et puis, on a besoin de nous, peut-être.

Cette pensée suffit à convaincre Akim. Les deux amis quittèrent la tranchée en rampant. Dans le crépuscule pluvieux, ils se dirigèrent vers le canon d'une batterie cosaque. Le canon tirait, en cabrant sa bouche, à chaque coup. Les hommes, cramponnés aux roues, le retenaient à peine sur le terrain glissant. Plus bas, Akim et Troubatchoff croisèrent quelques ombres lamentables qui portaient des brancards. Les blessés hurlaient au moindre cahot. Sur la voie de chemin de fer, un train de munitions stationnait, tous feux éteints, sous l'averse. Des chariots d'artillerie, attelés de huit chevaux, descendaient en file vers les wagons. Çà et là, des hommes s'affairaient, pataugeaient dans la boue et remplissaient les caissons d'obus luisants et neufs. Non loin de la locomotive, deux soldats étaient assis sur une pierre. Ils avaient posé un fanal entre leurs jambes. L'un d'eux tenait à la main le *Messager de Mandchourie* et lisait un article en épelant les mots, syllabe par syllabe, avec application :

— *Cou-ra-geu admi-ra-bleu de nos trou-peu...*

L'autre hochait la tête sentencieusement.

Akim et Troubatchoff retrouvèrent leurs chevaux et regagnèrent le cantonnement par des routes trempées.

Le lendemain, 18 août, la totalité des escadrons de la division des Cosaques de Sibérie, sous le commandement du général Samsonoff, était enfin réunie à l'ouest de Liao-Yang. Toute la nuit, la bataille avait fait rage. Elle se poursuivit, le jour, sans apporter de changement notable dans les positions des adversaires. Les Russes, enterrés dans leurs trous, résistaient à toutes les attaques sur leur flanc droit. Certaines tranchées, ayant été enlevées par l'infanterie japonaise, furent reprises à la baïonnette. Par endroits la voie ferrée seule séparait les combattants. Les soldats russes voyaient les visages, entendaient les ordres des officiers japonais. On se fusillait à bout portant. On se lançait même des pierres.

Au-dessus de la ville, un ballon captif s'éleva et se fixa mollement dans le ciel. Mais de menus éclatements saupoudrèrent aussitôt l'espace autour de lui, et il redescendit avec une majesté un peu ridicule. Le pic Chô-Chan était fouetté par les salves d'artillerie. La vieille tour coréenne semblait cracher la fumée autour d'elle. Toute la hauteur était sillonnée de vapeurs blanches vivantes, qui traînaient à ras du sol et s'accrochaient aux buissons. Il n'y avait plus de silence. À huit heures du soir, un violent orage se déchaîna sur la cité. Le bruit du tonnerre se mêlait aux détonations des canons. Les éclairs fauchaient les ténèbres, comme si des batteries célestes eussent vomi leur feu sur la terre. Une pluie épaisse et chaude giclait des nuages. De tous côtés, les blessés refluaient vers la ville. Dans le jardinet, en face de la gare, les guitounes de la Croix-Rouge regorgeaient de monde. À l'entrée des tentes de chirurgie, s'amoncelaient des paquets de bandages, d'ouate, de gaze, de linges imbibés de sang. La pluie les diluait en liqueurs roses. Des médecins, des infirmières, des brancardiers s'affairaient sous l'averse. Un pope, en robe noire flottante et chapeau plat à larges bords, passait d'un abri à l'autre en se signant. Devant la petite église orthodoxe, de nombreux cadavres étendus, côte à côte, le corps recouvert d'une bâche, la tête nue. Les prêtres se relayaient à l'intérieur, pour les messes funèbres. Et, pendant la cérémonie, des brancardiers amenaient de nouveaux morts, les installaient parmi les autres, en rang d'oignons, devant la porte du sanctuaire. Comme personne, ou presque, n'avait le temps de se rendre à l'église, les prêtres disaient l'office pour une assemblée indifférente de trépassés.

Cependant, sur le quai de la gare, régnait une agitation fébrile. Les derniers mercantis européens s'efforçaient d'obtenir une place dans le train, à n'importe quel prix. Des correspondants de guerre étrangers assiégeaient les guichets du télégraphe. L'ennemi, victorieusement contenu sur toute l'aile droite, avait pu, à l'opposé de ce secteur, traverser le fleuve Taï-Tsé-Ho avec une division et une brigade. Il menaçait ainsi de tourner la cité en débordant le flanc gauche des Russes. Le général Kouropatkine, craignant d'être encerclé, avait ordonné à ses troupes de se replier sur la seconde ligne de fortifications.

Cette décision, à peine connue, avait plongé Akim dans la stupéfaction et la tristesse. Comment pouvait-on évacuer la première ligne, après la résistance admirable de ces derniers jours ? Partout, les Japonais étaient repoussés avec pertes. Mais, parce qu'une division de Kouroki progressait vers les arrières de la ville, tout le travail, tout l'héroïsme de la veille, se révélait illusoire. C'était toujours la même chose. Les Russes se défendaient en braves. Chacun se sentait intimement vainqueur. Et, pourtant, il fallait battre en retraite devant l'ennemi. La retraite était devenue une habitude nationale, une manœuvre stratégique exemplaire, une réussite en soi.

Dans la nuit du 18 au 19 août, la division des Cosaques de Sibérie du général Samsonoff reçut l'ordre de quitter les positions qu'elle occupait sur l'aile droite de la défense, pour se porter aussitôt à l'extrême du front russe, marquée par les mines du Yan-Taï. Cette randonnée nocturne de quarante verstes, sans cartes, sans lumières, à travers des terres incertaines, s'accomplit sans perte d'hommes ni de chevaux. La division de dix-neuf escadrons et de six pièces d'artillerie déboucha, peu avant l'aube, sur les hauteurs du Yan-Taï. Bien que les cavaliers et les montures eussent été fatigués par la traversée, le général Samsonoff commanda de procéder aussitôt à des reconnaissances.

Il faisait sombre encore, lorsque Akim et Troubatchoff se mirent en route, à la tête d'un groupe de Cosaques, dans la direction du village de Daïopou, au sud-est de Yan-Taï. Le haut commandement redoutait la présence d'avant-gardes ennemies dans cette région. Cependant, le crépuscule était très calme. On percevait bien, au loin, sur la droite, le grondement assourdi du canon. Mais le son n'en était pas désagréable, à distance. Akim et Troubatchoff chevauchaient, côte à côte. Les Cosaques suivaient en file indienne. Au moindre bruit suspect, le peloton s'arrêtait, devenait de pierre. Puis les chevaux reprenaient leur marche. Et on n'entendait plus que le tintement discret des armes, la respiration des bêtes et le froissement des herbes sous leurs pieds. Akim se sentait heureux et solennel. Hier encore, il enrageait à l'idée qu'on évacuât les premières lignes fortifiées sans lui avoir donné la chance de combattre. Aujourd'hui, la situation était renversée. La division du général Samsonoff était en bonne place pour affronter l'ennemi. Rien n'empêcherait plus le sous-lieutenant Arapoff de prouver sa valeur et d'être décoré. Akim sourit à la pensée de son prochain effort. Troubatchoff avançait, la tête basse. Il avait mal à l'estomac depuis la veille. Il était de mauvaise humeur. Est-ce qu'on pouvait être de mauvaise humeur lorsqu'on participait à la plus grande bataille de l'histoire ?

Les chevaux traversaient un ruisselet où leurs sabots clapotaient aimablement.

— À partir du ruisselet, sur la gauche, dit Troubatchoff.

Le peloton vira sur la gauche et s'enfonça dans un champ de sorghos. Des feuilles longues griffaient les joues, s'accrochaient aux ceinturons. Le ciel pâlit à l'orient, et des nuées de martinets s'envolèrent vers le soleil.

— Il y a des maisons dans le voisinage, dit Troubatchoff. Halte !

Un Cosaque mit pied à terre et s'avança en rampant jusqu'à l'orée du champ de sorgho. Il revint bientôt, essoufflé et les pommettes rouges :

— Votre Noblesse... Votre Noblesse... Un village... Quelques pauvres *fanzas* plutôt... À l'entrée du village, il y a deux canons, deux petites pièces de montagne... des joujoux ! Ils ne sont pas plus de quarante, là-dedans !...

Le cœur d'Akim se dilatait de joie.

— Deux pièces de montagne ! répétait-il, comme si on lui eût annoncé un cadeau pour son anniversaire.

Troubatchoff, cependant, avait froncé les sourcils et rédigeait un compte rendu au chef d'escadron. Un Cosaque fut détaché du peloton pour porter le pli à Yan-Taï.

— Alors, nous attaquons ? demanda Akim, le regard brillant, le menton levé.

— Non, dit Troubatchoff. J'enverrai deux éclaireurs aux abords du village pour essayer de recueillir des précisions complémentaires.

— Et puis ?

— C'est tout.

— Mais c'est manquer une occasion unique ! s'écria Akim avec dépit.

— Notre mission n'est pas de nous battre, mais de nous renseigner.

Akim détesta Troubatchoff pour ces paroles sages. L'indignation, la colère, le faisaient trembler. Il grommela :

— Si je ne te connaissais pas, je croirais que tu as peur...

Et il lui tourna le dos. Un vent léger inclinait la cime des sorghos, et le murmure des feuilles était nombreux et touffu comme le chant d'une rivière.

— Le soleil va se lever, dit Troubatchoff. Il me faut deux éclaireurs.

— Moi, Votre Noblesse !

— Et moi !

— Et moi !

— Vous deux ! Pied à terre. Vous vous avancerez en

rampant jusqu'aux abords du village. Vous le contournerez. Tâchez de savoir surtout le nombre de canons.

— Compris, Votre Noblesse.

— Ne tirez que si vous êtes découverts.

— Oui, Votre Noblesse.

— Point de ralliement, au ruisseau.

— Bien, Votre Noblesse.

— Que Dieu vous protège !

Les deux hommes mirent pied à terre et s'enfoncèrent dans les sorghos. Bientôt, les tiges se refermèrent sur leurs silhouettes courbées. Troubatchoff lorgnait sa montre, mordillait sa moustache, toussotait et se tournait sur sa selle. Les Cosaques chuchotaient entre eux :

— Dommage. On aurait pu les cueillir comme des lapins.

— Et maintenant, quoi ? On va revenir de la promenade. Et on nous dira : « Nous vous félicitons, les amis, parce que vous n'avez tué personne... »

— Drôle d'histoire ! S'ils ne veulent pas qu'on les tue, les Japonais, pourquoi leur ont-ils déclaré la guerre ?...

— Silence, ordonna Troubatchoff.

De nouveau, il regarda sa montre.

— Nous serons rentrés dans trois heures, dit-il comme s'il se fût agi d'une simple excursion.

Tout à coup, une détonation claqua sec du côté du village. Puis une autre, et une autre encore.

— On les a repérés ! hurla Akim.

Le visage de Troubatchoff se marbra de plaques rouges. Devinant qu'il hésitait à prendre une décision, Akim dit précipitamment :

— Eh bien ? Est-ce que nous allons laisser mitrailler nos gars sans répondre ?

— Dix hommes avec moi pour envelopper le village par la gauche, dit Troubatchoff. Dix hommes avec le sous-lieutenant Arapoff, qui se portera sur la droite.

— Hourra ! glapit Akim. Sabre au clair... Lance au poing... Et pas de quartier... Ma-arche !

Puis, talonnant son cheval, il traversa violemment les sorghos et déboucha dans la plaine. À ce moment, il se retourna. Ses dix hommes le suivaient de près. Les premières *fanzas* n'étaient plus qu'à quelques foulées.

Le peloton pénétra en coup de vent dans le village. Emporté par le galop de sa monture, Akim vit une charrette attelée de mulets et chargée de havresacs et de carabines. Plus loin, des chevaux attachés au piquet d'une *fanza* renâclèrent et se cabrèrent, effarés par le tonnerre de la cavalcade. À l'autre bout du hameau, des petits hommes couraient en tous sens et agitaient leurs fusils à bout de bras. Des sifflements pointus divisaient l'air. Les Japonais avaient ouvert le feu sur les assaillants.

Akim serra les dents, baissa la tête. Une envie de rire et de crier lui gonflait la gorge. Les Japonais n'étaient plus qu'à une centaine de pas, au jugé. Étirés sur deux rangs, ils bloquaient la seule voie du village. Voici les visages ennemis. Des moustaches, des yeux, des mains, des fusils, de la fumée. Akim ulule d'une voix enragée :

— Yii... Yii...

Les Japonais déguerpissent, à droite, à gauche, se faufilent dans les *fanzas*, sautent par-dessus les palissades. Pas moyen de sabrer. Akim arrête sa monture, lève son revolver et vise un soldat, tapi derrière des piles de bûches. Mais le cheval d'Akim souffle trop fort après le galop, et Akim ne peut pas diriger son coup. Il tire quand même et rate son adversaire. Et l'autre tire aussi. Et c'est pour rien. Et ils tirent encore tous les deux. Puis le Japonais détale, et Akim le rejoint et lui taillade le cou d'un revers de sabre. Le peloton de Troubatchoff arrive à la rescousse. Les Cosaques mettent pied à terre et se disposent en demi-cercle autour d'une distillerie occupée par l'ennemi. Il y a une quinzaine de Japonais là-dedans. Et ils ne manquent pas de munitions. Méthodiquement, ils tiraillent à travers les fenêtres. Les Russes se couchent derrière des charrettes, s'effacent dans les encoignures des *fanzas*. La fusillade s'organise. Le soleil levant poudroie, rouge, à travers les premières nuées du matin.

— Si nous avions du pétrole, Votre Noblesse, on les flamberait, dit un Cosaque.

— Pas besoin de pétrole, dit Akim. Six hommes avec moi pour enfoncer la porte.

Et il s'élance en avant.

— Akim ! crie Troubatchoff. Tu es fou !

La porte est à dix pas devant lui. Il semble facile de l'atteindre. Mais voici qu'un fusil apparaît à la meurtrière. Akim voit le canon luisant qui s'abaisse, qui tourne. Est-ce qu'on le vise vraiment ? Est-ce qu'on va le tuer ? Le ventre d'Akim devient léger et transparent. Encore cinq pas. Toujours rien. Encore trois pas. Tiens, il y a une autre meurtrière sur la droite. Des oiseaux chantent. La clarté du soleil envahit le monde. Akim crie :

— Suivez-moi, les gars !

Mais quelque chose de lourd le gifle à la joue. Un chœur de voix discordantes vocifère derrière lui :

— À gauche ! À gauche !

« Qu'est-ce qu'ils veulent que je fasse à gauche ? pense Akim. Je dois avancer, et non aller à gauche. »

Puis, un drap d'ombre tombe sur lui. Et il ne voit plus rien.

La patrouille ramena trois prisonniers, vingt fusils et cinquante cartouches. Deux Cosaques avaient été tués dans l'engagement. Akim, légèrement blessé à la tête, revint à lui dans les retranchements de Yan-Taï. Pansé par le médecin du régiment, il voulut reprendre aussitôt son poste de combat. Il fallut que le colonel en personne lui ordonnât de descendre à la gare pour y recevoir des soins plus sérieux.

Tandis que les troupes russes se portaient vers l'est pour renforcer les positions du général Samsonoff, les Japonais s'installaient sur la première ligne de fortifications évacuée dans la nuit. La crête du Chô-Chan et les hauteurs avoisinantes, à huit verstes à peine de la ville, étaient occupées par l'ennemi. Le train du généralissime Kouropatkine s'était éloigné en hâte vers la station Liao-Yang n° 2, improvisée à trois verstes au nord de la gare, près du pont. Les administrations emballaient leurs dossiers et leurs sacs postaux. Les hôpitaux repliaient leurs tentes. Au buffet de la gare, une foule d'officiers et de civils vidaient les dernières bouteilles de bière japonaise, avalaient les derniers lambeaux de harengs, couraient dans la caverne enfumée des cuisines pour obtenir une assiette de potage graisseux et fétide et un quignon de pain. Vers deux heures de l'après-midi, les premiers obus japonais tombèrent sur la ville. Une grenade éclata en plein quai de la gare, tuant deux infirmières et un sous-officier d'intendance. Aussitôt, les civils se ruèrent vers les charrettes, vers les mulets. Des cavaliers foncèrent dans les rues bondées à craquer de curieux. Les trains quittaient Liao-Yang, l'un après l'autre, sous une pluie d'obus brisants. Pendus aux marchepieds, accroupis sur les plates-formes, parmi des tables, des caisses, des chaises et des baluchons, les Cosaques, les sœurs de charité, les blessés, regardaient dans le ciel les fumées blanches des explosions.

« Cette fumée-là, c'est notre artillerie... Et l'autre, là-bas, c'est la leur... »

Des soldats passaient en courant, les bras chargés de bouteilles de champagne et de paquets de tabac. Dans la ville européenne, les coolies et les boys dévalisaient les appartements libres et détalaient sous la canonnade, portant en travers de l'épaule des paniers pleins de parapluies, de vaisselle, de robes et de chapeaux.

Revenant d'une mission au village de Maetoun, le docteur Fakiloff trouva son hôpital vide. Dans les salles délabrées, restaient plus que des lits démantelés, des piles de draps sales et quelques vases, bourrés de déchets d'ouate. Les icônes avaient été emportées. Il faisait sombre déjà. Fakiloff allait d'une salle à l'autre en criant :

— Quelqu'un ? Quelqu'un ?

Il rencontra enfin le docteur Davidoff, un gaillard épais, ventru, aux moustaches bouffantes à la François-Joseph ; Davidoff lui apprit en quelques mots que les blessés avaient été transférés au village voisin, parce qu'on ne pouvait plus amener de train jusqu'au quai de la gare. Fakiloff demanda un cheval et partit pour le nouvel hôpital volant, établi plus au nord, en bordure de la voie ferrée.

Ce fut vers cet hôpital qu'Akim fut dirigé le soir même du 19 août 1904. Au matin du 20 août, le poste de secours présentait un aspect saisissant de désordre et de misère. Les blessés refluaient en masse vers ce havre de tentes blanches. Certains se traînaient à pied, le long des champs de sorghos. D'autres venaient sur des litières, soutenues entre deux mulets. Des officiers arrivaient, fourbus, sanglants, la tête inclinée sur l'encolure de leur cheval. Et il fallait les descendre de leur monture, tandis qu'ils gémissaient et demandaient de l'eau.

À proximité de la voie, sur le ballast, dans le fossé, des centaines d'éclopés gisaient, côte à côte. La plupart ne bougeaient plus. La face pétrifiée, la barbe raide, ils regardaient le ciel chaud. Mais il y en avait qui se roulaient sur le flanc et ruaient dans leurs manteaux en loques. Des mouches noires et luisantes tournaient en nuage autour des moribonds, se collaient à leurs plaies, bourdonnaient dans les pansements humides.

— Elles sont pires que les Japonais, grognait un Cosaque à la moustache pleine de caillots bruns.

Un cabot, jaune et pelé, veillait gravement un cadavre. Une laisse en ficelle reliait le cou de la bête à la main de son maître mort. Le chien ne bougeait pas. Mais, lorsqu'un infirmier s'approchait du corps, l'animal grondait et montrait les crocs. Non loin de là, un officier, la tête bandée jusqu'aux yeux, serrait une cantine contre son cœur. Un autre déroulait les pansements de sa cheville en hurlant à chaque nouveau tour. Quelqu'un pleurait :

— Je n'ai plus de jambe ! Je n'ai plus de jambe, mes petits frères ! Avant, j'étais bien portant et j'avais tout ! Et regardez ce qu'ils ont fait de moi, ces Antéchrists !

Il y avait là tous les uniformes, et tous les visages, et toutes les plaies de la bataille. Des jeunes, des vieux, des barbus, des imberbes, des Cosaques de Sibérie, des tirailleurs, des artilleurs, des sapeurs, des téléphonistes, des ventres déchiquetés, avec une croûte brune étalée sur le drap de la vareuse, des bras arrachés aux moignons emmitouflés de linges, des jambes garrottées pour arrêter l'hémorragie, des faces labourées par les balles. De ce bétail émanait une odeur de sang, de sueur, de pieds malpropres, de cuir et d'urine. Le grand air n'y faisait rien. Cela stagnait au-dessus des malheureux, comme une nuée. Ils étaient pris sous cette cloche.

Akim s'était assis sur une caisse à pansements vide et contemplait le spectacle avec stupeur. Il se sentait très faible. Sa joue brûlait, comme marquée au fer rouge. Mais il était moins à plaindre que les autres. Dès qu'il aurait été soigné, il remonterait en ligne. Un brancardier vociférait en secouant les bras :

— Il a encore défait son bandage, cet énergumène ! C'est insensé, quand même ! Si tu veux te soigner seul, tu n'as qu'à déguerpir !

— Portez celui-ci dans une tente ! hurlait un médecin au visage bouleversé de colère et de fatigue.

— Mais c'est Fakiloff ! s'écria Akim.

Fakiloff avait retroussé ses manches. Un tablier, taché de sang, couvrait son ventre. La sueur ruisselait en traînées pâles sur sa figure poudreuse.

— Fakiloff ! Fakiloff ! appela Akim.

Fakiloff se tourna, le reconnut et s'avança vers lui, enjambant les corps des blessés. Des mains s'agrippaient aux chevilles du docteur. Des voix râlaient :

— Et moi ? Et moi ? Il n'a rien, celui-là ! Moi d'abord !...

— Comment es-tu ici ? demanda Fakiloff en saisissant Akim dans ses bras.

— Une égratignure à la tête. Je voudrais remonter là-bas.

— Tu peux attendre ?

— Oui.

— Alors, dès que j'aurai un moment, je m'occuperai de toi. Ce sera vite fait...

Il essuya son visage du revers de la main. Ses doigts étaient maculés de sang. Ses moustaches aussi.

— Ça va mal, dit-il encore. Je n'ai même pas le temps

de me laver, de désinfecter les instruments, d'inscrire les noms des blessés. Nous manquons de pansements, de chloroforme. On a perdu tout ça dans la retraite. Et ils souffrent ! Oh ! comme ils souffrent ! Que Dieu nous pardonne !

Puis il s'éloigna vers d'autres hommes, vers d'autres blessures.

Cependant, le soleil cuisait ces chairs éprouvées. Le troupeau des éclopés suait en pleine chaleur. Les hommes geignaient :

— Mettez-nous à l'ombre... Donnez-nous de l'eau...

La fusillade se rapprochait d'heure en heure. À droite d'Akim, un Cosaque, l'épaule écrabouillée, délirait doucement :

— Ce que je veux, c'est une petite maison fraîche, avec de jolies filles fraîches, de la vodka fraîche et des concombres frais... Oh ! quelques concombres frais, mes enfants...

À sa gauche, un très jeune sous-officier, à la face livide, aux lèvres tremblantes, clignait des yeux à chaque coup de canon.

— Est-ce qu'ils vont nous emmener, au moins ? dit-il enfin. Sans ça, les Japonais viendront. Je vous assure, les Japonais viendront...

Un artilleur s'avança en clopinant vers le sous-officier et dit :

— Tu sais, Akoulinoff est tué !

Il dit cela d'un air joyeux et entendu, comme s'il était fier d'annoncer une pareille nouvelle.

Le petit sous-officier détourna la tête et murmura :

— Tous... Tous nous serons tués !

Vers six heures du soir, un train, composé de wagons de marchandises, s'arrêta devant les tentes. La horde des blessés fut parcourue par un remous hideux. Ceux qui ne pouvaient se lever agitaient les bras, glapissaient d'une voix enrouée :

— Emmenez-moi ! Emmenez-moi !

Les autres se béquillaient vers les wagons, écrasant les visages, les mains, de leurs compagnons invalides. Déjà, les médecins, les brancardiers, se précipitaient pour leur barrer le passage. Fakiloff gravit le remblai, porta les mains en cornet devant sa bouche et cria :

— Chacun son tour ! Il y aura de la place pour tout le monde ! Nous ne vous laisserons pas !

— Puis-je t'aider ? demanda Akim.

— Si tu veux. Mais ne fais pas d'effort, pour l'amour du ciel !

L'embarquement commença, aux dernières lueurs du jour. Les brancardiers transportaient les blessés dans les wagons et les étendaient côte à côte, sur les lattes nues. Fakiloff et Akim, un fanal à la main, visitaient les wagons complets. La flamme du fanal éclairait un bouquet fantastique de figures, de bras, de jambes et de barbes. Dans cette crypte de planches et de ténèbres, les râles devenaient plus sourds. Le bric-à-brac des membres et des têtes remuait vaguement, au hasard de la lumière flottante. Une main se levait, avec, derrière elle, l'ombre énorme des doigts. Un profil s'incrustait, diabolique, dans le noir. Une poitrine imberbe de martyr écartait la nuit. Entre les cloisons de bois, l'odeur du sang et des excréments se faisait suffocante.

— Qui veut boire ? demandait Fakiloff.

— Moi, moi, moi !

— Voici deux bidons d'eau pour la route.

Dans quelque coin perdu, une voix disait, paisible, à peine fâchée :

— Votre Noblesse, je suis couché à côté d'un cadavre.

Fakiloff et Akim enjambaient les blessés, soulevaient le corps inerte et le descendaient sur le ballast. Le mort était pieds nus. On lui avait volé ses bottes dans le wagon.

À la troisième inspection, Akim se sentit défaillir et retourna s'asseoir sur la caisse à bandages. La nuit était venue, plate et chaude, sans vent et sans étoiles. Le combat s'était encore rapproché. On distinguait nettement les détonations des fortes pièces et le crépitement des mitrailleuses. La majeure partie des blessés avait été casée dans les wagons. Mais le train ne partait pas. On attendait la locomotive, renvoyée d'urgence pour tirer quelque convoi de munitions. Dans le wagon arrêté en face d'Akim, des voix anonymes s'interpellaient :

— On fait passer les munitions avant les hommes !

— C'est normal. Nous, on ne compte pas. C'est une guerre de messieurs...

— Aie ! aïe ! aïe ! écoute le canon qui approche...

— Votre Noblesse... Les Japonais vont venir... Et ils nous achèveront sur place... Voilà la vérité...

— Il y en a un qui meurt là. Est-ce qu'on ne pourrait pas le sortir ?...

Dans la nuit épaisse, les guitounes de la Croix-Rouge ressemblaient à de grands oiseaux assoupis. La lumière des lampes à acétylène filtrait entre leurs pans de toile. Et la toile elle-même rayonnait un peu, comme huilée. Parfois, des cris aigus s'échappaient d'une tente. Akim frémissait de tout le corps, fronçait les sourcils avec colère.

Sur la droite, derrière les fourgons de l'ambulance, on distinguait la lueur dansante d'une torche. Des ombres traversaient la clarté fumeuse. Un chant lent et monotone se mêlait au grondement proche de l'artillerie. Quelque prêtre, assisté de soldats, célébrait la messe des morts.

Akim se leva et tâta le pansement qui enveloppait sa tête. La peau seule avait été éraflée par les balles. Il ne souffrait en somme que d'une égratignure légère et d'une forte commotion. Il pouvait servir encore. Tandis que tous ceux-là ! Pour un peu, il se fût apitoyé sur leur sort. Mais il serra les mâchoires. Il ne voulait pas être faible. Son devoir était de se battre et non de plaindre les éclopés. De nouveau, dans les wagons sombres et carrés qui bouchaient la voie, des appels, des cris résonnèrent, comme dans une caisse :

— C'est exprès qu'on nous laisse ici ! On nous sacrifie ! C'est sûr !...

— Si on descendait ?

— Qu'on descende ou qu'on reste, on est cuit, mon gars !

« Les lâches, pensa Akim. Est-ce que leur souffrance

est une excuse ? Si j'étais dans leur cas, j'aurais au moins la fierté de me taire. » Un sentiment d'impuissance lugubre le dominait. Ces tentes dans la nuit. Ces wagons pleins d'horreur. Cette messe des morts. Que faisait-il dans un univers de défaite et de honte ?

Un sifflement lointain déchira la rumeur de la bataille. Une lueur rose traîna sur la ligne des rails, à l'horizon.

— La locomotive ! On vient nous prendre ! clamèrent des gosiers innombrables.

La locomotive, tant espérée, arrivait enfin. Les moribonds renaissaient à la vie. Quelques visages fiévreux apparurent dans l'encadrement des portes.

— La voilà, la petite mère !

— Vite ! Vite !

— Gueule pas si fort ! Elle ne t'entend pas !

Akim se détourna et cracha par terre. Un cheval, tout sellé, broutait l'herbe autour des fourgons de l'ambulance. Akim se dirigea vers lui. À ce moment, Fakiloff souleva la portière de sa guitoune, alluma une lampe électrique et courut à la rencontre d'Akim.

— Tu viens, j'ai un moment.

— Non, merci, répondit Akim. Je me sens mieux.

Lourdement, il enfourcha la bête.

— Où vas-tu ? cria Fakiloff.

— Là-bas, dit Akim.

Et il tendit le bras dans la direction de la bataille.

— Tu plaisantes ?

Akim se mit à rire, et frappa sa monture qui partit au galop dans la nuit.

8

Lorsque Michel lui eut annoncé que Tania était enceinte, Volodia décida de renoncer instantanément à sa rancune. En vérité, après une brève période de colère, il avait fini par s'amuser de l'ostentation avec laquelle Tania refusait d'accepter sa liaison avec Olga Varlamoff. Il voyait dans cette attitude une preuve de jalousie qui était somme toute flatteuse. Peut-être, d'ailleurs, Tania avait-elle raison de le mettre en garde contre des amours trop absorbantes ? Ayant pris la résolution d'oublier les propos offensants de la jeune femme, il lui envoya une corbeille de roses avec un madrigal fort bien tourné sur le futur héritier des Danoff. Le lendemain, à quatre heures de l'après-midi, il se présentait chez elle. Tania le reçut au salon, allongée à demi dans une bergère, et les jambes couvertes d'une fourrure en renard. Volodia avait redouté les difficultés de l'entrée en matière, mais Tania dissipa sa gêne, dès les premiers mots, en lui déclarant :

— Ne m'en veuillez pas, Volodia. J'étais très énervée. Dans mon état, la moindre contrariété provoque souvent des réactions excessives...

— « La moindre contrariété », c'était ma requête au sujet de Mme Varlamoff ? demanda-t-il en souriant.

— À quoi bon revenir sur ce sujet ? dit Tania. J'ai peut-être tort, mais j'estime que vous passez les bornes avec elle. Vous êtes devenu quelque chose comme son mari. Vous ne vous déplacez plus que dans son sillage. Il était naturel que, pour moi qui vous avais connu indépendant, spirituel, original, volage, cette transformation fût pénible et décevante. Vous devez me trouver bien compliquée ?

— Nullement, dit Volodia. Je ne peux pas vous obliger à partager mes sentiments à l'égard d'Olga. Mais permettez-moi de vous rappeler que c'est sur votre insistance...

— Je sais, je sais, soupira Tania. Parlons d'autre chose, voulez-vous ?

Elle ramassa une lettre qui traînait sur le tapis :

— J'ai reçu une lettre d'Akim. Il me dit qu'il s'ennuie, qu'il n'a pris part à aucun engagement, qu'on garde son escadron en réserve...

— Tant mieux, dit Volodia.

— Pourtant, il est sous les ordres du général Samsonoff, et le nom de Samsonoff revient souvent dans les communiqués.

— C'est une telle pagaille, là-bas ! dit Volodia. Les généraux ne savent même pas quelles troupes ils commandent. Si vous lisiez la presse étrangère, vous verriez que nous nous couvrons de ridicule devant l'Europe.

Tania gonfla les narines et ses yeux étincelèrent.

— Il paraît que nos soldats se battent comme des lions ! dit-elle.

— Je crois surtout qu'ils pillent les réserves des paysans mandchous, bouffent et boivent sans vergogne, dorment comme des loirs et ne pensent qu'à rentrer chez eux, dit Volodia.

— Tout de même, dit Tania, j'ai bien mal choisi mon moment pour être enceinte.

Elle se sentit rougir et comprit, tout à coup, qu'il lui était désagréable de parler de sa grossesse en présence de Volodia. Comme si, en évoquant sa maternité, elle se vieillissait et passait dans le clan des femmes vaincues. Volodia l'observa un long moment, sans rien dire. Puis il murmura :

— Vous avez beaucoup de chance, Tania. Si vous saviez comme Olga vous envie !

Tania éclata de rire :

— Qui vous empêche de la rendre heureuse de la même façon ?

Volodia baissa la tête.

— Épousez-la et faites-lui un enfant, reprit Tania sur un ton vif. Comme ça, ce sera complet.

Elle s'arrêta, surprise par la tristesse, par le désarroi qui se lisaient sur la figure du jeune homme.

— Qu'est-ce qui vous prend ? dit-elle.

— Rien, dit Volodia. Il faut que je m'en aille.

Il se leva précipitamment, baisa la main de Tania et partit en oubliant ses gants sur la table.

Le soir, Tania accueillit son mari avec un visage lugubre. Elle se sentait mal. Des nausées lui coupaient le souffle. Depuis quelques heures, il lui semblait qu'elle ne pouvait plus supporter la vue d'une couleur vive. Elle exigea qu'on sortit de sa chambre une potiche en faïence bleue et deux paysages aux tons crus. Puis, elle supplia Michel de chausser des pantoufles, car le bruit des pas la rendait malade, et de renoncer à se parfumer avec de l'eau de Cologne. Michel acquiesçait à toutes ses demandes. La nouvelle dignité de Tania lui paraissait mériter une soumission totale. Il la respectait avec étonnement, avec reconnaissance. Il lui proposa même de coucher dans une autre chambre pour que rien ne troublât son repos. Mais elle lui dit :

— Tu en as assez de me voir, sans doute ? Tu me trouves laide. Tu as bien raison. Regarde cette robe. Je ne pourrai plus l'enfiler dans deux mois.

— Mais tu pourras la remettre après, dit Michel d'une voix prudente.

— Après ? Elle aura passé de mode. Et moi aussi, j'aurai passé de mode.

— Alors, tu regrettes ?...

— Tu ne veux pas me comprendre. Je ne regrette pas. Je constate. Mon pauvre visage ! Déjà, j'ai le masque. Mes paupières sont jaunes. Mon nez se pince. Et tu exiges que je sois contente ! Ah ! les hommes ! Ce que vous pouvez m'agacer avec vos mines bien portantes ! Ce n'est pas juste ! Ce n'est pas juste ! À partir de demain, je refuse de recevoir qui que ce soit chez moi.

— Même Volodia ? demanda Michel.
— Surtout Volodia.
— Pourquoi *surtout* ?
— Parce que je ne tiens pas à ce qu'il me compare à la Varlamoff.
Michel haussa les épaules.
— Quelles sottises ! Tu te nourris de sottises ! dit-il. Mais tu es excusée d'avance. Veux-tu que je t'apporte des fruits exotiques, demain ?
— Je n'ai pas de goût à manger des fruits exotiques, quand je pense que mon frère meurt peut-être de faim, dit Tania.
Puis elle soupira :
— Si nous pouvions au moins partir pour la campagne, en vacances !
— Pars, si tu veux, dit Michel. Mais moi, tu le sais, à cause de mes marchés avec l'intendance, je dois rester à Moscou.
— Oh ! cette guerre, cette guerre, dit Tania, elle me rendra folle !
Puis elle bâilla et déclara qu'elle se coucherait sans se démaquiller.
Le lendemain, elle était méconnaissable. Lorsque Michel revint du bureau, le soir, il trouva sa femme habillée d'une robe neuve et coiffée de façon inédite, avec des frisettes tout autour du front.
— Je me sens mieux, dit-elle. J'ai pensé que nous pourrions sortir, ce soir, avec Volodia et Olga Varlamoff.
Michel, stupéfait, crut utile de rappeler à Tania qu'elle avait refusé jadis de recevoir Olga Varlamoff à son ouvroir. Mais Tania se fâcha, prétendit qu'on cherchait à contrecarrer ses moindres désirs, et que la Varlamoff était une femme comme les autres, qui avait même un enfant et de bonnes manières.
— Peut-être, dit Michel, mais elle n'acceptera sûrement pas de venir après l'affront que tu lui as infligé.
— Volodia saura la convaincre, dit Tania. D'ailleurs, il a sûrement dû lui donner de bonnes raisons pour

expliquer mon refus. Je sens que cette femme n'est pas mon ennemie.

— Je le souhaite, dit Michel.

Sans perdre de temps, Tania décrocha le téléphone et demanda le numéro de Volodia. Une voix de femme lui répondit. Puis, Volodia intervint :

— Oui, oui... Bien sûr, quelle bonne idée !...

— Il était avec elle, dit Tania en reposant le récepteur.

Ses yeux prirent une expression rêveuse.

— Et alors ? demanda Michel.

— Ils viennent nous chercher. Habille-toi.

Selon les prévisions de Tania, Olga Varlamoff ne marqua aucune animosité à l'égard du ménage Danoff. Elle semblait même très gaie et parfaitement à l'aise. Volodia ne la quittait pas des yeux. Sur le coup de dix heures du soir, les deux couples montèrent dans la calèche de Michel et se firent conduire à un petit restaurant louche, dans les faubourgs de Moscou. Un gros Tartare, à la tête rasée et au nez plat, les accueillit sur le seuil. Il était vêtu d'un frac et d'un gilet blanc. Bombant le torse, il introduisit les jeunes gens dans un salon particulier, minuscule, sombre, et fleurant la fumée et la poudre de riz. La table était préparée pour le souper, avec des roses coupées entre les assiettes. De lourds rideaux cerise masquaient les fenêtres. Des taches suspectes constellaient le tapis. Un piano était poussé contre le mur. En face, il y avait un canapé, bas et large, au velours rongé. Et, dans la glace, au-dessus de la cheminée, étaient gravés des cœurs, des flèches, des signatures et des vers polissons.

— Oh ! Volodia, dit Olga Varlamoff. Comment avez-vous pu choisir ce restaurant ?

Elle fit la moue et retira son chapeau à voilette mouchetée. Tania fut éblouie par l'éclat des forts cheveux roux.

— Moi, je trouve que tout est parfait ainsi, dit-elle. J'adore les endroits louches. On sent, n'est-ce pas ? que des milliers d'hommes ont rencontré des milliers de filles entre ces murs, et leur ont débité des milliers de mensonges avant de les caresser.

— Tania est déchaînée ! dit Volodia, et il se mit à rire.

Michel affirma qu'il préférait le cadre somptueux de *Strélnia* ou de *Yar*, où on mangeait, au moins, de la cuisine soignée dans des plats propres. Olga Varlamoff fut de son avis.

Dès les hors-d'œuvre, Volodia commanda la diseuse française, Mlle Claudine. Elle vint, toute menue, tout ébouriffée, le museau maquillé à l'emporte-pièce. Sa robe était décolletée en triangle jusqu'à la naissance des seins. Ses bras étaient nus.

— Fais-lui la cour, Michel, supplia Tania.

— Pourquoi ?

— Ça m'amuserait tant !

— Tu es folle, dit Michel.

Et il commença à manger, pour cacher sa confusion.

Mlle Claudine s'était assise au piano et, renversant la tête, roulant des yeux coquins, elle chanta :

Je vous montrerai tout, tout, tout,
Ce qui pousse dans mon jardin, din, din.
Les carottes et les choux, choux, choux...

La chansonnette était très leste. Olga Varlamoff se cacha le visage derrière un éventail. Quant à Tania, elle feignait une naïveté excessive et posait des questions après chaque couplet :

— Qu'est-ce qu'elle a voulu dire ? Expliquez-moi donc pourquoi vous riez ?...

— Voyons, Tania, ne faites pas l'enfant, disait Volodia.

— Mais je vous assure... D'où voulez-vous que je sache ?...

Après la chanson, Tania demanda des anecdotes.

Elle n'en comprit pas la moitié, mais les applaudit toutes.

Lorsque Mlle Claudine eut quitté la pièce, Tania prétendit, elle aussi, raconter des histoires. Elle se sentait très gaie, très libre. Il lui semblait qu'elle était née pour mener une existence chatoyante et attirer les suffrages masculins. Volodia était enchanté. Il avait passé le bras autour des épaules d'Olga Varlamoff, mais plutôt par habitude que par conviction. Et il n'écoutait que Tania, ne parlait qu'à Tania. Tania songeait qu'il lui eût été très facile de détacher Volodia de la Varlamoff. Si elle n'avait pas été enceinte, elle se serait peut-être amusée à ce jeu. Mais, « dans son état », et avec « ses responsabilités », l'entreprise était impossible. D'ailleurs, dans deux mois, elle aurait perdu sa ligne et Volodia se serait éloigné d'elle. Et puis, Michel en aurait souffert. Cette seule pensée était intolérable. Elle regarda son mari qui discutait sérieusement avec la Varlamoff. Ils avaient l'air tellement graves, tous les deux, et faits pour s'entendre ! Ils n'avaient pas de jeunesse.

Comme elle formait cette réflexion, elle sentit le pied de Volodia qui frôlait le sien, sous la table. Elle frémit, rougit, mais ne retira pas sa jambe. Simplement, pour se donner un peu d'assurance, elle leva son verre et but une large gorgée de vin.

— Ne bois pas tant, Tania, dit Michel d'une voix douce. Tu sais que le médecin te l'a défendu. Ce soir, tu auras de nouveau des nausées.

Une brusque fureur crispa le visage de la jeune femme.

— Je te remercie de me rappeler mon état, dit-elle vivement.

Volodia avait reculé sa jambe. Michel souriait d'un air interdit. Olga Varlamoff jouait de l'éventail. Tania avait envie de pleurer, de tirer la nappe, de casser des verres. Toutefois, elle domina sa rage et demanda ce qu'on attendait pour appeler le chœur des Tziganes avec la soliste Natacha. Le patron de l'établissement vint s'excuser auprès de ses clients. La soliste ne pourrait pas chanter ce soir : son frère, mobilisé depuis quatre mois, avait été tué à Liao-Yang, et la nouvelle de ce décès lui était parvenue dans la journée. Tania ne sut que répondre.

— Ah ! c'est très bien... nous comprenons, dit Volodia.

— Voulez-vous le chœur seul ? dit le patron.

— Non, non... Ce n'est pas la peine...

Le patron se retira après une courbette obséquieuse. Cet incident avait désagréablement surpris les convives. Olga Varlamoff se tamponnait les yeux :

— Voilà, nous nous amusons, nous voulons qu'on chante pour nous distraire, et là-bas...

— C'est notre devoir de nous distraire, comme c'est leur devoir de se battre, dit Volodia. Il faut maintenir le moral de l'arrière.

— Vous finirez par prétendre que les grandes batailles se gagnent dans les cabarets, dit la Varlamoff.

— Le fait est, dit Volodia, que, pour ce qu'elle trafique là-bas, notre sainte armée russe, elle aurait aussi bien pu ne pas se déranger.

Tania rejeta sa serviette et s'écria :

— N'oubliez pas que mon frère fait partie de cette sainte armée russe !

— Allons ! dit Volodia, ne vous fâchez pas pour une mauvaise plaisanterie.

— Je ne me fâche pas, dit Tania. Simplement, vous m'ennuyez...

Elle jugeait tout le monde stupide et méchant : Volodia, Michel, la Varlamoff. On lui avait gâché cette soirée. Elle était à plaindre et personne ne la comprenait. Subitement, elle eut envie de s'évanouir. Mais ce n'était pas facile. Elle dit encore d'une voix sèche :

— Je vous félicite, messieurs, vous avez réussi à me rendre cette soirée odieuse.

Et elle pria Michel de la ramener à la maison.

Le mardi suivant, à la réunion de l'ouvroir, Tania relata l'incident de la soliste qui avait refusé de chanter parce que son frère était mort à la guerre. Ces dames commentèrent gravement la chose. Elles estimaient que l'attitude de la chanteuse était un signe des temps.

— Il n'y a plus d'héroïsme, soupira la vieille Mme Jeltoff, plissée et rose, en cousant les boutons à une chemise. Jadis, on se serait enorgueilli de cette fin glorieuse.

— Ce n'est pas chez les geishas japonaises que cela se serait passé ainsi, dit la petite Eugénie Smirnoff.

Tania remercia la jeune femme d'un regard humide. Eugénie Smirnoff disait toujours ce que Tania attendait d'elle. Elle était belle et bête, plantureuse et lente, un peu génisse par l'œil et par le mouvement. On racontait qu'elle était la maîtresse du vieux Jeltoff, et aussi de l'écrivain Malinoff.

— On m'a dit que Malinoff écrivait un roman sur la guerre russo-japonaise, dit Tania.

— Oui, s'écria Eugénie. C'est merveilleux. Il m'a lu des passages. Il parle de l'héroïsme de nos petits soldats comme s'il était lui-même un petit soldat. Il a tellement de talent !

Elle rougit et battit des paupières.

— Il faut croire en notre pays, dit Tania avec sentiment.

Les séances de l'ouvroir exaltaient et fatiguaient Tania. Après avoir reconduit les dernières visiteuses, elle monta dans son boudoir et se fit servir une tasse de thé. Dans la pièce, close et douce, la femme de chambre tirait les rideaux, allumait les lampes. Tania espéra la venue de Michel ou de Volodia qui la distrairait un peu. Sûrement, Volodia devait se reprocher son geste imprudent de l'autre soir. C'était drôle. Pourquoi lui avait-il fait du pied sous la table ? Était-ce pour s'amuser, ou pour éprouver Tania, ou pour satisfaire une passion brusquement réveillée ? Si Michel avait remarqué la conduite de Volodia au restaurant, il se serait cru offensé et sali pour l'éternité. Et, cependant, Tania ne se sentait pas coupable, et Volodia aimait Michel de tout son cœur. Les lois de la morale commune ne convenaient pas à leur groupe. Ce qui était mal chez les autres devenait parfaitement inoffensif et naturel chez eux. Tania se jugeait un peu exceptionnelle. Elle s'approcha d'une glace, contempla son fin visage consumé, au regard pensif, aux lèvres jeunes, et soupira mélancoliquement. Pourvu qu'elle ne fût pas abîmée par la grossesse ! Puis elle sourit, vaporisa un peu de parfum sur ses épaules et fredonna :

Je vous montrerai, tout, tout, tout...

Sur la table reposaient des piles de brassières, liées avec des faveurs bleues. Tout en chantant, elle déplia l'un de ces vêtements de poupée, l'éleva devant elle. C'était si petit, si petit !... Est-ce qu'il serait vraiment si petit, avec des bras si courts, un cou si mince ?... Elle l'imagina, potelé, avec une tête ronde et molle, des jambes grassouillettes et un regard gonflé de rêve. Et elle se mit à rire joyeusement.

Michel, qui rentrait du bureau, surprit Tania en extase devant une rangée de bavettes. Elle les repoussa, comme prise en faute. Mais il ne dit rien. Il avait l'air soucieux. Il baisa Tania au front, fourra la main dans sa poche et lui tendit un télégramme froissé. Elle lut, sans comprendre d'abord : *Père gravement malade. Viens vite. Tendresses.*

La dépêche était signée : *Ta mère*. Elle portait le timbre d'Armavir.

Tania relut lentement le télégramme et prit la main de Michel.

— Tu ne sais rien d'autre ? demanda-t-elle.

— Rien d'autre. Mais je crains que ce ne soit une crise cardiaque. Il a eu deux attaques autrefois. Si c'est la troisième...

Le visage de Michel était solide, fermé, son regard n'exprimait rien que la fatigue.

— Alors, voilà, dit-il d'une voix volontairement égale, je vais partir. Comme tu ne peux pas supporter le voyage, tu resteras ici. Je reviendrai... quand tout sera fini...

Et à ces simples mots, inexplicablement, Tania sentit qu'une longue distance la séparait de son mari, qu'elle était une toute petite fille, et qu'il était un homme mûr, armé d'expérience, qu'il savait comment on voyageait, comment on louait des chambres, comment on parlait dans les banques et ce qu'on faisait devant la mort des parents. Elle balbutia :

— Vraiment, tu ne veux pas que je t'accompagne ?

Il secoua la tête.

Elle était surprise qu'il marquât si peu de chagrin. Elle eût aimé le plaindre, l'encourager. Elle se blottit contre sa poitrine.

— Ce n'est rien peut-être, dit-elle. Ta mère s'est affolée... Et, quand tu arriveras...

— Peut-être... peut-être, dit-il.

— Tu me tiendras au courant ?

— Mais oui.

Il l'écarta doucement.

— Fais préparer ma valise, dit-il encore.

Jusqu'à son départ, Tania n'entendit de lui aucune parole d'abandon.

Elle l'accompagna à la gare avec Volodia. Il pleuvait. Les wagons avaient des toits luisants, des vitres de buées. Michel se tenait sur le marchepied. Il portait un manteau de voyage au col relevé et un bonnet d'astrakan. Quand il parlait, une vapeur blanche sortait de sa bouche. Tania reconnaissait à peine le son de sa voix. Elle fut singulièrement soulagée lorsque la cloche tinta et que le convoi s'ébranla, glissa lentement sur les rails.

Le quai se vidait peu à peu. Des gens pataugeaient dans la boue jaune. Volodia prit le bras de la jeune femme pour la ramener jusqu'à la voiture. Tania ne s'en aperçut même pas. Elle éprouvait un sentiment étrange de vacance et d'inutilité. Michel était parti. Elle était seule. Mais elle n'était plus capable de vivre seule. À son insu, elle était devenue une fraction de Michel. Et, loin de lui, elle ne savait que faire. Elle se promit de réagir contre cette soudaine détresse. Volodia lui serrait le coude.

— Bien entendu, je passerai l'après-midi avec vous, dit-il.

Cette pensée, qui, la veille encore, eût enchanté Tania, lui sembla, tout à coup, mauvaise. Elle ne voulait plus qu'un étranger s'interposât entre elle et le souvenir de l'absent. Elle dégagea son bras.

— Je ne me sens pas très bien, dit-elle. Je vais me reposer. Venez me voir demain, plutôt. Ou vendredi, après la séance de l'ouvroir.

Elle rentra toute seule dans la grande maison qui lui parut déserte, soupa très légèrement, congédia les domestiques, et monta se coucher dans son lit vaste et froid. Serrée sous les couvertures, elle réfléchit à Michel qui somnolait dans son compartiment, au grave et tendre Alexandre Lvovitch, qui était peut-être sur le point de mourir, à l'enfant qui allait naître, à ses parents, à ses sœurs, à ses frères. Tout le monde lui semblait gentil et pitoyable. Elle avait envie de pleurer. Elle pleura. Puis, elle s'endormit avec l'impression qu'elle était une jeune fille et que les tilleuls d'Ekaterinodar abaissaient leurs branches et frôlaient ses fenêtres fermées.

9

Alexandre Lvovitch était mort sans reprendre connaissance. L'attaque l'avait terrassé dans son bureau. C'était là que son secrétaire l'avait trouvé, la tête couchée sur le bord de la table, les bras pendants. Michel arriva la veille du jour fixé pour les funérailles. Les comptoirs étaient fermés. Dans la maison, aux pièces vides et froides, les meubles trop neufs, poussés contre les murs, se reflétaient dans les parquets cirés. Un parfum d'encens et de fleurs embaumait les couloirs.

Marie Ossipovna avait grande allure dans ses vêtements de deuil, enrichis de paillettes de jais. Elle ne pleurait pas. L'expression de son vieux visage était grave, presque méchante. Son œil noir et rond surveillait les préparatifs funèbres avec sévérité. Glissant d'une chambre à l'autre, elle gourmandait les servantes, discutait avec un prêtre arménien à longue barbe bouclée, arrangeait un rideau mal drapé, rectifiait la position d'un fauteuil. Cette mort, aussi, c'était une cérémonie. Et, dans la demeure des Danoff, toutes les cérémonies devaient être réglées à la perfection.

Après le dîner, servi pour quinze personnes, elle consentit enfin à monter dans sa chambre avec Michel, qui avait hâte de lui parler sans témoins. Encore des domestiques vinrent-ils les déranger souvent pour demander des ordres. Et, chaque fois, Marie Ossipovna leur répondait avec une dignité et une patience royales. En vérité, loin d'être agacée par les questions de ces importuns, elle paraissait fière d'être consultée par eux, à tout propos, comme si leur insistance même eût été un hommage dédié à sa personne. Son importance dans la maison avait doublé depuis la mort d'Alexandre Lvovitch. Elle s'en rendait compte avec une sorte de joie amère. Elle profitait de son malheur. Il fallut la prière expresse de Michel pour qu'elle acceptât d'interdire la porte de sa chambre.

Ayant tourné la clef dans la serrure, elle revint vers son fils, le bénit, le baisa au front. Ses lèvres étaient froides et un peu humides. Une ombre grise marquait le creux de ses joues. Majestueusement, elle s'assit dans un fauteuil à oreilles de velours, tira un chapelet de sa poche, et, tout en poussant les grains de buis entre ses doigts secs et tavelés de roux, elle se mit à raconter la mort du père. Elle dit avec force détails comment on avait transporté Alexandre Lvovitch de son bureau dans la chambre à coucher. Il était livide. Une moitié de son visage vivait, souffrait, appelait à l'aide ; l'autre moitié était de pierre. Un souffle irrégulier distendait sa bouche. L'œil chassieux ne voyait plus rien. Les médecins avaient pratiqué des saignées, appliqué des sangsues derrière les oreilles et des sinapismes aux pieds. Au bout de trois jours, le malade était mort, doucement, dans un grand silence.

Pendant que sa mère parlait, Michel sentait croître sa douleur et son désarroi. Avec quelle tranquillité atroce Marie Ossipovna prononçait les mots de « paralysie », de « mort », de « râle », et le nom même du défunt ! Était-ce un signe de courage, ou d'indifférence ? Savait-elle qu'elle était veuve, qu'elle avait perdu le meilleur d'elle-même, la tendresse et la force irremplaçables d'un être qui l'avait choisie pour compagne ? Savait-elle que sa vraie solitude commencerait demain, lorsque les dernières pelletées de terre auraient enseveli le cercueil aux poignées d'argent ?

Marie Ossipovna parlait toujours d'une voix monotone et basse. Elle disait maintenant le nom des personnes qui étaient venues lui présenter leurs condoléances. Son regard brillait d'orgueil, tandis qu'elle citait les plus riches commerçants de la ville.

— Ils se sont tous inclinés devant lui, dit-elle enfin.

Puis, elle se tut. Ses yeux étaient nets. Ses mains ne tremblaient pas. Elle remarqua que Michel l'observait. Alors, elle poussa un soupir et détourna la tête. Et Michel comprit qu'il ne saurait jamais rien des sentiments qui agitaient sa mère, parce qu'elle était de cette race sauvage et noble pour qui l'expression de la douleur est une faiblesse dont l'âme des morts s'offense au paradis.

Tard dans la nuit, il descendit pour veiller le corps qui était exposé dans le salon. Le fondé de pouvoir des Danoff était installé dans un fauteuil, près du catafalque. En apercevant Michel, il se leva pour lui céder la place et se retira sur la pointe des pieds.

Dans la haute pièce mal chauffée, les rideaux étaient tirés sur les fenêtres, des housses cachaient les fauteuils, et des crêpes de deuil voilaient les glaces encadrées de moulures d'or. La bière était placée sur une estrade tapissée d'étoffe noire à galons d'argent. Les cierges brûlaient d'une flamme droite et vive. Dans le cercueil, reposait Alexandre Lvovitch. Son corps était recouvert jusqu'au ventre d'un drap violet à broderies d'argent. Il tenait une petite icône dans ses mains nues et lisses. À la lumière rougeâtre des cierges, le visage du défunt paraissait satisfait et paisible. La barbe grise, presque blanche, soyeuse et brillante, vivante encore, s'étalait en carré sur sa poitrine. Son nez mince et long, aux narines serrées, était d'une matière minérale très pure. Les paupières sombres étaient closes, et les lèvres souriaient vaguement derrière la lourde moustache bien peignée. On eût dit un grand patriarche, plein de science et de bonté, un roi de légende, couché la face vers le ciel. Michel avait peine à reconnaître son père dans ce mort admirable. Il cherchait vainement sur lui les traces de ses gentilles faiblesses, de ses fatigues, de ses rires, de son appétit, de ses manies. Détaché de toutes les contingences terrestres, ce cadavre d'apparat n'avait plus besoin d'affection. N'étaient le veston, la bague et les boutons de manchettes, Michel se serait cru devant un étranger. Mais il y avait ce veston, cette bague, ces boutons de manchettes, d'autres détails encore, et, grâce à eux, Michel se rapprochait du mort et entretenait son propre chagrin.

Les derniers bruits s'apaisaient dans la maison. La nuit régnait sur toutes les pièces avoisinantes. Et, dans le salon funèbre, la flamme des cierges délimitait une cloche de lumière où Michel et son père se trouvaient isolés, pour la dernière fois. Pour la dernière fois, Michel voyait son père. Demain, il ne resterait plus de cet être vivant que le souvenir de quelques gestes et de quelques paroles secondaires. Avec hâte, avec piété, avec colère, Michel s'efforçait de rappeler à lui les images tièdes encore de son passé. Son père plaisantant et riant avec Constantin Kirillovitch. Son père à cheval, parcourant la propriété, en compagnie de quelques cavaliers tcherkesses. Son père ému et grave, le jour où Michel, tout enfant, avait quitté Armavir pour se rendre à l'Académie d'études commerciales pratiques. Tant d'agitation, tant d'espoir, tant de travail, pour aboutir au silence ! Tant d'heures, tant de visages, pour aboutir à cette heure, à ce visage !

Michel sentait sa gorge se nouer et sa tête s'alourdir de mélancolie. Un rempart venait de tomber, et il était seul dans la campagne découverte. Oui, devant lui, autrefois, il y avait son père. Maintenant, son père étant mort, Michel vieillissait d'une génération. Or, il n'était pas préparé à cette tâche nouvelle, à cet âge nouveau. Il eût fallu, sans doute, qu'Alexandre Lvovitch, sur le point de sombrer, lui confiât le secret de sa réussite, les lois mystérieuses qui l'avaient fait si grand. Mais Michel était arrivé trop tard. Et il devait se contenter de chercher son enseignement dans le mutisme et l'immobilité d'un cadavre. Peu à peu, d'ailleurs, il lui semblait qu'un dialogue essentiel s'organisait entre lui et le visage inerte. Ce n'était rien encore qu'un jeu de questions et de réponses banales. Rien qu'une conversation, peut-être intérieure, mais certainement inspirée par la mort. L'honnêteté, la bonté, le courage, auréolaient la figure d'Alexandre Lvovitch. Sans le secours de la voix, il parlait à son fils et le forçait à réfléchir sainement. Il lui disait que la vie était une rude aventure, qui exige beaucoup de bravoure, de patience et de probité. Il lui conseillait de chérir Tania, malgré sa légèreté et son égoïsme puérils. Il lui ordonnait d'élever l'enfant qui allait naître dans le respect de son nom et l'amour de son pays. Michel écoutait ces propos que personne sauf lui ne pouvait entendre. Et une paix résignée descendait avec eux de son esprit dans son cœur. Il porta une main à son visage et sentit qu'il avait pleuré. Alors, il essuya ses larmes, se leva, s'approcha du cercueil et, très doucement, comme s'il eût craint de réveiller un dormeur, il appuya ses lèvres sur le front d'Alexandre Lvovitch.

Des pas résonnaient dans le couloir. Un serviteur entra, salua Michel, s'avança vers le cercueil. L'homme tenait une fiole à la main. Il vaporisa de l'eau de Cologne sur le corps.

— Pourquoi faites-vous ça ? demanda Michel à voix basse.

— Mais... c'est... c'est à cause de l'odeur, dit l'autre.

Michel baissa la tête. Il n'avait rien remarqué.

Les funérailles furent barbares et grandioses. Alexandre Lvovitch avait dit à ses proches qu'il voulait être enseveli sans cercueil, pour retourner, suivant les Évangiles, à la poussière dont il était né. Mais Marie Ossipovna s'était opposée à un enterrement aussi expéditif. Pour concilier les désirs du mari et de la femme, le prêtre arménien d'Armavir suggéra de déposer un peu de terre dans le cercueil.

Quatre Tcherkesses, en grande tenue, apportèrent un sachet de soie contenant quelques poignées de terre prélevées dans la propriété des Danoff. Michel répandit cette terre autour des tempes et des épaules du défunt. Un dernier service funèbre fut célébré à la maison. Puis, les quatre Tcherkesses installèrent le cercueil sur des sangles de drap, glissèrent la partie libre de la sangle en travers de leur épaule, et, d'un même geste, soulevèrent la dépouille de leur maître. Deux autres Tcherkesses portaient, derrière eux, le couvercle. La procession se forma dans la rue. Il pleuvait. Les trottoirs étaient noirs de monde. La moitié de l'assistance ne put entrer dans l'église.

Après la cérémonie religieuse et l'enterrement, deux dîners de funérailles furent servis chez les Danoff. Un dîner pour les femmes, dans le salon. Un autre, pour les hommes, dans la salle à manger.

Marie Ossipovna présidait la tablée des femmes. Au cours du repas, les invitées louèrent les qualités du défunt. La veuve, à chaque compliment, inclinait la tête en signe de gratitude. Elle était aussi impassible et fière que la veille. Elle se tenait très droite. Elle ne parlait pas. Simplement, son regard sévère s'arrêtait parfois sur quelque vieille Arménienne bavarde, qui mangeait plus que de raison ou ricanait avec sa voisine. Et l'autre, aussitôt, se taisait, détournait les yeux.

À la table des hommes, des vieillards confrontaient les souvenirs qu'ils avaient gardés d'Alexandre Lvovitch. Ils évoquaient des temps très lointains où le père de Michel était un jeune homme, vif et rieur, qui aimait le cheval, le tir au pistolet, la chasse. Ils célébraient son courage, son équité, sa gaieté qui étaient légendaires.

— Sais-tu seulement, disait l'un d'eux en touchant le bras de Michel, sais-tu seulement que ton père a appris seul, dans des livres, tout ce qu'on enseigne dans les écoles ? Il a fait reconstruire cette maison d'après les plans qu'il avait tracés. Les architectes n'en revenaient pas !

— Comment peut-il savoir ? soupirait un autre. Notre Alexandre Lvovitch était trop modeste. Il ne racontait rien. C'est par Artem que j'ai connu tous les détails sur la reconstruction de la maison. Et aussi comment ton père avait fait le coup de feu à l'âge de dix ans, contre des bandits tcherkesses.

Michel connaissait l'histoire, mais, par politesse, il dit :

— J'ignore tout de cette aventure.

— Voilà ! Voilà ! s'écria l'homme. Il faut que je te renseigne ! Oh ! C'est très simple. On était rude, en ce temps-là. On luttait pour vivre. Ton père avait dix ans, lorsque ton grand-père tomba malade.

— Gloire au disparu, tristesse à ceux qui l'ont perdu ! dit le prêtre en avalant un petit verre de vodka.

— Les médicaments manquaient à Armavir, reprit le vieillard. Des brigands montagnards rôdaient aux environs de la ville. Et la colonne militaire de protection avait déjà quitté le fort de Protchnokop pour se rendre à Stavropol. Eh bien ! que crois-tu ? Alexandre Lvovitch, un gamin, n'est-ce pas ? selle son cheval, sans prévenir personne, et le voilà parti dans la nuit. Arrivé à Stavropol, il achète les médicaments et demande une escorte pour le retour. Une escorte ? Quelle question ! Tout le monde se moque de lui. Il repart seul. Mais, aux portes de la ville, un Arménien, originaire d'Armavir, le rencontre et accepte de l'accompagner. Ils se mettent en route, le grand et le petit. Comme la nuit tombe, ils aperçoivent une dizaine de montagnards dissidents, au sommet d'une colline. Les voyageurs mettent pied à terre, couchent leurs chevaux, s'étendent à plat ventre derrière les montures. Et l'Arménien crie : « Gare à vous. J'ai deux fusils et des munitions. Et je suis bon tireur. Je m'appelle Naoum ! » C'était vrai. Il s'appelait Naoum. Puis, il commence à tirer. L'enfant recharge les fusils l'un après l'autre. Les montagnards, sans descendre de cheval, ripostent maladroitement. L'un d'eux tombe. Puis un autre. Naoum visait vite et juste. Vraiment, tu n'en as pas entendu parler ? Ah ! quelle jeunesse ! « Partez, crie l'Arménien. Sinon, je vous tuerai tous comme des chiens. Je m'appelle Naoum. Ne l'oubliez pas. » Enfin, les montagnards s'éloignent. Les voyageurs attendent l'aube, sans bouger de leur poste. Au petit jour, ils remontent en selle et galopent d'une traite jusqu'aux portes d'Armavir. Là, Naoum raconte l'aventure. Quel miel de fête pour le père d'Alexandre Lvovitch ! Je crois bien que c'est ce récit qui l'a guéri d'un coup, et pas les médicaments.

Le vieillard se mit à rire doucement en plissant les yeux. Un autre dit :

— Et sais-tu comment Alexandre Lvovitch a sauvé les chevaux pendant l'incendie ?

— Non, dit Michel.

— Aïe ! aïe ! aïe ! Écoute donc et apprends à respecter le passé !...

Michel ferma les paupières pour mieux entendre. Il eut aimé que ces témoins bavards ne s'arrêtassent plus de parler. Il maudissait la coutume qui lui interdisait de les questionner à sa guise.

Les convives se séparèrent très tard.

Michel et sa mère les raccompagnèrent jusqu'à la porte. Lorsque les invités furent partis, il y eut un grand vide dans la maison. Et Michel comprit qu'il était le chef.

Depuis quelques années déjà, Alexandre Lvovitch ne s'occupait plus de la direction générale de l'affaire, dont Michel assumait seul la responsabilité. Simplement, il surveillait la succursale d'Armavir. Michel s'empressa de faire dresser l'inventaire des marchandises en magasin et de nommer un nouveau directeur local. Puis, les formalités de la succession menaçant de se prolonger, il décida d'envoyer un avocat sur place et d'emmener sa mère à Moscou. Il fallut encore une semaine pour que Marie Ossipovna pût boucler ses malles et donner ses audiences d'adieu. Enfin, la mère et le fils quittèrent la ville.

Des Tcherkesses à cheval accompagnèrent le train. Ils galopaient à hauteur du wagon qui emportait leurs maîtres. Et ils criaient. Et ils tiraient des coups de feu vers le ciel. Enfin, ils furent distancés par la locomotive. Michel, le front collé à la vitre, les vit gesticuler, tout petits, tout noirs, dans un nuage de fumée blanche. Ensuite, il n'y eut plus rien que la plaine d'herbe et de boue, et le vol pesant des corbeaux. Le chauffeur du train vint vérifier la température sur le thermomètre accroché dans le compartiment. Marie Ossipovna avait mis des gants et tenait un mouchoir devant sa bouche. Elle était furieuse et digne. C'était la troisième fois de sa vie qu'elle voyageait en chemin de fer.

10

Tania venait à peine de s'installer devant son secrétaire pour relire une lettre de Michel, lorsque la femme de chambre entra dans le boudoir et annonça d'un air mystérieux :

— Il y a une dame, en bas, qui désire parler à Madame.

Tania réprima un geste d'impatience. Elle avait eu beaucoup de mal à se ménager un après-midi libre pour s'isoler dans la réflexion et le chagrin. La mort d'Alexandre Lvovitch l'avait profondément affectée. D'abord parce qu'elle aimait et admirait son beau-père. Mais aussi parce qu'elle imaginait la tristesse de Michel et se savait impuissante à le consoler. Il souffrait loin d'elle, parmi les meubles et les pensées de son enfance. Et elle demeurait à Moscou, inutile et morne, dans sa jolie robe noire. Encore une longue journée à attendre. Et, demain matin, à onze heures, si le train n'avait pas de retard...

— Quel est le nom de cette dame ? demanda-t-elle.

— Je n'ai pas très bien compris, dit la femme de chambre. Quelque chose comme Vrouniloff.

— Connais pas, dit Tania.

— Elle vient au sujet de votre frère, Nicolas Constantinovitch.

À ces mots, Tania se leva brusquement et son visage devint pâle.

— C'est Mme Braniloff, que tu es sotte ! Fais-la monter, vite, vite...

Une appréhension terrible glaçait le cœur de Tania. Chaque fois qu'on prononçait le nom de Nicolas en sa présence, elle évoquait les pires catastrophes. Pour que la femme de Braniloff se fût dérangée, il fallait que le jeune homme eût été victime d'un accident, d'une maladie grave, d'une arrestation. Par une propension naturelle à dramatiser les moindres événements de son existence, Tania repassa en esprit mille signes néfastes qui avaient hanté ses rêves depuis quelques nuits : une chouette, un serpent, des branches cassées.

— Mon Dieu ! Mon Dieu ! gémissait-elle, il ne manquait plus que cela !

Puis elle donna un coup d'œil à son reflet, noir et mince, dans la glace. La robe fronçait un peu trop sur les épaules. Elle l'avait bien dit à la couturière. Toutes les mêmes ! D'un geste sec, Tania tira les manches sur ses poignets. La porte s'ouvrit. Une dame potelée et rose, au poitrail de nourrice, entra dans la pièce en esquissant deux ou trois courbettes. Elle pouvait avoir quarante ans. Une cape de soie mauve, passementée de vert, lui couvrait le haut du corps. Son chapeau était construit en coques de rubans. Elle balbutia :

— Madame Danoff, sans doute ? Je n'ai pas le plaisir de vous connaître. Mais j'ai aperçu votre mari, chez nous. Un si bel homme ! Il est encore absent, à ce que m'a dit votre domestique ?

— Il rentre demain, dit Tania.

— Pauvre monsieur ! Son père est mort, n'est-ce pas ?

— Oui, dit Tania, agacée par ce préambule inutile.

— Hélas ! reprit Mme Braniloff, à notre époque il vaut mieux être mort que vivant.

Tania désigna un siège à la visiteuse et s'assit elle-même dans la bergère.

— Quelle jolie robe ! dit Mme Braniloff en plissant les paupières. Ah ! le noir, le noir... Aucune couleur ne peut lutter avec cette couleur-là... Et cette ceinture torsadée... Moi, je ne m'habille plus guère, mais j'apprécie encore les toilettes des autres...

— Vous vouliez me parler de mon frère ? dit Tania d'une voix faible.

Mme Braniloff joignit les mains et poussa un soupir :

— Oui ! Oui ! Figurez-vous, c'est un malheur, Nicolas Constantinovitch nous a quittés.

Tania, brusquement soulagée, se sentit devenir faible et bête de contentement :

— Et c'est tout ?

— Comment, c'est tout ? s'écria Mme Braniloff. Il est parti, ran-tan-plan, sans laisser d'adresse. Il nous a dit qu'il allait à Saint-Pétersbourg, que Moscou n'était plus sûr, qu'on lui offrait du travail là-bas. Je vous demande un peu ! Vous trouvez, vous, que Moscou n'est pas sûr ? Quand on est un honnête homme, toutes les villes sont sûres ! Non, la vérité la voici : il s'est acoquiné avec des révolutionnaires. On a dû perquisitionner chez lui. Et il a levé le pied. C'est une honte ! Un jeune homme si bien !...

Elle se tamponnait les yeux avec un mouchoir plié en triangle.

— Oui, dit Tania, Nicolas nous cause bien du souci. Tant qu'il était chez votre mari, nous pouvions encore le joindre, le conseiller...

— Ah ! oui, et je vous jure qu'il ne manquait de rien. Je le soignais. Je lui faisais des petits plats. Qu'est-ce qu'il va manger maintenant ? Du pain sec et des choux aigres !

L'indignation empourprait le visage de Mme Braniloff.

— Mon mari, reprit-elle, parle de « dévouement à l'idéal ». Il dit que, lui aussi, quand il était jeune, rêvait de travailler à l'anéantissement du tsarisme. Mais c'est un menteur. Tel que je le connais, il est trop gourmand et trop peureux pour avoir jamais préféré la misère au confort. Votre frère a dû vous dire : il s'occupe d'apiculture. La vie des abeilles. Et pourquoi pas ? Puisque ça l'amuse plus que de plaider des procès. Ah ! le monde est fou, fou, fou...

Elle agitait devant sa figure ses petites mains courtes, gantées de mitaines en filet :

— Où allons-nous ? Pauvre Nicolas ! Et cette guerre ! Tant de braves garçons qui tombent, Dieu sait pourquoi ! Avez-vous les dernières nouvelles ?

— Mon frère, qui se trouve en Mandchourie, m'écrit quelquefois, dit Tania avec suffisance.

— Vous avez un autre frère là-bas ? Ah ! c'est admirable et navrant, navrant et admirable ! Toute ma vie, j'ai regretté de n'avoir pas eu d'enfants.

Ses paupières roses battirent rapidement :

— Nicolas, c'était un peu mon enfant. Je le choyais, je le grondais, en tout bien tout honneur. Qui est-ce que je vais choyer et gronder maintenant ?

Elle renifla avec sentiment et se tut. Tania ne savait que dire. Le départ de Nicolas l'inquiétait, certes, mais en voyant Mme Braniloff, elle avait redouté des nouvelles plus graves.

— Nous tâcherons de retrouver son adresse à Saint-Pétersbourg, de le ramener ici, murmura-t-elle. Rien n'est perdu... Il est peut-être parti, comme il vous l'a confirmé, pour s'occuper d'un travail plus rémunérateur...

— Puissiez-vous dire vrai ! gémit Mme Braniloff. Puissiez-vous le ramener !

Elle minauda :

— Je m'ennuie de lui.

Puis elle cacha son visage dans ses mains et poussa un petit cri aigu :

— Qu'allez-vous penser ?

Tania commençait à trouver que cette femme bavarde lui faisait perdre son temps. Mais comment l'éconduire ? Plusieurs fois, elle se leva, se rassit. Mme Braniloff demeurait toujours soudée à son fauteuil. À présent, elle parlait de la guerre contre le Japon :

— Ces Anglais, je ne leur pardonnerai jamais ! En voilà une idée de nous faire des difficultés parce que l'amiral Rojdestvensky a quitté Reval avec sa flotte ? Il faut bien qu'on aille au secours des nôtres. Et par où passer ? Pas par le pôle Nord ? Je voudrais bien les voir à notre place. Moi, je trouve que nos marins sont des héros. Et ce n'est pas parce qu'ils ont endommagé quelques bateaux de pêche anglais, sans le vouloir, qu'on doit leur jeter la pierre. Mon mari parle de complications diplomatiques avec l'Angleterre. C'est une sottise. Les diplomates n'ont qu'à se taire et laisser travailler les honnêtes gens ! N'êtes-vous pas de mon avis ?

— Si, dit Tania.

— Savez-vous qu'on a perdu trente mille hommes à la bataille de Liao-Yang ? C'est à peine croyable. Tout ça pour abandonner la ville. Et Port-Arthur, vous pensez qu'il tiendra ?...

— Je l'ignore.

— Votre frère ne vous en parle pas dans ses lettres ?

— Non. Il est très discret.

— Où se trouve-t-il ?

— Du côté de Moukden, je crois.

— L'un à Moukden, l'autre à Saint-Pétersbourg ! Quelles destinées ! soupira Mme Braniloff. Cela mériterait un poème. Savez-vous que j'écris des vers ?

Mais Tania ne l'écoutait pas. Elle s'était approchée de la fenêtre et regardait la rue voilée de pluie et de vapeur. Un coupé s'était arrêté devant la maison. Volodia en descendit, et Tania se sentit délivrée.

— Excusez-moi, dit-elle en se tournant vers Mme Braniloff, mais j'attends quelqu'un et...

Déjà, le pas de Volodia retentissait dans le couloir. Mme Braniloff se leva péniblement, rajusta sa capeline et défripa d'une pichenette sa robe mauve froissée.

— Je ne veux pas vous importuner plus longtemps. Je me sauve.

— Dès que vous aurez des nouvelles de Nicolas, ne manquez pas de me prévenir, dit Tania.

— Aurai-je jamais de ses nouvelles ? soupira Mme Braniloff.

Comme elle achevait ces paroles, Volodia entra dans la pièce et s'immobilisa, interdit, devant elle. Tania le rassura d'un clin d'œil, écourta les présentations et raccompagna Mme Braniloff jusqu'à la porte. Sur le seuil Mme Braniloff se pencha vers elle et lui chuchota à l'oreille :

— C'est encore un de vos frères ?

— Non, dit Tania.

Et elle rougit.

— Dommage, dit Mme Braniloff.

Puis, elle s'engagea dans le couloir qu'emplit la rumeur de sa robe froufroutante.

— Ouf ! s'écria Tania, en refermant la porte. Grâce à vous, me voici libérée de cette créature encombrante.

— Que voulait-elle ?

— C'est la femme de Braniloff. Elle était venue m'annoncer que Nicolas avait quitté Moscou.

— Ah ? dit Volodia.

Visiblement, il n'avait prêté aucune attention à la réponse de Tania. Occupé par ses propres pensées, il regardait d'un œil vague les murs, la fenêtre. Il s'assit enfin et croisa les jambes.

— Michel rentre demain, dit Tania.

— Oui, murmura Volodia. On me l'a dit au bureau. J'ai voulu vous parler avant son retour.

Son visage prit une expression embarrassée. Il se caressa les sourcils du bout des doigts, puis se passa brusquement la main sur le front et éclata de rire :

— Vous devez vous demander quelles révélations je vous prépare !

— Non, dit Tania, je sais déjà que vous allez me parler d'Olga Varlamoff.

Volodia fit la grimace :

— Je vous ennuie ?

— Mais non, vous m'amusez !

— C'est encore plus grave.

Il décroisa ses jambes et s'installa, les coudes au genou, le menton dans les mains. Son regard était humble. Il dit subitement :

— Tania, je vais partir.

— Vous voulez vous engager ? s'écria Tania.

— Non, dit-il, je vais partir avec elle, pour la Crimée. Elle a des amis, là-bas. Elle veut se reposer.

— De quoi ?

Volodia se leva et fit quelques pas dans la pièce en se

dandinant. Il déplaça un brûle-parfum sur une table, rectifia la tenue d'un coussin.

— De quoi ? répéta Tania.

Alors, il pivota sur ses talons, se planta devant elle, les mains dans les poches, et dit d'une voix courte :

— Elle est enceinte.

Tania supporta le coup sans broncher. Mais, à l'intérieur d'elle-même, elle éprouvait une révolution bizarre. On eût dit que tous les organes de son corps se resserraient douloureusement. En même temps, l'inquiétude, le dépit, la colère brouillaient ses pensées et l'empêchaient de parler. Elle put articuler enfin :

— Vous êtes sûr ?

— Oui.

Il avait baissé la tête et regardait obstinément le tapis, entre ses souliers.

— Et... et que comptez-vous faire ? demanda Tania en reprenant sa respiration.

— Je ne sais pas, dit Volodia. Elle voudrait que je l'épouse. Cela paraît juste, normal...

— Mais oui, dit Tania, et elle se sentit si faible qu'elle appuya sa nuque au dossier de la bergère.

Volodia eut un sourire un peu bête.

— C'est drôle, n'est-ce pas ? dit-il, que vous soyez toutes les deux enceintes, en même temps.

— Oui, c'est drôle, murmura Tania.

— Seulement, pour vous c'est une joie, et pour elle...

À ce moment, Tania s'entendit prononcer des paroles étranges :

— Pourquoi ne le fait-elle pas disparaître ?

Il y eut un long silence, pendant lequel Tania crut qu'elle allait défaillir de honte. Puis Volodia dit doucement :

— Je le lui ai proposé : elle ne veut pas.

— Je comprends, je comprends, dit Tania précipitamment.

Elle hésita une seconde et ajouta :

— C'est tout en son honneur... Il ne faut pas... Ce serait affreux...

Volodia sortit les mains de ses poches, les regarda attentivement.

— Oui, dit-il. Alors, la seule solution possible c'est...

— Mais voyons ! s'écria Tania d'une voix détimbrée, il n'y a pas à tergiverser. Vous devez l'épouser...

— Je vais y réfléchir, dit Volodia. Nous partirons. Nous déciderons là-bas. Oh ! quelle sale affaire !...

Son visage se crispa dans une grimace pleurarde. De petites larmes brillantes tremblaient devant ses yeux. Il marmonna :

— N'en parlez pas à Michel, surtout. Dites que je me prépare pour... pour un voyage d'agrément...

Il répéta avec rage, en serrant les poings :

— Un voyage d'agrément, vous entendez ?

— Quand partirez-vous ? demanda Tania dans un souffle.

— Dans une ou deux semaines.

— Vous reverrai-je avant ?

— Mais oui...

Il lui tendit la main :

— Au revoir, Tania...

Elle frémit et détourna la tête. Il sortit rapidement. La porte était restée ouverte derrière lui. Tania regarda longuement le rectangle vide et obscur qu'encadrait le chambranle. Puis, elle se leva et se mit à marcher dans la pièce, à petits pas réguliers. Une détresse affreuse lui écrasait le front. Vigoureusement, elle voulut se distraire des images qui l'obsédaient. Mais chaque sursaut de révolte l'enfonçait plus avant dans son chagrin. Olga Varlamoff était enceinte. Et cela dans le même temps qu'elle. Cette coïncidence grotesque était blessante pour Tania. Il lui semblait qu'en l'imitant cette créature lui volait le privilège d'une situation exceptionnelle. Son aventure intime était en quelque sorte diminuée par la concurrence déloyale d'une étrangère. Mais ce n'était rien encore. À cette perte de prestige s'ajoutait pour elle un affront plus sensible. Volodia se préparait à épouser une femme, non point tant par amour que par correction. Pour tenir un engagement absurde, il deviendrait un monsieur rangé, posé et fade, un monsieur comme les autres. Un mari. Et elle, Tania, quelle que fût son indignation, ne pouvait que l'encourager à réparer sa faute. Pour obéir à des lois morales surannées, elle devait le pousser à consommer son malheur. Après tout, ce rejeton, personne ne l'avait voulu. Il n'avait rien à faire dans ce monde. Aucune comparaison possible avec l'enfant que Tania donnerait à Michel. Ah ! que cette histoire était donc bête et affligeante ! La seule consolation que Tania pût trouver à sa peine était de se dire que Volodia épouserait Olga Varlamoff à contrecœur et forcé par les circonstances.

« Ce sera bien fait », grommela Tania, en frappant du poing droit sa main gauche ouverte.

Peu à peu, l'idée du désarroi où Volodia se voyait plongé apaisait le tourment de la jeune femme. Une espèce de satisfaction méchante dominait à présent son esprit. Elle se sentait mieux. Elle reprenait courage. Tout à coup, elle se rappela la pauvre face inquiète de Volodia, et une envie de rire lui réjouit tout le corps. Elle se rapprocha de la fenêtre et regarda la rue, dans l'espoir douteux que le coupé de Volodia était encore rangé contre le trottoir. Mais la rue était vide. Un crépuscule timide effaçait l'épaisseur des maisons. Tania étendit le bras, alluma une lampe. Cette lumière domestique invitait au calme et à la réflexion. Une torpeur bienfaisante envahissait le ventre de Tania. Elle s'assit dans un fauteuil, pencha la tête sur son épaule et s'efforça de respirer à larges intervalles. « Rien n'est décidé encore. Volodia agira selon sa conscience. Hum ! la conscience de Volodia ! D'ailleurs, cette affaire ne me concerne pas. Je suis bien sotte de m'émouvoir. Michel rentre demain. J'attends un enfant de lui. Je l'aime. » Pour affermir sa conviction, Tania ouvrit un tiroir du secrétaire et en extirpa des photographies de Michel. Longtemps, elle regarda ce visage familier, avec une violence, une exigence douloureuses. À force d'interroger le carton brillant, il lui semblait que les traits de Michel se boursouflaient, s'animaient et se détachaient du plan horizontal. Il grandissait. Il prenait ses vraies dimensions dans la pièce. Même il se déplaçait avec lenteur devant les yeux de Tania. Elle eut peur de cette hallucination banale et ferma les paupières. Son cœur battait promptement. De petites gouttes de sueur perlaient à la racine de ses cheveux. Une bouffée de chaleur lui gonfla les joues. « Je ne me sens pas bien. Ah ! oui, c'est l'enfant... » Un contentement stupide relâcha tous les muscles de son corps. La petite horloge Louis XV sonna six coups, dans l'ombre tiède du boudoir. Un doigt discret frappait à la porte :

— C'est votre thé, madame.

— M. Stopper et M. Sopianoff ont téléphoné, dit le valet de chambre en accompagnant Volodia dans le salon.

— Ils m'embêtent, grogna Volodia. S'ils rappellent, tu diras que je ne suis pas rentré.

— Mme Varlamoff aussi a téléphoné.

Volodia fronça les sourcils et jeta à son serviteur un regard oblique. Le visage de Youri était imperturbable.

— Je ne suis là pour personne, dit Volodia avec brusquerie.

Youri s'inclina profondément. Mais il semblait à Volodia qu'un sourire narquois plissait les lèvres du domestique. Il alluma une cigarette et passa dans la salle à manger. La table n'était pas mise. Remarquant l'expression fâchée de Volodia, Youri murmura en croisant ses grosses mains gantées :

— Nous n'attendions pas Monsieur. Monsieur avait prévenu qu'il dînerait en ville.

— Première nouvelle ! s'écria Volodia, chez qui ?

— Je ne sais pas, monsieur. Peut-être chez Mme Danoff ?

— Non.

— Ou chez Mme Varlamoff ?

— Encore moins.

Youri se gratta le crâne du bout des doigts :

— Monsieur désire-t-il que je lui prépare quelque chose ?

— Inutile. Je n'ai pas faim. D'ailleurs, je ne veux pas te voir. Va-t'en.

Le valet de chambre se retira sur la pointe des pieds et referma la porte.

Alors, Volodia s'assit devant la grande table nue de la salle à manger et caressa du plat de la main le bois frais et verni. Son regard distrait courait le long des murs, sur les moulures de chêne marron, sur les assiettes armoriées, sur les deux paysages verts qui encadraient la fenêtre. La desserte supportait une pile de vieux journaux à demi dépliés. De sa place, Volodia lut machinalement les titres gras : *Port-Arthur résiste victorieusement... Nos troupes évacuent la région de Liao-Yang...*

Sa détresse était telle qu'il se demanda un moment s'il ne ferait pas mieux de s'engager dans l'armée. Cette fuite glorieuse lui éviterait l'obligation de choisir entre le mariage avec Olga Varlamoff et la vie loin d'elle. Là-bas, il s'arrangerait pour être versé dans quelque centre administratif. Il ferait la guerre au bureau. Et, à son retour en Russie, ayant pris le temps de la réflexion, il annoncerait à la jeune femme sa décision irrévocable. L'essentiel était d'obtenir un délai. Mais Olga Varlamoff ne voulait pas entendre parler de délai. L'enfant grandissait dans le ventre de la mère, jour après jour. Cette exigence aveugle, minutée, mécanique, exaspérait Volodia. Partir ! Mais pouvait-on être sûr, lorsqu'on partait comme soldat, de revenir sain et sauf avec les honneurs de la guerre ? Que deviendrait-il si, par malchance, ses relations ne jouaient pas et qu'on l'incorporât dans une formation combattante ? La boue, le froid, le risque quotidien, les blessures, la mort peut-être... Il frissonna. « Ce serait trop bête... » Une rage froide pénétrait son corps. Sa rancune contre Olga Varlamoff se faisait épaisse, obsédante. Violemment, il la rendait responsable de son angoisse. « Elle n'avait qu'à se surveiller ! Qui sait, même, si elle ne l'a pas fait exprès ! Pour me forcer à l'épouser, coûte que coûte ! » Il buta contre cette idée. Autrefois, il acceptait assez facilement la perspective du mariage. C'était elle, plutôt, qui paraissait hostile à leur union. L'aimait-il donc moins que par le passé ; Non. L'estime, la tendresse, le désir qu'il vouait à la jeune femme étaient demeurés intacts. Simplement, il ne voulait pas admettre d'être commandé par les événements. Du seul fait qu'une solution lui était imposée, il la jugeait odieuse. « Qu'elle supprime cet enfant et, alors, peut-être, je l'épouserai. » Cette phrase lui sembla résumer admirablement son état d'âme. Olga Varlamoff était-elle si pieuse, ou si sotte, que la pensée d'un avortement la comblât d'indignation ? Elle lui avait dit : « Je n'ai pas le droit. » Pourquoi n'avait-elle pas le droit ? Qui le lui interdisait ? Des lois croûteuses ? Des préceptes moraux usés jusqu'à la corde ? Pouvait-on s'arrêter à de pareils enfantillages lorsqu'une existence d'homme était en jeu ? Eh ! oui, c'était absurde et révoltant, mais l'existence de Volodia, le bonheur ou le malheur de Volodia, se trouvait entre les mains d'une femme enceinte. Il l'aimait trop pour la quitter et trop pour l'épouser de force. Il était pris entre deux situations aussi cruelles l'une que l'autre. Emmuré d'avance dans des histoires de nausées, de langes, de biberons, d'entrailles, complexes. Englué par anticipation dans un univers de soins intimes dont il avait horreur.

— Mais je suis libre ! s'écria-t-il soudain, et il appliqua un coup de poing sur la table.

À ce bruit, le valet de chambre entrebâilla la porte, mais apercevant le visage furieux de son maître, il la referma aussitôt. Volodia se dressa d'un bond et se mit à marcher dans la salle à manger en bousculant les chaises. Il grommelait :

— Je la déciderai. Elle le fera passer. Ou alors...

Subitement, l'idée le traversa que cette décision était une lâcheté insigne. « Je suis peut-être une brute, un égoïste ? » Il haussa les épaules : « Non. Je suis un homme libre. Un homme qui agit selon son cœur, selon son intérêt. N'importe qui, à ma place... »

Une bouteille de vin trônait sur la desserte, entre les journaux. Volodia ouvrit le buffet, prit un verre, le remplit jusqu'aux bords. Sa main tremblait. Le goût lourd du vin sur sa langue l'occupa un instant. Il eut, tout à coup, pendant l'espace d'un éclair, la notion exacte de son existence. Il s'éloigna des autres. Il fut seul, divinement, avec, au centre de lui-même, cette odeur et cette saveur un peu âcres de raisin et d'alcool. Une affection inconsidérée l'animait pour sa propre personne. De toutes ses forces, il désirait demeurer disponible. Au fond, jusqu'à ce jour, il n'avait pas vécu sérieusement. Il ne s'était attaché à rien. Il avait louvoyé entre les femmes et les hommes, attentif à ne jamais dépenser pour eux ses réserves d'enthousiasme et d'énergie. Grâce à ce jeu léger, il s'était gardé des amours absorbantes comme des haines stériles, il restait neuf, après mille pirouettes et mille saluts passagers. Et voici qu'on voulait le forcer à vivre. D'un geste, on lui chargeait sur les épaules une femme, un enfant, une maison. On lui désignait une route toute droite. Et, au bout de la route, un fossé.

Il fronça le nez et se versa un second verre de vin : « Elle peut toujours attendre... » Ayant bu, il se sentit mieux. Comme s'il eût deviné son désir, Youri entra dans la pièce, portant une assiette garnie de tartines au caviar :

— J'ai pensé que Monsieur avait faim.

— Tu es une perle, Youri, dit Volodia.

Et il commença à manger. Il mastiquait vigoureusement les tartines, et une béatitude animale s'installait dans son estomac. Lorsqu'il eut fini, il se leva et se tamponna les lèvres avec son mouchoir. Puis, il prit son chapeau, sa canne, ses gants et descendit dans la rue. Un fiacre passait qu'il arrêta d'un geste :

— Rue Skatertny...

Pendant tout le trajet, il s'efforça de prévoir la réaction de Tania lorsqu'il lui annoncerait qu'il avait décidé de rompre avec la Varlamoff ou d'obtenir qu'elle se fît avorter. Mais, chez les Danoff, une déception l'attendait. Dès le seuil, le valet de chambre lui apprit que Mme Eugénie Smirnoff était en visite chez Madame.

— Si Monsieur veut bien me suivre jusqu'au boudoir.

— Non, dit Volodia, je repasserai.

Et il se retrouva dans la rue, furieux et chagrin. Pendant près d'un quart d'heure, il se promena au hasard des trottoirs mal éclairés. Sur le coup de dix heures du soir, il se tenait debout devant l'hôtel particulier d'Olga Varlamoff. De la lumière brillait à travers les vitres de la porte d'entrée. Il hésita longtemps, puis, avec un sentiment de corruption lamentable, il gravit les marches et pressa la sonnette d'argent.

Olga Varlamoff le reçut dans le petit salon, où brûlait une seule lampe à la clarté rose et sucrée. Son visage était mince et nu, émouvant. Au premier regard, Volodia éprouva pour elle une grande pitié. Des paroles laides et dures chaviraient dans sa tête. Sa tristesse devenait légère, agréable, musicale. Il murmura :

— Olga, j'ai beaucoup réfléchi...

Elle posa une main fraîche sur son front et répondit à voix basse :

— Il ne faut pas. Je comprends ton hésitation, ta frayeur même. Nous partirons ensemble. Et là-bas, à Goursouf, loin de tous, nous déciderons...

— Oui, oui, dit Volodia, tout ce que tu voudras... Je t'aime...

— Ce n'est pas toujours suffisant, dit-elle.

11

Le train s'arrêta. Les portières s'ouvrirent sur une foule de visages pressés. Michel sauta du marchepied, courut vers Tania, et elle l'entendit qui murmurait tout contre sa tempe :

— Ce n'est rien. Ne pleure pas, chérie...

À première vue, il lui parut maigri et mal rasé. Son amour se fortifiait d'une compassion très tendre. Elle palpait le bras de Michel. Elle apprenait à le reconnaître, comme s'il eût échappé à un accident mortel.

— J'étais si malheureuse, dit-elle. Je sentais ton chagrin...

Il se recula un peu, plissa les yeux et dit tristement :

— C'est drôle de te voir en deuil... Tu as l'air si petite, si accablée... Je n'aime pas tout ce noir... Il faut vivre, vivre malgré tout...

Puis il agita les bras, héla des porteurs et retourna au wagon pour aider sa mère à descendre.

Marie Ossipovna s'avança vers sa belle-fille avec une majesté sombre et lourde. Ses voiles de deuil étaient immenses. Hors des fourrures, des plumes et des tulles noirs, émergeait un visage aigu et jaune comme un bec. Elle s'appuyait sur une canne, que Tania reconnut pour être celle de la défunte aïeule des Danoff.

— J'ai beaucoup pensé à vous, dit Tania en baisant une joue fripée et froide qui sentait la cire vierge.

— Ça va, ça va, grommela Marie Ossipovna.

Elle posa sa main gantée de noir sur le ventre de sa bru. Les doigts s'attardèrent un peu. Elle dit :

— C'est encore maigre...

Tania était rouge de confusion.

— Il ne remue pas encore ? reprit Marie Ossipovna.

— Non, dit Tania.

Marie Ossipovna eut un petit rire serré.

— Le mien remuait très tôt. On verra, hein ? si c'est un vrai Danoff...

Des porteurs s'affairaient autour d'une montagne de malles, de valises, de sacs et de baluchons. Michel donnait des ordres d'une voix brève. Marie Ossipovna, la lippe désenchantée, marmonnait :

— Ils ne savent rien faire à Moscou. Chez nous, à Armavir, depuis longtemps tout serait en règle. Mais ici, rien que des fainéants. Ils sont gros. Et c'est comme s'ils étaient maigres. À quoi ça sert, hein ? Et cette gare est sale ! Ça sent mauvais ! Comment est-ce qu'on permet que ça sente si mauvais ?...

Installée dans la voiture, elle affecta une indifférence altière. À Michel qui lui nommait les monuments, les églises de la ville, elle répondait :

— Oui... Oui... Tiens, on dirait l'église d'Armavir... C'est tout ce qu'il y a comme monde dans les rues ?... Comme ces chevaux sont maigres !... Vous n'avez donc rien à manger, chez vous ?... Et ces femmes ?...Tu trouves ça joli, ces chapeaux, hein, hein ?

— Très jolis, dit Tania d'une voix ferme.

Marie Ossipovna lui lança un regard fâché, détourna la tête.

Dans la maison de la rue Skatertny, Michel avait affecté à l'usage de sa mère trois vastes chambres du second étage, dont les fenêtres ouvraient sur la cour. Marie Ossipovna trouva les pièces petites, mal éclairées et meublées en dépit du bon sens. Elle voulait une salle à manger particulière, où elle pût prendre ses repas seule, et aux heures qui lui convenaient. Ayant ramené d'Armavir deux femmes de chambre, elle leur interdit de bavarder avec les domestiques de son fils. Enfin, elle exigea que Michel rappelât de sa propriété un Tcherkess qui serait son garde du corps personnel. Michel eut beau lui expliquer que les rues de Moscou étaient paisibles et que le concierge actuel avait toute sa sympathie, Marie Ossipovna le gronda pour son inconséquence : comment osait-il confier son existence et sa fortune à la surveillance d'un Moscovite, qui n'avait peut-être jamais tiré un coup de feu dans sa vie, et ne saurait se défendre qu'avec un méchant balai ? Michel céda sur ce point encore, et Tania lui dit qu'il manquait de caractère.

Dès l'abord, elle avait reconnu dans sa belle-mère une ennemie intime. Marie Ossipovna souffrait visiblement de tenir un rôle secondaire dans la maison de son fils. Habituée à commander chez elle, elle acceptait mal qu'une jeunesse prétendît lui imposer ses lois. Surtout, elle se sentait humiliée à l'idée que les meubles, les domestiques, les heures des repas avaient été choisis par sa bru. Avec une franchise primitive, elle ne cachait pas sa désapprobation et son envie. Elle allait, de chambre en chambre, traînant ses mains sur le bord des tables, sur les dossiers des chaises, sur les cadres des tableaux, et, lorsqu'elle apercevait Tania, elle brandissait un doigt gris de poussière :

— Voilà comment ils font le ménage, chez toi ! Hein ? Tous des fainéants ! Je te félicite !...

Lorsque Marie Ossipovna dînait avec « ses enfants », il lui arrivait de repousser un plat en grognant :

— De la bouillie pour les chats ! Tu devrais mieux surveiller ton personnel !

Tania devenait blanche et se mordait les lèvres. Michel changeait vite de conversation.

Un jour, Marie Ossipovna profita de l'absence de sa belle-fille pour visiter les armoires de Tania. Le soir, elle lui dit :

— Tu as des robes riches. Donne-m'en quelques-unes.

— Voyons, maman, dit Michel.

— Si elle ne peut pas me les donner, qu'elle m'en fasse faire. Je veux la bleue et la rose.

— Elles ne t'iraient pas, dit Michel en riant.

— C'est mon affaire. Si ta femme a des robes riches, je pense que ta mère a le droit d'avoir des robes riches.

Et elle fixa sur Tania un regard de hibou, rond et glacé, qui fit frissonner la jeune femme.

— Je vais vous donner ces robes, dit Tania.

Marie Ossipovna accrocha la robe bleue et la robe rose dans son armoire. Elle les contemplait et les touchait en souriant avant de se mettre au lit.

À partir de ce jour, elle se commanda les mêmes robes que Tania. Elle ne les portait jamais. Mais, tous les samedis, ses deux femmes de chambre les sortaient, une à une, les repassaient et les présentaient à leur maîtresse. Et Marie Ossipovna, vêtue de noir, les épaules couvertes d'une mantille de vison, hochait la tête et répétait :

— C'est bien... Ces robes sont riches... C'est très bien... Allez les remettre en place...

Elle voulut aussi acquérir le même tableau — une marine — que celui qui décorait la chambre de Tania. Elle fit convoquer le peintre. C'était un ami des Danoff.

— Il me faut la même chose, exactement.

— Mais, madame, dit l'artiste, je ne saurais pas recopier mon œuvre. Cette toile est unique. Elle est le résultat d'une certaine lumière, d'une certaine inspiration, d'une certaine chance.

— Tu ne peux pas faire la même chose ?

— Je ne serais pas un artiste, si je travaillais en série. Voulez-vous une autre marine ? J'ai un paysage de Crimée qui...

— Je veux la même chose.

— C'est impossible.

— Alors, va-t'en !

Après cette visite, Marie Ossipovna déclara à son fils que « les marchands moscovites étaient des impertinents et des paresseux ».

Lorsque les Danoff recevaient des amis, la porte du salon s'entrebâillait parfois sur une silhouette noire et cassée.

— Entrez donc, maman, disait Tania.

— Qui est-ce qui est avec toi ? Ah ! C'est encore ceux-là ! Non, je m'en vais.

Et elle refermait la porte. Les invités éclataient de rire.

— Ma belle-mère est une originale, disait Tania en rougissant un peu.

C'était Volodia, surtout, dont Marie Ossipovna ne pouvait souffrir la présence.

— Il est encore venu ? Qu'est-ce qu'il *demande* ? disait-elle, comme si elle eût parlé d'un mendiant.

— Mais rien, c'est notre meilleur ami, disait Michel, tu le sais...

— Un ami ? Hein ! Quand on a une jeune femme, il ne faut pas qu'il y ait d'amis dans la maison. Tu devrais le faire mettre à la porte par le Tcherkess.

En fait, les visites de Volodia devenaient de plus en plus rares. Les préparatifs de son voyage avec Olga Varlamoff l'occupaient beaucoup. Il achetait des cravates et des chapeaux aux nuances tendres, des mouchoirs assortis à ses chaussettes et des cannes d'un style inédit. Cette agitation superficielle le détournait un peu de son grand souci. Olga Varlamoff, très habilement, l'aidait de son côté à ne pas trop réfléchir aux décisions qu'il lui faudrait prendre avant de revenir à Moscou. Elle lui affirmait que son choix s'imposerait à lui en dehors de toute contrainte. Même, elle lui conseillait de fréquenter d'autres femmes, afin d'éprouver la valeur de son attachement pour elle. Mais Volodia, quelle que fût l'insistance de sa maîtresse, répugnait encore à la tromper. La grossesse d'Olga Varlamoff l'avait amené, singulièrement, à envelopper toutes les femmes dans une même compassion, teintée de répulsion physique. L'idée que ces corps gracieux n'étaient au fond que des sacs de muqueuses, où se développait peut-être un germe bourgeonnant, suffisait à tuer en lui l'envie élémentaire de les posséder. Olga Varlamoff devinait bien la baisse de désir dont Volodia souffrait par sa faute, mais elle savait se contenter de son affection et ne désespérait pas de le reconquérir totalement dès qu'elle serait délivrée.

La veille de son départ, Volodia rendit une dernière

visite à Tania, en l'absence de Michel. Il était plus sombre et plus nerveux que jamais.

— Avez-vous décidé quelque chose ? demanda Tania.

— Non. Elle ne le veut pas. Elle préfère que j'attende d'être seul à Goursouf, avec elle.

— Elle n'est pas bête, dit Tania.

— Pourquoi ?

— Parce qu'elle sait bien que, loin de vos amis, vous finirez par lui céder.

— Ne m'avez-vous pas recommandé vous-même de l'épouser ?

— Je ne pouvais tout de même pas vous recommander de faire passer l'enfant ! dit Tania avec humeur.

— Mais votre conviction intime est que...

Tania se troubla :

— Je n'ai pas de conviction intime.

— Si vous étiez à ma place, qu'auriez-vous fait ?

— Si vous étiez à la mienne, qu'auriez-vous conseillé de faire ?

Volodia baissa la tête :

— Je crois que nous sommes d'accord.

— Sur quoi ?

— Je dois rompre ou...

Tania éclata de rire :

— Vous ne romprez pas, et elle n'acceptera pas le : « ou ».

Le regard de Volodia se chargea de colère étincelante. Ses mains tremblaient :

— Bref, vous me prenez pour une loque, un lâche...

— Un bon garçon, simplement, dit Tania.

— Je ne suis pas un bon garçon. Je suis un salaud, dit Volodia.

Tania eut envie de lui sauter au cou. Elle palpitait. Elle était heureuse.

— Nous verrons, dit-elle. Au revoir ou adieu...

— Pourquoi adieu ?

— Parce que, si vous l'épousez, vous ne viendrez plus me voir.

— Mais si, je reviendrai.

Elle fit une grimace :

— Bonne chance, Volodia. Faites mes amitiés à... à votre femme.

Volodia ne prit pas la main que lui tendait Tania et sortit de la pièce en claquant la porte.

Tania demeura un instant interdite. Un sentiment de honte et de laideur l'envahit. Elle n'osait plus réfléchir, par crainte d'avoir à se juger. De toutes ses forces, elle tentait de maintenir dans sa tête une vacance reposante. « Je n'ai rien dit de mal... On ne peut rien me reprocher... Il ne s'est rien passé... » Son corps devenait moite, sans qu'elle eût fait le moindre mouvement. Toute sa peau brûlait.

Lorsque Michel rentra du bureau, il trouva sa femme étendue sur le canapé du boudoir, avec une compresse fraîche sur le front.

— Ne t'affole pas, dit Tania. J'ai eu un vertige. C'est assez normal dans mon état.

Michel vint s'asseoir à son côté et lui prit la main. Elle s'écarta brusquement.

— Laisse-moi, dit-elle.

— Bon, bon. As-tu vu Volodia, au moins ? Il m'a dit qu'il passerait te faire une visite d'adieu en sortant du bureau.

— Oui, il est venu, murmura Tania.

— Il n'a pas l'air plus heureux que ça de partir avec Olga Varlamoff.

— Volodia ne sait pas ce qu'il veut, dit Tania d'un air faussement détaché. Je ne comprends pas, d'ailleurs, que tu l'autorises à prendre des vacances en plein mois d'octobre...

— Pour ce qu'il fait au bureau ! dit Michel en riant.

Au repas du soir, Tania se montra irritable et distraite. Marie Ossipovna, qui dînait avec ses enfants, respirait par le nez entre chaque bouchée. Michel faisait trop de bruit en avalant son vin. Tania s'étonnait de n'avoir pas remarqué plus tôt qu'il aimait à tourmenter son lien de serviette.

— Mange des légumes, disait-il. C'est très bon pour toi.

Marie Ossipovna déchiquetait, du bout de la fourchette, une boulette de viande hachée.

— Ça sent l'écurie, dit-elle. Ils ne savent pas les faire, à Moscou. Tu te souviens des boulettes qu'on servait à Armavir ?

Elle sortit un mouchoir et se moucha en détournant la tête. Tania sentit que ses mâchoires se crispaient de dégoût. Marie Ossipovna regarda sa belle-fille et sourit un peu.

— Elle est nerveuse, hein ? dit-elle. C'est le mauvais air. Elle devrait marcher un peu plus. Et s'habiller autrement. Regarde comme elle s'étrangle dans un corset. Ça a l'air de quoi ?... Une femme grosse doit avoir le ventre à l'aise, hein ? Tu songes trop à faire la coquette, ma fille...

— C'est bien son droit, dit Michel.

— Non. Quand une femme est comme ça, il ne doit plus y avoir que l'enfant qui compte. Mais on pense aux jolis messieurs blonds. Il est venu encore aujourd'hui, celui-là.

— Qui ? demanda Michel.

Les joues de Tania s'enflammèrent.

— En effet, maman, Volodia est venu, dit-elle. Mais Michel était au courant de sa visite. Quand aurez-vous fini de m'espionner ?

— Pas de grands mots, pour l'amour du ciel, dit Michel en levant les bras.

— Ce n'est plus une vie ! s'écria Tania. Elle est tout le temps derrière moi. Elle ne sait que faire de la journée, alors elle... elle...

— Je m'en vais, dit Marie Ossipovna.

Et elle se leva de table.

— Mais non, voyons, reste, ce n'est rien, balbutiait Michel.

— Ce qui n'est rien pour toi est trop pour moi, dit Marie Ossipovna. Tu feras servir un repas froid dans ma chambre. Si ta femme veut me demander pardon, qu'elle vienne demain matin. Je lui pardonnerai, parce qu'elle est grosse.

Et Marie Ossipovna quitta la pièce en s'appuyant lourdement sur sa canne.

Lorsqu'elle fut partie, Tania repoussa son assiette.

— N'avais-je pas raison ? dit-elle.

— Si. Mais tu lui demanderas pardon quand même. C'est ma mère.

Après le repas, Michel proposa à Tania d'inviter quelques amis pour la soirée. Elle refusa :

— Je suis trop laide, avec ce ventre.

— Mais je t'assure qu'on ne voit rien.

Tania eut un rire amer :

— Toi, tu ne vois rien...

Elle ajouta d'un ton funèbre :

— Je vais me coucher et lire.

Une fois que Tania se fut déshabillée et couchée, Michel entra dans la chambre et s'assit au chevet du lit. Tania lisait. Michel s'ennuyait. Il bâilla, fit craquer les articulations de ses doigts.

— Je t'en prie ! dit Tania.

Alors, il se leva et se mit à marcher de long en large dans la pièce.

— Que lis-tu ? dit-il.

Au lieu de répondre, Tania ouvrit des yeux épouvantés et tendit son index vers un coin du mur :

— Là, là..., une araignée...

Elle rentra la tête dans les épaules.

— J'ai horreur de ces bêtes... Chasse-la... Mais sans l'écraser, surtout !

Michel appliqua sa main contre la cloison et la fit glisser prestement vers l'araignée. Or, il avait mal calculé son élan et l'insecte s'écrabouilla dans sa paume. Il secoua les doigts, d'un air piteux :

— Je l'ai tuée. Tant pis.

— Je ne peux pas voir ça ! gémit Tania.

— Eh bien, ne regarde pas, dit Michel. Je vais me laver les mains et on n'en parlera plus.

Mais il s'arrêta, étonné. Tania le dévisageait avec une haine, un dégoût véritables.

— Qu'as-tu ? dit-il.

— J'ai... j'ai que tu n'es qu'une brute !

— Tu plaisantes...

— Non, tu... tu n'es pas meilleur que les autres, marmonnait Tania. Je croyais en toi... Et voilà...

— Tout ça pour une araignée ?

— Parfaitement. Tu l'écrases et tu t'en moques, comme n'importe qui... Comme Volodia... C'est vulgaire... c'est... c'est laid... c'est...

Et elle se mit à pleurer.

Michel demeurait abasourdi, les bras ballants, les doigts écartés. Il avait cru d'abord à une plaisanterie. Mais Tania était sincère. Et il ne savait quelle attitude prendre devant son chagrin. Fallait-il se fâcher ou la plaindre ? Plus que jamais, il lui semblait que sa femme était une sorte de monstre incompréhensible et précieux. Cette colère futile, au lieu de l'irriter, lui paraissait admirable. Il essuya ses mains, furtivement. Puis, il s'approcha du lit, posa deux doigts sur le bras nu de Tania.

— Ne me touche pas ! s'écria-t-elle.

Il dit :

— Tania... Je t'assure... Je n'ai pas fait exprès, tout à l'heure...

Et, tandis qu'il parlait, il sentait avec ravissement qu'il était grotesque.

Les jours suivants, Tania espéra follement recevoir une lettre de Volodia. Mais son attente fut longtemps déçue. Au bout de deux semaines, enfin, une carte lui parvint, datée de Goursouf, et portant les signatures accouplées de Volodia et d'Olga Varlamoff. Tania déchira la carte. Cependant, Michel avait reçu la même au bureau. Il dit à Tania :

— Comme je les envie ! Nous grelottons dans la pluie et la boue, et eux filent le parfait amour, sous un ciel bleu, parmi les palmiers, et les roses...

Un peu plus tard, un télégramme arriva au bureau, réclamant de l'argent pour payer les frais d'hôtel qui dépassaient les prévisions de Volodia. Enfin, dans les derniers jours de novembre, Volodia débarqua lui-même à Moscou. Il était seul. Sa première visite fut pour Tania. Lorsque le valet de chambre lui annonça que M. Bourine demandait à la voir, Tania était en train d'épingler son chapeau pour sortir. Elle demeura un moment stupide et molle, puis elle jeta son chapeau sur le lit et ordonna d'une voix blanche :

— Vous conduirez M. Bourine dans le boudoir.

Restée seule, elle s'assit devant sa coiffeuse et attendit que son cœur eût repris un rythme normal. Enfin rassérénée, elle quitta sa chambre, longea le couloir gris et luisant où pendaient des estampes anglaises et poussa la porte du boudoir. Volodia lui parut plus grand et plus beau que dans son souvenir. Elle fut fâchée de l'émotion qui renaissait en elle.

— Alors, dit-elle d'un air objectif, ce voyage ?

— Oh ! dit Volodia, tout est perdu.

Son regard avait une expression traquée. Il passa la langue sur ses lèvres.

— Expliquez-vous, dit Tania en s'asseyant.

— Eh bien, dit Volodia, que dire ? Au début, j'ai été très heureux. Le soleil, les promenades à cheval. Mais les jours succédaient aux jours. Il fallait se décider. Je me suis rappelé vos conseils...

— Je ne vous ai donné aucun conseil ! dit Tania.

— Enfin... vos silences, dit Volodia avec un sourire nerveux. Je me suis imaginé marié, lié pour la vie. J'ai eu peur de cette servitude. Alors...

Il cacha sa tête dans ses mains et murmura :

— C'est affreux, aidez-moi, Tania.

À mesure que Volodia s'abandonnait au désespoir, Tania reprenait courage. Elle se sentait devenir sèche et dure, inhumaine, tranquille.

— Vous lui avez demandé de faire disparaître l'enfant ? dit-elle.

Volodia, sans écarter les mains, soupira :

— Oui.

— Et vous lui avez promis de l'épouser ensuite ?

— Oui.

— Et elle a accepté ?

Volodia releva la tête. Son visage portait la marque rose de ses doigts en travers des joues et du front :

— Je me souviens de notre discussion. Lorsque je lui ai dit ça, je m'attendais à des cris, à des larmes. Pas du tout. Elle m'a regardé dans les yeux, drôlement, comme si elle examinait un étranger. Le premier, j'ai baissé les paupières. Alors, très calmement, avec le sourire, elle m'a demandé de chercher une sage-femme qui voulût bien se charger de l'opération. Oh ! comme j'étais heureux ! Tout devenait facile. Je lui baisais les mains. Je lui jurais de l'aimer, de l'aimer toujours. Elle était belle, mais belle...

Une moue malchanceuse tordait ses lèvres. Ses yeux s'emplissaient de larmes.

— Continuez, dit Tania.

Tous ses muscles lui faisaient mal, comme si elle eût participé à une lutte violente. Une résolution, sans gaieté, maintenait son dos droit. Comme Volodia se taisait, elle répéta :

— Continuez, je vous écoute...

— C'est bien ce qui me gêne, Tania, dit-il avec servilité. Qu'allez-vous penser de moi ?

— Je suis votre amie, dit Tania sans conviction.

Il s'accrocha à cette phrase avec une allégresse lamentable de réprouvé. La face barbouillée de honte, il bredouillait :

— Oui, n'est-ce pas ? quoi qu'il arrive, vous êtes mon amie ? Si vous saviez comme j'ai souffert ! Ce ciel bleu. Cette mer bleue. Et moi, courant d'adresse en adresse, entre Yalta et Goursouf, à bout de souffle, à bout d'espoir. J'ai fini par trouver une vieille Tartare. Une tête de brute, couturée de cicatrices, avec des cheveux noirs huileux, des mains courtes et sales. J'ai amené Olga chez elle.

Une peur pointue et rapide comme une flèche traversa Tania. Elle demanda :

— Il... il ne lui est pas arrivé malheur ?

— Non, dit Volodia, tout s'est bien passé. Lorsqu'elle a été rétablie, je lui ai répété que je tiendrais ma promesse de l'épouser. Alors, elle m'a regardé de nouveau, droit dans les yeux, comme la fois où je lui avais conseillé de supprimer l'enfant. Oui, de la même façon. Elle était étendue sur une chaise longue, dans sa chambre, à l'hôtel. Je me rappelle tout. Son visage, les meubles. Donc, elle m'a regardé. Longtemps, longtemps. Puis, elle a dit d'une voix calme : « Non seulement je ne vous épouserai pas, Volodia, mais je ne veux plus vous revoir. »

Volodia avait, sans le vouloir, imité l'intonation exacte d'Olga Varlamoff. Tania frémit, comme si la jeune femme fût entrée subitement dans la pièce. Un silence pénible s'établit. Enfin, Volodia reprit avec volubilité :

— Je ne veux plus vous revoir ! Imaginez-vous cela ! J'ai supplié, j'ai menacé, j'ai demandé des explications. Rien. « Je ne veux plus vous revoir. » Impossible d'en tirer autre chose. Quatre jours de suite, j'ai tenté de la fléchir. Mais, plus j'insistais, et plus elle me recevait durement. J'avais l'impression de la dégoûter. Je me dégoûtais moi-même. Bientôt, elle condamna la porte de sa chambre. Puis elle changea d'hôtel. Alors, je suis parti. Elle est restée là-bas, toute seule. Elle a écrit pour qu'on lui amène son fils. Elle ne veut plus revenir à Moscou.

Il s'arrêta de parler. Mais tout son corps était agité de tremblements convulsifs. Tania éprouvait une extraordinaire impression de vitesse à travers sa tête. La joie et la honte fusaient en elle et se mélangeaient aisément. Elle réagit contre ce vertige et dit d'un air brusque :

— Vous voilà donc débarrassé des menaces de mariage. Que vous faut-il de plus ?

Un cri rauque et ridicule lui répondit :

— Mais je l'aime !

Elle plissa la bouche avec écœurement :

— Vous croyez l'aimer, parce qu'elle a repoussé votre demande. Mais, si vous l'aviez aimée véritablement, vous n'auriez même pas songé à lui imposer cette épreuve.

— Si, je l'aime, gronda Volodia. Je suis un salaud, mais je l'aime. Et elle mérite mon amour. Jamais,

jamais, je ne rencontrerai plus une femme pareille. Belle, désirable, intelligente, délicate...

Il s'appliqua un coup de poing sur le front :

— Idiot ! J'ai tout gâché ! Sa vie et la mienne !

De nouveau, il avait pris sa tête dans ses mains et pleurnichait d'une façon petite et comique. Tania considérait avec une répugnance mêlée de curiosité cette belle victime toute fraîche et gonflée de larmes. Tant de clameurs et de grimaces pour une histoire de lit ! Après tout, Olga Varlamoff n'était pas la première qui se fût fait avorter. Et Volodia n'avait plus l'excuse de l'extrême jeunesse pour déplorer avec cette impudeur la perte d'une maîtresse commode.

En vérité, Tania aurait admis le désordre de Volodia s'il avait été commandé par une raison virile : la trahison d'un ami, la mort d'un parent, une dette impayée... Mais il était intolérable que Volodia s'avilît à cause d'une femme. Tania savait que les femmes n'étaient pas des anges nimbés de lumière et nourris de musique, mais des personnes de chair, qui avaient mal au ventre, qui transpiraient sous les bras, qui camouflaient un bouton au coin de leur lèvre, qui dérobaient sous des toilettes intelligentes les menues difformités de leur taille, et qui posaient à la divinité au moment précis où elles avaient envie de dormir ou de se gratter l'oreille. Elle savait que les femmes ne devaient leur charme qu'à un mensonge de corps et d'âme, qu'elles étaient malades, faibles, souvent sottes et méchantes. Elle savait tout cela, et elle s'irritait de voir que Volodia se prosternait devant l'une de ces femmes, comme si elle eût été différente des autres. Elle s'en voulait aussi d'être une femme et de ne pouvoir, par conséquent, dénigrer ses compagnes sans se dénigrer elle-même. Ah ! que les hommes étaient donc trébuchants et bornés ! Comme ils donnaient bien dans le panneau ! Leur besoin d'adoration quotidienne était tel, qu'ils n'hésitaient pas à encenser les créatures les moins dignes de l'être, les plus lointaines du rêve, les plus proches du règne animal.

— Que vais-je devenir, maintenant ? gémissait Volodia d'une voix enrouée.
— Un homme libre.
— Je tenais tant à son estime, à son amour. Et voilà. Elle me hait. Elle me méprise.
— Qu'en savez-vous ? dit Tania. Elle vous admire, peut-être, de lui avoir résisté.
Mais Volodia poursuivait sa pensée :
— Je veux bien que le monde entier me méprise, mais pas elle !
Une rage fraternelle anima tout à coup le cœur de Tania. Elle ne pouvait plus supporter que cet homme fût à ce point dupe des apparences. Furieusement, elle s'écria :
— Mais qu'est-ce qui vous plaît donc dans cette rouquine ?
Volodia s'arrêta de geindre et la regarda, éberlué.
— Vous croyez, reprit Tania avec une espèce d'éloquence vulgaire, vous croyez qu'Olga Varlamoff est exceptionnelle ? Ah ! vous me faites bien rire ! Elle est comme les autres, mon cher. Ni meilleure ni pire. Est-ce qu'elle vous a permis d'allumer la lampe de chevet après l'amour, de l'accompagner au petit matin dans le cabinet de toilette ?
— Vous êtes folle ? balbutia Volodia.
— Non, n'est-ce pas ? Parce que alors, peut-être, vous auriez découvert l'animal derrière la femme que vous adoriez.
— Je vous défends de parler ainsi, dit Volodia faiblement.
— Cette femme-là n'est pas faite d'une autre chair, d'un autre sang que les autres. Je les connais, moi, je les connais... Nous sommes toutes pareilles... Rien de merveilleux, je vous jure... Nous ne méritons pas...
Un voile salé lui nouait la gorge. Elle forçait sa voix grippée :
— Volodia... Vous... vous êtes bien fait de votre personne... Vous êtes intelligent, spirituel, galant, fortuné... Tous les atouts sont dans vos mains... Et vous tremblez devant... devant ça... enfin...

Elle ne savait plus former ses phrases. Elle bégayait. Ayant remarqué que Volodia observait son visage, sa taille, elle ramena instinctivement les bras sur son ventre gonflé. Volodia paraissait très ému.

— Pourquoi me dites-vous cela ? murmura-t-il.

— Parce que j'ai beaucoup d'affection pour vous... Parce que je ferais n'importe quoi pour... pour vous sauver... enfin pour votre bonheur... Parce que je ne peux pas être heureuse si vous êtes malheureux...

Elle secoua le front. Des larmes venaient à ses yeux. Elle les sentait gicler au coin de ses paupières :

— Vous devez vous dire... c'est ridicule... cette femme au gros ventre qui ose me donner des conseils...

Elle ne put achever. Un hoquet douloureux écarta ses lèvres. À travers une brume flottante, elle vit que Volodia se rapprochait d'elle, tombait à ses genoux.

— Je suis sotte, dit-elle enfin en ravalant une gorgée de salive.

À présent, la bouche de Volodia effleurait ses paumes de petits baisers frais et vivants. Elle regardait fixement sa tête inclinée. Le faux col blanc et raide, un peu large, découvrant la naissance de la nuque. Il y avait une tache de poussière sur l'épaule droite du veston. Volodia répétait :

— Vous êtes une amie, ma seule amie, Tania... Merci pour tout... Votre générosité... Votre franchise... Je n'oublierai jamais... Seulement, ne pleurez pas... Oh ! je ne peux pas voir vos larmes...

Il ajouta plus bas :

— Il ne faut pas que Michel vous trouve dans cet état... Je partirai... Mais, d'abord, promettez-moi de vous ressaisir...

Tania ne savait plus si c'était la honte ou la joie qui l'affaiblissait de la sorte.

— Non... non... il ne faut pas que Michel me trouve ainsi, dit-elle. Allez-vous-en.

Pourtant, elle fut déçue de le voir se relever et gagner la porte.

Cette scène l'avait trop ébranlée pour qu'elle songeât à sortir, malgré les rendez-vous qu'elle avait pris. Elle attendit donc le retour de Michel, assise dans le boudoir, l'œil fixe, les mains engourdies. La première neige tombait dans la rue. Le jour n'en finissait pas de mourir. Michel rentra tard. Il était fatigué et bâillait à se décrocher la mâchoire.

— J'ai invité Volodia à déjeuner pour demain, dit-il. Il a rompu avec la Varlamoff. Il est effondré. Ça passera.

— Oui, ça passera, dit Tania.

Et il lui sembla que son cœur devenait petit et dur comme une pierre.

Ce soir-là, elle dîna légèrement et se coucha tôt. Mais, toute la nuit, des rêves rouges la visitèrent. Elle imaginait Volodia, déchiquetant avec un couteau de cuisine le ventre d'une femme morte, ou courant le long d'un canal avec un paquet sanglant sous le bras, ou célébrant la messe devant une assemblée de nourrissons décapités.

Au petit jour, elle se réveilla, baignée de sueur, le front douloureux, les mains flasques. Sa conversation de la veille avec Volodia lui paraissait lointaine et irréelle. Elle ne voulait pas croire qu'elle se fût abaissée jusqu'à pleurer devant lui. En vérité, elle lui gardait une espèce de rancune pour tout ce qu'il avait dû penser en la voyant si faible et si bavarde. La perspective de le rencontrer, après cette explication, lui était pénible. Elle souhaitait qu'il se décommandât à la dernière minute. Mais la matinée passa sans que le moindre coup de téléphone vînt rassurer Tania. Et, à l'heure dite, Volodia et Michel arrivèrent pour le déjeuner.

Tania ne descendit qu'au moment de passer à table. Dès qu'elle eut franchi le seuil du salon, Volodia s'avança vers elle pour la saluer. Elle l'observa brutalement, comme pour le pénétrer et le comprendre d'un coup. Le visage de Volodia, rose et calme, avec ses yeux écarquillés, ses oreilles un peu grandes, la déçut. Quand il lui prit la main, elle sursauta et serra les dents. À table, elle feignit la fatigue et se désintéressa ostensiblement de la conversation. Mais elle ne perdait pas un regard, pas un geste de Volodia. Il mangeait avec appétit et buvait ferme. Il accélérait sa convalescence, d'après les conseils mêmes de Tania. L'aisance avec laquelle il émergeait du désespoir avait quelque chose de hâtif et d'incorrect. Tania s'accorda le plaisir de plaindre Olga Varlamoff. Lorsque Volodia, en sortant de table, s'approcha de la jeune femme et murmura : « Merci, Tania », elle ne tourna même pas la tête.

— Notre conversation d'hier soir m'a fait tant de bien, reprit Volodia d'une voix humble.

— Pas à moi, dit Tania. Je serai plus longue que vous à oublier.

— Oublier quoi ? dit-il. Je ne vous ai rien fait...

Tania le toisa d'un regard méprisant et dit :

— Vous perdez de vue que, moi aussi, je suis enceinte.

12

Cette année-là, les fêtes de la Noël furent attristées par l'annonce de la capitulation de Port-Arthur. Jamais la Russie n'avait connu de reddition aussi humiliante. Trente mille hommes de troupe, huit généraux, quatre amiraux, un important matériel tombaient aux mains des Japonais. Les journaux multipliaient les bulletins nécrologiques. Des manifestations s'organisaient un peu partout pour réclamer la fin de la guerre. Dans le peuple, circulaient des chansons comiques sur les troupes de Kouropatkine, qui avaient emporté des icônes au lieu de munitions :

Pour défendre notre patrie,
Nous n'emportons que des icônes,
Avec l'espoir qu'à notre place
Elles prendront le plomb dans le cul.

Depuis deux mois, Tania et ses parents n'avaient reçu d'Akim qu'un télégramme laconique, où il disait avoir été décoré sur le champ de bataille. L'absence de nouvelles précises inquiétait Tania, et elle souhaitait maintenant que la paix fût signée au plus vite, et dans n'importe quelles conditions. Michel partageait son avis, car les troubles intérieurs s'aggravaient en Russie, et il lui paraissait urgent d'en finir avec l'ennemi extérieur pour combattre l'ennemi du dedans. En effet, des milieux révolutionnaires, le mécontentement avait gagné les milieux intellectuels. Des idéologues applaudissaient aux embarras du gouvernement et espéraient que les difficultés de l'armée russe en Mandchourie inciteraient l'empereur à accorder de nouvelles réformes libérales. Cependant, des hommes partaient toujours pour les frontières d'Orient, découragés, hébétés, inutiles. Et, à l'arrière, les cabarets, les théâtres, les restaurants étaient bondés de fêtards.

À l'occasion du nouvel an, Tania organisa chez elle une petite soirée à laquelle ne furent conviés que les très proches amis de la maison. Le souper fut servi à la lueur des bougies. Au dessert, Volodia prononça un discours humoristique en vers libres. Puis, Eugénie Smirnoff demanda à l'écrivain Malinoff de leur lire sa dernière nouvelle. Elle avait obtenu de Tania l'autorisation d'amener ce personnage illustre, qui était son amant depuis quelques mois, et dont tout Moscou admirait les œuvres.

Sans avoir jamais été au front, Malinoff s'était spécialisé dans les contes de guerre. Il décrivait volontiers les misères du paysan russe arraché à sa charrue et poussé vers d'atroces combats modernes. Sa pitié facile, son abondance larmoyante lui valaient la sympathie du public féminin. Ayant tiré de sa poche un paquet de feuillets manuscrits, il commença à lire.

Eugénie Smirnoff, pétrifiée par l'attention, ne le quittait pas des yeux. Elle ne remarquait même pas, ou feignait de ne pas remarquer, que Volodia lui avait pris la main sous la table. Mais Tania observait les moindres gestes de Volodia. Elle acceptait aisément, d'ailleurs, qu'il essayât de se distraire avec cette sotte d'Eugénie. Car Eugénie était inoffensive. Elle ne risquait pas d'accaparer et d'annihiler Volodia comme Olga Varlamoff avait médité de le faire. Ne disait-on pas qu'Olga Varlamoff songeait à épouser maintenant un colonel, âgé de cinquante ans, qu'elle avait rencontré à Goursouf ? Tout cela pour étonner la galerie ! Quelle femme ! Heureusement Volodia avait su échapper à ses griffes ! Sans doute, il était encore un peu triste et endolori, mais déjà il cherchait une remplaçante. « Au fond, il me dégoûte », se dit Tania, avec une espèce d'amusement irrité. Et elle cessa de le regarder pour mieux écouter la prose de Malinoff.

Malinoff lisait d'une voix moelleuse et lente. Une petite barbe dorée encadrait son visage pâle, noble et mou. Il était parfumé au vétiver. *Alors Protopopoff pensa au village natal, disait-il, et, devant ses yeux, surgit la petite église à coupole verte, et la mare croûteuse où barbotaient les canards lustrés. Le sang s'écoulait de sa blessure et les canards chantaient dans ses oreilles...*

— Dieu que c'est beau ! soupira Eugénie, et elle serra la main de Volodia d'une manière significative.

Michel profita de l'interruption pour demander s'il s'agissait d'une « histoire vraie ».

— Bien sûr, cher monsieur, s'écria Malinoff, sinon je ne l'écrirais pas.

Et il poursuivit sa lecture. Lorsqu'il eut achevé, tout le monde battit des mains, et Volodia dit à Eugénie :

— Vous savez, moi aussi j'ai écrit de petites choses à mes moments perdus. Un roman. Des récits. Il faudra que je vous montre ça !

— Oh ! oui, dit-elle.

— Mes amis, dit Michel, l'heure fatidique approche. Qu'on serve le champagne.

Au dernier coup de minuit, les convives choquèrent leurs coupes avec entrain, et échangèrent les souhaits et les baisers d'usage. Comme Volodia embrassait Tania sur les deux joues, la porte s'ouvrit en grinçant, et Marie Ossipovna parut sur le seuil. La mère de Michel était toute ruisselante de paillettes de jais. Elle portait un plumet noir sur la tête. Elle tenait une canne à la main. Cette vision funèbre glaça les invités. Marie Ossipovna avait refusé d'assister au réveillon, mais avait promis de venir saluer ses enfants pendant la fête. Elle s'avança, raide, sévère, le regard perdu, comme une somnambule. Ayant donné l'accolade à Michel et à Tania, elle toisa fièrement le reste de l'assemblée.

— Bonne année, Marie Ossipovna ! dit Volodia.

— Ah ! tu es là, toi ? grogna la vieille. Eh bien, bonne année.

— Bonne année, Marie Ossipovna ! Bonne santé ! crièrent des voix.

Le sang afflua aux joues de Marie Ossipovna. Elle frappa le parquet de sa canne.

— Je vais dormir, dit-elle.

Et elle sortit à pas lents.

Dès que sa belle-mère eut quitté la pièce, Tania ordonna d'apporter un baquet d'eau et des bougies pour interroger l'avenir. Les dames applaudirent. Les messieurs prirent un air indulgent et sceptique.

— Savez-vous que cette coutume remonte aux premiers âges de l'Antiquité ? dit Malinoff. J'ai écrit un poème à ce sujet.

Mais personne ne lui demanda de le réciter.

Le baquet d'eau avait été posé sur un guéridon recouvert d'une nappe. Selon son habitude, Michel s'était chargé de l'organisation :

— Un peu d'ordre. Les dames d'abord. L'une après l'autre.

Chacune des invitées s'avançait à tour de rôle vers le récipient et chauffait un bâtonnet de cire au-dessus d'une bougie. La cire tombait dans l'eau en larges larmes blanches et se solidifiait aussitôt. De singulières figures boursouflées nageaient à la surface, et les jeunes femmes s'efforçaient d'y reconnaître les signes de leur destin.

— Regarde, Serge, criait une petite dame évaporée, on dirait une bague. Cela veut dire que tu m'achèteras une bague cette année.

— Je trouve que cela ressemble plutôt à un monocle, disait le mari.

— Les hommes sont si bêtes ! Impossible d'être sérieux avec eux ! N'est-ce pas que c'est une bague, Tania ?

— Mais oui, ma chérie.

— Et moi, gloussait une autre. Voyez, Tania. C'est comme un grand oiseau. Qu'est-ce que ça peut vouloir dire ?

— J'ai entendu raconter qu'un oiseau signifiait « amour coupable », disait Volodia.

— Hum ! Hum ! grognait Malinoff. Je pencherais plutôt pour un voyage.

— L'un n'empêche pas l'autre !

— Moi, disait Eugénie Smirnoff, c'est drôle, on jurerait deux têtes.

— Des jumeaux ! s'exclama Volodia. Vous allez avoir des jumeaux !

Eugénie se fâcha et rougit violemment de toute la figure. Puis, elle se mit à rire et dit :

— Au secours, Tania, ils sont tous ligués contre moi ! Ils me taquinent !

Malinoff la regarda sévèrement. Elle était vraiment trop bête. Comment avait-il pu perdre son temps avec elle ? Lui, un homme célèbre, intelligent, cultivé. N'importe quelle femme eût été flattée de coucher avec lui. Et il avait choisi celle-là. Il lui avait promis, même, de lui dédier son prochain livre. Cela, il ne le ferait pour rien au monde.

— Vous êtes trop loin du baquet, monsieur Malinoff, dit Tania. Vous ne pouvez rien voir.

— C'est ce qui vous trompe, dit-il, les signes que je lis sur vos visages me renseignent plus exactement que les taches de cire du baquet.

Il était content de sa phrase. Mais nul ne parut l'avoir remarquée. En vérité, ces Danoff n'étaient que des commerçants mal dégrossis, des parvenus. Malinoff s'ennuyait chez eux. Il regarda sa montre.

— À votre tour, Tania, dit Eugénie Smirnoff.

Tania, elle aussi, chauffa la cire et la laissa couler dans l'eau. Les dames l'entouraient en se tenant par le bras.

— Oh ! on dirait un arbre.

— Un sapin tout blanc.

— C'est bête.

— Vous y comprenez quelque chose ?

— Peut-être une croix ?

— Quelle horreur !

Tania observait ce profil d'arbuste rabougri et blanchâtre qui nageait sur l'eau. Et, elle ne savait pourquoi, une douce tristesse envahissait son cœur. Elle entendait Michel et Volodia qui discutaient dans son dos.

— Il faut absolument faire revenir Akim, disait Volodia. Je trouve absurde qu'il risque sa peau pour rien. On n'a plus besoin de lui, là-bas. On n'a plus besoin de personne. Nous sommes à la veille d'une ère de paix et de prospérité libérales.

— J'ai tenté déjà de le faire revenir, disait Michel. Mais c'est impossible.

— Khoudenko est bien revenu ! Il s'est fait porter malade. Un petit voyage à Kharbine. Et le voilà rentré avec des théières japonaises et des plateaux de laque. C'est tout ce qu'il a vu de la guerre. Des théières japonaises et des plateaux de laque !

— Akim ne trichera jamais, dit Michel.

Tania baissa la tête.

— Alors, ce petit sapin ? demanda Eugénie Smirnoff. Qu'est-ce qu'il signifie ?

— Je ne sais pas, dit Tania. Mais je le trouve sinistre. Excusez-moi un instant.

Et elle quitta le salon en courant. Elle éprouvait subitement le besoin de regarder une photographie d'Akim, comme pour se persuader qu'il existait encore. Une fois dans sa chambre, elle tira d'un sous-main le dernier portrait de son frère en uniforme. Avec avidité, avec inquiétude, elle contempla ce visage de petite brute juvénile, au menton épais, au nez court.

— Pourvu qu'il ne lui arrive rien ! gémit-elle. Akim ! Akim !

Elle s'était assise au bord du lit. Tout à coup, elle devina que la porte s'ouvrait. C'était Michel.

— Tu n'es pas bien ? demanda-t-il.

— Si, si, dit-elle. Va les rassurer. J'arrive.

La soirée se prolongea jusqu'à quatre heures du matin. Mais, dès deux heures, Malinoff avait prétexté un travail urgent pour prendre congé de ses hôtes. Il rentra chez lui, en fiacre, sous la neige molle et fondante qui tournoyait autour des becs de gaz. Bercé par le trot du cheval, il songeait à son art, à sa vie, à lui-même, et une grande lassitude lui venait de cette réflexion. En vérité, il était las de toujours parler du moujik aux mains calleuses et du petit soldat courageux qui se fait tuer à son poste. Mais le public aimait ce genre de récits et n'aurait pas compris qu'il changeât de style et de thème. Il soupira. Un hoquet parfumé au champagne mourut sur ses lèvres. « Eux, ils crèvent, et moi, j'écris », pensa-t-il encore.

Le cocher se tourna vers lui et dit, d'une manière absolument inattendue :

— Pas fameuses, n'est-ce pas, les nouvelles, barine ?

— Non, dit Malinoff.

— Moi, j'ai un fils là-bas... C'est pour ça... Il est parti et on ne sait rien...

— Marche, marche, dit Malinoff avec irritation.

— Un beau gars, reprit le cocher en secouant ses guides. Il serait passé patron dans l'année. Et voilà... Tant et tant de chrétiens qui meurent !...

Puis il se tut. Des grelots tintaient dans les oreilles de Malinoff. Le froid attaquait son visage. Il rentra son menton dans le col en fourrure de son pardessus et souhaita que le cocher ne lui adressât plus la parole. Les maisons glissaient, grises et blanches, de part et d'autre de l'attelage. Çà et là, il y avait des fenêtres allumées, et une bouffée de musique saluait le passage du traîneau.

Les troupes cantonnées autour de Moukden réveillonnèrent, vaille que vaille, dans leurs trous de glace. Akim partageait avec quatre officiers de son régiment une taupinière creusée dans la neige. C'était la plus coquette *zemlianka* de la région. Une porte minuscule était pratiquée dans la paroi blanche. Quatre marches conduisaient à la chambre souterraine où brûlait un feu de bois. Le 31 décembre, les ordonnances de ces messieurs avaient décoré la *zemlianka* avec des branchages, des sabres croisés et de petites nattes de prière volées dans une pagode. Le souper fut servi sur une caisse. Il se composait de vieux harengs, d'un poulet tiède et musclé et d'un fond d'eau-de-vie. À minuit, les officiers burent du champagne en l'honneur du tsar, du régiment, de la Russie, de leurs femmes, de leurs belles et d'eux-mêmes. On manda un Cosaque, réputé pour sa voix de ténor, et il chanta debout, les bras croisés sur la poitrine, le regard lointain. Akim était triste. Il avait été nommé de service aux avant-postes, pour la nuit. Il devait relever Troubatchoff qui avait patrouillé tout l'après-midi dans la neige. D'une minute à l'autre, un guide envoyé des grand-gardes viendrait le chercher, et il faudrait quitter la chaleur du feu, les camarades, le vin, les chansons.

— Une triste nuit de réveillon ! grommela-t-il.

— La plus belle pour un militaire, s'écria un capitaine congestionné et hilare. Pendant que nous boirons, tu abattras des Japonais.

— Dans ce sacré pays, dit un autre, je crois qu'il sert plus de boire que d'abattre des Japonais !

— Un chant guerrier en l'honneur du sous-lieutenant Arapoff, victime du devoir !

Le Cosaque se tourna vers Akim, rejeta la tête en arrière et, à pleine gorge, lança les premières paroles du chant. Les convives l'accompagnaient en sourdine. Le bûcher envoyait au plafond un bouquet d'ombres disloquées.

Le Cosaque est parti pour la terre lointaine,
Sur son cheval rapide, si rapide et si noir,
Il laisse pour toujours les lieux qui l'ont vu naître,
Il ne reverra plus la maison des aïeux.

La voix du ténor se faisait plaintive :

C'est en vain que sa jeune femme
Soir et matin regarde vers le nord,
Elle attend, elle attend que des terres lointaines
Lui revienne son Cosaque bien-aimé.

— En chœur ! En chœur ! criaient les officiers.

Maintenant, toutes les voix unies cognaient les parois de glace et résonnaient violemment :

Mais lui combat derrière les montagnes,
Pour la patrie russe et pour le tsar.
Là-bas, souffle le vent des neiges,
L'hiver recouvre tout de son gel craquant.
Les sapins et les pins y tressent leurs murailles...

Tous, ils s'efforçaient de paraître gais, insouciants et rudes, et, cependant, tous, ils songeaient aux réveillons d'autrefois, aux êtres chers qu'ils avaient dédaignés, à l'avenir qui naissait dans la nuit dangereuse.

Plantez sur ce tertre un obier de mon pays,
Pour qu'il fleurisse en teintes éclatantes.

— Chante plus vite, imbécile ! Et plus fort ! messieurs, je bois au succès de nos armes !

À minuit et demi, un Cosaque des avant-postes se présenta sur le seuil de la *zemlianka*. Son bonnet de fourrure énorme écrasait un court visage froissé, décapé par le froid. Ses cils étaient blancs de givre. Des morves de glace pendaient à sa moustache. Et son corps semblait à peine démoulé de la neige, avec des adhérences farineuses un peu partout, aux épaules, aux hanches. L'homme salua militairement et demeura debout, pétrifié, devant le feu. De l'eau commençait à couler de lui. Ses dents blanches brillèrent dans sa barbe.

— Votre Noblesse, je viens des grand-gardes, dit-il d'une voix fatiguée.

— Je sais, je sais, dit Akim. Chauffe-toi pendant que je m'habille.

Akim passa une *bourka* épaisse sur la courte pelisse qui lui capitonnait le torse, enfonça son bonnet de fourrure jusqu'aux oreilles, enfila ses moufles. Un sabre, un revolver Nagan complétaient son équipement. Méthodiquement, il serrait les courroies, assurait ses pieds dans les bottes. Il se sentait un peu las et de mauvaise humeur. Comme si quelqu'un eût été injuste envers lui.

— Bonne nuit, messieurs, dit-il.

— Bonne chance.

Après la chaleur, la lumière, l'odeur humaine de la *zemlianka*, Akim tomba dans l'espace noir et glacé de la nuit. Autour de lui, il devinait le vallonnement régulier d'autres tanières, où d'autres hommes mangeaient, buvaient, échangeaient leurs souhaits de bonne année. Çà et là, des Cosaques étaient accroupis autour de bûchers minables. Des gamelles, enfilées sur un bâton, pendaient au-dessus du feu. Des chevaux, attachés aux piquets, bottaient dans la neige, hennissaient doucement. Ici, on vivait encore. Tout était calme, et sûr, et familier. Mais, plus loin, derrière ce mur en ruine, derrière cette haie de buissons, commençait le danger du silence et de la solitude. L'ordonnance d'Akim lui amena son cheval. Akim sauta en selle.

— Quel froid ! dit-il.

— Moins vingt-cinq, Votre Noblesse, dit l'ordonnance en riant gaiement.

Le Cosaque d'escorte enfourcha sa bête.

— Tu connais bien la piste ? demanda Akim en se tournant vers le Cosaque.

— Je l'ai faite six fois déjà, Votre Noblesse.

— C'est qu'on n'y voit goutte.

— Moi je vois, dit l'homme.

— Comment t'appelles-tu ?

— Namikaï !

— Eh bien, Namikaï, en route. Et tâche de prendre au plus court.

Les deux cavaliers passèrent entre les *zemliankas*, d'où s'échappaient parfois le son grêle d'une balalaïka ou la plainte d'un accordéon. Puis ils franchirent le petit mur en ruine, la rangée de buissons aux branchages de verre. Et ils furent dans la plaine, soudain. La nuit était très basse. La neige seule, pâle, luminescente, soutenait le monde à la surface de l'abîme. On ne voyait pas à deux *sagènes* devant les bêtes. Le froid tranchait le visage, attaquait le nez, les pommettes, solidifiait des diamants dans les yeux. Le cheval d'Akim progressait d'un pas menu, hésitait, glissait parfois, et son maître lui tapotait un peu l'encolure, lui parlait à l'oreille, tendrement, pour l'encourager. Dans le silence énorme, il n'y avait que cet humble bruit de chevauchée et de paroles. Mais, tout à coup, la lune parut, pâle et déformée, derrière des draperies théâtrales de vapeurs. Et le paysage se figea, blanc et bleu, vide et plat, inhabité, irréel, planétaire. Puis d'autres nuages vinrent noyer cette lueur, comme si une poche d'encre avait crevé dans le ciel. Akim arrêta sa monture.

— Où sommes-nous ? dit-il.

— Encore une petite demi-heure, Votre Noblesse. Vous avez vu, là-bas, il y a un fossé avec des arbres tout du long. Eh bien, derrière le fossé, on prend à gauche et puis...

— Ça va, ça va... Je te crois sur parole...

Et Akim repartit, suivi de Namikaï. De nouveau, les chevaux glissèrent, hennirent faiblement. Les selles grinçaient. Les sabres cliquetaient en cadence. D'instant en instant, le froid serrait mieux la figure. Il semblait à Akim qu'il n'avait plus de chair sur le visage. Toute la chair avait été rongée, dissoute dans ce froid chimique, dans ce silence sidéral. Il avançait avec un masque d'os et de muscles dénudés. Il secoua les épaules.

— Je m'en souviendrai de cette nuit de réveillon ! grognait-il.

— Pourquoi ? La nuit est belle, Votre Noblesse, dit Namikaï.

— Un peu froide pour mon goût !

Namikaï se mit à glousser :

— Il y a plus froid ! Il y a bien plus froid, Votre Noblesse ! L'homme est fait pour supporter le froid ! Ho, carne ! elle allait piquer dans un trou ! Il y a bien plus froid, bien plus froid !...

— Tu es d'ici ?

— De Tomsk, Votre Noblesse. Mais qu'est-ce que ça change ? Qu'on soit d'ici ou de là, Dieu trouve les siens et repousse les autres.

Il y avait dans la voix de Namikaï une douceur, une assurance tranquilles qui enchantaient le jeune homme. Akim le sentait franc et simple, élastique, accommodant, courageux. Il eût aimé bavarder avec lui. Mais, en face d'un inférieur, une sotte fierté l'empêchait de poser sa voix, de trouver ses mots. Il craignait d'être trop familier, ou trop vif, ou trop méprisant envers ses hommes. Il se cherchait une attitude. Il demanda avec effort :

— Dis-moi, Namikaï, es-tu depuis longtemps en ligne ?

— Depuis le début, Votre Noblesse. Quand les diables jaunes ont commencé à taper, j'étais là.

— Je comprends que tu leur en veuilles !

Comme il prononçait ces paroles, Akim en éprouva toute la désespérante absurdité.

— En vouloir ? dit Namikaï. À qui ? Aux Japonais ? Comment leur en vouloir ? Ils sont comme nous. On leur dit : « Va », et ils vont, « Tue », et ils tuent, « Meurs », et ils meurent. Il y en a un, on l'a pris : il pleurait parce qu'on lui avait abîmé son cheval. Ça ne pouvait pas être un mauvais homme, n'est-ce pas, puisqu'il pleurait à cause d'un cheval ? Mais voilà, le bon Dieu l'a voulu et nous tirons les uns sur les autres, et, quand le bon Dieu ne le voudra plus, nous boirons ensemble. Qu'est-ce que nous sommes pour le bon Dieu ? Il s'amuse de nous ! Il s'amuse !

Encore une fois, Namikaï se mit à glousser drôlement en balançant la tête.

— Tu crois que ça amuse Dieu de voir des hommes s'entre-tuer pour des questions de frontières ?

— Il faut bien que ça l'amuse ! Sans ça, pourquoi le ferait-il ?

— Pour nous punir, peut-être !

— Alors, comme ça aussi, il a raison, soupira Namikaï. Oh ! que de péchés ! Que de péchés !

Namikaï se tut. Akim chercha une nouvelle question à lui poser.

— Dis, Namikaï, demanda-t-il enfin, as-tu de la famille ?

— Qui n'a pas de famille, Votre Noblesse ? Bien sûr que j'en ai une. Je l'ai laissée, là-bas. J'ai écrit. Tout le monde est content.

— Tu n'es pas pressé de les retrouver ?

— Est-ce qu'on a le droit d'être pressés, nous autres ? Notre devoir est d'obéir. Le bon Dieu a dit au tsar, et le tsar a dit aux généraux, et les généraux ont dit aux officiers, et les officiers ont dit aux Cosaques : « Il faut faire ci et ça. Et tant que ci et ça ne sera pas fait, on ne pourra pas revenir. » Alors, il faut travailler vite, vite, pour que les Cosaques puissent dire aux officiers, et les officiers aux généraux, et les généraux au tsar, et le tsar au bon Dieu : « C'est fait. Nous avons tué tant d'hommes et brûlé tant de villes. Maintenant, tout est calme. Il est temps de rentrer. »

— Et tu crois qu'il y aura bientôt la paix ? demanda Akim.

— Il n'y aura pas la paix, dit Namikaï.

— Alors, il y aura toujours la guerre ?

— Il n'y aura pas la guerre.

— Qu'y aura-t-il donc ?

— Il y aura un télégramme, dit Namikaï avec une gravité renseignée.

Pour cet être fruste, les grands événements militaires se traduisaient par la réception d'un télégramme. Le mot étrange avait fini par déborder son objet. Il était devenu une valeur en soi, plus important que la paix, que la guerre qu'il annonçait, et plus mystérieux aussi. Akim s'interdit de rire et détourna la tête.

— Si seulement la lune voulait bien sortir ! murmura-t-il pour changer de conversation. Je n'y vois goutte. Je me demande où sont les avant-postes...

— Ne craignez rien, Votre Noblesse. Voici le fossé, voici les fourrés. Nous prenons à gauche. Et bientôt...

Namikaï se tut tout à coup, se courba, et posa une main sur le bras d'Akim.

— Écoutez, Votre Noblesse.

Akim tendit l'oreille. Il percevait maintenant un bruit de sabots, lointain, étouffé en pleine neige. Akim et Namikaï arrêtèrent leurs bêtes, et le piétinement suspect s'arrêta aussi. Ils repartirent au pas, et, comme un écho fidèle, ils entendirent, devant eux, les rumeurs assourdies de la cavalcade. De nouveau, ils s'immobilisèrent. Et, de nouveau, il n'y eut plus rien que le silence.

Akim écarquillait les yeux, s'efforçait de discerner la silhouette de ces cavaliers fantômes. Étaient-ce des Japonais ou des Cosaques des avant-postes ? Devait-il crier : « Qui vive » ou tirer quelques coups de feu au jugé ? Les ténèbres cernaient Akim comme les parois d'un puits. Il se fatiguait les tempes à regarder l'espace aussi opaque et lourd que de la pierre. Cela ne pouvait plus durer ainsi. Il fallait agir. Akim sortit son revolver de l'étui. Namikaï arma son fusil. De l'autre côté de la nuit, il y eut un froissement, un tassement d'hommes et de chevaux.

— Qui vive ? cria Akim.

Le silence répondit à son appel.

— Cosaques ! Qui vive ? reprit Akim.

Une rampe de flammes jaillit dans le noir, à quelque trente pas devant lui. Des balles lui giclaient en pleine figure. Namikaï poussa un gémissement :

— Ça y est, Votre Noblesse !...

Et son corps maladroit dégringola dans la neige. Akim mit pied à terre et déchargea son revolver, à sept reprises, contre les assaillants. Les cavaliers invisibles s'éloignèrent un peu sans riposter. Sans doute les Japonais se figuraient-ils être tombés sur une patrouille russe supérieure en nombre. Ils reculaient. Akim rechargea son revolver, tira encore dans la direction de l'ennemi. Puis il s'avança vers Namikaï, guidé par les plaintes sourdes, par les jurons du blessé.

— Où es-tu ? dit-il. Qu'as-tu, Namikaï ?

Comme il s'approchait de l'homme, un dernier coup de feu claqua dans la nuit, et Akim se sentit frappé à toute volée dans le dos. Il s'effondra sur le flanc et ferma les yeux.

Ce qui l'étonnait, c'était cette impression de profondeur brûlante dans son corps. Il devinait que la balle avait pénétré de grandes épaisseurs de chair. « Sans doute y a-t-il quelque chose de touché à l'intérieur ? songea-t-il. Le poumon peut-être, ou la colonne vertébrale ? Ce doit être par là. Je n'y connais rien. Quelle sottise ! » Il n'avait jamais surveillé sa respiration, écouté son cœur, tâté son foie. « C'est bon pour les malades de s'analyser ainsi ! » Mais voici qu'il lui fallait à son tour étudier cette charpente solide. « Le poumon... Oui... Est-ce que c'est grave ? »

Là-bas, la fusillade avait repris. Les Japonais se heurtaient aux grand-gardes russes. Et les Cosaques les repoussaient pas à pas. Plus tard, ils viendraient relever Namikaï et Akim, et ils les transporteraient jusqu'au campement, vers la *fanza* du poste de secours. Mais le feu de mousqueterie se tut, subitement. Le silence retomba. Personne.

— Hé ! les amis, hurla Akim.

Et une bouillie tiède lui emplit la bouche. Il vomit. Une tache sombre s'étala dans la neige. Alors, il eut peur. Il se souleva un peu, essaya de ramper, mais retomba sur le ventre. Son cheval et le cheval de Namikaï rôdaient, à la lisière du monde. Il entendait tinter leurs gourmettes. Si loin, si loin. Avec un effort terrible, il plia le bras et glissa la main sous la pelisse, le long du dos, lentement. Lorsqu'il ramena la main, son gant était maculé de sang. Il sentait le sang qui coulait derrière lui, qui gonflait des étoffes, qui durcissait des linges. Un travail horrible vidait ses réserves. Il était en train de mourir. Mais il ne voulait pas mourir ! C'était trop bête de mourir, quand on était jeune et fort comme lui, et qu'on avait encore tant de choses à faire ! Sûrement, des Cosaques battaient les fourrés alentour. Sûrement, on allait le découvrir, l'emporter. Il guérirait quelque part, à l'arrière, bien au chaud, couché entre des draps blancs, entouré de visages paisibles. Mais qu'attendaient-ils pour venir, ces brancardiers ? Chaque seconde perdue diminuait ses chances de survie. Et Namikaï qui ne bougeait plus !

— Namikaï ! Namikaï !

Namikaï ne répondit rien. Il était mort, sans doute. À tout autre moment, Akim se fût accordé le luxe de le plaindre. Mais, aujourd'hui, il ne voulait et ne pouvait penser qu'à lui-même. Tant pis pour Namikaï. Tant pis pour tous les autres. Il n'y avait que lui, Akim, qui comptât au monde. Lui, avec son cœur, son estomac, sa rate, son foie, son sang précieux et mesuré.

Brusquement, Akim songea au poste d'ambulance des environs de Liao-Yang, à ces blessés qui râlaient le long de la voie. Il les avait dénigrés autrefois. Il les comprenait maintenant. Il aurait aimé pouvoir hurler comme eux vers quelque train de secours. « Vite ! Vite ! Est-ce que ce n'est pas leurs voix que j'entends ? » Ah ! il n'avait plus honte de gémir comme une bête. Pouvait-on avoir honte de quoi que ce soit lorsqu'on était blessé, lorsqu'on allait mourir ?

— À l'aide ! À l'aide !

Il crie, et sa voix est toute petite entre ses lèvres de glace. Le froid gèle des larmes au coin de ses paupières et sur ses joues. On lui tire le visage avec des ficelles. Il se dégante, il frotte ses doigts avec de la neige. Et des étincelles naissent sous ses ongles, filent dans ses veines, délicieusement. Mais ce seul travail l'épuise. Dire qu'il suffirait de fermer les yeux et de s'assoupir pour que toute souffrance disparût avec le monde ! La vie quitte les extrémités du corps, reflue vers le cœur, vers la plaie qui vibre encore. Puis, la plaie s'arrêtera elle-même d'exister. Et il n'y aura plus en lui qu'un repos immense et bienfaisant. Peut-être faudrait-il se traîner vers les chevaux, se hisser en selle, tenter de rejoindre les avant-postes ? Mais c'est difficile de bouger, avec cette blessure chaude et longue dans le dos. Il peut à peine relever la tête, et on voudrait qu'il fasse des prodiges. On voudrait ? Qui « on » ? Ceux qui tiennent à lui. Ses parents, ses sœurs, son frère. Ils sont cramponnés à lui de tout le poids de leur amour. Ils empoignent ses membres las. Ils le déchirent. Akim murmure :

— Je vous jure que je n'en peux plus !

Violemment, il essaie de se justifier. Qu'ils se mettent à sa place ! Qu'ils réfléchissent un peu ! Ils comprendront qu'il n'y a rien à faire. Rien à faire qu'à mourir là, tranquillement, comme tant d'autres sont morts, dans la neige, dans le soleil, partout :

— Laissez-moi mourir, je vous en prie.

Il ferme les yeux. Il s'évanouit. Mais sa douleur le ranime. La lune a triomphé des nuages. Elle flotte dans un échevellement de vapeurs rousses et bleues. Elle éclaire une plaine blanche, hérissée de buissons vitrifiés. Akim est couché à quelques pas d'un petit arbre rabougri, aux branches gainées de neige. Plus loin, Namikaï gît, les bras en croix, les jambes écartées. Les chevaux se sont éloignés. Le vent se lève et pousse des tourbillons de poudre brillante à ras du sol. Devant Akim, le petit arbre tremble légèrement, et des flocons d'argent se détachent de ses ramures. Akim aime ce petit arbre. Il voudrait lui donner un nom. Un nuage engloutit la lune. Puis elle reparaît, intacte, lumineuse, tranchante. Akim se demande s'il est encore vivant. Mais oui, puisque le petit arbre est toujours là. Quand il n'y aura plus le petit arbre, ce sera la mort. Il crie, pour l'acquit de sa conscience :

— Ho ! Quelqu'un !

Aucune voix ne répond. Le silence est total, comme au début des âges. Il n'y a sur cette terre que des rumeurs de germinations intérieures, d'infiltrations neigeuses, de mariages minéraux, profonds, intelligents, séculaires. Akim est couché sur un monde en gestation, qui rajuste ses masses et fond ses températures. Il vire avec lui, cloué à lui, parmi des poussières d'astres et des écharpes de buées organiques. Il est un point de la gravitation universelle. Il n'est rien. Mais quel poids l'oppresse, tout à coup ? Un genou l'écrase, l'empêche de respirer. Il a mal. Il existe. Il s'appelle Akim, Akim Arapoff. Et, de nouveau, parce qu'il a mal, parce qu'il s'appelle Akim Arapoff, parce qu'il est un petit homme négligeable, il ne veut pas mourir. Vidé de son sang, de ses forces, il refuse le néant. Il s'entête. Il redresse le cou.

— Au secours !

Il faut lutter contre ce paysage immaculé, tout de cristal, de neige vierge, de lune et de solitude. Il faut lui préférer les hommes, les hommes laids, besogneux, méchants, mais qui, tout de même, vous ressemblent. Oh ! que ne donnerait-il pour apercevoir un visage d'homme, un visage vivant, avec du poil au menton, des yeux qui voient, des oreilles qui entendent, une bouche qui parle, qui parle, qui parle. Il accepterait même un

Japonais. Un de ces affreux Japonais qu'il tuait jadis avec tant de joie. Il ne les hait plus, les Japonais. Il les confond en esprit avec les Russes, les Chinois, les Français, les Anglais, les Allemands. Tous sont unis contre cette nature solide, minérale, qui avale les voix, et boit le sang, et tourne sur elle-même dans le vide énorme des années. Il demande que quelqu'un vienne à lui, et voilà tout, et qu'on le touche avec des mains d'homme, et qu'on le réchauffe dans une chaleur d'homme, et qu'on lui dise des mots d'homme, et qu'on le ramène parmi les hommes enfin. Des hommes, des hommes par pitié, pour sauver cet homme seul, perdu en pleine création du monde ! Combien de temps pourra-t-il tenir ainsi ? Deux heures, trois heures, jusqu'à l'aube peut-être ? Pourquoi Namikaï ne bouge-t-il plus ? Akim se serait traîné vers lui. Il se serait blotti contre sa hanche tiède, contre son odeur de cuir et de sueur. Mais Namikaï est mort maintenant. Il fait partie des choses. Il est « passé à l'ennemi ». Et les chevaux ? S'il les avait auprès de lui, il lui semble qu'il serait moins seul : un cheval qui vous regarde, qui rumine doucement, qui change de pied et vous souffle au visage son haleine chaude. C'est bon, un cheval, c'est intelligent, ça comprend que le maître souffre. Mais les chevaux sont loin. Akim songe à les appeler. Il crie. Et la douleur le fait sangloter :

— Oh ! Oh ! mais qu'est-ce que j'ai ?...

Pourtant, on dirait que ça ne coule plus dans son dos. Un bouchon s'est formé, sans doute. Tiens, non, ça recommence. Il faudrait prier.

Des bribes de prières, des lambeaux de chansons traversent la tête d'Akim. Il murmure :

— *Notre Père qui êtes aux cieux.*

Et puis, sans transition :

Plantez sur ce tertre un obier de mon pays,
Pour qu'il fleurisse en teintes éclatantes...

De nouveau, Akim se met à pleurer, et les larmes se solidifient sur ses joues. Personne ! Un tic-tac régulier résonne contre sa cuisse. La montre. Il l'avait oubliée. Il la tire de sa poche, regarde l'heure : trois heures du matin.

Le mécanisme palpite dans sa main, comme une petite bête vivante. Il n'est plus tout à fait seul, avec cette montre serrée dans son poing droit. Il a un compagnon :

« Tic tac tic tac... »

Mais comme le boîtier de métal devient lourd, soudain ! Akim ne peut plus le tenir. Les muscles se sont pétrifiés. Est-ce la fin déjà ? Akim tourne la tête et voit une mare brune dans la neige. Tout ce qui est sorti de lui. Il ne lui reste plus pour lutter contre la mort que son désir de vivre. Et c'est si peu de chose. Un cheval hennit derrière les buissons. De la neige choit mollement des branches sur le sol. La montre sonne encore : tic tac tic tac...

Il y a des Cosaques derrière ce bois qu'on aperçoit au loin. Et, là-bas, sur la droite, il y a des Japonais. Mais ils ne viendront pas. Akim le devine maintenant. D'autres viendront. Qui ? Eh bien ! ceux qui logiquement ne pourraient pas venir. Ceux qui raisonnablement ne devraient pas l'entendre. Ils sont en marche, les sauveteurs miraculeux. Ils approchent. Ils s'apprêtent à le recueillir dans leurs bras : son père, sa mère, Tania, Nina, Lioubov, Nicolas, Michel. Tous, tous, ils savent déjà. Tous ils se hâtent vers lui.

— Akim ! Akimouchka !

Il n'est plus seul. Des présences affectueuses l'entourent et le charment. Il revoit sa mère au visage épais et tendre, aux douces mains potelées dispensatrices de rêves. Et son père, chantant, le verre haut, derrière une table fleurie. Et Tania en robe de mariée, tout effrayée et radieuse. Et Nina caressant un petit chat pelé qu'elle a ramassé au pied de la gouttière. Et Lioubov se coiffant pour le bal. Et Nicolas, le front pâle, les paupières baissées devant des montagnes de livres. Et le bon Michel, au faux col impeccable, au regard sérieux. Ils ont amené avec eux la vieille maison d'Ekaterinodar, bondée de provisions et de souvenirs. Les fenêtres sont ouvertes sur des chambres souriantes. La cuisinière cuit des confitures de fraises dans le jardin. Des calèches passent dans la rue. Les cloches sonnent. Voici le pré, au bord de la voie ferrée, plein du chant des grenouilles vertes. Voici l'odeur acidulée des grandes armoires. Voici la fraîcheur de l'eau. Voici la tiédeur du lit, et le frisson du vent dans les rideaux lâches et transparents. Voici le soleil, la liberté, les voix, les rires de l'enfance. Akim est tout petit. Il a six ans, dix ans peut-être...

— Akim, Akimouchka !

C'est Tania qui l'appelle. Il se tourne vers elle. Et une douleur atroce crève dans son dos. Le sang bourdonne aux lèvres de la blessure invisible. Devant lui, le petit arbre rabougri, glacé de neige, le considère avec indifférence. L'ombre de ses branches est bleue sur le sol blanc. Akim refuse de voir cet arbre mesquin. Il cherche le jardin chargé de tilleuls musicaux, la maison aux vitres de lumières, le sourire de sa mère, le rire de ses sœurs, le pas solennel de son père dans le vestibule sonore de l'été. Où sont-ils ? Il n'y a plus rien tout à coup. Plus rien que lui, cloué entre ciel et terre, livré aux ténèbres, au vent, à tous les travaux terribles et minutieux de la nuit. Il voudrait pleurer ; il ne peut plus pleurer. Il voudrait crier ; il ne peut plus crier. Il voudrait se rouler sur le ventre. Et cela même est impossible. Alors, il ferme les paupières. Et il renonce à vivre, simplement.

13

Sacha Prychkine était content de lui. Après quelques mois de tournées dégradantes, il avait obtenu un engagement dans un théâtre honorable de Saint-Pétersbourg. Lioubov avait accompagné Prychkine dans tous ses déplacements. Par plaisir d'abord, mais aussi pour apprendre les rudiments du métier. Dans les chambres d'hôtel, dans le train, entre les répétitions, Prychkine, infatigable, obligeait son élève à lui réciter des tirades en vers et en prose. Certes, Lioubov avait peu de dispositions pour la comédie. Mais son ambition était immense. Elle eût avalé toutes les injures pour se hausser au rang des premiers rôles. Rien n'égalait pour elle la douceur perverse de se sentir dévisagée, déshabillée, soupesée et acceptée par des centaines de regards masculins. Soubrette, paysanne, ou invitée muette, elle dominait le monde. Le craquement des planches sous ses pas devenait une musique divine. La lumière de la rampe était son vrai soleil. Le goût du fard sur ses lèvres la grisait comme un baiser permanent. Pourtant, elle ne restait que peu de temps en scène, disparaissait au moment des explications pathétiques et ne recueillait jamais le moindre applaudissement. « Que sera-ce, pensait-elle, quand je tiendrai un rôle ! » Et elle suppliait Prychkine de lui accorder de l'avancement. Mais Prychkine était inébranlable. De train en train, de chambre en chambre, de spectacle en spectacle, dans la bousculade des buffets de gare, dans l'odeur pourrie des coulisses, il étourdissait la malheureuse de conseils et de menaces. Elle parlait trop vite. Elle mangeait deux syllabes sur trois. Elle n'avait pas la voix placée « dans le masque ». Ses gestes étaient raides. Sa mémoire lui faisait défaut.

— Tu ne seras jamais une comédienne, glapissait-il en tapant du poing sur la table. Tu es mon boulet... le boulet que Dieu a lié, par une nuit de péché atroce, à mes chevilles !

Il était souvent ivre. Et alors il déclamait comme ses personnages.

— Et moi, je trouve que j'ai bien dit mon rôle, répondait Lioubov.

— Tu l'as récité, tu ne l'as pas dit. Tu me déshonores et tu déshonores la troupe !

— Alors, je m'en vais.

— Bon débarras !

— J'irai rejoindre mon mari, ma famille...

— Et moi, ma maîtresse !

— Cette sale noiraude qui était assise au premier rang ?

— Hé ! hé ! Elle n'est pas si sale, la petite noiraude !

À ces mots, Lioubov poussait un hurlement hystérique et se mettait à pleurer. Prychkine la giflait pour la faire taire. Des camarades frappaient contre la cloison :

— C'est pas fini ?

— Tu me tueras ! Tu me tueras ! geignait Lioubov.

Prychkine, dégrisé, s'agenouillait devant elle et lui demandait pardon à voix basse :

— Je ne suis qu'une brute. Je ne te mérite pas.

— Non, sanglotait Lioubov, tu es un homme de génie ! Tous les hommes de génie sont insupportables ! Et puis, tu bois trop, Sacha...

— Malheur ! disait Sacha.

Lioubov lui posait une main sur les yeux et murmurait entre deux reniflements :

— Je serais si fière, si tu m'autorisais à te donner la réplique.

— Ça viendra, ça viendra, disait Prychkine en se relevant et en époussetant ses genoux.

Et, de fait, lentement, péniblement, Lioubov apprit à

retenir et à comprendre ses rôles. Après des mois d'efforts, elle obtint de passer des utilités aux ingénues. Lorsque Prychkine décrocha son engagement à Saint-Pétersbourg, il insista pour qu'on réservât un emploi de confidente à sa « protégée ». La pièce était un drame historique intitulé : *Averse printanière*. Prychkine jouait le jeune premier, en costume de boyard, avec une barbe et des cheveux longs. Lioubov était l'amie intime de la mélancolique et rêveuse fiancée. Le spectacle marchait bien. Les gens applaudissaient ferme. Et Prychkine pensait à l'avenir avec insolence. Il n'avait pas abandonné l'idée de fonder un théâtre, avec le concours de quelques généreux donateurs et d'un metteur en scène averti. Mais il ne savait où trouver les capitaux. Michel Danoff avait, une première fois, refusé de le soutenir. Et, pourtant, Michel Danoff avait de l'argent et n'était rien de moins que le propre beau-frère de Lioubov. Peu avant les fêtes, Prychkine lui avait adressé une lettre dans laquelle il renouvelait habilement sa requête. La réponse ne s'était pas fait attendre. *Que Lioubov retourne auprès de son mari*, écrivait Michel Danoff, *ou qu'elle divorce, et nous en reparlerons*. Une pareille étroitesse d'esprit avait découragé Prychkine. Mais, après mûre réflexion, Lioubov s'était décidée à relancer Kisiakoff pour lui signifier qu'elle entendait demander le divorce. Seulement, elle voulait le voir d'abord, pour régler avec lui les modalités de la procédure et de la répartition des torts. Pendant près d'une semaine, Prychkine et Lioubov avaient espéré la réponse de Kisiakoff à leur lettre. Mais Kisiakoff n'écrivait toujours pas. Désolé, Prychkine s'était remis à boire et à tromper Lioubov. Pour s'excuser, il disait :

— Je ne te trompe que lorsque je suis ivre, car il faut être ivre pour oublier que tu dépasses de cent coudées toutes les femmes que je pourrais trouver.

Lioubov pleurait, Prychkine se fâchait, cognait, demandait pardon. Mais, parfois, Prychkine surprenait Lioubov en train de bavarder tendrement avec quelque jouvenceau. Et c'était lui, alors, qui parlait d'infidélité, et Lioubov qui se justifiait en se traînant à genoux devant son maître. Les réconciliations étaient instantanées et chaleureuses. Lioubov se croyait une grande amoureuse, parce que Prychkine lui tirait les cheveux et l'appelait aussitôt après sa madone. Prychkine s'estimait un tombeur de femmes, parce que Lioubov sanglotait lorsqu'il lui avouait ses fautes, et l'excusait ensuite en lui baisant les mains. Et tous deux étaient fiers de leur existence houleuse.

Cependant, le samedi 8 janvier 1905, Prychkine devait éprouver la plus profonde humiliation de sa carrière. Au dernier acte de l'*Averse printanière*, pendant son admirable dialogue d'amour avec Svétlana, qui lui valait toujours une tempête d'applaudissements, Prychkine sentit la salle bizarrement distraite et lointaine. Quelques spectateurs du poulailler parlaient entre eux à mi-voix. Les gens du parterre et des loges remuaient la tête. Toute l'assistance était à la dérive, et les rugissements de Prychkine tombaient dans le vide, inexorablement. Prychkine comptait sur l'entrée des gardes d'Ivan le Terrible pour ranimer l'attention de son auditoire. Ces gardes, vêtus de rouge, abondamment maquillés, et affublés de barbes compactes, venaient arracher Prychkine à sa fiancée et l'entraîner vers les cachots du tsar. La scène portait toujours sur le public, à cause des piétinements et des cris étranglés de Prychkine, et des sanglots de la jolie Svétlana, qui se tordait les mains et rampait véritablement sur les genoux. Mais, cette fois-ci, lorsque les gardes redoutables apparurent dans l'encadrement de la porte, il y eut un moment de silence dans la salle, et, aussitôt après, des voix hurlèrent :

— À bas l'autocratie !

— À bas la police !

— À bas la guerre !

— Vive le prolétariat !

Un individu s'était dressé au dernier rang et chantait *La Marseillaise*. La police dut expulser les manifestants. Prychkine s'efforçait de dominer le tumulte à grands coups de gueule. Il jouait quand même. Il était magnifique. Mais nul ne s'en apercevait.

Le calme rétabli, il obtint à peine quelques applaudissements de convenance.

— Les salauds ! Les salauds ! grondait Prychkine, en dévalant l'escalier de fer tortueux et branlant qui menait aux loges.

Derrière lui, s'empressait une foule de gardes cramoisis, de boyards aux bottes souples et de princesses ourlées de perles. La jolie Svétlana se mouchait furieusement dans un mouchoir jaune.

— C'est insensé ! disait-elle. Venir manifester au théâtre ! Pendant la représentation !

— Si la foule ose insulter à la majesté de l'art, criait Prychkine, c'est que la Russie est perdue.

— Mais qu'est-ce qui les a pris ? demanda un garde en arrachant sa barbe d'étoupe.

Un moine qui rejetait sa cagoule s'arrêta, et éclata de rire :

— Comment : « Qu'est-ce qui les a pris ? » Tu tombes de la lune. C'est le début de la révolution, voilà tout !

— Parce que les imprimeurs sont en grève ?

— Tout le monde, bientôt, sera en grève. Les imprimeurs, et les boulangers, et les acteurs. Demain, le pope Gapone conduira les ouvriers en procession, pour remettre une supplique à l'empereur !

— Tout ça n'empêche pas, messieurs, dit Prychkine, que le théâtre est un sanctuaire, et qu'aucune préoccupation politique ne doit souiller son enceinte dédiée au culte de l'art. Ce pope je ne sais comment...

— Gapone.

— Ce pope Gapone devrait bien apprendre aux ouvriers à respecter les artistes.

À cet instant, la porte d'une loge s'ouvrit en claquant contre la paroi du couloir. Lioubov parut sur le seuil, décoiffée, démaquillée, les yeux arrondis par l'inquiétude :

— Mon chéri, ils t'ont blessé ? s'écria-t-elle.

— Dans mon amour-propre, oui, dit Prychkine, avec gravité.

Il fallut tout expliquer à Lioubov. Elle fut outrée. Elle

regrettait de n'avoir pas été en scène au moment des manifestations.

— Je vous aurais soutenus, dit-elle.

Le régisseur, le coiffeur, les habilleuses, les machinistes, vinrent se mêler aux comédiens et discuter avec eux de l'événement. Enfin, les acteurs consentirent à regagner leurs loges respectives. Lioubov et Prychkine occupaient, par faveur spéciale, une turne commune, située sous le plancher du plateau. Ce réduit poussiéreux puait l'urine, le formol et le fard. Du plafond tombaient des débris de couleurs corrosives, arrachées au décor. Quelques lattes, posées sur des tasseaux, servaient de table de maquillage. Les sièges étaient de vieux fauteuils d'orchestre en velours rouge, retapés vaille que vaille. Prychkine s'assit, allongea les jambes, déboutonna son col bordé de peau de lapin et réclama de la vodka. Ayant bu deux petits verres, coup sur coup, il dégrafa sa longue tunique amarante, décolla sa barbe et se plaqua des paquets de vaseline sur le visage. Le bleu des paupières, le rose des pommettes et le rouge des lèvres se délayaient dans une bouillie sans gloire, Prychkine ahanait en s'essuyant la face :

— Oui... C'est une leçon, ma petite Lioubov... Des choses comme ça ne seraient pas arrivées dans un théâtre élégant, dans mon théâtre, par exemple... Si j'avais un théâtre, je trierais les spectateurs sur le volet... Passe-moi une serviette... Sur le volet... On s'arracherait l'honneur de m'applaudir... Tiens, j'ai des rougeurs sur le cou...

— Où ça, mon amour ? dit Lioubov.

— Là... un peu derrière l'oreille... C'est la nourriture, sans doute... Qu'est-ce que je disais ?... Oui, si ton mari voulait accepter le divorce, et si ton beau-frère voulait me comprendre, alors je soulèverais le monde... En attendant, il me faut avaler les injures d'une populace ignare... Retire-moi mes bottes... Bon... L'autre maintenant... Ignare... Ignare...

Il répétait ce mot avec délectation, tout en faisant mouvoir ses orteils dans ses chaussettes. Et Lioubov admirait ce boyard imberbe, qui portait des pantalons de soie, une tunique amarante bordée de faux castor, des bagues de verre à chaque doigt, et qui était tout de même son amant. Elle soupira :

— Sacha... Ne parlons plus de cela... Pensons à notre amour...

Comme elle achevait ces paroles, une main ferme cogna par trois fois à la porte.

— Qu'est-ce que c'est ? demanda Prychkine.

Personne ne répondit.

— Qui est là ? demanda Lioubov.

— Ami ! répliqua une voix grave.

La porte s'ouvrit sur la silhouette massive de Kisiakoff. Lioubov recula instinctivement vers le fond de la pièce. Prychkine bondit sur ses jambes, leva une main vers sa bouche, comme pour retenir un cri. Cependant, Kisiakoff considérait les deux jeunes gens avec une majesté bienveillante et tranquille. Il portait un lourd manteau noir, à col de loutre. Sa barbe se mêlait à la fourrure. Un bonnet d'astrakan le coiffait jusqu'aux oreilles. Ainsi accoutré, il paraissait énorme, inébranlable et maléfique. Il demeura longtemps sans mot dire. Puis il s'avança pesamment vers Lioubov et lui baisa le front. Lioubov était engourdie de peur. Elle balbutia :

— Ivan Ivanovitch.

— Moi-même, dit Kisiakoff.

Il s'inclina devant Prychkine et retira ses gants :

— Me permettez-vous de m'asseoir ?

— Je vous en prie, murmura Prychkine, et son grain de beauté sautait nerveusement au coin de sa lèvre.

Kisiakoff se laissa descendre en geignant dans un fauteuil.

— Ah ! mes vieux os, dit-il. Eh bien, vous voyez, vous m'avez écrit et je suis venu. Je voulais vous faire une surprise. Mais j'ai mal choisi mon jour. Ce spectacle ! Quelle honte ! J'en avais mal pour vous ! Décidément, les révolutionnaires n'ont aucun savoir-vivre !

— Vous avez entendu ? demanda Prychkine.

— Comment donc ! J'étais outré ! Mais je me consolais en songeant que vous n'étiez pas le seul à supporter les injures de la populace. Je me suis laissé dire qu'avant-hier, pour l'Épiphanie, pendant la bénédiction des eaux de la Néva, il s'est trouvé un misérable pour charger à mitraille la pièce d'artillerie placée devant la Bourse et tournée vers le pavillon impérial. C'est une chance, un signe de Dieu, que les balles aient passé au-dessus du pavillon et n'aient fait que déchirer des drapeaux et casser des vitres...

— On raconte ça, en effet, dit Prychkine.

— Eh bien, de quoi osez-vous donc vous plaindre ? dit Kisiakoff. Ou vous associe au tsar ! On veut vous empêcher de jouer et lui de régner. Mais, au fait, régner n'est-ce pas jouer ? Et jouer n'est-ce pas régner ? Sus aux acteurs !

Et il éclata d'un gros rire rouge dans sa barbe.

— Ah ! oui, reprit-il, après s'être essuyé les yeux du revers de la main, nous vivons à une époque de convulsions. Le peuple veut comprendre pourquoi on l'envoie à la guerre, et pourquoi on le paie mal, et pourquoi on le fait rosser par des Cosaques. On licencie des ouvriers ? Les camarades se mutinent. On les fait charger par des gendarmes ? Et ils tapent sur les gendarmes. Demain, j'irai sans faute accompagner la délégation du pope Gapone au palais d'Hiver. Viendrez-vous avec moi ?...

— Merci, dit Prychkine. Mais j'ai une répétition.

— Bravo, dit Kisiakoff. C'est important ça, une répétition. Il ne faut pas la manquer. Ainsi, pendant que vous serez à une répétition, j'assisterai, moi, à un spectacle. Et quel spectacle ! Le tsar accueillant les représentants du peuple et leur adressant des paroles de gentillesse paternelle. C'est beau ça ! Hou ! que c'est beau ! Mais c'est dangereux. Hou ! que c'est dangereux !

Lioubov avait envie de pleurer tellement elle était inquiète. Prychkine essayait de reboutonner fiévreusement sa tunique amarante, garnie de lapin. Mais ses mains tremblaient. Il se jugeait ridicule, dans son déguisement de boyard médiocre.

— Si vous voulez vous changer, je peux me tourner contre le mur, dit Kisiakoff. Pourtant, vous ne devriez pas vous changer. Ce costume vous va très bien. Il rehausserait intelligemment la procession de demain. Le boyard mêlé aux ouvriers se rend auprès du tsar, son maître. Une, deux ! Une, deux ! Mais je parle d'affaires publiques et nous avons tant d'affaires privées à régler ensemble !

— Justement, dit Lioubov avec effort, je vous avais... je t'avais écrit au sujet de...

— Je sais, je sais, ma colombe, grogna Kisiakoff. Tu veux divorcer ?

Lioubov sentit ses genoux fléchir. Les yeux de Kisiakoff étaient dans ses yeux et buvaient toute son énergie.

— Je pensais, dit Prychkine, ou plutôt nous avons pensé qu'étant donné l'état de fait, n'est-ce pas ?...

Il n'acheva pas sa phrase et rougit comme une jeune fille.

— Ne vous troublez pas, mes amis, dit Kisiakoff avec un bon rire. Qu'y a-t-il de tragique dans notre aventure ? Vous vous aimez ? Répondez. Vous vous aimez ?

— Oui, dit Lioubov.

— Par tous les diables, comme elle a bien dit ça ! s'écria Kisiakoff. Embrassez-la, monsieur Prychkine, pour cette douce parole. Embrassez-la, je vous le permets, je vous l'ordonne...

Prychkine saisit la main de Lioubov et la porta gauchement à ses lèvres.

— *Bravissimo*, dit Kisiakoff. Ainsi, vous vous aimez. Et, quand deux êtres s'aiment, il est inique de les séparer. N'est-ce pas votre avis, monsieur Prychkine ?

— Mon Dieu, oui, dit Prychkine.

— Donc, je vous cède la place, dit Kisiakoff en arrondissant les bras comme pour une révérence. Je vous cède la place et j'accepte tous les torts du divorce. C'est bien normal, en somme. Nous introduirons une demande au consistoire. Vous m'accuserez de concubinage notoire avec Olga Lvovna Bourine, la chère femme. Je ne me défendrai pas. De la sorte, dans un an ou deux, nous pourrons nous remarier chacun de notre côté.

— Vous comptez vous remarier ? demanda Prychkine.

— Et pourquoi pas ? Je suis heureux avec Olga Lvovna. Elle est défraîchie et disgracieuse, mais son cœur est un lingot d'or !

Il claqua des doigts et leva les yeux au plafond :

— Je sens qu'il faut que je le fasse, dit-il, pour satisfaire en moi je ne sais quel besoin de perfection. Ce sera affreux et complet. Vous comprenez ? Non, vous ne pouvez pas comprendre. Vous êtes trop jeune. Contentez-vous donc d'aimer et de gâter ma jolie Lioubov. C'est un oiseau difficile. De petites plumes délicates, vite hérissées. De petites griffes roses qui vous crèveraient un cœur comme un ballon de baudruche. Un petit bec de corail, pointu, pointu, pointu... Charmante écervelée ! Vous la connaissez aussi bien que moi. Je vous souhaite beaucoup de joie avec elle. Pas d'enfants en perspective ?

— Oh ! non ! s'écria Lioubov.

— Dommage. Moi, j'en ai eu un. Il est mort. Enfin, c'est tout comme ! Misère et travail ! Travail et misère ! Voilà notre lot, en ce bas monde. La seule consolation est de contempler parfois un joli visage. Je te trouve très en beauté, Lioubov. Un peu maigrie, seulement. On voit les os de tes petites épaules. Mais la peau est toujours belle, blanche, dense, élastique. Et ces dents ! Et ces yeux ! Regardez-moi les yeux qu'elle a, monsieur Prychkine, la coquine ! Ou devrait la fouetter pour la punir d'avoir des yeux pareils !

La sueur perlait sur les tempes, sur le nez de Kisiakoff. Il s'épongea le visage avec un mouchoir et lissa sa barbe à pleine main.

— Oui... oui, jeunesse, jeunesse, dit-il encore. Moi, je me suis détourné de la jeunesse, de la beauté. Je prospecte un autre domaine. C'est tout noir, tout vilain, tout dangereux. Ça donne le vertige. Vous n'avez jamais le vertige devant Lioubov, monsieur Prychkine ?

— Non.

— Je vous plains. Mais ça viendra, ça viendra...

— Me permettez-vous de passer dans la loge voisine pour me changer ? demanda Prychkine.

— Et moi aussi, dit Lioubov.

— Pourquoi donc ? Ne vous dérangez pas. Je vous tournerai le dos, comme je vous le proposais tout à l'heure ! Au reste, ce ne sera pas la première fois que je tournerai le dos pour ne pas vous voir. C'est la fonction des bons maris de tourner le dos pour ne pas voir. Dire que j'aurais pu être un époux ombrageux, coutumier de la gifle et du revolver ! Moi, j'aime la douceur et la liberté. Je ne me sens de droits sur personne. Pas même sur moi. Est-ce assez drôle, hein ? Mais je bavarde et je vous empêche de vous habiller. Allez, mes tourtereaux, je ne vous regarde plus.

Kisiakoff pirouetta et colla son nez au mur.

— Je ne vous vois pas, mais je vous entends, reprit-il. J'entends Lioubov qui ouvre des boîtes de fard. Elle se poudre, sans doute. Tiens, elle a laissé tomber son peignoir, elle enfile sa robe. Ce doit être bien voluptueux d'être un aveugle. On se représente des choses. On écoute, on touche, on renifle, et ça fait une femme ! Les jeunes gens ne peuvent pas comprendre. Mais nous autres, nous autres... Ah ! Lioubov ! ton parfum me grise ! Seras-tu bientôt prête ? J'ai hâte de te voir après t'avoir imaginée. Ça y est ? On peut ? Dieu, qu'elle est belle !

Kisiakoff pivota sur les talons et prit le menton de Lioubov entre le pouce et l'index.

— Beau visage, tête vide, dit-il.

Puis, il se tourna vers Prychkine qui achevait de lacer ses chaussures.

— Que faites-vous ce soir, honorable monsieur Prychkine ?

— Mon Dieu, rien...

— Alors, je vous invite à souper avec moi ! dit Kisiakoff.

Ils soupèrent tous trois dans un restaurant français de la Moïka. Kisiakoff mangea et but abondamment. Au dessert, il discuta les conditions du divorce avec bienveillance. Il était d'accord sur tout, acceptait tout. Il s'oubliait même jusqu'à tutoyer parfois l'amant de sa femme. Prychkine était surpris par la jovialité de Kisiakoff. La nourriture et le vin aidant, il se découvrait une forte sympathie pour cet homme qu'il avait trompé. Il le trouvait chevaleresque, intelligent et gai. Il souhaitait s'en faire un ami. Comme Kisiakoff le complimentait sur son talent, Prychkine se leva, des larmes dans les yeux, et serra vigoureusement la main de son interlocuteur.

— Nous aurions besoin de beaucoup d'hommes dans votre genre, dit-il.

Lioubov était gênée par l'affection excessive que Prychkine manifestait à l'égard de Kisiakoff. Sa vanité personnelle exigeait que les deux hommes dont elle occupait la pensée fussent jaloux l'un de l'autre, distants et dignes, comme des adversaires en champ clos. Et voici qu'ils fraternisaient autour des bouteilles de vin et des pâtisseries juteuses. Cette réconciliation dans l'ivresse et la satiété était vulgaire et insultante. Elle ravalait Lioubov au rôle d'une fille publique. Lioubov résolut, par majesté féminine, de bouder son amant et son mari jusqu'à la fin de la soirée. Mais ni l'un ni l'autre ne remarquaient son manège. Le repas achevé, Kisiakoff avait commandé du champagne et des liqueurs. Les deux hommes, complètement gris, s'étaient assis côte à côte et se tenaient par le bras. Ils chantèrent en se dandinant un refrain français. Ensuite, ils s'embrassèrent.

— C'est le bouquet, dit Lioubov.

— Oui, c'est le bouquet, s'écria Kisiakoff. Si tous les hommes étaient comme nous, il n'y aurait plus de guerres.

— Et plus de mariages, dit Lioubov.

— Et plus de mariages, renchérit Prychkine. Et plus de divorces, et plus de duels, et plus de misères, et plus rien, plus rien, plus rien...

Sa voix s'étranglait d'émotion.

— Plus rien que l'amour de chacun pour tous et de tous pour chacun ! proféra-t-il enfin dans un sanglot.

Et il coucha sa tête sur l'épaule de Kisiakoff.

— Lioubov, je crois que tu seras heureuse avec lui, dit Kisiakoff.

— Tu es mon père, bafouilla Prychkine.

— Oui, dit Kisiakoff. Je te bénis pour la vie.

— Vieux diable, dit Lioubov en se tournant vers Kisiakoff. Tu es content maintenant ? Regarde dans quel état tu l'as mis !

— Il est heureux, dit Kisiakoff. C'est l'essentiel. Dors, mon ami. Dors sur mon épaule. Les femmes sont des putains.

— Des putains, répéta Prychkine.

— Et les hommes sont des frères.

— Des frères, hoqueta l'autre.

Puis, il se mit à réciter des bribes de son rôle. Kisiakoff paya l'addition et ramena Lioubov et Prychkine en traîneau jusqu'à leur hôtel.

Il était cinq heures du matin. Dans les rues sombres, on entendait résonner le galop des patrouilles de cavalerie qui sillonnaient la ville. Aux carrefours importants, des soldats avaient formé les faisceaux et se chauffaient autour d'une roulante de campagne. D'autres battaient la semelle devant un brasero. Une lueur grise et lente montait dans le ciel. Les réverbères pâlissaient. Le portier de l'hôtel nettoyait le trottoir et jetait du sable sur l'asphalte boueux et glissant.

14

Le matin du dimanche 9 janvier 1905, Nicolas Arapoff se rendit au local de l'Association des ouvriers, dirigée par le pope Gapone. Instruit de la pétition que le pope Gapone comptait remettre au souverain pour réclamer l'amnistie politique, les libertés civiles et l'institution du suffrage universel, il espérait fort que cette manifestation pacifique prouverait l'inanité des méthodes terroristes préconisées par Zagouliaïeff. Son seul regret était que Zagouliaïeff, appelé à Smolensk pour les affaires du groupe de combat, ne pût assister au triomphe de l'action populaire. Mais peut-être, à son retour, la Russie entière aurait-elle changé de visage. Nicolas le souhaitait avec une ardeur qui ne lui semblait pas devoir être déçue. En approchant du local de l'association, il fut heureux de constater l'immense concours d'ouvriers qui affluaient de toutes parts vers le lieu de rassemblement. À l'intérieur de la cour, la foule dense écoutait quelques orateurs montés sur des tonneaux. L'un d'eux lisait le texte de la pétition :

— *Souverain, nous les ouvriers, nos enfants, nos femmes, nos vieillards débiles, nos parents, nous sommes venus vers toi, souverain, pour demander justice et protection. La limite de la patience est atteinte, pour nous, voici le terrible instant où la mort vaut mieux que le prolongement d'insupportables tourments...*

Des ouvriers endimanchés, des femmes, des enfants, écoutaient ces paroles dignes et désespérées. Les visages étaient graves, patients. Nicolas chercha des yeux l'instigateur de cette marche sainte. Mais le pope Gapone était invisible.

— Il est à l'intérieur, dit un voisin de Nicolas. Il attend qu'on apporte les icônes.

— Pourquoi les icônes ? demanda Nicolas.

— Pour que ça fasse plus sérieux, dit l'homme. Il paraît qu'il y a de la troupe, un peu partout. On n'osera pas nous arrêter si nous portons des icônes. On n'a jamais arrêté quelqu'un qui portait une icône.

— Non, dit Nicolas.

— Eh bien, voilà, reprit l'autre, Gapone a envoyé chercher des icônes à une chapelle, près d'ici. On les lui a refusées. Alors, il a chargé cent ouvriers de les prendre de force...

— De force ? s'écria une femme en fichu. Comment peut-on prendre une icône de force ?

— Tais-toi, vieille chouette ! grogna l'homme.

Mais la femme en fichu secouait la tête, en répétant comme une litanie :

— On peut prendre une femme de force, de l'argent de force, mais Dieu on ne peut pas le prendre de force !

Un hurlement de joie couvrit ses paroles. Des bannières et des croix se balançaient à l'entrée de la cour.

— Les voilà ! glapissaient des voix discordantes. Ils les ont eues ! On va pouvoir marcher !

Le cortège s'organisa dans la rue. Gapone avait ordonné de décrocher le grand portrait du tsar, qui ornait la salle des réunions. Deux hommes, soutenant l'effigie impériale dans son cadre de bois doré, se postèrent en tête de la procession. Derrière eux, s'alignèrent les porteurs de bannières, d'icônes et de lanternes d'église. Enfin, Gapone sortit de la maison, accompagné d'un autre pope qui tenait une croix. Les deux prêtres, devisant et riant, marchaient vite, sur le trottoir, pour prendre leur place derrière les emblèmes. Les ouvriers les saluaient au passage. Nicolas demanda à son voisin :

— Lequel est Gapone ?

— Le plus jeune. L'autre, c'est le pope Vassilieff.

Justement, Gapone arrivait à la hauteur de Nicolas et

le bousculait pour se frayer un chemin. Il était coiffé du chapeau ecclésiastique et vêtu de la soutane noire. Ses petits yeux aigus brillaient d'une lumière fanatique. Nicolas considérait avec un respect mêlé de crainte cet homme mince et jeune, à la barbe sombre, aux mains de cire blanche. Saurait-il, ce prêtre éloquent, exercer jusqu'au bout son admirable sacerdoce ? Serait-il à la taille de la responsabilité qu'il avait assumée ? Déjà, l'immense foule de ses adorateurs se pressait dans son dos, l'épaulait d'une sourde poussée humaine. Nicolas, jouant des coudes, essaya de gagner quelques rangs. Lorsqu'il se retourna, il frémit de peur. Derrière lui, s'allongeait un fleuve de têtes, dont la source était lointaine. Cette nappe de visages, de fichus, d'épaules et de bras ondulait sur place avec un bruit modeste et puissant. Il y avait là huit ou dix mille personnes pour le moins, obéissantes, recueillies, terribles. D'autres cortèges, aussi nombreux que celui de Gapone, se formaient à la porte des différents locaux de l'Association ouvrière et se mettaient en marche pour déboucher, à l'heure convenue, sur l'esplanade du palais d'Hiver. De nouveau, Nicolas songea fiévreusement à la signification solennelle de cette journée. Si le peuple savait défiler en paix dans les rues de la ville, si les délégués ouvriers obtenaient une audience du tsar, si le tsar entendait leurs plaintes et leur promettait sa protection auguste, alors toute révolution deviendrait inutile. Cette manifestation prouverait à tous qu'il n'était pas indispensable de verser le sang pour sauver le prolétariat. Elle condamnerait la politique de complots et de meurtres prônée par Zagouliaïeff. Elle marquerait le triomphe des idées socialistes de Nicolas sur les idées terroristes de son camarade. Des gens murmuraient autour de Nicolas :

— Regardez Gapone ! Il nous bénit !

Gapone s'était tourné vers la foule et la bénissait avec la croix de l'officiant. Nicolas baissa le front, envahi par un présage radieux. Il avait envie de sourire au monde. Le peuple, autour de lui, bourdonnait doucement, et, tout à coup, comme si des écluses de rêve se fussent ouvertes devant elle, la masse énorme se mit en mouvement. Un majestueux et large remous souleva les têtes. En première ligne, les bannières raides, carrées, dorées, les icônes brunes, les croix d'argent oscillaient au rythme de la marche. Le soleil froid brillait sur ce bouclier de reliques précieuses. Les fidèles suivaient, pressés et noirs, derrière la riche sauvegarde divine. Le froid était sec, transparent. Les pieds grinçaient dans la neige. On eût dit le chuchotement monotone d'une prière venue du sol. Nicolas se sentait physiquement uni à cette foule, incorporé à sa chair, à sa pensée. Une tendresse fraternelle montait en lui pour les visages rudes qui l'entouraient de toutes parts. À son côté, cheminait un vieillard à la peau spongieuse, au menton orné d'un petit bouc couleur de ficelle. Ses épaules étaient couvertes d'un paletot fripé. Un peu plus loin, il y avait un gros homme rouge, au cafetan rapiécé, qui portait à la main un panier drapé d'une serviette. Puis un étudiant très pâle, aux yeux tragiques, puis un ouvrier coiffé d'une casquette à visière vernie, puis une jeune fille assez jolie, en douillette verte, avec un fichu tricoté sur la tête. Des enfants couraient en sautillant sur les flancs du cortège. Des femmes criaient :

— Veux-tu te tenir tranquille, Pétia ! Reviens ici, Pétia, ou tu ne verras pas le tsar !

— Les chapeaux ! Retirez les chapeaux ! hurla le petit vieux au bouc blondasse. Il faut se découvrir lorsqu'on accompagne des icônes !

Quelques hommes se décoiffèrent. Devant Nicolas, se balançait un grand crâne chauve, bosselé et luisant. Le petit vieux poussa Nicolas du coude.

— Ils se sont découverts, dit-il. C'est bien.

— Oui, dit Nicolas.

— Bien sûr, il fait froid, reprit le petit vieux, mais est-ce que ça compte d'attraper un rhume quand on va rendre visite au tsar ? Un rhume ce n'est rien, mais lui, lui...

— Lui, c'est notre père, murmura la jeune fille, précipitamment.

— Regarde ce que j'apporte au tsar, dit le gros

homme rouge. Du saucisson et des œufs ! Et je suis allé aux bains, hier, pour être propre et sentir bon !

Il y eut des rires.

— Quand tu arriveras au palais d'Hiver, il y a longtemps que tu ne seras plus propre et que tu ne sentiras plus bon, dit l'étudiant.

Tout à coup, sur la gauche de Nicolas, un ouvrier brandit un drapeau rouge et l'agita frénétiquement.

— Pas de drapeaux rouges ! crièrent des voix. On n'a pas besoin de drapeaux rouges, quand on a les icônes !

Le drapeau rouge disparut dans un tourbillon. Alors, le petit vieux entonna l'hymne impérial, avec des inflexions grêles, chevrotantes, et des milliers de manifestants reprirent en chœur le refrain. Ce chant rauque donnait à la foule la sensation directe de son importance et de sa discipline Ceux des premiers rangs savaient que ceux des derniers rangs pensaient comme eux. Et c'était bon d'être si nombreux à penser la même chose. Après l'hymne impérial, les ouvriers chantèrent des cantiques. De temps en temps, Gapone se tournait vers ses fidèles. Nicolas apercevait son visage de Christ, à la barbe pointue, aux cheveux lisses tombant sur les épaules.

— Vive Gapone ! Vive notre sauveur !

Des figures étonnées se montraient aux fenêtres des maisons : des femmes mal réveillées, des enfants aux petits nez blancs, écrasés contre les vitres. Les traîneaux s'arrêtaient et les cochers saluaient le cortège. Quelques chiens couraient en aboyant le long de la colonne. À mi-chemin entre le local de l'association et le canal de la Tarakanovka, qui marquait l'enceinte administrative de la ville, deux agents de police se joignirent à la procession.

— La police est avec nous ! criait le petit vieux au bouc jaune. Nous n'avons rien à craindre ! Hourra, pour la police !

— Hourra, pour la police ! hurla Nicolas, heureux de se sentir aussi vigoureux et dispos.

À ce moment, il entendit des murmures de protestation derrière lui, et une main lourde se posa sur son épaule. Il se retourna et se trouva nez à nez avec Kisiakoff.

— Que faites-vous là ? dit Nicolas avec humeur.

— J'étais sur le parcours. Je vous ai vu. Et j'ai joué des coudes pour vous rejoindre.

Nicolas était mécontent de cette rencontre. En tant que membre de la famille Arapoff, il était brouillé avec cet individu qui avait encouragé la trahison de Lioubov, et vivait, depuis, avec une autre femme. Mais, surtout, il en voulait à Kisiakoff de lui rappeler de sales petites histoires provinciales en un moment aussi grave que le sort du pays. Il lui semblait que la présence de Kisiakoff dans le cortège était une profanation intolérable. Pourquoi était-il venu ? Quelle louche curiosité espérait-il contenter en suivant les fidèles de Gapone ?

Kisiakoff soufflait comme un phoque et s'essuyait le visage et la barbe avec son mouchoir.

— Je suis depuis trois jours à Saint-Pétersbourg, dit-il. J'ai rencontré Lioubov qui veut demander le divorce.

— Ah ! oui, dit Nicolas d'un air lointain.

— Oui, nous sommes tombés d'accord sur tous les points. Nous devenons les meilleurs amis du monde. Vous voyez donc que je peux vous aborder sans risquer de froisser en vous des sentiments, fort estimables, de dignité familiale.

Nicolas ne répondit rien. Que lui parlait-on du divorce de sa sœur, alors que le peuple était en marche vers son souverain ? Kisiakoff se mit à rire.

— Petite fierté de cristal, dit-il. J'aime ça, chez les jeunes gens. Nous autres, nous savons faire la part des choses. Quelle idée de défiler par un froid pareil, hein ?

Et il remonta son col.

— Il fallait rester chez vous, dit Nicolas.

— Je désirais assister à l'événement.

— En curieux ?

— Mon Dieu oui, dit Kisiakoff. J'adore les mouvements de foule, les enthousiasmes populaires, les grandes vagues de fond qui menacent de tout briser et s'effondrent en poussière d'eau.

— Que voulez-vous dire ?

— Quel bel ensemble ! poursuivit Kisiakoff en se retournant pour embrasser du regard toute l'étendue du cortège. Que de gens se sont dérangés ! Et dans quel noble espoir !

Le ton ironique de Kisiakoff irritait Nicolas. Il ne savait que faire pour se débarrasser de cet homme lourd et barbu, aux lèvres rouges. Il lui parut que ses voisins le considéraient avec reproche. Le petit vieux à la barbiche flasque entonna de nouveau *Dieu protège le tsar.* La foule chanta. Kisiakoff chantait plus fort et plus faux que tous les autres. Il s'arrêta enfin.

— Ça fait du bien de gueuler un peu, dit-il. Bientôt, nous arriverons à la porte de Narva : c'est là que ce sera drôle !

— Pourquoi ? demanda Nicolas.

— Parce que la troupe garde le pont.

— Je le sais, dit Nicolas. Mais elle nous laissera passer, si nous défilons en bon ordre.

— Votre candeur me comble de joie ! dit Kisiakoff.

— Vous êtes mal renseigné, sans doute. La procession n'a pas été interdite. Des agents de police nous ouvrent le chemin.

— La police est une chose, l'armée en est une autre, dit Kisiakoff.

Nicolas haussa les épaules.

— Allons, allons, murmura-t-il. Si le tsar s'était opposé à la manifestation, il l'aurait publiquement désavouée. Il aurait fait boucher les locaux de l'association, déchirer les affiches de rassemblement, arrêter Gapone... Non, non, le tsar a tout compris, tout permis. Il nous attend au palais d'Hiver.

Kisiakoff saisit le bras de Nicolas et pencha vers lui sa face marbrée de plaques roses et blanches.

— Vous croyez, vous, que le tsar est au palais d'Hiver ? chuchota-t-il.

— Mais oui.

— Heureux homme ! Je n'aime pas détruire les illusions de la jeunesse, mais laissez-moi vous confier, tout à fait entre nous, que Sa Majesté l'empereur de toutes les Russies a pris la poudre d'escampette.

— Qui vous l'a dit ?

— Un officier de mes amis. Le tsar s'est réfugié à Tsarskoïé-Sélo, si mes renseignements sont exacts.

— C'est un mensonge ! s'écria Nicolas.

— Je le souhaite pour vous.

— Pourquoi aurait-il fui ? Les ouvriers viennent à lui avec des icônes. Gapone leur a interdit d'emporter des armes. Ils ne veulent pas de mal à l'empereur.

— Quand une foule est trop nombreuse, les souverains s'imaginent toujours qu'elle leur veut du mal, soupira Kisiakoff.

Et son regard moqueur ne quittait pas le visage de Nicolas. Nicolas se sentit faiblir d'inquiétude. Il détestait, il méprisait Kisiakoff. Et, cependant, les paroles de cet homme réveillaient dans son cœur une prévention redoutable. Nicolas se raidit contre le doute.

— Si tout ce que vous racontez était vrai, Gapone en aurait été averti en temps voulu, dit-il.

— Mais Gapone en a été averti en temps voulu, mon cher, répondit Kisiakoff, avec une grande douceur dans la voix.

— Alors, pourquoi nous mènerait-il quand même au palais d'Hiver ?

— Mais pour vous faire massacrer, mon bon, reprit Kisiakoff sur le même ton suave.

— Je vous défends de parler ainsi de cet homme qui...

— Qui n'est qu'un homme, après tout. Et pas très propre, par-dessus le marché. On le dit acheté par la police. Il sert d'agent provocateur auprès de ces messieurs. Vous savez ce que c'est qu'un agent provocateur ?

— Taisez-vous, gronda Nicolas. Je vous connais. Si nous risquions vraiment d'être mitraillés par la troupe, vous ne seriez pas avec nous.

— C'est ce qui vous trompe ! C'est ce qui vous trompe ! dit Kisiakoff. La bêtise a un charme fascinant...

Nicolas dégagea son bras d'une secousse.

— Laissez-moi, dit-il, vous me dégoûtez.

Et, pour se purifier le cœur, pour reprendre confiance, il regarda de nouveau la foule. Mais il ne voyait plus ces hommes avec les mêmes yeux. Depuis les révélations de Kisiakoff, il leur trouvait à tous des figures terribles et douces de victimes. Était-il possible que Gapone eût trompé tant de monde et conduisît à la mort ce troupeau d'ouvriers innocents ? Non. Une entreprise aussi diabolique dépassait les ressources de la méchanceté humaine. D'ailleurs, si Gapone avait été un traître, les milieux révolutionnaires en auraient été avertis. Or, personne, dans le groupe de Nicolas, ne mettait en doute la bonne foi de Gapone. Zagouliaïeff lui-même n'avait rien pu lui reprocher. Il s'agissait là d'une invention odieuse de Kisiakoff. Le tsar était chez lui. Gapone était un apôtre. Les troupes ouvriraient leurs rangs à l'avance majestueuse du cortège.

— On approche de la porte de Narva, dit le petit homme au bouc blondasse. C'est là qu'il y a de la troupe. Mais nos braves petits soldats nous laisseront passer...

Une pitié inexplicable serra la poitrine de Nicolas. Il éprouvait le besoin, tout à coup, de modérer l'enthousiasme de ses compagnons.

Kisiakoff se haussa sur la pointe des pieds.

— On les voit ! On les voit déjà ! dit-il.

D'autres voix lui répondirent :

— La porte de Narva est gardée !

— De l'infanterie ! Des Cosaques !

— C'est normal ! C'est pour l'ordre !

— Est-ce qu'on ne va pas essayer de passer ailleurs ?

— Pourquoi ? La manifestation n'est pas interdite ! Les soldats sont nos frères !

Kisiakoff poussa Nicolas du coude.

— L'instant fatidique, dit-il. Si vous craignez pour votre peau, filez au plus vite.

— Et vous ? demanda Nicolas.

Kisiakoff se mit à rire :

— Moi, on ne peut pas me tuer !

— Pourquoi ?

— Ce serait trop long à vous expliquer. Admettons que je sois immortel.

Il cligna de l'œil :

— C'est bien commode, parfois.

— Vive l'armée ! glapit le petit vieux.

— Vive l'armée ! reprit Kisiakoff.

Nicolas tendit le cou. Par-dessus les têtes, il aperçut le pont, matelassé d'une belle neige fraîche. À l'autre extrémité du pont, se dressait l'arc triomphal de Narva, avec ses statues à capuchons de glace, et, tout en haut, sur la plate-forme, le char de la Victoire, aux six chevaux cabrés. Des troupes étaient massées devant le monument. Les Cosaques ressanglaient leurs bêtes. Les fantassins sautillaient sur place, échangeaient des coups de poing pour se réchauffer.

— Vous voyez bien qu'ils ne pensent pas à nous arrêter, dit le petit vieux.

Le cortège avançait toujours. Lentement grossi, affermi, renouvelé, il était devenu sublime. La force et la santé de cette multitude en marche, chacun les ressentait en soi. C'était comme si, vraiment, des milliers de vies distinctes s'étaient ajustées en une seule vie puissante et volontaire.

Gapone tourna vers ses fidèles un visage transparent d'angoisse et de fierté. La rumeur du peuple s'assourdit, rentra sous terre, car on approchait de la limite idéale entre deux pouvoirs : les cafetans et les uniformes ; les mains nues et les baïonnettes ; le cœur et la consigne. Un pont entre eux, tout droit, blanc et vide. Un pont promis au meilleur ou au pire. Une voix d'enfant piailla, quelque part, en marge de l'histoire :

— Maman, j'ai un doigt gelé !

Les soldats gris papillonnaient derrière la vitre d'un autre monde. Mais, tout à coup, un ordre retentit, au loin. Et les fantassins coururent aux faisceaux et se formèrent en ligne. Ils barraient le pont. On eût dit qu'un loquet de fer se refermait en claquant dans le cœur de la foule.

— Qu'est-ce qui les prend ? balbutia le petit vieux.

— C'est rien, c'est pour nous intimider, dit le gros homme rouge, et il rentra la tête dans les épaules.

— Ouf ! grommela Kisiakoff. Ça commence.

D'une seule masse, comme un bas-relief qui se démoule et tombe, l'escadron sombre se détacha de l'arc de triomphe et s'élança au galop sur le pont. Des cris éperdus déchiraient le cortège :

— Ils chargent !

— Sauve qui peut !

— Eh ! Vanka ! Par ici ! Par ici, il y a de la place !

Dans un bric-à-brac offensé, les bannières, les croix, les icônes dégringolèrent et se plaquèrent contre les parapets. Les rangs des ouvriers se disloquaient sur toute leur profondeur humaine, ouvrant un couloir pour le trajet forcené des chevaux. Les Cosaques arrivaient en trombe. La terre tournait sous les sabots des bêtes. Les têtes des cavaliers étaient gonflées de vitesse. On ne voyait plus leurs yeux trop rapides. Leur bouche hurlait quelque chose d'atroce qui vous dépassait comme une aile. Dans un orage de hennissements, de cris, de tintements d'acier, ils s'enfoncèrent dans la multitude. Ils frappaient à droite, à gauche, avec l'éclair blanc de leurs sabres, avec les serpents noirs de leurs fouets sifflants. Nicolas et Kisiakoff furent projetés contre le mur froid d'une maison. La croupe d'un cheval, rousse, douce, musclée, sauta deux ou trois fois devant leur visage. Une odeur de crottin et de sueur animale leur brûla la bouche. Et ce fut tout.

— Les brutes ! dit Nicolas en essuyant sa figure.

La charge traversa toute la procession. Puis, les Cosaques firent volter leurs montures, rentrèrent dans la foule par les derniers rangs, et rejoignirent au galop la porte de Narva. Les fantassins s'écartèrent devant eux et se refermèrent en ligne après leur passage.

Les manifestants, bousculés, fouettés, dispersés, émergeaient de ce tourbillon avec des visages ahuris, des voix discordantes. Ils hésitaient sur leurs jambes. Ils flottaient par petits groupes clairsemés et humbles. Mais les bannières, les croix rallumèrent leurs ors glorieux en tête du cortège. Les chefs étaient là. Les emblèmes aussi. La cause demeurait la même. On pouvait, on devait marcher. L'indignation, rouge et chaude, enflammait les cœurs. Qu'avaient-ils fait de mal pour qu'on les attaquât ? Que leur reprochait-on ? Et pourquoi ces armes contre des mains vides, contre des faces nues ? Était-ce une erreur, un guet-apens, un coup de folie ?

— Il m'a tapé avec le plat de son sabre, comme si j'étais un goret. Je suis un homme, comme lui. Je vaux autant que lui, plus que lui peut-être !

— Et moi, regarde comme ils ont tailladé ma touloupe ! Elle était toute neuve. Je l'avais mise exprès...

— Antéchrists ! Buveurs de sang !

— Qu'est-ce qu'on fait ?

— Il faut avancer quand même !

— Que dit Gapone ?

— Où est Gapone ?

Gapone palpitait à la tête de ses fidèles, comme un étendard funèbre. Il avait grandi. Il ouvrit ses bras aux larges manches noires. Son visage était tordu par la rage.

— Nous sommes les plus forts ! s'écria-t-il d'une voix éperdue. Mort ou liberté !

— Mort ou liberté ! répondirent les manifestants.

— Ils sont fous ! gémit Nicolas. Ils ne savent pas ce qu'ils font !

Tout à coup, il se rappela la Khodynka, cette populace aveugle, ces milliers de corps écrasés. Aujourd'hui aussi, parce que l'empereur n'avait rien su prévoir, parce que l'Administration avait été débordée, des masses d'hommes allaient mourir stupidement.

— Envoyez des parlementaires ! glapit Nicolas.

Les agents de police, qui avaient accompagné le cortège, s'agitaient autour de Gapone, gesticulaient, vociféraient dans le vide. La foule s'était remise en marche. La tête de la colonne n'était plus qu'à quarante ou cinquante pas des soldats. Seul le pont du canal Tarakanovka séparait les manifestants de la troupe. Un vieillard se détacha des premiers rangs et courut comme un fou vers l'arc de triomphe. Il s'arrêta devant les soldats, retira son bonnet, s'inclina et se mit à parler vite et fort. Nicolas devinait, plus qu'il ne les entendait, des bribes de son discours.

— Mes petits amis... L'empereur nous attend...

Qu'est-ce que ça vous coûte ?... La pétition... Notre pétition... Avec la pétition...

Un lycéen et un ouvrier, qui se tenaient enlacés par le cou, allèrent le rejoindre.

En attendant leur retour, les deux manifestants qui soutenaient le portrait de l'empereur le haussèrent à pleins bras et le calèrent sur leurs épaules. Le pope Vassilieff brandit sa grande croix de bois. Les bannières, les lanternes d'église se rapprochèrent, attentives. Tout pouvait s'arranger encore. Le soleil était froid et doux comme les autres jours, la neige blanche. Il y avait de petits rideaux aux fenêtres des maisons voisines.

Les parlementaires revinrent en secouant la tête :

— Ils ne veulent pas.

— Quoi ? Quoi, ils ne veulent pas ?

— De quel droit, ils ne veulent pas ?

— Nous sommes des milliers, et ils sont quelques centaines.

— Où est la loi ?

— Ils ne veulent pas !

— Ils ne veulent pas !

Là-bas, devant ceux qui « ne voulaient pas », un officier, mince et gris, avec un *bachlik* jaune sur l'épaule, dressait sa taille, levait son bras allongé d'un sabre.

— Dispersez-vous ! cria cet officier, cet homme seul, à tous les hommes qui bondaient la rue.

La foule grondait sur place :

— Il nous commande à présent !

— Ils ont fui devant les Japonais, et ils font les braves devant nous. C'est normal.

— Ce sont les messieurs qui compliquent tout.

— N'ayez pas peur, les gars. Leurs fusils sont chargés à blanc.

Est-ce qu'on pouvait avoir peur, lorsqu'on était nombreux et que la cause était juste ? De nouveau, Gapone agita ses larges manches noires vers le ciel. Il parlait dans le vent qui emportait sa voix. Nicolas tremblait d'angoisse et d'impuissance. Comme jadis, dans les champs sombres de la Khodynka, il était au bord du précipice avec la foule. Il allait crouler dans une communion intense avec la foule. Oh ! c'était injuste, stupide, cruel, de traiter la foule à la façon d'un bétail anonyme. Ceux qui avaient donné l'ordre d'arrêter et de charger le cortège, et ceux qui acceptaient d'exécuter cet ordre, n'étaient plus des hommes, mais des monstres sans intelligence et sans pitié. Il n'était plus question de discuter avec ces brutes. On devait les combattre et tenter de les réduire par tous les moyens.

Comme pour répondre à la pensée intime de Nicolas, les drapeaux rouges réapparurent au-dessus des manifestants. Ces loques de sang se balançaient avec fierté. Quelques voix entonnaient *La Marseillaise*.

— Circulez ! Pour la dernière fois, je vous ordonne de circuler ! cria l'officier.

— Assez ! Assez ! Fuyards de Mandchourie ! braillait la foule.

Nicolas songea brusquement à son frère Akim. Qu'aurait-il fait, Akim, l'orgueilleux Akim, s'il s'était trouvé à la place de cet officier ? Aurait-il, lui aussi, exécuté les ordres de ses chefs ?

Subitement, un appel de clairon se mêla au grondement du peuple. C'était un chant lointain, nerveux, désagréable. Un signal. Le signal de quoi ? Quelle page tournait-on dans le ciel ? Quel titre de feu descendait sur la tête des hommes ? Une seconde. Deux secondes. Le clairon se tut.

— Les sommations, dit Kisiakoff.

Son visage était bouleversé par une sorte de joie anxieuse. Nicolas regardait avec hébétude le long espace blanc qui séparait les manifestants de la troupe. Les chevaux des Cosaques avaient laissé sur le pont quelques tas de crottin roux et fumant que se disputaient des moineaux voraces. Contre le parapet de gauche, il y avait un monceau de neige sale, avec une pelle enfoncée dedans. Le clairon sonna encore. Et, de nouveau, il se tut.

Nicolas avala une bouffée d'air pur, comme avant de plonger dans l'eau. Son cœur battait sec dans sa poitrine. Ses lèvres vibraient. Encore le clairon.

— Compagnie ! dit l'officier.

La foule était pétrifiée dans l'attente. Personne ne bougeait plus. Personne ne parlait plus. Tout à coup, une femme hurla :

— Ils ne vont pas tirer, quand même ?

Les soldats avaient épaulé leurs fusils. Les baïonnettes luisaient, bien alignées. Les visages de faïence étaient couchés sur l'arme.

— Feu ! commanda l'officier.

Une détonation maladroite ébranla les pierres. Et des cris répondirent à la salve de fer et de feu. Nicolas demeurait annihilé de stupeur, vide et bête, immobile et sans force, au milieu d'un tourbillon formidable. Il vit le pope Vassilieff tourner sur lui-même avec une lenteur fascinante et s'effondrer dans la neige, sous la carapace barbare de ses vêtements dorés. L'un des porte-bannières s'était écroulé sur le ventre et semblait boire à longs traits, le nez piqué dans une flaque rouge. Ses pieds avaient des saccades régulières de nageur. La jeune femme en douillette verte cachait son visage dans ses mains, et le sang coulait en rubans minces entre ses doigts. Tout autour, des gens bondissaient, glapissaient, tendaient le poing, trébuchaient, se retenaient les uns aux autres. La belle foule était démantibulée, pulvérisée. Elle n'avait plus de fierté, plus d'âme. Elle ne pouvait plus que gueuler. Tout le monde gueulait. Nicolas sentit qu'il gueulait lui-même, avec une voix qui n'était plus la sienne, une colère qui n'était plus la sienne. L'un des agents de police, les yeux nus d'épouvante, la moustache hérissée, souleva les pans de sa capote bleue et se mit à courir vers les soldats en vociférant :

— Malheureux ! Comment osez-vous tirer sur les icônes, sur le portrait du tsar ?

Son camarade le suivait en traînant la patte.

Une seconde salve les faucha, tous deux, en pleine course. Des stridences fusantes arrachaient les oreilles. L'odeur du soufre emplissait la bouche.

— Quelle honte ! Quelle honte ! gémissait Nicolas.

Deux mains le saisirent aux épaules et le jetèrent à genoux, derrière le tas de neige sale. C'était Kisiakoff. Il s'accroupit au côté de Nicolas.

— Vous tenez absolument à vous faire descendre ? dit-il.

Il était très pâle et haletait sourdement dans sa barbe.

— Les canailles ! dit Nicolas. Si j'avais su, j'aurais emporté des armes.

Kisiakoff sourit étrangement, fourra la main dans sa poche et lui tendit un revolver :

— Servez-vous, mon cher.

Nicolas eut un haut-le-corps.

— Non, non, dit-il. Maintenant, c'est trop tard ! Maintenant, il faut que tout s'accomplisse !

La rue se vidait. Les soldats ne tiraient plus sur une foule, mais sur des hommes. Frappés de panique, les derniers manifestants tournaient sur place, incapables de fuir, de se défendre, de riposter. Une troisième salve balaya ce tohu-bohu d'éclopés lamentables.

Instinctivement, Nicolas aplatit son visage contre le tas de neige. Il vit un amas de bouts de mégots, de crottin, de pelures d'orange et de cailloux gelés. La fumée lui brûlait les yeux. L'odeur âcre de la poudre lui entrait dans la gorge. Il se redressa.

— Regardez ! Regardez, dit Kisiakoff, comme c'est curieux !

Tout près de lui, les deux hommes qui soutenaient l'effigie du tsar s'étaient affaissés l'un sur l'autre. Le portrait gisait dans la neige. La figure de l'empereur était tournée vers le ciel. Ces yeux tranquilles, cette petite barbe bien peignée, ces larges moustaches sages et souriantes sous le vernis brillant, semblaient narguer le désastre. Un ouvrier au paletot déboutonné, à la barbe marquée de taches rouges, se précipita vers le tableau, l'empoigna en criant :

— Je le tiens, les gars ! On ne nous enlèvera pas l'empereur !

Mais il ne put faire un pas et tomba, touché par une balle. Le portrait le recouvrait jusqu'à mi-corps, comme un drap funèbre. Il y avait un petit trou rond dans la joue rose du tsar. Le tsar était couché au milieu de son peuple. Frappé, lui aussi. Mort, lui aussi. Partout, des icônes, des emblèmes religieux, des lanternes jonchaient la neige, pêle-mêle avec des casquettes, des gants et des baluchons sanglants. Nicolas reconnut le corps du gros homme rouge qui apportait au tsar un panier d'œufs et de saucissons. La main du cadavre serrait encore l'anse du panier. Des œufs s'étaient écrabouillés, jaunes, dans la boue blanche de la chaussée. Rien ne bougeait plus. Le massacre était consommé. Et, cependant, on entendait encore la plainte vaste de la multitude. Cela résonnait ailleurs. Cela ne pourrait plus se taire jamais. C'était contre cette voix que les soldats tiraient encore. À pleine mitraille dans le vide. Feu à volonté sur l'avenir. Les imbéciles !

Soudain, Nicolas aperçut le petit vieux à bouc couleur de ficelle qui se dressait au milieu du pont. D'où venait-il, celui-là ? Il avait une face affamée, démente. Il saluait humblement la ligne immobile des soldats. Et, à chaque courbette, il s'écriait d'une voix éraillée :

— Merci, messieurs ! Merci, messieurs ! Merci au tsar, notre petit père ! Merci à vous, les défenseurs de la patrie ! Merci, messieurs ! Merci, messieurs ! Heuh ! Heuh !

Une détonation claqua, nette, sèche. Le petit vieux dit encore : « Merci », toucha son ventre, courut vers le parapet, l'enjamba et disparut.

Là-bas, au coin du pont, un ouvrier ramassait des morceaux de glace et les lançait à toute volée contre la troupe en hurlant :

— Attrape ! Attrape !

Puis, il détala le long des maisons, à quatre pattes, comme un chien.

Couronnant l'arc triomphal de Narva, le génie ailé faisait cabrer les six chevaux de son char, au-dessus du vide. Les soldats gris s'étaient arrêtés de tirer. La victoire leur était acquise. Le silence, la transparence habituels revinrent dans le monde. Des corps noir et rose souillaient la blancheur de la neige. Les uns avaient l'immobilité sage des cadavres. D'autres étaient agités d'un remuement doux et convulsif de vers de terre.

S'étant concertés du regard, Nicolas et Kisiakoff quittèrent leur refuge et se mirent à courir, tête basse, vers les faubourgs. Des balles sifflèrent à leurs oreilles. Un coup de feu frappa l'enseigne d'une boulangerie, et la plaque de tôle résonna au-dessus d'eux comme un gong. Enfin, ils débouchèrent dans une ruelle paisible aux longues palissades de bois. Kisiakoff s'arrêta, rouge, essoufflé, la barbe défaite. Ses yeux brillaient d'une ardeur joyeuse. Il s'éventait avec son bonnet de loutre.

— Eh bien, dit-il, vous avais-je menti ?

— Je ne veux pas le croire encore ! dit Nicolas d'une voix haletante.

Ses genoux tremblaient nerveusement. Son cœur lui faisait mal. Il ferma les paupières et revit aussitôt la face égarée du petit vieux qui saluait la troupe.

L'empereur avait-il vraiment autorisé ce carnage ? Nicolas se rappela le visage du tsar, tel qu'il l'avait vu dans la tente de l'hôpital, après le désastre de la Khodynka. Un homme de petite taille, à la figure pâle, fatiguée, au front marqué de gouttes de sueur, s'était penché alors au-dessus de son lit et l'avait questionné d'une voix douce. Cet homme-là, que Nicolas connaissait bien, était-il capable d'ordonner qu'on massacrât des centaines d'innocents, par simple mesure de police ?

— Tout se paie, murmura-t-il.

Kisiakoff éclata de rire.

— Je vous croyais plus intelligent, dit-il.

— Comment ? s'écria Nicolas. Ces morts, ces blessés...

— Je les plains, je les plains, bien sûr, dit Kisiakoff. Mais, après tout, ils n'ont que ce qu'ils méritent. Nous avons chacun notre rôle ici-bas. Les victimes ont parfaitement joué leur rôle de victimes. Les bourreaux ont parfaitement joué leur rôle de bourreaux. Chacun a fait de son mieux, en somme. Dieu est content.

— Vous divaguez, dit Nicolas.

— Mais non, je raisonne, mon cher. Vous croyez en Dieu ?

— Oui.

— Alors, il faut admettre qu'une catastrophe bien réussie lui est aussi aimable qu'une exemplaire félicité. Dieu combine des intrigues, choisit des acteurs, mais il exige que les acteurs jouent la pièce jusqu'au bout, avec une conviction aveugle. Si Dieu t'a créé pour être une canaille, sois une canaille accomplie, et le Tout-Puissant t'en saura gré. Si Dieu t'a créé pour être une victime exemplaire, marche gaillardement vers le supplice, et le Tout-Puissant te comblera pour l'éternité.

— Et vous, qui êtes-vous ? demanda Nicolas avec rage.

— Une canaille, dit Kisiakoff.

Un large sourire découvrit ses dents blanches dans sa barbe noire.

Deux ouvriers débouchèrent au pas de course dans la rue.

— Eh ! les amis, criaient-ils. On se reforme. On va monter vers le palais d'Hiver par le prospect Ismaïlovsky. Suivez-nous.

— Et Gapone, où est-il ? demanda Nicolas.

— Gapone ? Il est mort sans doute ! C'est un saint homme ! Nous le vengerons ! dit l'un des ouvriers.

— À moins que ce ne soit un traître, dit l'autre. Alors, nous le tuerons !

Et ils s'éloignèrent en riant.

— Je veux les suivre, dit Nicolas.

Mais Kisiakoff le saisit par le bras :

— Vous êtes tout pâle. Vous allez tourner de l'œil. Venez prendre un verre avec moi. Et, ce soir, je vous emmènerai à la réunion de la Société libre d'économie. Ces messieurs les intellectuels socialistes y discuteront sans doute les événements du jour.

— Comment se fait-il que vous soyez au courant de tout cela, alors que vous vivez dans un trou de province ? demanda Nicolas.

— Je lis des journaux, dit Kisiakoff en plissant les yeux, j'ai des amis, je me renseigne à droite, à gauche...

— Pourquoi me retenez-vous toujours ?

— Parce que vous me plaisez, dit Kisiakoff.

Nicolas cracha par terre. Il se sentait étrangement las et malheureux.

La confusion de ses pensées le gênait. Il aurait voulu pouvoir condamner immédiatement et sans recours les vrais coupables du désastre. Mais qui étaient les vrais coupables ? L'empereur ? Gapone ? Le grand-duc Vladimir, gouverneur militaire de Saint-Pétersbourg ? Les officiers, les soldats, peut-être ?

Des coups de feu retentirent dans la rue voisine.

— Venez donc, dit Kisiakoff. Il est midi. Et j'ai faim.

Sur tous les points prévus, les cortèges d'ouvriers avaient été mitraillés et refoulés par la troupe. Mais les manifestants ne rebroussèrent pas chemin pour regagner leurs demeures. Certains d'entre eux, évitant les ponts et les carrefours occupés militairement, se dirigèrent par petits groupes vers le palais d'Hiver. À deux heures de l'après-midi, une foule impressionnante s'était réunie devant l'édifice et dans le parc Alexandrovsky. Les manifestants interpellaient les soldats, s'approchaient d'eux jusqu'à les toucher du doigt, imploraient le passage auprès des sous-officiers de garde. Le commandant du détachement observait la scène en silence. Puis, il pria le peuple de se disperser. Comme les ouvriers refusaient d'obéir, il donna l'ordre d'ouvrir le feu. Six salves successives balayèrent la place. Des charges de Cosaques bousculèrent les derniers fuyards. Il y eut, dans la ville, environ mille tués, et plusieurs milliers de blessés. Toute la journée, des patrouilles de cavalerie sillonnèrent la capitale. Des piquets de gendarmes stationnaient à l'entrée des gares. Par endroits, les ouvriers avaient dressé des barricades des meubles, des caisses et des fils télégraphiques arrachés aux poteaux. Ils se défendaient à coups de pierre. Dans les boutiques, dans les caves, on soignait des blessés innombrables. On cachait les cadavres que la police recherchait pour établir leur identité.

Le soir, Nicolas et Kisiakoff se rendirent au meeting de la Société libre d'économie. La salle étroite, longue et blanche, était bondée à craquer. Plus une chaise, plus une marche disponible. Les ampoules électriques nageaient dans la fumée bleuâtre des cigarettes. Une chaleur, une odeur puissantes émanaient de ce public surexcité. Des gens criaient, applaudissaient à contretemps. Les femmes élégantes agitaient leurs manchons au-dessus de leurs têtes. À tour de rôle, des orateurs gravissaient l'escalier de la scène et prenaient la parole pour flétrir les responsables du « dimanche rouge » :

— Au palais du grand-duc, les fenêtres ont été brisées par les ouvriers. Les manifestants ont dévalisé le magasin d'un armurier dans l'île Vassilievsky.

— Bravo ! hurlaient les femmes.

Nicolas se pencha vers Kisiakoff.

— Elles crient « bravo », dit-il. Mais pas une d'entre elles n'est descendue dans la rue avec les ouvriers. Je hais les intellectuels.

— Je tiens de source sûre, reprenait l'orateur, que le tsar revient de Tsarskoïé-Sélo pour recevoir une délégation d'ouvriers. Sviatopolk-Mirsky a été insulté par la foule. Il démissionnera. On parle du général Trépoff comme nouveau gouverneur de Saint-Pétersbourg. J'ai rencontré les correspondants à Saint-Pétersbourg de divers journaux étrangers. Ils disent que les Russes sont fous, qu'on n'a jamais vu de massacres pareils dans aucune ville d'Europe, que rien ne justifie les mesures de violences prises par le gouvernement, que nous aurons toute l'opinion européenne contre nous...

— Des mots, des mots, dit Nicolas.

— Chacun son rôle, dit Kisiakoff en souriant.

En fin de séance, un jeune homme de haute taille, au front bas, aux moustaches épaisses, gravit l'estrade. Il portait des bottes. Une cigarette éteinte pendait à sa lèvre.

— C'est Maxime Gorki, n'est-ce pas ? chuchotaient les voisins de Nicolas. En tout cas, il lui ressemble.

— Messieurs, dit l'homme, je vous apporte un message du pope Gapone. Le bruit a couru que Gapone était tué. Il n'en est rien. Je l'ai recueilli chez moi. Voici sa déclaration.

L'orateur déplia un papier et lut à haute voix au-dessus de la foule muette :

— *Il n'y a plus de tsar. Entre lui et la nation russe, des torrents de sang ont coulé aujourd'hui. Le temps est venu pour les ouvriers russes d'entreprendre sans lui la lutte pour la liberté nationale. Vous avez ma bénédiction pour les combats. Demain, je serai au milieu de vous. Aujourd'hui, je travaille pour la cause.*

Un tonnerre d'applaudissements secoua la salle. Des hommes, des femmes se levaient, jetaient leurs mouchoirs, leurs chapeaux. Le public vociférait en chœur :

— Gapone ! Gapone !

— Ils croient donc en lui ? dit Nicolas. Malgré tout...

L'orateur remuait les bras, comme pour se défendre contre ces acclamations forcenées.

— Pas de manifestations bruyantes quand le sang du peuple arrose les rues de Saint-Pétersbourg, s'écria-t-il encore.

Et, d'un geste large, il désigna un homme, vêtu en ouvrier, qui l'avait accompagné sur la scène. C'était un adolescent imberbe, maigre, nerveux, aux cheveux coupés ras, aux prunelles brillantes.

— Voici un délégué du pope Gapone qui demande la parole, dit l'orateur.

Le délégué s'avança jusqu'au bord de l'estrade. Nicolas poussa un cri étouffé.

— Mais... mais c'est Gapone, dit-il. Il s'est fait raser la barbe, couper les cheveux. Il a troqué sa soutane contre des vêtements d'ouvrier. Mais c'est lui... C'est lui...

— Je crois bien que c'est lui, en effet, dit Kisiakoff. Il craint d'être reconnu par la police, sans doute...

— Vous voyez bien qu'il n'est pas un provocateur !

— Il a peut-être dépassé ses pouvoirs, dit Kisiakoff. À moins qu'il ne redoute un changement d'opinion parmi ses fidèles. Il est pris entre deux feux, quoi ! C'est passionnant !

— Messieurs, dit l'inconnu, l'heure n'est plus à la parole, mais à l'action. Les ouvriers ont montré à la Russie qu'ils savaient mourir. Malheureusement, ils étaient sans armes, et ce n'est pas les mains vides qu'on peut affronter les baïonnettes et les revolvers. À votre tour, maintenant, d'agir et d'aider le peuple. Donnez-lui le moyen de se procurer des armes, il fera le reste.

Nicolas était pâle et serrait les dents.

— Vous m'aviez offert votre revolver, tout à l'heure, dit-il en se penchant vers Kisiakoff. Passez-le-moi.

Kisiakoff se mit à rire si fort que ses voisins se retournèrent.

— Maintenant, je ne vous le propose plus, dit-il. Rentrons. Nous avons vu le plus drôle.

Kisiakoff reconduisit Nicolas à travers les rues noires, gardées par la troupe. On entendait encore des coups de feu, des rumeurs lointaines de bagarres. Devant la maison qu'habitait Nicolas, Kisiakoff s'arrêta et poussa un soupir de soulagement.

— Mon jeune ami, dit-il en tendant la main à Nicolas, j'ai été heureux de vivre avec vous cette journée. Nous nous en souviendrons. Je repartirai demain, si les trains marchent encore. Et vous, qu'allez-vous faire ?

— Je ne sais pas, dit Nicolas. Je ne sais plus. Le peuple souffre trop. Il faut en finir.

— En finir ? dit Kisiakoff. Personne ne saurait en finir. On peut changer de souffrance. On ne peut supprimer la souffrance.

Il se tut un instant.

— Vous voyez rarement votre sœur et le sieur Prychkine, sans doute ? reprit-il.

— Je ne les vois jamais.

— Pourquoi ?

— Ils sont trop loin de moi.

— Oui, oui, dit Kisiakoff. La distance est grande. Chacun vit à son étage. Chacun mourra dans son coin. Il y a trop d'étages, trop de coins en Russie. Bonne nuit, mon cher.

Kisiakoff échoua, très tard, dans la chambre d'une fille pâle, au nez retroussé, à la bouche paresseuse. Il avait suivi cette prostituée, par goût du contraste, par espoir de sensations neuves. Maintenant, couché à côté d'elle dans les draps rudes, il la regardait dormir, blanche et bouffie, avec ses grosses lèvres sèches, son cou épais marqué de meurtrissures. Elle avait l'air assassinée. Son ronflement ressemblait à un râle. Kisiakoff se leva, enfila ses pantalons, baissa la lampe. Une odeur de chair et de parfum bon marché venait du lit. Sur une table, traînaient une soucoupe pleine de mégots, deux verres, des biscuits jaunes, un mouchoir roulé en boule. Un coin de la carpette était retourné. Kisiakoff colla son front à la fenêtre. Les réverbères ne brûlaient plus. Le jour commençait à poindre. On distinguait, en contre bas, des toitures de neige replète, des murs de craie, des jardinets rachitiques, et la géométrie grise des rues qui se reposaient encore des humains. Des traîneaux passèrent. Un volet claqua. La vie renaissait un peu partout. Comme si le massacre de la veille n'avait été qu'un rêve.

Mais Kisiakoff sentait avec angoisse, avec volupté, que l'univers avait changé, en quelques heures, plus qu'en un siècle peut-être. On eût dit la première fissure dans la glace du fleuve. Et, lentement, les glaçons trouvent leur force, épousent le courant, et la débâcle fait craquer les berges et sauter les ponts comme des fétus de paille.

— Ce n'est que le début, murmura-t-il. Plus tard, plus tard...

Il plissa les yeux, comme pour mieux voir le chaos terrible de l'avenir. Il imagina le peuple déchaîné, dément, insatiable, le pillage des coffres, des magasins, des musées, l'assaut hurlant des escaliers de marbre et des chambres de soie, l'ivresse avec les pieds de boue sur la table, les mitrailleuses sur les toits, les barricades hirsutes, harnachées de cadavres grotesques, les écroulements de visages, de titres et de noms, le grand incendie de toute la terre russe, et il lui semblait que cette révolte future répondait en lui à quelque obscur désir de catastrophe et de renouveau. En lui aussi, parfois, les idées basses montaient en bouillonnant et submergeaient les paysages intérieurs. En lui aussi, parfois, l'esclave se redressait et devenait assoiffé de sang, de mort, de vol, de viol, de violence. Le monde était à son image. La convulsion du peuple était le reflet, démesurément élargi, de sa propre convulsion. Il était le peuple. Il était le monde. Qui pouvait le comprendre ?

Derrière lui, la fille ronflait toujours. Devant lui, la ville sortait de l'ombre, avec ses pierres, ses vitres, ses neiges quotidiennes. Il entendit un chant lugubre et lent qui venait de la terre. Un instant, il se crut le jouet d'une illusion. Mais le chant s'amplifiait de seconde en seconde et débouchait dans la rue, marchait dans la rue à grands pas. La fille se réveilla, bâilla longuement :

— Qu'est-ce que c'est ?

Une masse d'ouvriers avançait sur la neige du petit matin. Des lanternes clignotantes se balançaient au-dessus de leurs crânes. D'étroites caisses, drapées d'étoffes rouges, naviguaient sur les épaules des hommes. Kisiakoff compta quatre, cinq cercueils pour le moins. On enterrait les victimes de la révolution. Le chant devenait énorme, assourdissant :

Vous êtes les victimes !
Vous avez aimé le peuple,
Et tout sacrifié
Pour son honneur et pour sa liberté...

La fille s'était levée, en chemise. Ses pieds nus claquèrent sur le parquet. Elle s'appuya contre l'épaule de Kisiakoff.

— Ça leur sert à quoi, dit-elle, de réveiller les gens avant qu'il fasse jour ?

Elle grelottait.

— Mets un châle, dit Kisiakoff, tu vas prendre froid.

Le groupe noir s'écoulait, avec ses voix funèbres, ses fragments de visages et ses cercueils écarlates. On eût dit un monstre aux têtes innombrables, aux écailles sanglantes, rampant à travers la cité frappée de consternation. Dans le ciel flambaient des pâleurs apocalyptiques. Kisiakoff, suffoqué, fasciné, ne pouvait détacher les yeux de ce cortège menaçant. La fille respirait doucement contre sa joue.

— Tes frères, dit Kisiakoff.

Les hommes passèrent, laissant la neige blanche derrière eux. La rue redevint tranquille. Le chant bourdonnait encore, quelque part, dans l'aube. Le soleil parut.

— Moi, je me recouche, dit la fille. Tu viens ?

Kisiakoff la rejoignit, les oreilles lourdes, les mains tremblantes, comme un homme ivre.

4749

Achevé d'imprimer en France (Malesherbes)
par Maury-Imprimeur le 30 janvier 2008.
Dépôt légal janvier 2008. EAN 9782290306093
1er dépôt légal dans la collection : janvier 1998

Éditions J'ai lu
87, quai Panhard-et-Levassor, 75013 Paris
Diffusion France et étranger : Flammarion